权威·前沿·原创

皮书系列为
"十二五""十三五""十四五"国家重点图书出版规划项目

BLUE BOOK

智库成果出版与传播平台

河北蓝皮书

BLUE BOOK OF HEBEI

河北法治发展报告（2022）

THE RULE-OF-LAW DEVELOPMENT REPORT OF HEBEI (2022)

推进全面依法治省

主　编／康振海
执行主编／李　靖　蔡欣欣

社会科学文献出版社
SOCIAL SCIENCES ACADEMIC PRESS (CHINA)

图书在版编目（CIP）数据

河北法治发展报告.2022：推进全面依法治省/康振海主编.--北京：社会科学文献出版社，2022.5
（河北蓝皮书）
ISBN 978-7-5201-9953-7

Ⅰ.①河… Ⅱ.①康… Ⅲ.①社会主义法制-研究报告-河北-2022 Ⅳ.①D927.22

中国版本图书馆CIP数据核字（2022）第054082号

河北蓝皮书
河北法治发展报告（2022）
——推进全面依法治省

主　　编／康振海
执行主编／李　靖　蔡欣欣

出 版 人／王利民
组稿编辑／高振华
责任编辑／丁　凡
文稿编辑／王　娇
责任印制／王京美

出　　版／社会科学文献出版社·城市和绿色发展分社（010）59367143
　　　　　地址：北京市北三环中路甲29号院华龙大厦　邮编：100029
　　　　　网址：www.ssap.com.cn
发　　行／社会科学文献出版社（010）59367028
印　　装／天津千鹤文化传播有限公司
规　　格／开本：787mm×1092mm　1/16
　　　　　印张：25.25　字数：375千字
版　　次／2022年5月第1版　2022年5月第1次印刷
书　　号／ISBN 978-7-5201-9953-7
定　　价／128.00元

读者服务电话：4008918866

▲ 版权所有 翻印必究

河北蓝皮书（2022）
编辑委员会

主　　任　康振海

副 主 任　彭建强　张福兴　焦新旗　肖立峰　孟庆凯

委　　员　（按姓氏笔画排序）

　　　　　王建强　王亭亭　史广峰　李　靖　李鉴修

　　　　　张　芸　张　波　陈　璐　黄军毅　樊雅丽

主编简介

康振海 中共党员，1982年毕业于河北大学哲学系，获哲学学士学位；1987年9月至1990年7月在中共中央党校理论部中国现代哲学专业学习，获哲学硕士学位。

三十多年来，康振海同志长期工作在思想理论战线。曾任河北省委宣传部副部长；2016年3月至2017年6月任河北省作家协会党组书记、副主席；2017年6月至今任河北省社会科学院党组书记、院长，河北省社科联第一副主席。

康振海同志著述较多，在《人民日报》《光明日报》《经济日报》《中国社会科学报》《河北日报》《河北学刊》等重要报刊和社会科学文献出版社、河北人民出版社等发表、出版论著多篇（部），主持完成多项国家级、省部级课题。主要代表作有：《中国共产党思想政治工作九十年》《雄安新区经济社会发展报告》《让历史昭示未来——河北改革开放四十年》等著作；发表了《从百年党史中汲取奋进新征程的强大力量》《殷切期望指方向　燕赵大地结硕果》《传承中华优秀传统文化　推进文化强国建设》《以优势互补、区域协同促进高质量脱贫》《在推进高质量发展中育新机开新局》《构建京津冀协同发展新机制》《认识中国发展进入新阶段的历史和现实依据》《准确把握推进国家治理体系和治理能力现代化的目标任务》《奋力开启全面建设社会主义现代化国家新征程》等多篇理论调研文章；主持"新时代生态文明和党的建设阶段性特征及其发展规律研究""《宣传干部行为规范》可行性研究和草案初拟研究"等多项国家级、省部级立项课题。

摘 要

《河北蓝皮书：河北法治发展报告（2022）》是记录河北省2021年法治建设实践的蓝皮书。本书是由河北省社会科学院牵头、法学研究所担纲，河北省委全面依法治省委员会办公室、河北省委政法委员会提供大力支持，由高等院校、科研机构、法律实务部门的专家学者组成精干学术队伍推出的一部全景式反映河北法治建设情况的文献。《河北蓝皮书：河北法治发展报告（2022）》由总报告、地方立法、法治政府、司法建设、冬奥会法治保障、法治社会6个部分组成，系统总结法治河北建设的实践进程与经验，深入剖析面临的问题及原因，为河北省法治建设提供理论参考和智力支持。

总报告《2021～2022年河北省法治发展报告》阐述了2021年河北法治建设、立法、法治政府建设、司法等的总体情况，展望了2022年河北省法治建设的前景。

地方立法板块共6篇研究报告。《2021年河北省立法情况报告》对2021年河北省立法情况进行梳理，全面展示河北2021年重大立法成果，总结经验，并提出问题解决思路。《河北省农村环境保护和治理立法、执法情况报告》总结农村环境保护和治理工作中的经验，针对工作中面临的问题，从进一步加大科技力量的投入，进一步加强农村环境保护和治理的基层执法队伍建设，探索新的治理模式，形成以政府治理模式为主、多种治理模式共存的治理形态方面提出对策建议。《〈河北省节约用水条例〉制定评析与实施建议》指出《河北省节约用水条例》制定的主要过程、框架结构、重点解决的问题，并提出实施建议。《关于白洋淀生态环境治理和保护地方立法的实践与思考》主要介绍《白洋淀生态环境治理和保护条例》的立法背景、调研和立法的实践过程、主要内容及实施效果。《河北省家庭教育现状、问题及立法对策》针对河北省家庭教育中的问题，提出河北省家庭教育立法对策与建议。《党内法规制度建设光辉历程的河北实践——关于河北省党内法规制度建设的历史回顾、经验和展望》在对党内法规制度建设进行总体回顾的基础上，为新征程上进一步加强党内法规制度建设提出工作建议。

法治政府板块共4篇研究报告。《河北省基层综合行政执法改革研究报告》建议统筹推进基层综合行政执法改革，建立协调联动机制，加强基层执法队伍建设，完善政策制度保障，提高基层执法能力和水平。《"放管服"改革视域下优化河北省营商环境的对策建议》提出了若干对策建议：培养创新意识，加强服务型政府建设；理顺府际关系，实现各部门间协调联动；重视政策实施，加大政策落实力度；发挥制度优势，完善配套改革；打造法治化营商环境，完善营商环境评价指标体系。《中国（河北）自由贸易试验区法治化发展研究》指出，河北自贸试验区改革发展实现良好开局，自贸试验区将成为扩大开放的新窗口、深化改革的试验田、产业升级的示范区、金融创新的加速器、规则对接的新平台。《平安河北建设中社会力量参与矛盾纠纷化解情况的调研报告》认为，应当落实政府责任，扩大社会组织参与矛盾纠纷化解的覆盖面和影响力，提高社会力量参与矛盾纠纷化解的专业化和品牌化水平，加强矛盾纠纷多元化解机制构建，夯实矛盾纠纷化解工作基础。

司法建设板块共7篇研究报告。《市域社会治理现代化背景下一站式机制研究报告——以H市两级法院为样本》分析一站式机制在市域环境运行中的利弊，探索在市域社会治理模式下，推进一站式机制建设，以适应市域社会治理现代化的发展需要。《非法集资案件检察实证研究》针对河北省非法集资类犯罪案件，从检察机关办案实践角度入手，提出综合治理非法集资的检察建议。《大诉讼背景下行政复议制度研究报告》以H市某县区域样本为例，对该区域内行政复议功能实现掣肘的因素进行分析，探索大诉讼情境下行政复议制度因地制宜的创新。《失信被执行人信用修复的实践样态研究

摘 要

报告》提出，在完善信用惩戒机制建设的同时，探索建立信用修复制度，发挥信用修复的"容缺性"，通过"放水养鱼"的方式有效弥补信用惩戒"重进轻退"的缺陷。《刑事附带民事公益诉讼的实践困境与规范路径——以环渤海区域1529份一审判决为研究起点》以刑事附带民事公益诉讼案件的审理实践为切入点、以案件流程轨迹为路径，探讨优化刑事附带民事公益诉讼制度，以真正达到恢复性司法的目的和要求。《企业环境犯罪治理合规建设——以河北省生态环境保护检察实践为视角》指出，从微观、中观、宏观逐级协同发展，完善企业合规建设，共促河北省生态环境修复。《环境公益诉讼案件证明责任分配研究——以环渤海环境公益诉讼案件为中心》针对环境损害这一证明难题，对环境公益诉讼案件证明责任分配进行重构。

冬奥会法治保障板块共2篇研究报告。《涉冬奥拆迁补偿案件审理模式的构建——以40份相关民事判决书为分析样本》以40份涉冬奥拆迁补偿民事判决书为研究样本，梳理涉冬奥拆迁补偿案件的基本情况，得出涉冬奥拆迁补偿案件的基本特征，提出涉冬奥拆迁补偿案件的审理模式。《"法院+雪场+X"旅游滑雪纠纷解决机制研究》介绍崇礼法院创新探索出的"法院+雪场+X"旅游滑雪纠纷解决机制，提出该机制的价值与意义。

法治社会板块共6篇研究报告。《平安河北建设主要成效及提升路径》指出，应坚持以总体国家安全观为统领，以防范化解影响安全稳定的突出风险为重点，不断推进理念思路、体制机制和方法手段创新，推动更高水平的平安河北建设。《河北省人大践行全过程人民民主的实践与启示》从人民代表大会制度的河北实践出发，探索全过程人民民主的制度优势在今后工作中得到进一步体现的路径。《河北省公共法律服务体系建设及效率提升路径研究》在介绍河北省公共法律服务体系建设及运行总体状况的基础上，分析存在的不足与短板，提出提升河北省公共法律服务体系运行效率的路径。《河北省社会心理服务体系建设现状、存在的问题及对策建议》深入分析当前河北省社会心理服务体系建设存在的问题，为河北省社会心理服务体系建设提供实践对策。《共享经济中"准劳动者"职业伤害保障问题研究》设计了"准劳动者"职业伤害保障的制度构想。《法治乡村建设的思考——以衡

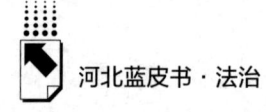

水市法治乡村建设为样本》结合法治乡村建设实际，探索推动河北省法治乡村建设高质量发展之路。

关键词： 市域社会治理现代化　非法集资案件　失信被执行人　共享经济　法治河北

Abstract

Blue Book of Hebei: The Rule-of-law Development Report of Hebei (2022) is Hebei's blue book of recording practices of rule-of-law development in 2021. Compilation of this book is led by Hebei Academy of Social Sciences, undertaken by Institute of Law, and supported vigorously by Committee Office of the CPC Hebei Provincial Committee on Overall Advancement of Hebei's Rule-of-law Development and Politics and Law Committee of the CPC Hebei Provincial Committee, which is a panoramic literature of the rule-of-law Hebei building formulated by capable academic teams made up by experts and scholars of colleges/universities, research institutions, and legal practice departments inside the province. *Blue Book of Hebei: The Rule-of-law Development Report of Hebei* (2022) consists of the six parts of General Report, Local Legislation, Rule-of-law Government, Judicial Construction, Rule-of-law Guarantee for the Winter Olympic Games and Rule-of-law Society. It systematically summarizes practical process and experience of Hebei's rule-of-law development, and makes an in-depth analysis of existing problems and causes, with a view to providing theoretical reference and intellectual support for Hebei's rule-of-law development.

General Report of *The Rule-of-law Development Report of Hebei in 2021 – 2022* expounds the overall situation of legislation, rule-of-law government, judicial development and so on in Hebei's rule-of-law development in 2021, and forecasts prospects of Hebei's rule-of-law development in 2022.

Local Legislation contains six study reports. *The Report on the Legislation Situation of Hebei in 2021* sorts out the legislation situation of Hebei in 2021, makes an overall exhibition of significant achievements of legislation of Hebei in 2021, summarizes experience, and puts forward solutions. *The Report on the Legislation and*

Law Enforcement Situation of the Rural Environment Conservation and Governance of Hebei summarizes experience in the work of rural environment conservation, and directed against problems in work, puts forward solution proposals in respect of further strengthening sci-tech inputs, intensifying the grassroots law-enforcement team building of the rural environment conservation and governance, exploring new modes of governance, and establishing a governance form with governmental governance being dominant and multiple modes of governance co-exist. *Comment/ Analysis of Formulation of Ordinances of Hebei Province on the Water Saving and Recommendations of Its Implementation* points out main process, framework structure, and key problems of formulation of *Ordinances of Hebei Province on the Water Saving*, and puts forward proposals of implementation. *Practices and Thoughts of Local Legislation on the Eco-Environment Governance and Conservation of Baiyangdian Lake* mainly makes a brief statement of legislation background, surveys and legislation practice process, main contents and implementation effects of *Ordinances of the Eco-Environment Governance and Conservation of Baiyangdian Lake*. *Present Situation, Problems and Legislation Solution of the Family Education in Hebei Province* directed against problems in the family education in Hebei Province, puts forward legislation solution and proposals of the family education in Hebei Province. *Hebei's Practice of the Brilliant Process of the Construction of Inner-party Laws and Regulations—Historical Review, Experience and Forecasts of the Construction of Inner-party Laws and Regulations in Hebei Province* based on an overall review of the construction of inner-party laws and regulations, puts forward work proposals for further strengthening the construction of inner-party laws and regulations on the new journey.

Rule-of-law Government contains four study reports. *The Study Report of the Grassroots Comprehensive Administrative Law-enforcement Reform of Hebei Province* proposes advancing the grassroots comprehensive administrative law-enforcement reform in an overall way, establishing a mechanism of collaborative action, strengthening the grassroots law-enforcement team building, improving the policy and institutional guarantee, and heightening capability and level of the grassroots law-enforcement. *Solution Proposals of Improving Hebei's Business Environment under the Vision Field of the "Reform to Delegate Power, Improve Regulation and Providing Services"* puts forward such solution proposals as fostering awareness of innovation,

Abstract

strengthening the construction of service-oriented governments, straightening out inter-governmental relations to realize collaborative action between departments, paying attention to policy implementation with policy implementation to be intensified, improving supportive reforms by giving play to institutional advantages, building the rule-of-law business environment, and improving the assessment system of business environment. *Research on the Rule-of-law Development of China (Hebei) Pilot Free Trade Zone* points out that the reform and development of Hebei Pilot Free Trade Zone realizes a good start, Hebei Pilot Free Trade Zone will become a new window of opening wider to the outside world, a pilot zone of deepening reform, a demonstration area of industry upgrading, an accelerator of financial innovation, and a new platform of rule linkage. *Survey Report of Hebei's Non-governmental Forces Participating in Resolving Contradictions and Disputes in the Construction of a Safe Hebei* proposes strengthening governmental responsibilities, extending the coverage and influence of non-governmental organizations participating in resolving contradictions and disputes, heightening the level of specialization and branding of non-governmental forces participating in resolving contradictions and disputes, intensifying the construction of multiple resolving-mechanisms of contradictions and disputes so as to tamp the work foundation for resolving contradictions and disputes.

Judicial Construction contains seven study reports. *Study Report of the One-stop Mechanism in the Background of Intra-city Society Governance Modernization—Taking H City's Two-level Court as a Sample* analyzes advantages and disadvantages of One-stop Mechanism in the intra-city environment operation, and explores the construction of One-stop Mechanism under the intra-city social governance mode to adapt to the needs of development of intra-city governance modernization. *Empirical Research on the Procuratorial Work of Cases of Illegal Funds-raising* directed against crime cases of illegal funds-raising in Hebei Province, puts forward proposals of procuratorial work of comprehensive rectification of illegal funds-raising from the perspective of case-handling practices of procuratorial organizations. *Study Report of the Administrative Review System in the Background of Mass Lawsuit* taking a regional sample of H city's some county as an example, analyzes factors of impeding the realization of administrative review functions in this area, and explores the institutional innovation of administrative review adapting to specific local conditions in the background of mass lawsuit. *Study Report of the Practice Modality of Credit Repairing of Defaulters on Their Court Orders* puts forward exploring establishment of credit repairing while improving the construction of credit disciplinary mechanisms to give play to "deficiency tolerance" of credit repairing, and effectively making up for the defect of "more for entry and less for exit" of credit punishment by way of "fish farming with water". *Practice Predicament and Regulating Paths of Criminal Incidental Civil Public-good Lawsuit—Taking 1529 First-instance Verdicts in the Bohai Rim Region as the Research Starting Point* proposes exploring the improvement of criminal incidental civil public-good lawsuit system to truly meet the purpose and requirement of restorative justice by taking the hearing practice of criminal incidental civil public-good lawsuit cases as the point of penetration and law case procedure trails as the path. *The Compliance Building of Enterprise Environmental Crime Rectification—From the Perspective of the Procuratorial Practice of Eco-environment Conservation in the Hebei Province* proposes jointly promoting the eco-environment restoration of Beijing-Tianjin-Hebei and Bohai Rim Region through collaborative development grade-by-grade at micro-level, intermediate-level and macro-level and the improvement of enterprise compliance building. *Research on the Distribution of Burden of Proof of Environmental Public-good Litigation Cases—Taking Bohai Rim Region Environment Public-good Litigation Cases as the Center* directed against environmental damage as a hard issue of proof, conducts the restructuring of distribution of burden of proof of environmental infringement public-good litigation cases.

Rule-of-law Guarantee for the Winter Olympic Games contains two study reports. *The Construction of Hearing Modes of Cases of Compensation for Demolition and Relocation Involved in the Winter Olympic Games—Taking 40 Relevant Papers of Civil Judgment as the Analysis Sample* taking 40 papers of civil judgment for compensation for demolition and relocation involved in the Winter Olympic Games as the research sample, sorts out the basic situation of cases of compensation for demolition and relocation involved in the Winter Olympic Games, identifies basic features of cases of compensation for demolition and relocation involved in the Winter Olympic Games, and puts forward hearing modes of cases of compensation for demolition and relocation involved in the Winter Olympic Games. *Research on the "Courts + Snow Grounds + X" Resolving Mechanism of Tourist Skiing Disputes*

Abstract

makes a brief statement of the "Courts + Snow Grounds + X" resolving mechanisms of tourist skiing disputes coming from the innovative exploration by Chongli Court, and puts forward value and significance of this mechanism.

Rule-of-law Society contains six study reports. *Main Achievements and Deepening Paths of the Construction of a Safe Hebei* proposes following the holistic view of national security as the overall guideline, focusing on preventing and resolving protruding risks affecting security and stability, keeping the advancement of innovations of philosophy and thoughts, institutional/mechanism improvement and methods/means, and pushing forward the construction of a Safe Hebei to a higher level. *Practices and Enlightenments of Hebei Provincial People's Congress Fulfilling the Whole-process People's Democracy* starting with Hebei's practices of the system of people's congress, explores the path of further exhibiting the institutional advantages of the whole-process people's democracy in future work. *Research on the Construction of Public Legal Service System of Hebei Province and Its Path of Efficiency Improvement* makes a brief statement of the construction and overall operation situation of public legal service system of Hebei Province, analyzes existing deficiencies and weaknesses, and puts forward the path of improving the efficiency of public legal service system of Hebei Province. *Construction Situation, Existing Problems and Solution Proposals of the Social Mentality Service System of Hebei Province* makes an in-depth analysis of the present existing problems in the construction of social mentality service system of Hebei Province, and provides practical solutions for the construction of social mentality service system of Hebei Province. *Research on the Guarantee for Vocational Injuries of "Quasi-workers" in Sharing Economy* designs the institutional conception of the guarantee for vocational injuries of "Quasi-workers". *Thoughts on the Rule-of-law Rural Reconstruction—Taking the Rule-of-law Rural Reconstruction of Hengshui City as a Sample* explores the way to advance the high-quality development of the rule-of-law rural reconstruction of Hebei Province in light of the reality of the rule-of-law rural reconstruction.

Keywords: Intra-city Society Governance Modernization; Cases of Illegal Funds-raising; Defaulters on Their Court Orders; Sharing Economy; The Rule-of-law Hebei

目 录

Ⅰ 总报告

B.1 2021~2022年河北省法治发展报告
　　　　　　　　　　　　　　　　河北省社会科学院课题组 / 001

Ⅱ 地方立法

B.2 2021年河北省立法情况报告　……………… 周　英　柴丽飞 / 030
B.3 河北省农村环境保护和治理立法、执法情况报告……… 骆艳青 / 045
B.4 《河北省节约用水条例》制定评析与实施建议
　　　　　　　　　　　　　　　　　　　　　蔡欣欣　林　治 / 055
B.5 关于白洋淀生态环境治理和保护地方立法的实践与思考
　　　　　　　　　　　　　　　　　　　　　　　　郑晨曦 / 068
B.6 河北省家庭教育现状、问题及立法对策
　　　　　　　　　河北省妇联《河北省家庭教育促进条例》
　　　　　　　　　　　　　　立法前期工作专项课题组 / 081

001

B.7 党内法规制度建设光辉历程的河北实践
——关于河北省党内法规制度建设的历史回顾、经验和展望
　　　　　　　　　　　　　　　　　河北省委法规室课题组 / 098

Ⅲ 法治政府

B.8 河北省基层综合行政执法改革研究报告 …………… 王艳宁 / 113
B.9 "放管服"改革视域下优化河北省营商环境的对策建议
　　　　　　　　　　　　　　　　　　　　　　　　寇大伟 / 125
B.10 中国（河北）自由贸易试验区法治化发展研究
　　　　　　　　　　　　　　　　　　　　尹建兵　梅　晓 / 136
B.11 平安河北建设中社会力量参与矛盾纠纷化解情况的调研报告
　　　　　　　　　　　　　　　　　　　　　　　　靳志玲 / 148

Ⅳ 司法建设

B.12 市域社会治理现代化背景下一站式机制研究报告
　　　——以H市两级法院为样本 ……………………… 王雪焕 / 160
B.13 非法集资案件检察实证研究
　　　　　　　　　　　　"非法集资案件检察实证研究"课题组 / 175
B.14 大诉讼背景下行政复议制度研究报告
　　　　　　　　　　　　"大诉讼背景下行政复议制度研究"课题组 / 195
B.15 失信被执行人信用修复的实践样态研究报告
　　　　　　　　　　　　　　　　　　　　谷　强　张嘉栩 / 212
B.16 刑事附带民事公益诉讼的实践困境与规范路径
　　　——以环渤海区域1529份一审判决为研究起点
　　　　　　　　　　　　　　　　　　　　王　荔　宋紫娟 / 227

B.17 企业环境犯罪治理合规建设
　　——以河北省生态环境保护检察实践为视角 ……… 朱伟悦 / 243
B.18 环境公益诉讼案件证明责任分配研究
　　——以环渤海环境公益诉讼案件为中心
　　……………………………………… 张　亮　王利军 / 259

Ⅴ　冬奥会法治保障

B.19 涉冬奥拆迁补偿案件审理模式的构建
　　——以40份相关民事判决书为分析样本 ………… 郑晓姣 / 277
B.20 "法院+雪场+X"旅游滑雪纠纷解决机制研究
　　………………………………………… 李静静　杨莉芳 / 288

Ⅵ　法治社会

B.21 平安河北建设主要成效及提升路径 …………………… 麻新平 / 300
B.22 河北省人大践行全过程人民民主的实践与启示 ……… 董　颖 / 315
B.23 河北省公共法律服务体系建设及效率提升路径研究
　　……………………………………………………… 刘淑娟 / 328
B.24 河北省社会心理服务体系建设现状、存在的问题及对策建议
　　………………………………………………………… 刘　勇 / 340
B.25 共享经济中"准劳动者"职业伤害保障问题研究
　　………………………………………… 李　静　袁大千 / 348
B.26 法治乡村建设的思考
　　——以衡水市法治乡村建设为样本 ……… 尹建兵　孙永巍 / 361

CONTENTS

I General Report

B.1 The Rule-of-law Development Report of Hebei in 2021-2022
The Program Team of Hebei Academy of Social Sciences / 001

II Local Legislation

B.2 The Report on the Legislation Situation of Hebei in 2021
Zhou Ying, Chai Lifei / 030

B.3 The Report on the Legislation and Law Enforcement Situation of the Rural Environment Conservation and Governance of Hebei
Luo Yanqing / 045

B.4 Comment/Analysis of Formulation of Ordinances of Hebei Province on the Water Saving and Recommendations of Its Implementation
Cai Xinxin, Lin Zhi / 055

CONTENTS

B.5 Practices and Thoughts of Local Legislation on the Eco-Environment
Governance and Conservation of Baiyangdian Lake *Zheng Chenxi* / 068

B.6 Present Situation, Problems and Legislation Solution of the Family
Education in Hebei Province
*The Special Program Team of Preliminary Work of the Legislation on Hebei Province's
Ordinances on Family Education Promotion by Hebei Provincial Women's Federation* / 081

B.7 Hebei's Practice of the Brilliant Process of the Construction of
Inner-party Laws and Regulations
—*Historical Review, Experience and Forecasts of the Construction of
Inner-party Laws and Regulations in Hebei Province*
*The Program Team of Laws and Regulations Office of the CPC Hebei
Provincial Committee* / 098

III Rule-of-law Government

B.8 The Study Report of the Grassroots Comprehensive Administrative
Law-enforcement Reform of Hebei Province *Wang Yanning* / 113

B.9 Solution Proposal of Improving Hebei's Business Environment under
the Vision Field of the "Reform to Delegate Power, Improve
Regulation and Providing Services"
Kou Dawei / 125

B.10 Research on the Rule-of-law Development of China (Hebei) Pilot
Free Trade Zone *Yin Jianbing, Mei Xiao* / 136

B.11 Survey Report of Hebei's Non-governmental Forces Participating
in Resolving Contradictions and Disputes in the Construction of a
Safe Hebei *Jin Zhiling* / 148

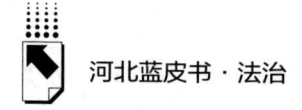

Ⅳ Judicial Construction

B.12 Study Report of the One-stop Mechanism in the Background of Intra-city Society Governance Modernization
  —*Taking H City's Two-level Court as a Sample*　　*Wang Xuehuan* / 160

B.13 Empirical Research on the Procuratorial Work of Cases of Illegal Funds-raising
  The Program Team of "Empirical Research on the Procuratorial Work of Cases of Illegal Funds-raising" / 175

B.14 Study Report of the Administrative Review System in the Background of Mass Lawsuit
  The Program Team of "Study Report of the Administrative Review System in the Background of Mass Lawsuit" / 195

B.15 Study Report of the Practice Modality of Credit Repairing of Defaulters on Their Court Orders　　*Gu Qiang, Zhang Jiaxu* / 212

B.16 Practice Predicament and Regulating Paths of Criminal Incidental Civil Public-good Lawsuit
  —*Taking 1529 First-instance Verdicts in the Bohai Rim Region as the Research Starting Point*　　*Wang Li, Song Zijuan* / 227

B.17 The Compliance Building of Enterprise Environmental Crime Rectification
  —*From the Perspective of the Procuratorial Practice of Eco-environment Conservation in the Hebei Province*　　*Zhu Weiyue* / 243

B.18 Research on the Distribution of Burden of Proof of Environmental Public-good Litigation Cases
  —*Taking Bohai Rim Region Environment Public-good Litigation Cases as the Center*　　*Zhang Liang, Wang Lijun* / 259

CONTENTS

V Rule-of-law Guarantee for the Winter Olympic Games

B.19 The Construction of Hearing Modes of Cases of Compensation for Demolition and Relocation Involved in the Winter Olympic Games
—*Taking 40 Relevant Papers of Civil Judgment as the Analysis Sample*
Zheng Xiaojiao / 277

B.20 Research on the "Courts+Snow Grounds+X" Resolving Mechanism of Tourist Skiing Disputes *Li Jingjing, Yang Lifang* / 288

VI Rule-of-law Society

B.21 Main Achievements and Deepening Paths of the Construction of a Safe Hebei *Ma Xinping* / 300

B.22 Practices and Enlightenments of Hebei Provincial People's Congress Fulfilling the Whole-process People's Democracy *Dong Ying* / 315

B.23 Research on the Construction of Public Legal Service System of Hebei Province and Its Path of Efficiency Improvement
Liu Shujuan / 328

B.24 Construction Situation, Existing Problems and Solution Proposals of the Social Mentality Service System of Hebei Province *Liu Yong* / 340

B.25 Research on the Guarantee for Vocational Injuries of "Quasi-workers" in Sharing Economy *Li Jing, Yuan Daqian* / 348

B.26 Thoughts on the Rule-of-law Rural Reconstruction
—*Taking the Rule-of-law Rural Reconstruction of Hengshui City as a Sample* *Yin Jianbing, Sun Yongwei* / 361

总报告
General Report

B.1
2021~2022年河北省法治发展报告

河北省社会科学院课题组*

摘 要： 2021年，河北省委认真贯彻落实习近平法治思想，加强党对法治河北建设的领导，统筹推进全面依法治省工作，将全过程人民民主贯穿立法全过程，严格规范执法，加快法治政府建设，以司法护航河北高质量发展，全面提升法律监督质效，加强普法法律服务和法治社会建设。2022年，河北省将强化统筹协调，提高立法质量，法治政府建设率先突破，促进司法公正，加强法律监督，深化普法法律服务和依法治理，不断增强人民群众在法治领域的获得感和安全感。

关键词： 法治河北　法治政府　依法治省

---

* 课题组成员：王艳宁，河北省社会科学院法学研究所研究员，研究方向为地方法治建设；李靖，河北省社会科学院法学研究所研究员，研究方向为地方法治建设；蔡欣欣，河北省社会科学院法学研究所副研究员，研究方向为法治建设、社会治理。

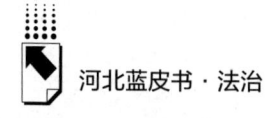

河北地处京畿要地，肩负着当好首都政治"护城河"的重要责任，营造良好的政治环境、法治环境、社会环境责任重大、任务艰巨。2021年是"十四五"开局之年，河北省认真学习贯彻习近平法治思想，深入落实全面依法治国基本方略，紧紧围绕贯彻落实习近平总书记对河北工作的重要指示批示精神和党中央决策部署，抓紧抓实河北法治建设重点任务，以高水平法治助推高质量发展、服务保障"十四五"开好局、起好步。

一 加强党对法治建设的领导，推进全面依法治省

2021年，河北省委认真贯彻落实习近平法治思想，加强党对法治河北建设的领导，把党的领导贯穿全面依法治省的各个领域各个方面各个环节，统筹推进全面依法治省工作，紧紧抓住领导干部这个"关键少数"，扎实推进党内法规制定、备案、清理、执行和研究等各方面工作，有效服务省委依规治党，党内法规制度建设取得新成效。

（一）统筹推进全面依法治省各项工作

一是把习近平法治思想贯彻落实到全面依法治省全过程各方面。河北省委牢牢把握深入学习贯彻习近平法治思想主线，将学习贯彻习近平法治思想作为重大政治任务、重点工作统筹协调推进，推动习近平法治思想在燕赵大地落地生根并转化为全面依法治省工作的强大动力。制定了《习近平法治思想宣传工作方案》，对全省开展习近平法治思想学习宣传作出9项具体部署。二是科学编制河北法治建设系列规划。对标对表党中央全面依法治国顶层设计，紧密结合河北法治建设实际，聚焦党中央关注、人民群众反映强烈的突出问题和法治建设薄弱环节，高标准绘就法治河北建设蓝图。制定了《法治河北建设规划（2021—2025年）》《河北省法治社会建设实施方案（2021—2025年）》《河北省法治政府建设实施方案（2021—2025年）》《新时代河北省法治人才培养实施方案（2021—2025年）》，为"十四五"时期法治河北建设绘就了时间表、路线图。三是统筹

推进法治建设各方面工作，为国家大事和经济社会发展提供法治保障。河北省委充分发挥统筹协调作用，坚持围绕中心、服务大局，发挥法治在实施重大国家战略、推进改革发展稳定中的服务和保障作用，对立法、执法、司法、守法、普法各领域工作进行了重点谋划部署和统筹推进，推动进一步加强雄安新区法治建设保障工作，努力打造高水平法治雄安国家示范区。

（二）压实各级领导干部抓法治建设责任

河北认真贯彻习近平总书记坚持抓住领导干部这个"关键少数"的要求，通过压实各级领导干部抓法治建设责任，促使"关键少数"带头尊崇法治、敬畏法律、了解法律、掌握法律，不断提高运用法治思维和法治方式深化改革、推动发展、化解矛盾、维护稳定、应对风险的能力。

一是组织各地各部门党政主要负责人进行年度述法。全省13个市（含定州、辛集）、雄安新区党政主要负责人，95个省直部门党委（党组）主要负责人围绕落实《党政主要负责人履行推进法治建设第一责任人职责规定》，总结提交本地本部门法治建设述法报告。二是进一步推动落实党政主要负责人履行推进法治建设第一责任人职责。2021年6月23日印发了《关于进一步推动落实党政主要负责人履行推进法治建设第一责任人职责的意见》，建立省、市、县、乡四级职责清单制度和年度述法报告机制，压实各级党政主要负责人职责，在全省建立"书记抓、抓书记"，一级抓一级、一级带一级的省、市、县、乡、村"五级书记抓法治"工作机制，确保党中央全面依法治国决策部署和省委全面依法治省工作要求在全省各地落地落实。河北省"五级书记抓法治"的做法得到了中央依法治国办的充分肯定并予以推广。三是推动落实全省公职律师制度、党政机关法律顾问工作。在党政机关配备法律顾问，确保依法决策、依法行政，是中央全面依法治国委员会2021年的一项重要工作部署，省委依法治省办印发了《关于切实加强全省党政机关法律顾问工作充分发挥

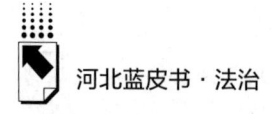

党政机关法律顾问作用的通知》《关于加快推进公职律师工作的意见》，明确要求全省完成党政机关法律顾问和公职律师配备工作，进一步提升各地各部门依法决策、依法行政工作水平。

（三）统筹推进"立改废"和贯彻实施

省委认真贯彻落实中央党内法规规定，及时传达学习、细化执行措施。加强省委党内法规起草制定全流程管理，认真履行前置审核、会议审议、发文审核、审批发布程序，2021年共制定修订省委党内法规16部。坚持制定和实施并重，认真贯彻执行《中国共产党党内法规执行责任制规定（试行）》，持续推进《省直单位牵头执行党内法规清单》落实见效。各牵头部门积极组织开展宣传宣讲、学习培训、业务指导、政策解读和督促检查，努力协调解决执规过程中的有关问题，其他有关部门按照职责权限积极协助配合，共同尽责执规。加大对党章和准则、条例等重要党内法规执行情况的巡视巡察力度，将党内法规执行情况纳入督查和监督执纪问责范围，依纪依规严肃查处违反和破坏党内法规行为，切实维护党内法规制度的严肃性和权威性。

（四）强化备案审查监督

坚持把备案审查作为加强组织监督、落实"两个维护"的重要举措。省委向党中央报备党内法规和规范性文件做到有件必备、及时报备。审查各地各部门党委（党组）向省委报备规范性文件做到有件必审、有错必纠，对存在问题的文件进行纠正、提醒和告知，切实维护党内法规和党的政策统一性、权威性。选择4个县作为试点，对本级党委制发的规范性文件实行同时向省委、市委"双重备案"，加强对"下备一级"工作的指导监督，进一步健全完善备案审查工作体系。

（五）抓实党内法规学习宣传

统筹运用"线下+线上"形式加强党内法规学习教育，将党内法规作为党委（党组）理论学习中心组学习、干部教育培训、"三会一课"重要内容，综合利用大讲堂、教育展、学习强国平台、河北干部网络学院、"河北普法"微信公众号等方式渠道，推动党内法规学习教育持续走深走实。结合庆祝建党100周年和党史学习教育，组织党内法规工作联席会议成员单位认真学习党内法规制度建设的光辉历史；开展全省性党员干部党内法规知识在线学习测试活动，参与人数达200万人，收到"以考促学、以学促知"良好效果。将宣传党内法规纳入普法工作重要内容，在"八五"普法规划中明确重点、落实责任。认真组织《中国共产党党内法规汇编》征订学用工作。

（六）加强党内法规研究

调动省内党内法规研究力量积极性，研究成果数量、质量明显提升。在中办法规局组织的"庆祝建党100周年"主题征文活动中，河北省推介稿件多篇获奖。结合学习党的十九届六中全会精神，对党内法规制度建设光辉历程的河北实践进行全面系统回顾，形成调研报告。统筹党内法规理论和应用研究，充分发挥社科基金项目示范引导作用，提高党内法规研究选题比重，20多项相关课题获省社科基金项目立项支持，努力打造优质研究成果，为党内法规制度建设提供学理支撑。

二 将全过程人民民主贯穿立法全过程

2021年是"十四五"的开局之年，是建党百年的重要节点。在2021年，河北着力加快高质量立法步伐，厚植河北改革发展稳定的法治根基，全年共出台法规及法规性质的决定19部，修改19部，废止3部，批准设区市法规33部、自治县法规2部，总体呈现数量多、节奏强、见效快、质量高、分量重的特点，形成了"党委领导、人大主导、政府依托、各方参与"的立法工作格局。

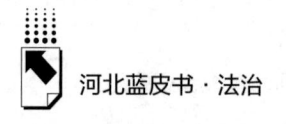

（一）服务保障重大国家战略实施

2021年，河北坚持立法决策与改革决策相统一、相衔接，制定全国第一部关于支持雄安新区改革创新和建设发展的综合性法规《河北雄安新区条例》，打造雄安新区建设的统领性"基本法"，从法律制度上赋予雄安新区更大的改革和创新空间，引领和保障雄安这座未来之城在法治的轨道上行稳致远。出台《白洋淀生态环境治理和保护条例》，修复好、保护好白洋淀，发挥白洋淀的生态功能、防洪功能，筑牢雄安新区的生态底色，保障雄安新区防洪排涝和生态安全，促进雄安新区建设与发展的高标准、高质量。还围绕保障京津冀协同发展，作出了《河北省人民代表大会常务委员会关于授权省人民政府为保障冬奥会筹备和举办工作规定临时性行政措施的决定》，为顺利推进冬奥会筹办工作提供法治支撑。积极开展公共卫生领域的立法协同，取得了重要的阶段性进展。

（二）促进经济社会高质量发展

从河北省改革发展稳定大局出发，以高质量立法推动河北经济社会高质量发展，为建设经济强省构筑清朗的法治空间。2021年，修订了《河北省信息化条例》，进一步明确与规范了网信部门信息化管理职能，健全了信息化统筹推进机制，加快信息化发展，促进信息化深度渗透于各产业、各领域、各行业之中。加快审议"数字经济促进条例"，促进数据依法有序流动，保障数据安全，推进数字产业化和产业数字化，促进数字技术、数字经济与实体经济深度融合，培育经济增长新动能，做大做强做优河北的数字经济。出台《河北省公路条例》《河北省公安机关警务辅助人员管理条例》《河北省长城保护条例》，通过《河北省人民代表大会常务委员会关于加强国有资产管理情况监督的决定》《河北省人民代表大会常务委员会关于加强革命文物保护利用的决定》，及时修改《河北省发展循环经济条例》《河北省技术市场条例》，以法治力量推动河北经济社会高质量发展。

（三）持续改善人民群众生活品质

坚持以人民为中心，加强和改进立法工作，通过法治手段不断提升人民群众的幸福感，持续改善人民生活品质。制定《河北省养老服务条例》，推进养老服务发展的系列政策措施固化为法律法规，依法规范养老服务行为，促进优质养老服务资源向老年人周边、身边和床边聚集，夯实"老有所养"法治之基；制定《河北省电动自行车管理条例》，切实从源头上加强对电动自行车的管理，维护道路交通秩序，预防和减少交通事故、火灾事故，保护人民人身和财产安全，解决电动自行车迅猛发展给交通秩序、公共安全带来的问题，推进电动自行车管理法治化；制定《河北省乡镇和街道综合行政执法条例》，推动党中央、国务院和省委、省政府的决策部署落地落实，构建权责一致的基层综合行政执法体系，全面提升基层治理效能，推进基层治理体系和治理能力现代化；修订《河北省人口与计划生育条例》，优化生育政策，完善积极生育支持措施，保障计划生育家庭合法权益，增强政策执行力，实现从"有章可循"到"有法可依"的跨越。

（四）筑牢保护生态环境法治屏障

深入贯彻习近平生态文明思想，牢固树立和自觉践行"绿水青山就是金山银山"理念，全力守护河北的蓝天白云、绿水青山、良田沃土。为更好发挥地方立法对水资源节约集约利用的引领、推动和保障作用，制定《河北省节约用水条例》，明晰政府及其部门职能，强化水资源刚性约束，严格节水管控措施，规范各行业全领域节水，突出非常规水资源利用，明确节水激励支持措施；制定《河北省土壤污染防治条例》，首次对防治土壤污染进行立法，填补河北省土壤污染防治方面的法规空白，推动土壤资源的永续利用；制定《塞罕坝森林草原防火条例》，通过建立联防联控机制、处理防火与旅游的关系、强化人防物防技防相融合、采用全链条管理等方法举措，筑牢京津生态屏障；制定《衡水湖保护和治理条例》，加强衡水湖水资源保护，使衡水湖迈入"专法"保护时代；出台《河北省人民代表大会常

务委员会关于加强矿产开发管控保护生态环境的决定》，巩固提升综合治理矿山成效，更好地运用法治力量严格矿产开发管控、保护生态环境。

三 严格规范执法，加快推进法治政府建设

法治政府建设是全面推进依法治省的重点任务和主体工程。河北省认真贯彻习近平法治思想，按照依法治国、依法执政、依法行政共同推进，法治国家、法治政府、法治社会一体建设的要求，加快建设职能科学、权责法定、执法严明、公开公正、廉洁高效、守法诚信的法治政府。

（一）依法全面履行政府职能

把政府工作全部纳入法治轨道。河北省政府要求严格依照宪法法律行使职权、履行职责，全面加强法治政府建设。实行权力清单管理制度，推进政府机构、职能、权限、程序和责任法定化，省、市、县三级全面建立起行政权力清单、责任清单和负面清单制度。在2021年新冠肺炎疫情防控中，河北省政府出台贯彻执行《河北省人民代表大会常务委员会关于依法全力做好新型冠状病毒肺炎疫情防控工作的决定》的若干措施，依法科学有序实施疫情防控及应急处理措施，从重从快查处制造传播谣言、哄抬物价、制售假冒伪劣防疫物资、干扰妨碍疫情防控等违法行为，在处置重大突发事件中提升了法治政府建设水平。持续开展法治政府建设示范创建活动，将法治政府建设示范创建纳入省委全面依法治省委员会年度工作要点。依照《河北省法治政府建设示范创建活动实施方案》，2021年6月，评选出第一批河北省法治政府建设示范地区15个、示范单位4个、示范乡镇6个、示范项目13个，进一步激发了各地各单位法治政府建设内生动力，形成了"比学赶帮超"的良好局面，有效推动了全省法治政府建设高质量发展。

（二）坚持科学民主依法决策

加强重大行政决策制度建设。河北省在已有重大行政决策法律规定基础

上，进一步规范重大行政决策制度和机制，增强决策的科学性，提高重大行政决策质量。2021年8月，省政府办公厅出台《河北省重大行政决策实施情况跟踪反馈与后评估办法》，完善了各级政府及其部门的行政决策执行机制，使全省重大行政决策实施情况跟踪反馈与后评估更具执行性、可操作性。坚持重大行政决策合法性审查制度。将法治审核作为行政决策前置程序，确保行政决策符合宪法法律规范，符合高质量发展要求。截至11月初，共完成法治审核505件，其中文件167件，合同协议、备忘录19件，征求意见319件，提出意见建议867条。严格履行备案审查职责。全年及时准确完成省政府规章向国务院和省人大常委会备案1部；接收各设区市报送政府规章备案7部、行政规范性文件备案131件；接收省政府各部门报送行政规范性文件备案110件。为保证备案审查质量，委托第三方对2020年度各市政府和省政府各部门报备的365件行政规范性文件进行集中审查，对其中各市政府90件、省政府各部门64件存在问题的文件提出了审查意见，明确整改要求。

（三）推进严格规范公正文明执法

进一步规范行政执法行为。河北省在全国率先以政府立法形式推动行政执法"三项制度"落地之后，又率先在全国实行"三项制度"省、市、县、乡四级全覆盖。2021年8月，河北省司法厅制定了《关于加强乡镇人民政府和街道办事处行政执法规范化建设的指导意见》《乡镇人民政府和街道办事处行政执法场所设置规范》《河北省乡镇人民政府和街道办事处行政执法文书参考样式（2021年版）》，印发了《河北省行政执法辅助人员管理办法》，进一步规范基层行政执法行为，提升执法水平。加强行政执法人员管理。制定了行政执法证件编号规则，完成了执法监督证件样式设计，完善了证件办理系统，编制了系统操作手册，开展了新版证件制作调试。对制作的16万多个证件卡片进行了核对、查验，启动全国统一的行政执法证件换发工作。开展民生领域行政执法监督。在民生领域开展损害群众利益行政执法问题监督，省司法厅牵头负责全省民生领域损害群众利益的行政执法问题情况统计汇总，每周向省纪委报告。在雄安新区开展行政执法人员培训标准化体系建设试点工作。河北省被选为全国行政执法监督信息采集系统信息采集的唯一试点省份后，积极组织协调试点单位录入数据并提出完善意见，导入相关执法数据信息500余万条，顺利完成与司法部行政执法协调监督系统的对接。

（四）全面提高政务服务水平

持续深化"放管服"改革。大力简政放权，"放"出活力和动力。省级行政许可事项由2012年的1495项削减至2021年的458项，取消证明事项422项，以"减证"促"简政"。深化商事制度改革，河北省成为全国第5个实现"证照分离"改革全域覆盖的省份。全面推行权责清单制度，推进行政许可事项清单标准化管理，组织49个省有关部门，规范编制标准，形成省、市、县、乡行政许可通用目录。严格执行市场准入负面清单制度，推动"非禁即入"普遍落实，确保"一单尽列、单外无单"，推动形成公平竞争、规范有序的市场体系。在全国开展第一批行政备案规范管理改革试点，进一步减轻企业和群众办事负担。完善"互联网+监管"平台，整合6个部门九大系统数据，实现审批、执法、监管等信息一次填报、多部门共享，在全国率先解决了基层反映强烈的"乡报、急报、重复报"问题。为推动政务服务提速增效，提升便民化水平，省、市、县三级政务服务事项网上可办率均达95%以上，企业开办实现"全程网办、一日办结"，上线"冀时办2.0版"，截至2021年7月底，2265项便民应用实现"掌上办""指尖办"。全面推行证明事项告知承诺制。2021年7月，省政府办公厅印发《河北省保留证明事项基本目录》和《河北省第一批实行告知承诺制证明事项目录》，规定实行告知承诺制证明事项42项，保留证明事项225项，解决了各类"奇葩"证明、循环证明、重复证明等群众烦心事问题。同时印发实施了《河北省证明事项告知承诺制行政协助核查办法（试行）》，有效解决告知承诺制证明事项的事后核查问题。

（五）强化行政行为监督

做优行政复议工作。畅通行政复议渠道，着力实质性化解行政争议。减轻疫情不利影响，采取电子邮件、电话等多种方式受理行政复议申请，确保行政复议渠道畅通。同时简化立案程序，对申请复议应当提交的证据材料，采取一次性告知制度。对于征地类案件中部分申请人不能提供土地承包证等必备材料的，坚持先立案后审查的办法，杜绝行政复议有案不能立的问题。加大调解和解力度，推动行政复议案件的实质性化解，切实解决涉及群众切身利益的行政争议，力争实现案结事了。省政府本级共20件案件通过申请人撤回行政复议申请的方式结案。严格依法办理行政复议案件，从合法性、合理性、实体和程序等方面对行政行为进行全面审查，对不履行或者不正确履行法定职责的，责令限期履行职责，以撤销、确认违法、调解等方式纠错42件，有力维护了人民群众合法权益。截至11月初，省本级办理行政复议案件382件。落实行政机关负责人出庭应诉制度，石家庄、承德、唐山、保定、邢台和定州出庭应诉率均超过70%，取得良好社会效果、法律效果和政治效果。加强执法监督检查。开展每月一次的执法公示网上巡查，截至11月初，执法监督平台共公示执法信息718万多条。省司法厅印发《河北省乡镇街道综合行政执法用车标识》，统一了乡镇街道综合行政执法用车标识，公开执法信息，主动接受群众监督。

四　以司法护航河北高质量发展

2021年以来，河北省各级法院紧紧围绕"努力让人民群众在每一个司法案件中感受到公平正义"的目标，以深化司法体制综合配套改革为动力，以推进审判体系和审判能力现代化为重点，以开展"我为群众办实事"实践活动为契机，以开展队伍教育整顿为保障，充分发挥审判职能作用。截至2021年9月上旬，河北省各级法院共新收案件104.85万件，结案80.22万

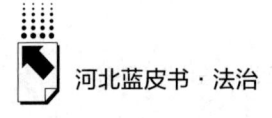

件，分别同比上升37.27%和31.11%，审判质效持续向好，回应了人民群众对司法工作的新期待和新要求。

（一）当好首都政治"护城河"

1. 妥善审理重大案件

2021年以来，承德市中级人民法院圆满审结国家开发银行原党委书记、董事长胡怀邦受贿案，胡怀邦被判处无期徒刑；石家庄市中级人民法院审结吉林省人民检察院原党组书记、检察长杨克勤受贿案，以受贿罪判处杨克勤有期徒刑13年，并处罚金人民币400万元；高碑店市人民法院依法妥善审结社会各界关注的犯聚众冲击国家机关罪等9个罪名的孙大午案，社会效果良好。此外，稳妥审理邓恢林、龚道安、刘新云以及骆家骕、谢长军等重大案件，坚决捍卫国家政治安全。

2. 常态化开展"扫黑除恶"专项斗争

截至2021年9月上旬，全省法院共审结一审涉黑案件14件73人、涉恶案件91件930人，执行生效案件涉案财产1.82亿元，如期完成了"扫黑除恶"专项斗争任务目标。与公安、检察机关加强沟通，对审结的每起涉黑、恶案件逐案、逐人、逐判项进行核对，确保底数清楚。积极收集被告人涉黑、恶财产的权属线索，持续保持高压态势，及时有效采取查控措施。实现全省各级法院的执行部门与刑事审判部门无缝对接，建立涉黑、恶财产执行的协调机制，形成涉黑、恶案件财产移送、立案、执行的"绿色通道"，为人民群众安居乐业筑牢平安之基。

（二）护航河北高质量发展

1. 协力打造法治化营商环境

研究制定优化营商环境具体举措和高标准市场体系建设实施方案，首次发布《河北法院破产审判白皮书（2017年—2020年）》。在全省11个设区市全部建立破产案件府院联动机制。设立破产费用专项基金，积极探索企业挽救"预重整+司法确认"等创新工作方式。针对河北4个自贸试验区的不同功能定位，制定服务保障自贸试验区实施意见，推动自贸试验区高质量发展。

2. 加强知识产权司法保护

推进中院层面初步实现知识产权案件"三合一"审理，发布《河北法院知识产权司法保护状况（2020年）》白皮书，公开12件知识产权司法保护典型案件。成立河北雄安新区中级人民法院知识产权审判庭，打造雄安新区知识产权司法保护高地。省法院审理的知识产权案件，连续两年入选中国法院50件典型知识产权案例。截至2021年上半年，河北全省法院共审结知识产权民事一审案件2192件，较上年同期上升101%，其中调撤1766件，调撤率达80%以上。

3. 提高生态环境司法保护水平

圆满审结邢台润敏污染环境案等一批重大环境资源案件，进一步加强对重点区域生态环境的司法保护，成立白洋淀环境资源法庭，出台服务保障大运河生态文明建设12条举措。邢台、邯郸、保定、张家口、石家庄等地的5家中院建立太行山环境司法保护协作机制。协调设立生态环境损害赔偿资金专用账户，建立怀来官厅水库生态司法教育体验中心、沙河生态修复司法保护教育基地。

（三）提升司法为民能力水平

1. 深化"我为群众办实事"实践活动

依法妥善处理涉民生案件，组织开展"我做的群众最满意的一件事"主题实践活动。制定全省法院2021年度立案工作10项便民措施并向社会公开承诺：网上立案审查时间从法定的7天缩短至2.1天。全省法院认真落实《全省法院便民利民举措20条》，着力解决人民群众急难愁盼问题。按照中央有关规定并结合河北实际，起草"省级诉讼费退付暂行操作规程"，2021年1月底前各级法院已全面实现网上缴费、网上退费。

2. 巩固一站式建设成果

深化一站式多元解纷和诉讼服务体系建设，实现全省三级法院和人民法

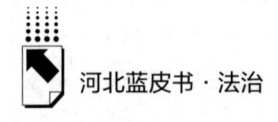

庭跨域立案全覆盖，为人民群众提供了更加精准、便利的诉讼服务。全省法院一站式质效评估体系得分长期位居全国第一，全面提升一站式多元解纷和诉讼服务水平。截至2021年9月上旬，全省36家法院进入全国前100名。3家法院获评"2020年全国法院一站式建设先进单位"，"河北省法院系统一站式诉讼服务工作质效"成功入选河北省2020年度"十大法治成果"。

3. 加强未成年人权益保护

河北省三级法院建成了统一归口管理的专业化审判组织体系，全省176家基层法院全部挂牌成立了少年法庭，实现法院少年法庭全覆盖，开启了新时代未成年人审判工作新篇章。2021年共发布两批关于未成年人犯罪、侵害未成年人犯罪、校园伤害等未成年人保护典型案例，为人民法院办理类似案件提供了有益参考。从未成年人身心特点及其司法保护工作实际出发，将"教育、感化、挽救"方针融入未成年人审判，坚持"教育为主、惩罚为辅"原则，全过程全方位保护未成年人权益，形成社会调查、圆桌审判、合适成年人到场、犯罪记录封存、回访考察、诉讼引导、社会观护等一系列有特色的未成年人案件审判制度和工作方法。集"源头预防、创新审判、立体帮教"于一体的未成年人审判工作体系被最高人民法院作为典型经验予以推广。

4. 做实人民法庭建设

优化人民法庭布局，将原有"特色法庭"定位为"人民法庭法官工作站"。根据法庭工作特点，促进"冀时调"平台升级，实现线上管理和统计分析法庭工作功能，定期通报乡镇法庭排名，推动提升法庭工作水平。探索与不同地区发展相适应的，以综合审判为主、专业化审判为辅的法庭设置模式。打造婚姻家事法庭等一批特色法庭，深化诉源治理实践，融入党委领导下的社会治理格局，促进矛盾纠纷源头预防、就地化解。进一步规范人民法庭特邀调解工作，将乡村调解资源全部纳入特邀调解员名册，最大限度调动特邀调解员的工作积极性。

5. 推进审判执行业务效果提升

提高执行办案效率，复议案件全部实行电子卷宗，可进行网上查阅，减少当事人等待时间，加快程序性流转。加大执行案件督办力度，设立执行局长信箱，监督指导重点案件，对执行信访案件实行源头治理，依法对符合条件的申请执行人给予司法救助。规范执行行为，明确终本案件标准，严格终本案件管理，依托执行指挥中心实时监督各级法院终本情况，及时发现并纠正违规终本案件，推动执行工作规范化。

（四）促进审判体系和审判能力现代化

1. 强化层级监督指导

加强条线监督和案件评查，成立5个专门案件评查团队，加大案件评查力度，2021年前三季度评查案件已达546件。制定完善全省法院审判质效考核评价办法和年度考核实施办法，实现各法院审判工作均衡发展和审判质效良性循环。修改完善《案件质量评查办法》，完善案件质量评查机制，将评查结果运用与法官惩戒相结合，进一步落实司法责任制。推动院庭长落实监督管理职责，完善"四类案件"监管平台，健全"四类案件"标识管控机制，有效解决"四类案件"中标识不处理、不监管等问题。

2. 创新一体化审判权监督制约平台

创新研发"河北法院一体化审判权监督制约平台4.0版"，扎牢"数据铁笼"，抓住关键点对审判权运行进行监督制约，实现重点案件、节点、人员和重大瑕疵、群众信访、重大舆情、问责追责等"七个看得见"，全程留痕、智能管理，并将监督处置结果自动纳入法官绩效考核和业绩档案。保定中院率先上线运行法官负面行为预警系统，对法官负面行为实行智能监管，被全国以简报形式推广。沧州中院研发"微评查"平台、衡水中院研发"码上通"平台等，积极破解监督制约难题。

五 全面提升法律监督质效

2021年，河北省全省检察机关全面贯彻习近平法治思想，坚持以习近平总书记对河北工作的重要指示为指针，以高度的政治自觉、法治自觉、检

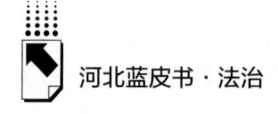

察自觉，全面履行检察职责，深入落实中央和省委重大决策部署，认真实施《法治社会建设实施纲要（2020—2025年）》，推进"四大检察""十大业务"全面深入协调发展，推动检察工作高质量发展，各项工作取得新成绩，书写了新时代法律监督的新篇章。

（一）为实施"十四五"规划提供有力检察保障

河北省全省检察机关紧紧围绕构建新发展格局、推动高质量发展，更新司法理念，保障"三件大事"等重大战略实施，集中统一履行知识产权检察职能，加强知识产权司法保护。截至2021年9月，全省检察机关共批准逮捕侵犯知识产权犯罪嫌疑人161人，同比上升19.3%；共起诉372人，不起诉38人，不起诉率达9.3%。所涉罪名主要是假冒注册商标罪和销售假冒注册商标的商品罪，分别涉及179人、127人，二者共占起诉总数的82.3%。发布"检察护航创新发展"典型案例，包括假冒注册商标案、销售假冒注册商标的商品案、销售侵权复制品案、侵犯著作权案等，充分发挥典型案例的引领和示范作用。

牢固树立"绿水青山就是金山银山"理念，进一步加大生态环境领域公益诉讼检察工作力度，依法惩处破坏生态环境犯罪行为，加强破坏环境资源犯罪立案监督，依法从严惩治破坏环境资源犯罪，加强与京津等地检察机关的司法协作，开展"护航蓝天碧水净土"等专项活动，持续推动生态环境好转。全面落实"河长（湖长、林长）+检察长"制度，推动公益诉讼与生态环境损害赔偿制度的衔接。2021年第一季度诉前程序案件所涉生态环境和资源保护领域590件，占比最高，为63.5%。

（二）依法打击犯罪，维护社会稳定

深入落实总体国家安全观，严厉打击危害国家安全、公共安全、网络安全犯罪，依法预防和惩治经济金融领域犯罪，防范化解重大风险。2021年前三季度，共有各类犯罪嫌疑人24985人被全省检察机关批准和决定逮捕，同比上升7%；不捕8571人，不捕率为25.5%，同比增加5.1个百分点。

共决定起诉55954人；11643人决定不起诉，不起诉率17.2%，同比增加3.4个百分点。其中，危险驾驶罪15333人，排在第1位，同比上升39.9%；故意伤害罪4566人，排在第2位，同比上升5.4%；盗窃罪排在第4位，共4383人，同比上升5.3%；诈骗罪2949人，排在第5位，同比上升8.2%。在《刑法修正案（十一）》新增的17个罪名中，袭警罪、催收非法债务罪、妨害安全驾驶罪、高空抛物罪等共提起公诉166人，分别为145人、18人、2人、1人。推进治理体系和治理能力现代化，让城乡社会更安宁、群众生活更安乐。

健全"扫黑除恶"常态化机制，2021年前9个月，280人被全省检察机关批准和决定逮捕；决定起诉1009人；对黑恶势力"保护伞"逮捕1人，起诉14人。保护非公经济手段更加丰富，对影响非公经济发展的刑事犯罪逮捕129人，起诉242人（同比下降3.2%）；提出8件影响非公经济发展的民事生效裁判抗诉案件，提出再审检察建议2件；提出对民事审判活动监督的检察建议12件，提出对民事执行活动监督的检察建议7件，坚决做到"是黑恶犯罪一个不放过、不是黑恶犯罪一个不凑数"，推动建设更高水平的平安河北、法治河北，不断提升人民群众的司法获得感。

（三）全面加强法律监督工作

持续更新检察监督理念，以高度的政治自觉依法履行检察职能。2021年前三季度，全省检察机关对公安机关合计开展立案（撤案）监督1468件，监督后公安机关已立案（撤案）1151件，共纠正侦查活动违法行为3089件，提出刑事抗诉453件，纠正刑事审判活动违法行为918件，纠正"减刑、假释、暂予监外执行"不当1427人，纠正刑事执行活动违法行为2194件，纠正监外执行活动违法行为2730人，立案侦查司法工作人员相关职务犯罪案件75人。

以全面贯彻落实《民法典》为契机，进一步加强民事检察工作。2021年前三季度，全省检察机关共受理3279件民事生效裁判监督案件，提出再审检察建议263件，对民事审判活动违法行为提出检察建议954件，对民事

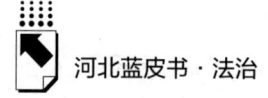

执行活动违法行为提出检察建议834件。其中，对民事生效裁判、调解书提出抗诉案件中涉及虚假诉讼10件，对民事审判活动违法行为提出检察建议中涉及虚假诉讼20件，对民事执行活动违法行为提出检察建议中涉及虚假诉讼16件。公民、法人和其他组织的合法权益得到依法、有效保护，民事检察监督质效向好。

全省检察机关依法履行对行政诉讼活动的法律监督职能，加大办案力度，提升监督品质，助推法治政府建设。2021年1~9月，共对行政生效判决、裁定、调解书等裁判提出再审检察建议9件，对行政审判活动违法行为提出检察建议275件，对行政执行活动违法行为提出检察建议689件，案件办理质量稳步提升。"河北省检察机关开展加强行政检察监督促进行政争议实质性化解专项活动"入选河北省第七届"十大法治事件"。大力践行爱民服务措施，继续做好土地执法查处领域行政非诉执行监督专项活动，以"违法乱占耕地"非诉执行监督为重点，解决群众关心的耕地保护问题。

河北省检察机关全面履行公益诉讼检察职责，坚决维护国家利益和社会公共利益，2021年全省公益诉讼检察判决支持案件数量保持了上升态势。截至2021年9月，共立案办理公益诉讼案件7352件，其中民事公益诉讼类立案780件，行政公益诉讼类立案6572件；共开展诉前程序6110件，共提起公益诉讼407件，其中民事公益诉讼387件，行政公益诉讼20件。深化红色资源保护公益诉讼专项监督，协同有关职能部门统筹保护、管理和运用红色资源。开展长城保护公益诉讼专项活动，带动文物和文化遗产保护领域检察公益诉讼工作发展。加强公益诉讼与生态环境损害赔偿等制度的衔接，推动形成制度合力，当好首都绿色生态屏障。河北省灵寿县零散烈士纪念设施集中管护行政公益诉讼案入选退役军人事务部、最高人民检察院联合发布的"烈士纪念设施保护行政公益诉讼典型案例"。

持续强化未成年人全面司法保护，加强特殊保护。与省教育厅集中开展"宣传未成年人保护法律促进平安校园建设"活动，全省各地检察机关共有128名检察长、347名院领导、545名检察官走进校园，推进活动深入开展。为有效防范溺水事故，守护未成年人生命安全，省检察院在全省检察机关开展"预防学生溺水事故守护儿童暑期安全"公益诉讼专项活动，排查河、湖、坑、塘存在安全隐患的水域，向水利、园林绿化、乡镇政府等相关单位制发公益诉讼诉前检察建议，推动相关水域健全巡逻巡查制度，完善水域防护设施，消除引发儿童溺水的潜在隐患，织密未成年人生命安全保护网。2021年1~9月，全省检察机关共批准逮捕未成年犯罪嫌疑人816人，不捕646人，审查起诉911人，不起诉546人，共开展社会调查3461次、法治巡讲461次。

六 加强普法和法律服务，扎实推进法治社会建设

河北省加强普法和依法治理，优化公共法律服务，多元化解矛盾纠纷，扎实推进法治社会建设。

（一）加强普法和依法治理

1. 高起点谋划全省"八五"普法开局

河北省对标对表中央"八五"普法规划，结合本省实际，于2021年7月24日印发了《河北省法治宣传教育领导小组关于在全省开展法治宣传教育的第八个五年规划（2021—2025年）》，该规划明确了推进"法律九进"、开展"法治九建"、实施公民法治素养提升行动、开展6个重点领域专项依法治理等一系列创新举措和重要制度安排，为未来5年全省普法和依法治理工作奠定了制度基础。同时，为加强规划的衔接配套实施，各地各部门亦制定了本地本部门的"八五"普法规划，截至11月初，全省13个市全部制定完成"八五"普法规划，部分省直部门也已经完成了"八五"普法规划的制定和报备工作。深入推进全省法治文化建设。4月22日，省委办公厅和省政府办公厅印发了《贯彻落实〈关于加强社会主义法治文化建设的意见〉工作举措》，对加强全省法治文化建设作出了安排部署。

2. 全面落实"谁执法谁普法"责任制

发挥省法宣办职能作用，省委国安办、省公安厅、省市场监管局、省生

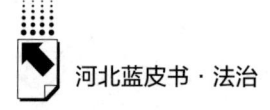

态环境厅、省总工会、省委网信办等部门先后开展了"全民国家安全教育日""打击经济犯罪暨整治新型网络违法犯罪""食品安全宣传周""世界环境日"等20余场次普法和依法治理活动。省委网信办、团省委在全省部署开展"法在身边·创E由你"网络普法新媒体作品征集活动，省总工会、省人社厅开展"尊法守法·携手筑梦"服务职工法治宣传行动。拓展普法形式和内容，提升普法和依法治理实效。省司法厅在3月份开展为期7天的"学习新修订《行政处罚法》"微信普法有奖竞答活动，共有4万余人参加，取得了良好效果。省戒毒管理局组织全省14家强制隔离戒毒所的30余名专业戒毒民警组成宣讲团，对接邢台市19个县（市、区）中小学校开展为期50天的禁毒法治宣传活动。

做好重点人群普法宣传工作。切实提高领导干部运用法治思维、法治方式的能力，围绕政府职能，选取《城乡规划法》《行政处罚法》等10部近年来修正、修订和施行的法律法规，作为省政府常务会议会前学法内容。加强青少年法治教育，开展了大中小学生"学宪法讲宪法"知识竞赛和演讲比赛活动，8位选手代表河北省参加教育部举办的第六届全国学生"学宪法讲宪法"大赛。开展"我与《民法典》"主题征文活动，引导广大师生学深、学懂、学透《民法典》精神，累计有120万名师生通过线上途径参加了《民法典》学习课程，共收到征文作品6万多件，评选出8个组别2043个获奖作品，有效提升了全省青少年学生的法治意识。为农民群众提供精准化普法宣传服务。围绕"乡村振兴"和"法治乡村建设"主题，省民政厅对全国民主法治示范村开展了督导式调研，将"在村（社区）中营造较好的法治氛围、开展常态化法治宣传"作为重要条件，组织成立由律师、公证员、普法骨干和志愿者参加的共17人"送法下乡"普法小分队，对农村群众进行精准化普法宣传。

（二）提升公共法律服务水平

抓好公共法律服务体系建设。坚持法治导向、问题导向和精准导向，努力提升公共法律服务能力和水平。省法院、省检察院、省司法厅等13部门联合出台了《河北省加快推进公共法律服务体系建设的主要任务分工方案》，对推进公共法律服务平台发展、加强普法阵地建设、完善法律服务机构、健全法律顾问制度、构建调解服务网络、强化法律援助工作、整合仲裁优势资源、开展公益性法律服务、推动智慧服务建设、服务重大战略实施、防范化解重大风险、落实法律服务经费、抓好法律服务队伍建设等55项主要任务进行了细化分工，进一步压实工作责任、强化协同协作，推动全省公共法律服务体系建设创新发展。加强"十四五"公共法律服务规划编制工作，组织开展全省公共法律服务体系建设情况调研活动，摸清了工作现状、存在的问题，厘清了编制思路、推进设想。

推进公共法律服务平台建设。积极推进公共法律服务实体平台、热线平台、网络平台建设，全省各市、县、乡、村全部建立公共法律服务中心（工作站），实现了实体平台普及；实施"智慧司法"信息系统建设，着力打造公共法律服务实体、热线、网络一体化运行管理系统，实现三大平台一体服务、一体监管。全省统一的"12348"热线平台实现11个设区市和定州、辛集全覆盖并有序运行，2021年热线座席由原来的34个增加至56个。组织平台驻场法律服务人员提供优质服务。从全省优选27名各类别法律服务人员组建中国法律服务网驻场服务团队，负责在中国法律服务网平台解答法律咨询。石家庄、唐山实现7×24小时人工值班服务。2021年前11个月公共法律服务热线为群众提供各类法律咨询服务22万余人次，月均人工咨询量2万人次，比上年同期有较大增长，群众满意度也有所提高。

（三）多元化解矛盾纠纷

做实人民调解工作。深入开展民间矛盾纠纷排查化解工作，组织开展矛盾纠纷集中排查化解"暖冬行动"、"抓实调解促和谐"排查化解专项行动，有力维护了社会和谐稳定。截至11月中旬，全省共调解纠纷196414件，调解成功率达98%以上。加强人民调解员队伍建设，全省5万余个村（居）人民调解委员会全部完成换届，村（居）人民调解员达到19万余人，充分利用"河北调解员网络学习培训"平台，开展为期2个月的《民法典》专题网络培训班，全省有 77311 名人民调解员、2280 名司法所长参加培训，组织开展了"农村土地承包纠纷的调解与法律适用"专题培训，全省 4100 多名人民调解员参加了培训。持续拓展行业性、专业性调解工作，建立了 8 个省级社会团体调解组织。加强矛盾纠纷多元化解机制建设。省法院、省司法厅、省建设工程造价管理协会联合出台《关于开展建设工程合同纠纷案件诉调对接工作的实施意见》，省法院、省司法厅联合出台规定，推进在线调解和诉调对接工作，诉调对接迈出新步伐。在全省开展人民调解大宣传，突出宣传人民调解法律法规，提升人民调解工作成效，大力营造"哪里有人群，哪里就有调解组织，哪里有纠纷，哪里就有调解工作"的社会氛围。

七 河北法治建设存在的问题

河北法治建设取得的成绩是习近平新时代中国特色社会主义思想正确指引的结果，是党委领导，人大、政府、政协和社会各界关心支持、通力协作、密切配合的结果。面对新形势新任务新要求，河北法治建设还存在一些亟须解决的问题。

（一）党委领导法治建设需进一步加强

市委依法治市办、县委依法治县办作用还有待进一步发挥。有的地方对市委依法治市办、县委依法治县办的职能定位认识不到位，在思想上还没有认识到议事协调机构在推进法治建设中的重要作用，有的地方职能作用还没有充分发挥出来，还存在不会统筹协调、不善督促检查现象。在创新工作思路、推动工作出成效上，还没有形成体现本地特色的"一招鲜"。县级层面"没人干、不会干"的现象还较为普遍，一些县委依法治县办工作制度和程序还不够健全，还存在不严谨和不规范的问题，不利于党对法治建设的领导。

（二）立法工作方式有待进一步创新

立法质量直接关系到法治的质量。目前，河北省立法机制还不够健全，人大主导立法的作用还需进一步加强，立法调研的广度和深度不足，立法质量和效率有待进一步提高。尚未深刻领会习近平总书记关于全过程人民民主的重要论述的精髓要义，人民代表大会这一主要民主渠道的作用发挥得不够充分，难以推进立法工作质效再提升。在尊重和体现客观规律的前提下，应科学立法、民主立法，避免立法决策失当、失准和久拖不决，有效增强立法的协调性、及时性、系统性，增强法律的可执行性和可操作性。

（三）法治政府建设有待加速突破

法治文化和法治氛围还需要加速形成。一些地方国家工作人员特别是领导干部运用法治思维和法治方式的能力有待进一步加强，还存在"重效率、轻法治"、学法用法"两张皮"现象。

重大行政决策仍存在不规范问题。市、县、乡三级政府在制定重大行政决策事项目录和标准，重大行政决策的公众参与、专家论证、风险评估、合法性审查，重大行政决策集体讨论、全过程记录、材料归档制度等方面都存在一定的不足，多数存在程序不严谨问题。

基层综合行政执法存在短板。目前，虽然河北省乡镇（街道）综合行政执法改革中执法人员已经到位，但基层执法力量不强、执法能力不足问题较为突出，执法人员还不能有效承接下放到基层的执法权力，许多执法人员法律基础知识匮乏、执法经验不足、不能熟练掌握执法事项，导致执法很谨慎。有的乡镇（街道）没有自己的重大执法决定范围、法制审核、自由裁量基准等制度规定。

行政复议体制改革工作亟须推进。部分行政机关行政复议答复工作水平需要进一步提高，有的部门在案件答复工作中，存在超期答复、提交证据材料不齐全等问题。

（四）司法服务和保障水平有待进一步提升

围绕党政中心工作，在优化营商环境、助力乡村振兴、保障重点项目建设等方面还需持续用力。妥善审理社会各类矛盾纠纷、延伸司法服务触角不够，与新时代形势发展和人民群众需求相比还有不小差距。仍需进一步深化司法体制改革，在推进一些关联度高、相互配套的改革举措时不能做到同步化，改革的系统性、整体性和协同性有待进一步增强。内部监督机制尚待进一步健全，仍然存在司法作风不正、司法行为不规范等问题，司法廉洁方面仍存在较高风险，有的法官的徇私枉法、以案谋私行为严重损害了司法公正，司法环境有待进一步改善。

（五）法律监督职能作用有待进一步发挥

服务保障经济社会发展的工作措施针对性不强，举措创新不够，基层检察院建设基础不够扎实，需要进一步完善检察权运行监督制约机制，营造公平正义的司法环境。司法理念更新不够及时，存在就案办案等一些错误的思维模式，法律监督的质量与效果有待提升。检察办案正处于转型升级期，贯彻"少捕慎诉慎押"的刑事司法政策不到位，批捕起诉案件质量不够高。民事行政检察精准监督不够，社会关注度高和具有典型性的案件偏少，没有达到政治效果、社会效果和法律效果的有机统一。公益诉讼检察存在办案结构不合理、地域发展不平衡现象。

（六）普法法律服务和法治社会建设有待进一步完善

普法工作针对性和实效性仍需加强。河北省普法宣传的覆盖面还不够广、力度还不够大，法治文化产品还不够丰富，群众参与感和获得感还不够强。基层普法宣传内容更新不及时，形式不新颖，一些法治文化作品缺乏艺术加工，感染力、传播力和影响力不够强。普法工作发展不平衡，法律进家庭、进市场、进景区相对滞后。全社会普法工作虽然形成"合唱"，但还未形成"和声"。

公共法律服务平台建设存在不足。有的县（市、区）服务场所仍然不达标，面积在50平方米以下，狭小拥挤。实体、热线、网络三大平台建设尚处于初步融合阶段，三大平台互融互通一体化运行管理系统智能化水平还不够高，热线平台还不能提供智能语音服务。

基层法律服务资源分配不均匀。城市法律服务资源相对充足，县（市、区）资源短缺；乡镇（街道）司法所人员少、职能多、工作量大，有的工作人员身兼多职，难以专职工作。法律服务人员不足、优质法律服务资源缺乏制约了基层公共法律服务平台发挥作用。

法律援助供给能力不足。基层法律服务资源分配不均，有的县（市、区）只有一个律师事务所，律师人数偏少，对于被告较多的刑事案件，会出现无足够律师办理现象。"河北省法律援助经费管理办法"尚未出台，影响法律服务人员办案积极性。

八 2022年河北法治建设展望

当前和今后一个时期，是河北在全面建成小康社会基础上，乘势而上加快建设现代化经济强省、美丽河北的关键阶段。展望2022年，河北省将紧贴人民群众对美好生活、对法治建设的呼声和期盼，紧扣国家治理体系和治理能力现代化、全面建设社会主义现代化国家的法治需求，围绕省委"三六八九"工作思路，全力推动法治建设，努力为新时代全面建成现代化经济强省、美丽河北作出新的更大的法治贡献。

（一）加强统筹协调

建立河北省省直部门全面依法治省工作联席会议机制，定期召开会议，及时安排部署和开展工作调度，加强对省直部门工作的统筹协调，进一步提升工作落实力。针对全国性基层法治建设基础薄弱现象，选取一定数量工作基础较好的县（市、区），采取"手把手"指导的方式，进行重点培树，力争培树不少于一批标杆县（市、区）、示范县（市、区），通过召开现场会、观摩会等形式，以点带面，逐步提升基层法治建设水平。加强对各地各部门落实全面依法治省工作的督察督办，重点针对中央和省委中心工作、执法司法领域顽疾、人民群众关切的法治领域突出问题等，组织开展法治督察或调

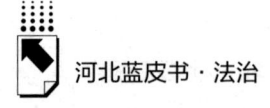

研式督察，加强对有关部门、有关地区、有关领域的督察督办，确保将各项工作纳入法治轨道运行。

（二）提高立法质量

准确把握河北所处的历史方位和未来定位，结合全省立法工作的实际，探索科学立法、民主立法的新方法、新机制，提高立法工作的质量和效率。坚持在党委领导下，科学立法、民主立法、依法立法，健全党委领导、人大主导、政府及其有关部门参加以及人大代表、实务工作者、专家学者、企事业单位和社会公众共同参与的立法工作机制。提升"人大代表之家（站）"的功能，充分倾听民意、沟通民心、汲取民智，激活基层群众优势，使制定出的法规得到群众的认可和遵守，经得起时间和实践的检验。适度加快立法节奏，制定大运河遗产利用和保护、数字经济促进、医疗纠纷预防与处理等方面的条例，不断提升立法的系统性、整体性与协同性。进一步完善公众意见和建议的反馈机制，实现立法机关和公众之间的良性互动。

（三）多领域率先突破

在加快推进综合行政执法上率先突破。以综合行政执法改革为抓手，全面撬动法治政府建设，加快构建全覆盖的整体政府监管体系和全闭环的行政执法体系，完善权责清晰、运转顺畅、保障有力、廉洁高效的行政执法体制机制。推动执法职责、执法力量进一步集中和下沉，做实基层"一支队伍管执法"。进一步做实覆盖省、市、县、乡四级的行政执法"三项制度"，加强省、市、县、乡四级全覆盖的行政执法协调监督工作体系建设，确保严格规范公正文明执法。

在加快打造一流法治化营商环境上率先突破。法治化营商环境涉及立法、执法、司法、守法、普法各个领域，但关键在于市场有效、政府有为。要率先构建一流法治化营商环境，深入推进"最多跑一次"改革和"一件事"集成改革，最大限度削减微观领域管理事务和具体审批事项。以河北省开展行政备案规范管理改革试点为契机，进一步优化便利化、法治化营商环境。

在加快推进基层社会法治化治理上率先突破。河北省作为京畿要地，强化基层社会法治化治理意义重大。要打造新时代"枫桥经验"河北版，健全党建统领"四治融合"的城乡基层治理体系。要坚持把全民普法和依法治理作为法治政府建设的长期基础性工作，加快建成普惠均等、便捷高效、智能精准的现代公共法律服务体系，加强县级社会矛盾纠纷调处化解中心规范化建设，加强基层全科网格建设。

在加快数字法治政府建设上率先突破。《法治政府建设实施纲要（2021—2025年）》提出要"全面建设数字法治政府"，河北省要尽快补齐短板，加强数字法治政府建设，将数字化牵引法治建设的理念贯穿于河北法治政府建设中。要推进政府履职数字化转型，建设集成式的行政执法数字化平台，法治建设领域各类信息、数据、网络平台实现贯通和整合，有效打破数据壁垒和信息孤岛。

持续抓好"三项制度"落地落实。开展"三项制度"专项监督，对执法案卷进行评查，加大对制度落实的监督力度，挖掘"三项制度"先进典型做法，营造推行"三项制度"的良好氛围，建立并实施行政执法监督员制度。

加大行政复议体制改革推进力度。做好省本级行政复议机构设置、人员配备等准备工作，加大对市、县级行政复议体制改革工作的指导督促力度，切实抓好市、县级改革工作，确保全省行政复议体制改革工作顺利完成。

（四）促进司法公正

以全覆盖的少年法庭作为工作基础和发力点，进一步加强对未成年人案件审判的指导，深化针对未成年人的综合审判改革，增强保护未成年人权益和预防犯罪的工作合力，营造促进未成年人健康成长的良好氛围，推动新时代未成年人审判工作取得新进展。进一步促进审判体系和审判能力现代化，持续深化司法责任制综合配套改革，实现司法责任制落地落实。全面推进"分调裁审"机制改革，加快构建立体化、多元化、精细化的诉讼程序体系，真正实现案件繁简分流、轻重分离、快慢分道。对白洋淀流域生态环境案件实行跨区域集中管辖制度，为白洋淀流域的生态环境提供更好的司法保护。进一步落实院庭长审判监督管理职责，探索新型审判监督管理方式，牢牢把握院庭长这一"关键少数"，确保"放权不放任，监督不缺位，到位不越位"。

（五）加强法律监督

探索建立与公安机关、审判机关、司法行政机关协作配合，加强虚假诉讼犯罪防范和惩治的工作机制，落实、细化相关工作流程，推动形成防范和惩治民事虚假诉讼的合力。推动制度机制建设，强化与人民法院、有关行政机关的平台建设，培育本地优秀备选案例，在办案实践与制度构建的相辅相成中推动全面深化行政检察。深入开展检校合作，设立法治副校长，实行法治进校园，探索校园周边治理长效制度建设、公益诉讼线索移交等，携手共建美好校园。树立整体案件质量观，围绕指标优化、增比进位构建科学合理的案件质量指标评价体系，深度运用质量指标助推案件质量提升。着力服务保障"三件大事"，把检察工作深度融入"六个现代化河北建设"，通过办案发现社会问题，加强社会治理，真正通过办案实现政治效果、法律效果和社会效果的有机统一。

（六）推进普法法律服务和依法治理

构建普法大格局，加快推进普法与依法治理深度融合。充分发挥好省法宣办的组织协调作用，进一步推动省直各部门刚性落实"谁执法谁普法"责任制，联合有关省直部门以"法治九建"创建活动为抓手，进一步完善创建指导标准，以两年为一个间隔，定期开展评比创建工作，以点带面，动态管理，切实把"法治九建"打造成具有河北特色的普法工作品牌，全面推进地方、行业和基层提升依法治理水平。提升公共法律服务平台信息化水平。加快热线平台升级改造进程，热线接听运行更加顺畅，数据采集存储和分析更加科学，非工作时间提供智能语音服务，全省实现 7×24 小时服务。

着力加强司法所建设。加强司法所规范化建设，解决影响全省司法所工作开展的瓶颈问题，切实提高司法所履职服务能力。充分发挥人民调解员作用。抓好人民调解员培训，提高人民调解员法律素养和调解能力。加强人民调解宣传工作，营造"有纠纷找调解"的氛围，切实抓好矛盾纠纷排查化解，推进"抓实调解促和谐"专项行动深入开展，聚焦冬奥会筹办和服务保障发展大局，接续开展好2022年矛盾纠纷排查化解专项行动。

地 方 立 法
Local Legislation

B.2
2021年河北省立法情况报告

周 英　柴丽飞*

摘　要： 京津冀协同发展、雄安新区规划建设、冬奥会筹办是党中央确定的在河北实施的国家重大发展战略和国家大事。河北省人大常委会坚持立法决策与改革决策相衔接，制定的2021年立法计划与国家重大发展战略落地见效联系最为紧密，高效出台了《河北雄安新区条例》《塞罕坝森林草原防火条例》等重点法规。本报告通过介绍这些重点法规的必要性、立法经过，阐述立法重大意义，力图全面展示河北2021年重大立法成果，总结经验，指出努力方向，为迎接党的二十大胜利召开打造更多精品良法。

关键词： 雄安新区　冬奥会　节约用水　塞罕坝

---

* 周英，中国政法大学法律硕士，河北省人大常委会法工委主任，研究方向为地方立法；柴丽飞，中国政法大学法律硕士，河北省人大常委会法工委法规一处二级主任科员，研究方向为地方立法。

习近平总书记对河北知之深、爱之切，党的十八大以来9次视察河北，对河北工作作出一系列重要指示批示，为河北贯彻新发展理念、构建新发展格局指明了方向和道路，为加强和改进河北地方立法工作提供了根本遵循和科学指引。河北省人大及其常委会深入学习贯彻习近平法治思想，围绕党的十九届历次全会精神和中央人大工作会议精神，积极贯彻党中央和省委重大决策部署，立足未来、谋划长远，勇于担当、创新作为，2021年出台地方性法规19部，作出打包修改决定3部，统筹修改法规19部，废止3部，审查报备规范性文件124件，审查批准33件设区市地方性法规，立法呈现出数量多、质量高、节奏快的鲜明特点，为建设现代化经济强省、美丽河北与服务国家重大发展战略落地见效提供了有力法治保障。

一 坚持创新引领，以更高政治站位为建设未来之城夯实法治基础

雄安新区设立已有5年时间，在习近平总书记决策、部署、推动下，这座未来之城正以全面提速的姿态高质量、高标准建设，目前已进入全面建设和有效承接北京非首都功能疏解加快落地阶段，在规划编制、重点项目建设、生态环境保护、体制机制创新等方面取得了重要阶段性成效，探索并积累了重要经验，法治保障需求越来越突出，也越来越紧迫。中央和河北省关于支持雄安新区的各项决策部署需要通过立法予以保障；雄安新区行政管理体制改革、高质量发展、改革开放等关键性、综合性事项，需要通过立法予以规范；一些重大改革措施的推行、创制性制度的实施，需要通过立法予以引导。在此背景下，2021年7月29日河北省第十三届人大常委会第二十四次会议通过了《河北雄安新区条例》（以下简称《条例》），《条例》已于2021年9月1日起施行，这是推进雄安新区规划建设在法治化、规范化轨道上行稳致远的关键性立法，是雄安新区第一部综合性法规，必将为雄安新区下一步建设发展提供强有力的法治保障。

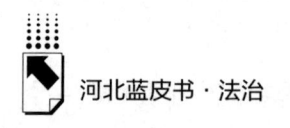

（一）立足长远、着眼未来，担当时代赋予使命

设立河北雄安新区，是党中央为推进京津冀协同发展作出的重大历史性战略选择，是千年大计、国家大事。改革与法治，如鸟之两翼、车之两轮。千年大计，必须有坚强法治保驾护航。河北省委高度重视雄安新区立法工作，将制定《条例》作为重点项目优先列入立法计划。省人大常委会、省政府认真贯彻中央和省委决策部署，坚持科学立法、民主立法、依法立法，开展了一系列调研、论证实践和理论探索工作。早在2017年，省人大常委会即启动了雄安新区立法调研工作，由省人大常委会领导带队赴上海浦东新区、天津滨海新区、贵州贵安新区等地就法治保障新区规划建设进行学习考察；组织有关专家学者就雄安新区规划建设法治保障事项进行调研论证；多次赴雄安新区就立法需求等深入调研座谈。这些卓有成效的调研工作，为《条例》制定工作奠定了坚实基础。省委、省人大常委会、省政府始终坚持立法决策与改革决策相统一，把习近平总书记关于雄安新区规划建设的一系列重要指示批示精神和《中共中央国务院关于支持河北雄安新区全面深化改革和扩大开放的指导意见》《河北雄安新区规划纲要》等重要文件作为立法的根本遵循和基本依据，通过法定程序，运用法治思维和法治方式，保障党中央重大决策部署落地落实，推进"法治雄安"建设，确保雄安新区一张蓝图干到底。

（二）高位推动、高位运行，确保实现"雄安质量"

为雄安新区这座未来之城夯实法治根基，必须打造有利于实现更高水平、更有效率、更加公平、更可持续的立法精品，省人大常委会树立精品意识，坚持质量为上，做了大量科学立法、民主立法和依法立法工作。一是主动向全国人大常委会请示汇报，得到大力支持。栗战书委员长多次作出重要指示批示，王晨副委员长、沈跃跃副委员长先后专程赴雄安新区调研指导并作出重要指示。全国人大常委会法工委多次对涉及雄安新区规划建设法治保障事项给予具体指导。这些重要指示批示和具体指导意见，为雄安新区制定

《条例》指明了方向、提供了重要遵循。二是报经省委同意，将《条例》文本分别呈报中央全面依法治国委员会办公室、全国人大常委会办公厅、京津冀协同发展领导小组办公室、中央编委办、司法部征求意见。中央和国家有关方面对《条例》给予充分肯定，并对部分条款提出具体修改意见。中央和国家有关方面特别是全国人大常委会办公厅、法工委的指导和支持，为《条例》修改完善提供了权威依据，使《条例》更加科学严谨、系统完善。三是始终坚持在省委领导下推进立法，省委主要领导同志对立法指导思想、基本原则、管理体制等关键问题提出重要指导意见，多次修改《条例》文本，为《条例》制定把关定向。省人大常委会按照省委部署，成立工作专班，深入开展调研，多方征求意见，及时将《条例》涉及的重要内容、重大问题向省委汇报，确保立法工作顺利推进。《条例》提交审议后，省人大常委会再次赴雄安新区召开立法座谈会，征求北京市、天津市人大常委会意见，邀请有关专家学者进行论证，确保《条例》汇集各方智慧、凝聚社会共识。

（三）世界眼光、国际标准，着力体现新区特色

《条例》坚持贯彻落实新发展理念，紧紧抓住北京非首都功能疏解这个"牛鼻子"，立足高质量、高水平社会主义现代化城市的功能定位，坚持问题导向，在重点领域和关键环节集中发力。一是坚持系统性，重点从管理体制、规划与建设、高质量发展、改革与开放、生态环境保护、公共服务、协同发展、法治保障等8个方面进行顶层设计，将《条例》打造成为一部发挥规范引领保障作用的综合性、系统性、基础性法规。二是突出针对性，满足承接北京非首都功能疏解和建设同步推进重要阶段特殊需求，增强启动能力和持续发展动力，对推动高端高新产业发展、建设现代智慧新城、构建新型住房供给体系、建设现代综合交通体系、塑造新区风貌特色、加强社会治理体系建设作出具体规定。三是体现创新性，坚持大胆突破和于法有据相结合，按照思路再宽一些、再活一点的原则，依法保障雄安新区在深化土地改革和人口人才管理服务改革，激发市场主体活

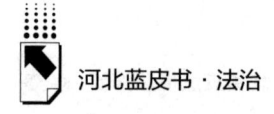

力，完善产权保护，推进京津冀公共服务均等化，落实税收、金融和自贸试验区改革举措等方面先行先试，推动形成一批可复制的体制机制创新经验，实现改革决策与立法决策相衔接。四是强化约束性，保持历史耐心和战略定力，彰显法规对雄安新区规划建设中具体行为的刚性约束，对在规划执行、产业准入、生态环境保护等方面实行最严格的管理制度提出明确要求，建设"廉洁雄安"，完善实施机制，狠抓监督落实，以强有力的法治权威打造贯彻落实新发展理念的创新发展示范区，力争使雄安新区成为新时代高质量发展的全国样板。

二 坚持稳步提升，以更高协作水平为京津冀协同发展注入鲜活动力

加强京津冀协同立法，助力国家重大发展战略落地落实，是三地人大义不容辞、责无旁贷的神圣使命，是人大系统增强"四个意识"、坚定"四个自信"、做到"两个维护"的现实政治检验。8年来，三地人大把协同立法工作放在京津冀协同发展大局中来谋划、推进，在机制制度建设、重点领域立法协同、协同理论研究等方面取得丰硕成果，共同推动协同立法迈上了新台阶。在2018年、2020年、2021年全国地方立法工作座谈会和2019年全国地方人大立法工作交流会上，全国人大常委会委员长栗战书同志在讲话中对京津冀协同立法给予充分肯定。2021年以来，三地人大继续深化区域协作，开拓了新方向，创造了新方式，展示了新作为，打造了新标杆，实现了新突破，区域协同立法工作迈出更加稳健、扎实的步伐。

（一）强化京津冀晋流域协作，出台《白洋淀生态环境治理和保护条例》

白洋淀地处"九河下梢"，是雄安新区蓝绿空间的重要组成部分，是华北地区最大的淡水湿地生态系统，被誉为"华北明珠"，又被称为"华北之肾"。习近平总书记高度重视白洋淀生态环境治理和保护工作，先后作出一

系列重要指示批示，强调"建设雄安新区，一定要把白洋淀修复好、保护好"。[①] 2020年9月，习近平总书记对雄安新区防洪排涝和白洋淀水资源利用保护作出重要指示批示。省人大常委会一丝不苟贯彻落实习近平总书记的重要指示批示精神，认真贯彻落实到立法的具体规定、标准、制度和责任上，坚持以法治方式解决白洋淀流域的环境治理、生态保护和防洪安全等问题。2021年2月22日，河北省第十三届人大第四次会议全票通过了《白洋淀生态环境治理和保护条例》。该条例共100条，被称为"白百条"，从规划与管控、环境污染治理、防洪与排涝、生态修复与保护、保障与监督、法律责任等方面逐一进行规范；紧紧围绕以淀兴城、城淀共融的理念，充分考虑白洋淀"九河下梢"的特殊区位，把补水、治污、防洪一体化建设要求贯穿始终，坚持兴水利、防水患、治污染、保生态全面发力，利用法治手段推进白洋淀上下游、左右岸、淀内外全流域治理，加快恢复白洋淀生态功能、防洪功能；统筹发挥规划和法律基石作用，统筹区域和流域共建共治共享，统筹生态环境保护、经济社会发展和传统文化保护，用最严格制度最严密法治为建设蓝绿交织、清新明亮、水城共融的生态城市提供坚实的法治保障。

该条例作为雄安新区第一部地方性法规，政治性强、涉及面广、关注度高，全国人大和中央有关部委的支持指导力度之大前所未有，人民群众和省人大代表关注支持程度之高前所未有，河北省人大及其常委会审议和论证研讨座谈次数之多前所未有。同时，该条例创造了京津冀协同立法的新模式，打造了新标杆。一是以超高政治站位服务国家大事。主动向全国人大常委会专题请示汇报，栗战书委员长和王晨副委员长、沈跃跃副委员长等领导同志作出重要批示，为制定该条例提供了重要指导。征求了全国人大环资委、财经委，以及全国人大常委会法工委、京津冀协同发展领导小组办公室、生态环境部、水利部、住建部等部委意见建议，得到国家层面强有力指导。二是

[①] 单芳、岳弘彬:《"华北之肾"修复记——白洋淀生态文明实践进行时》，人民网，2021年11月15日，http://pic.people.com.cn/n1/2021/1115/c1016-32282504.html。

体现流域共抓大保护的理念。京津冀晋四省市人大在雄安新区召开联合座谈会，共同研讨交流。审议过程中，再次专门征求北京市、天津市、山西省人大常委会及有关方面意见建议。该条例实施后四省市人大开展了联合执法调研检查。三是贯彻全过程人民民主要求。该条例历经常委会和人代会五次审议，充分发挥代表和常委会组成人员主体作用，两次开展立法协商，面向社会广泛征求意见，确保最大限度凝聚社会共识。河北省通过共同努力，为加快恢复白洋淀"华北之肾"功能，让"华北明珠"重绽光彩，助力把雄安新区建设成为新时代生态文明典范城市，打造了一部高质量地方法规。

（二）服务冬奥会举办工作，出台授权政府规定临时性行政措施的决定

简约、安全、精彩办好冬奥会是省委确定的三件大事之一。2021年6月18日，在北京举行的京津冀人大立法协同工作机制第八次会议上，三地人大就为冬奥会提供法治保障达成共识，议定通过三家同步出台决定的协同立法方式，为冬奥会顺利举办提供法治支撑。2021年7月29日，河北省出台《河北省人民代表大会常务委员会关于授权省人民政府为保障冬奥会筹备和举办工作规定临时性行政措施的决定》；2021年7月30日，北京市、天津市出台决定。2021年8月3日，三地人大联合召开新闻发布会对外发布决定，中央电视台《朝闻天下》《新闻直播间》予以积极报道。

在《河北省机动车和非道路移动机械排放污染防治条例》协同立法之后，京津冀三地人大从服务国家大事角度，推出了冬奥会授权决定实质性协同立法项目，标志着三地协同立法向纵深推进，为实质性区域协同立法积累了实践经验。一是完善了工作机制方法，三地人大常委会法制工作机构主动谋划、跨区域实地调研，"一家牵头、共同起草"，强化了协同立法的整体性、协调性，从全链条上巩固完善协同立法工作机制。二是深化了全面协同的实践，三地虽然各自通过授权决定，但是在立项、主要内容起草、表决、实施、新闻发布上步调一致，最大限度保持紧密联系和高度协作。三是从规范内容来看，河北与京津两市相比略有不同，除了共性的四个

方面授权外，还根据环京津的地理位置、产业布局特点，以及冬奥会张家口赛区及周边地区的实际需要，对安全生产和城市市容管理两个方面进行授权，确保实现"平安冬奥"。这也体现了区域协同立法的一些特征，即在追求协同一致最大公约数的同时，不盲目追求形式上的完全协同，而是尊重各方实际需求，坚持包容性、互补性，尊重错位性、差异化，求同存异，实现互利共赢。

（三）丰富重点领域协同成果，深入推进公共卫生协同立法修法工作

按照习近平总书记关于全面加强和完善公共卫生领域相关法律法规建设、强化公共卫生法治保障的总体要求，三地人大立足区域实际，在加强公共卫生协同立法修法工作上达成一致意见。按照协同立法修法工作安排，三地人大分别出台了《关于强化公共卫生法治保障立法修法工作计划（2020—2021年）》，在京津冀人大立法协同工作机制第八次会议上，就立法修法计划实施情况进行了通报。在广泛深入研讨基础上，形成重要共识。一是坚持统筹兼顾、全面推进，在充分考虑公共卫生领域法规修改的同时，系统考虑与上位法和相关法律制度、规范性文件之间的衔接，并兼顾部分规章中涉及规定公共卫生内容条款的修改完善，使各项制度、规定之间规范严密、衔接有序、协调统一。二是坚持立改废释纂并举，有计划、有重点、分步骤统筹推进。坚持区分不同情况健全制度体系，现行的公共卫生领域法规，有些需要作较大幅度修改，有些需要作针对性修改，有些已经不适应社会发展需要应当废止。三是继续推进重大项目联合攻关，结合京津冀区域关于新冠肺炎疫情防控和保障人民生命安全需要，推动院前医疗急救服务、促进中医药发展、突发事件应对等方面重要法规出台，进一步完善联防联控工作机制。

近年来京津冀协同立法成效稳步提升，仅河北一地已就30部法规与北京市、天津市开展了不同程度的协同立法工作。协同立法态势良好，未来发展可期。一是协同站位更高，从具体项目立法协同到立法规划计划协同，从互相征求意见建议到协同推出重要法规，从产业转移升级、生态环境保护、交通一体化三个领域率先协同到加强公共卫生重点领域协同，已经扩展到重要领域立法的全面协同。二是协同视野更广，密切关注国内国际区域协同立法工作，拓宽视野，借鉴有益经验，用国际眼光通过协同立法方式为冬奥会这一世界级赛会提供法治保障，这一新的协同立法模式，对于河北省如何在构建以国内大循环为主体、国内国际双循环相互促进的新发展格局中发挥立法作用，具有较强的指导意义，为协同立法赋予了更广泛的内涵。三是协同力度更大，2020年4月三地人大联合召开了机动车和非道路移动机械排放污染防治条例实施新闻发布会，同年9月三地人大首次联合开展了执法检查。2021年2月出台《白洋淀生态环境治理和保护条例》，2021年9月京津冀晋四省市开展了大清河流域水污染防治、水资源保护和利用联合专题调研暨《白洋淀生态环境治理和保护条例》实施情况执法调研。

三 砥砺战斗精神，以更强使命担当把党的主张转化为法规制度

在中央人大工作会议上习近平总书记指出："要加快完善中国特色社会主义法律体系，以良法促进发展、保障善治。要加强党对立法工作的集中统一领导，把改革发展决策同立法决策更好结合起来，统筹推进国内法治和涉外法治，统筹立改废释纂，加强重点领域、新兴领域、涉外领域立法。"[①]作为中国特色社会主义法律体系的重要组成部分，地方立法必须对标对表习近平总书记重要指示批示要求，对标对表党中央重大决策部署，及时高效把党的主张和意图转化为法规制度。2021年以来，省人大常委会坚决把第一时间贯彻落实习近平总书记最新指示批示精神作为重大政治任务，及时跟进出台了多部重量级创制性立法，促进相关工作迈上了法治化轨道。

---

① 张樵苏：《习近平在中央人大工作会议上发表重要讲话》，新华网，2021年10月14日，http://www.news.cn/politics/2021-10/14/c_1127956955.htm。

（一）弘扬革命精神，用法治力量保护好承载红色记忆的革命文物

习近平总书记高度重视革命文物保护利用工作。2021年3月，习近平总书记对革命文物工作作出重要指示："革命文物承载党和人民英勇奋斗的光荣历史，记载中国革命的伟大历程和感人事迹，是党和国家的宝贵财富，是弘扬革命传统和革命文化、加强社会主义精神文明建设、激发爱国热情、振奋民族精神的生动教材……加强革命文物保护利用，弘扬革命文化，传承红色基因，是全党全社会的共同责任。"[1] 河北省是中国革命的重要阵地，中国共产党人在各个时期都在此留下了宝贵的、丰富的革命文物财富。如何将中国革命留下的宝贵遗产保护好、利用好是立法机关亟待解决的重要课题。2021年5月28日，《河北省人民代表大会常务委员会关于加强革命文物保护利用的决定》（以下简称《决定》）经省十三届人大常委会表决通过。

《决定》作为推进社会主义核心价值观融入法治建设的具体成果，对于彰显革命文物时代价值，推进爱国主义教育、革命传统教育、党史学习教育具有重大意义，充分彰显了立法的政治意义、时代意义和教育意义。《决定》坚持"小快灵"立法，共24条，主要内容包括以下几个方面。一是建立革命文物工作协调机制，厘清各部门权责分工，实行革命文物名录管理制度，规定保护责任人，加大革命文物保护利用多元投入。二是推进革命文物连片保护和统筹展示，加强对西柏坡中共中央旧址、八路军一二九师司令部旧址等重点连片革命文物的研究、宣传和保护。三是明确任何组织和个人都有保护革命文物的义务，允许并支持社会资本参与革命文物保护利用工作，对社会组织和个人将收藏的革命文物捐赠给博物馆、档案馆、纪念馆等收藏单位的行为给予鼓励和奖励。四是倡导弘扬革命文物正能量，革命旧址整体环境应当与其历史氛围和场所精神相匹配，与历史风貌协调共融，坚决打击

---

[1] 焦鹏：《习近平对革命文物工作作出重要指示强调切实把革命文物保护好管理好运用好激发广大干部群众的精神力量》，新华网，2021年3月30日，http://www.xinhuanet.com/politics/leaders/2021-03/30/c_1127272899.htm。

庸俗化和娱乐化倾向。五是发展红色旅游品牌和红色旅游线路，在文化和旅游发展规划中凸显革命文物重要价值，打造具有地方特色的红色旅游名片。六是打造主题鲜明的革命文物陈列展览精品，注重精神传承，提升传播能力，杜绝"戏说"和"高级黑、低级红"，发挥新兴媒体优势，让革命文物真正"活"起来。

（二）砥砺工匠精神，把《河北省节约用水条例》打磨成一把"硬约束"的法治利剑

水安全是涉及国家长治久安的大事。华北地区地下水超采累计亏空1800亿立方米左右，已经形成全国最大的地下水"漏斗区"，严重制约经济社会可持续发展，影响人民群众生产生活。党的十八大以来，以习近平同志为核心的党中央高度重视治水、节水工作。2014年3月，习近平总书记在中央财经领导小组第五次会议上提出"节水优先、空间均衡、系统治理、两手发力"的治水思路。[1] 2021年5月，习近平总书记在河南南阳主持召开推进南水北调后续工程高质量发展座谈会时强调，"要把节水作为受水区的根本出路"，[2] 把"节水优先"摆在第一位。河北认真贯彻落实习近平总书记重要讲话精神，全面推进节约用水工作取得重要进展，为加快节约用水立法进程打下实践基础。省委主要领导同志高度重视，多次作出重要指示批示，修改条例文本。省人大常委会党组加强组织协调，抽调精干力量组建立法专班。省人大常委会领导同志与专班同志一起，开展条例研讨、修改工作。2021年5月28日，《河北省节约用水条例》在省第十三届人大常委会第二十三次会议上表决通过。为进一步深入贯彻习近平总书记最新指示批示精神，落实党中央关于治水工作最新决策部署，该条例于2021年7月29日在河北省第十三届人大常委会第二十四次会议上被予以修正。

---

[1] 姚润萍：《新时代水利改革发展的总基调》，新华网，2019年1月21日，http://www.xinhuanet.com/politics/2019-01/21/c_1210043433.htm。

[2] 于珊：《习近平主持召开推进南水北调后续工程高质量发展座谈会并发表重要讲话》，中国政府网，2021年5月14日，http://www.gov.cn/xinwen/2021-05/14/content_5606498.htm。

该条例是河北省首部节约用水专门法规，是贯彻落实习近平生态文明思想和"节水优先"方针的生动实践，是解决水资源严重短缺问题和消除水资源浪费现象的重要举措，必将为推进全省水资源节约集约利用提供重要法治保障。该条例共9章78条，主要内容包括以下几个方面。一是创新节水机制，形成节水合力，将"节水优先、空间均衡、系统治理、两手发力"的治水思路和建立水资源刚性约束制度贯穿节水用水全过程和各环节，建立健全"党委领导、政府主导、部门履职、市场调节、公众参与"的工作机制。二是明晰政府职责，将节水工作纳入市、县级人民政府政绩考核内容，强化考核约束机制，通过考核评价、约谈、问责落实节水责任，从根本上破除"九龙治水"弊端。三是建立水资源刚性约束指标体系，用足用好外调水，合理利用地表水，将开采地下水许可权上收省人民政府，鼓励利用非常规水，严格控制高耗水项目建设。四是实行产业和项目节水控制，制定用水总量和用水效率"双控"制度，严格管控措施，完善水资源税征收机制和水价体系，建立健全用水总量与分类管理指标控制制度和激励处罚机制。五是规范行业节水，激发节水内生动力，统筹生产、生活、生态等各领域节水，加强再生水利用，坚持开源节流并重，加大投入力度，落实金融、科技激励措施，实行水价动态调整。六是严格法律责任追究，加大处罚力度，针对各级政府及其有关部门在履行领导职责、监管职责和工作职责方面，以及计划用水单位和个人在开展取用水、落实节水责任等方面的违法违规行为，细化处罚情形，加大追责力度，切实彰显地方性法规的刚性约束作用。

（三）弘扬塞罕坝精神，为塞罕坝森林草原防火工作筑牢法治长城

塞罕坝机械林场是世界上面积最大的人工林场，是滦河和辽河两大河流的重要水源涵养区和京津冀生态防护的重要屏障。2017年8月，习近平总书记作出重要批示，提出"塞罕坝精神"，为加快塞罕坝机械林场建设提供了根本遵循。2017年12月，联合国"地球卫士奖"颁给塞罕坝机械林场建设者。2021年8月23日，习近平总书记到塞罕坝机械林场视察，就做好塞罕坝森林草原防火工作作出重要指示。2021年9月27日至29日，在内蒙古

自治区鄂尔多斯市召开的第八届库布其国际沙漠论坛上，联合国"土地生命奖"颁给塞罕坝机械林场。通过立法形式将森林草原防火工作纳入法治化轨道十分紧迫且必要，这是第一时间深入贯彻落实习近平总书记重要指示批示精神的政治检验，是守护塞罕坝生态安全和人民生命财产安全的重大法治行动，对于筑牢首都生态屏障具有十分重大的意义。

2021年9月29日，河北省第十三届人大常委会第二十五次会议全票通过了《塞罕坝森林草原防火条例》，该条例自2021年11月1日起施行。这是塞罕坝森林草原资源安全的重要法治保障，为塞罕坝森林草原这一道"绿色长城"筑起了一道法治"防火墙"。栗战书委员长在第二十七次全国地方立法工作座谈会上对该条例给予高度评价。2021年11月1日，中央电视台《新闻联播》对该条例进行报道。该条例共8章67条，是一部森林草原防火方面的"小切口、大部头"的专项法规。该条例以确保塞罕坝森林草原防火万无一失为目标，在谋篇布局上明确了基本思路。一是坚持防火责任重于泰山，坚持构建职责清晰、权责一致的防火责任体系，做到各方有责、各方尽责，实现防火责任全覆盖。二是坚持"预防为主、安全第一"，围绕有利于实现防火安全这个基本立法目标设计每一个章节条款，全面建立防火责任制，建立健全联防联控机制。三是强化"打早、打小、打了"全链条管理，构建人防、物防、技防，全员、全时、全域，天空地一体化的监测预警体系，坚持旅游服从防火安全要求，严格控制旅游开发。四是用最严格制度最严密法治确保防火安全，对野外用火、野外作业、拒绝检查、破坏防火设施等诸多禁止性行为、义务性行为在法律责任一章进行一一对应，避免义务承担、责任要求流于形式，确保务实管用。

该条例注重在可操作性上做深、做实、做细。一是结合塞罕坝机械林场管理体制特点，推进"属地负责、部门监管，归口管理、联防联控，源头治理、全域覆盖"，实现法律责任一一对应，归纳总结出22种未依法履职尽责的行为，依法依规追究责任，确保各方"守土有责、守土负责、守土尽责"。二是结合毗邻内蒙古自治区的实际，设联防联控一章，建立联席会议、信息共享制度，加强会商协作、联合实战演练。三是结合塞罕坝气候和地形特点，规定林场全域为防火区、全年为防火期，实行全年防火、全员防火。规定与其他区域相比更长的高火险期，高火险期内实行封闭管理。四是结合几十年防火经验，落实网格化管理，对护林护草员、瞭望员和消防队伍的工作职责、工作保障、落实待遇作出规定；依法设立防火检查站、防火检查点；加强建设防火通道、隔离带、隔离网、雷电防护设施等各类防火设施设备；禁止在林场内放牧；规定对有安全隐患的既有线路应当及时调整。五是结合塞罕坝旅游防火实际，划定禁止旅游区，禁止开展燃放篝火、空中飞行、摩托越野等不利于防火安全的游乐活动，细化旅游经营服务单位的防火责任，通过提升立法针对性，确保实现防火工作万无一失的目标。

为提升民生福祉，河北省人大常委会出台了《河北省养老服务条例》《河北省电动自行车管理条例》，修订了《河北省人口与计划生育条例》。为保护生态环境，出台了《河北省长城保护条例》《衡水湖保护和治理条例》《河北省土壤污染防治条例》《河北省人民代表大会常务委员会关于加强矿产开发管控保护生态环境的决定》。为加强创新驱动，修订了《河北省信息化条例》，出台了《河北省公路条例》和《河北省人民代表大会常务委员会关于加强国有资产管理情况监督的决定》。为加强基层治理，推进平安河北建设，出台了《河北省乡镇和街道综合行政执法条例》《河北省公安机关警务辅助人员管理条例》等。为维护国家法治统一，推进《民法典》和《行政处罚法》落地实施，开展涉《民法典》《行政处罚法》地方性法规专项清理工作。

2021年，省人大常委会在坚持党领导立法工作制度化建设上取得重要成果，报经省委依法治省委出台了《关于重大立法事项向省委请示报告的工作规程》。省委批转了《关于进一步做好设区市立法工作的指导意见》，这在全国是首创。首次将本届立法工作向省委作专题报告，得到高度肯定。省委办公厅、省政府办公厅专门下发通知，要求认真贯彻《河北省雄安新区条例》《河北省节约用水条例》，在立法工作中尚属首次。人大在立法中的主导作用得以彰显，将全过程人民民主理念贯穿立法全链条，开展了立法

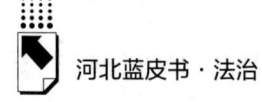

协商，召开立法工作协调会、推进会、座谈会、论证会、听证会共计 60 余次，广泛听取各方面意见建议，启动了 13 个基层立法联系点，使之成为听取民意、汇集民智的最有效渠道。坚持实地和线上调研相结合，如在电动自行车立法中，走访厂家、销售商、维修点，首次线上线下同时发放调查问卷，走上街头、深入学校和小区，与群众面对面交流。对设区市立法工作指导力度空前加大，加强全程指导、严格审查，《石家庄市西柏坡红色旅游区保护与管理条例》等 33 部设区市法规特色更加鲜明。

2022 年是党的二十大召开之年，省人大常委会将深入学习贯彻习近平法治思想，认真落实党的十九届六中全会精神和中央人大工作会议、中央经济工作会议精神，深化重点领域创制性立法，谋划好五年立法规划，继续服务好"十四五"规划建设，服务好国家重大发展战略落地落实。同时，继续推进京津冀协同立法向纵深发展，在雄安新区规划建设、数字经济发展、科技成果转化、促进公共服务一体化、乡村振兴等方面加强协同协作，深化协同理论和实践探索，下大力气拓展协同立法的广度、深度，为加快"六个现代化河北"建设注入强大法治动力，为实现京津冀协同发展提供更加坚强有力的法治保障。

B.3 河北省农村环境保护和治理立法、执法情况报告

骆艳青[*]

摘　要： 几年来，河北省颁布了多项政策、规范性文件、标准、地方性法规，规划指导本省的农村环境保护和治理、人居环境整治工作。并在农村生活污水治理、生活垃圾处理、饮用水改善、畜禽养殖污染防治等方面取得了一些成绩。本报告对相关文件予以梳理，对工作中的一些经验予以总结，对工作中仍面临的一些问题进行归纳，并提出了一些对策建议。

关键词： 农村环境保护和治理　农村人居环境整治　农村生活污水治理　农村生活垃圾处理

2016年10月，河北省环境保护厅、河北省财政厅联合印发了《河北省农村环境整治工作方案（2016—2020年）》，方案指出：河北省将以重点饮用水水源地、南水北调工程输水沿线、国家扶贫开发重点县、全省美丽乡村建设重点区域为重点，集中解决农村生活垃圾、生活污水、饮用水污染、畜禽养殖污染等环境突出问题，并加快建立健全农村环境治理和管理长效机制，不断巩固提升农村环境整治与生态建设成果。2018年3月，河北省委办公厅、省政府办公厅联合印发了《河北省农村人居环境整治三年行动实施方案（2018—2020年）》，方案指出：以农村垃圾处理、厕所粪污整治、

---

[*] 骆艳青，河北省社会科学院法学研究所助理研究员，研究方向为地方立法、生态环境保护。

生活污水治理、村容村貌提升为主攻方向，用3年时间集中攻坚，实现农村人居环境整体改善。此外，河北省相关部门还制定了一些农村环境整治的具体方案，比如2016年，省住建厅、省委农工部等12个部门联合印发了《关于全面推进农村垃圾治理的实施方案》，2020年9月，河北省生态环境厅、河北省农业农村厅联合印发了《河北省农村生活污水治理工作方案（2021—2025年）》等。在多个方案的指导下，近年来，河北省在农村环境保护和治理方面立法及执法都取得了丰硕成果。

一 河北省农村环境保护和治理立法情况综述

2016年7月，河北省颁布了《河北省乡村环境保护和治理条例》（以下简称《条例》）。《条例》规定，乡村环境保护和治理包括家园清洁、田园清洁、水源清洁等活动，并对各活动的具体内容作了原则性规定。该项工作要坚持政府主导、公众参与、预防为主、因地制宜、保护和治理并重的原则。各级人民政府应对本行政区域内的乡村环境质量负责；县级以上的环境保护主管部门对本行政区域内的乡村环境保护工作实施统一监督管理；县级以上人民政府各相关部门应按照各自的职责，做好该项工作；村民委员会应当协助乡镇人民政府开展该项工作，并具体规定了召集村民会议、制定和完善乡村环境保护和治理方面的村规民约等具体工作方式。《条例》同时规定，县级以上人民政府应将该项工作的经费纳入政府财政预算，建立起以政府公共财政为主导的经费多元化投入机制；引导、鼓励、支持社会资本参与该项工作。同时，要组织、开展形式多样的宣传教育工作，普及相关法律、法规和科学知识，提高公众参与意识和能力，鼓励相关社会组织参与乡村环境保护和治理。鼓励、支持新闻媒体、村民、其他组织对乡村环境保护和治理进行公益宣传、舆论监督和社会监督。《条例》明确了乡村环境保护和治理的各方责任，规定了具体的监督管理措施，明确了支持和保障措施，对多个领域的乡村环境保护和治理进行了具体规定，同时规定了相应的法律责任，是河北省乡村环境保护和治理的基础性地方法规。

为了给农村环境保护和治理工作提供资金上的保障，历年来河北省相关部门印发了多项资金方面的管理办法、通知、实施细则等。早在2012年11月，河北省环保厅就印发了《河北省农村环境连片整治示范资金管理办法》，对不同类型农村环境问题比较集中的区域，优先提供财政资金的支持，用于解决饮用水污染、生活垃圾和污水、畜禽养殖污染等农村环境突出问题。该管理办法的有效期为5年。2018年5月，河北省环保厅又印发了《关于切实加强中央农村环境整治资金项目管理工作的通知》。该通知要求，按照"突出重点、注重实效、公开透明、强化监管"的原则，对包括农村饮用水水源地保护、生活污水治理、生活垃圾处理、畜禽养殖污染防治或含两项以上整治内容的综合类农村环境整治项目，优先提供中央农村环境整治资金。2019年12月，河北省财政厅印发了《河北省农村环境整治资金使用管理实施细则》。该实施细则共15条，对河北省农村环境整治资金的使用范围及分配下达、各部门的职责作了具体的规定。同时，财政厅还按年度下达"省级农村人居环境整治专项资金分配表"。2020年8月，为了打好河北省农村人居环境整治三年行动的收官之战，河北省农业农村厅又对未获得过省级综合奖补的、三年行动任务主要指标基本完成的16个县（市、区），给予了数百万元到数千万元的奖补。对38个任务重、财力弱、完成既定任务目标难度较大的困难县（市、区），给予了数百万元到数千万元的补助。通过一系列政策、规范性文件的颁布，河北省为农村环境保护和治理提供了较好的资金保障。

为了更好地保护和治理农村环境，2020年，由河北省生态环境厅牵头，对2015年制定的《农村生活污水排放标准》进行了修订，对适用范围、分类要求、排入地表水体的标准分级、部分项目的最高允许排放浓度等进行了修改，并增加了特殊要求、水污染物监测分析方法等内容。该标准2020年12月由河北省生态环境厅、河北省市场监督管理局联合发布，并于2021年3月1日起实施。2021年11月，河北省人大常委会颁布了《河北省土壤污染防治条例》，并决定该条例于2022年1月1日起施行。该条例涉及污水排放、畜禽粪便的使用、农用薄膜等废弃物的无害化处理

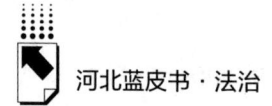

等内容,对农村人居环境的改善、农村环境的保护和治理,亦能起到积极的规范作用。

除上述外,河北省人大、政府以及各相关部门,历年来还发布了众多的相关政策、规范性文件、标准、地方性法规,为农村环境的保护和治理、农村人居环境的改善,提供了制度和法律上的保障。

二 河北省农村环境保护和治理执法情况综述

几年来,河北省认真落实农村环境、人居环境整治的各个工作方案,并取得了一定的成绩。

在农村生活污水治理方面。河北省首先强化顶层设计,印发了各年度的《农村生活污水无害化处理工程实施方案》和《河北省农村生活污水无害化处理三年行动方案(2021—2023年)》等文件。其次加强组织保障,成立了"省推进农村生活污水无害化处理工程工作专班",成员来自省生态环境厅、省农业农村厅;并督导各市成立了工作专班,推进各项工作的落实。再次保证资金的投入,一方面积极争取中央资金,另一方面与国开行等金融机构对接,争取金融资金支持,用于农村生活污水治理。2021年,争取了中央农村环境整治资金3亿多元。最后强化指导检查,组织各市开展"民生工程推进月"、农村生活污水无害化处理工程"大走访"等活动,发现问题及时督促、限时整改。省生态环境厅积极开展技术下基层帮扶活动,深入基层,帮助其解决工作中遇到的问题,指导基层开展农村生活污水无害化处理工作。经过多年的努力,截止到2021年10月31日,河北省累计建设完成了覆盖39062个村庄的生活污水无害化处理设施,覆盖率达到了79.8%。[①] 而根据《河北省农村生活污水治理工作方案(2021—2025年)》,到2025年,河北省环境敏感区域的农村生活污水治理将实现全覆盖,农村黑臭水体基本

[①] 张永猛:《河北10674个村建成生活污水无害化处理设施》,河北新闻网,2021年11月24日,http://hebei.hebnews.cn/2021-11/24/content_8673543.htm。

消除，并全面建立起完善农村生活污水治理的长效运维管理机制。需要特别指出的是，该方案得到了生态环境部的充分肯定，其指出该方案既落实了国家总体部署，又充分结合地方实际，体现了统筹推进、突出重点、分区分类治理思路，目标明确、措施有效，在治理模式、地方考核、企业信用管理等方面具有一定创新性，为北方地区污水治理探索了路径。并向全国各省（自治区、直辖市）生态环境部门下发文件，要求各地学习借鉴。①

在农村饮用水改善方面。几年来，河北省充分利用各种资金，分区施策、因地制宜，努力改善农村饮用水条件。在平原区、山丘区城市周边农村，积极推进供水管网延伸，实现集中供水。在水源规模较小、居民点分散的地区，兴建小型集中供水工程或分散供水工程。在高氟水地区，更新水源或采取分质供水措施。截止到2021年底，全省累计建成农村饮水工程设施54.77万处，集中供水率达到了95.6%，自来水普及率达到了94.6%，两项指标均高于全国平均水平。② 另外，经过多年的治理，截止到2021年11月底，全省浅层地下水位平均埋深达到15.61米，同比上升了2.07米；深层地下水位平均埋深达到47.50米，同比上升了5.30米。③ 同时，河北省加快实施农村生活水源置换，预计到2022年底，全省南水北调受水区的2872万农村人口将吃上引江水。④

在农村生活垃圾处理方面。根据河北省住建厅印发的《河北省2020年农村生活垃圾收运处置体系建设工作实施方案》，2019年，河北省农村生活垃圾收运处置体系覆盖了45467个村庄，覆盖率达到了93.6%。该实施方案提出，到2020年底，争取实现农村生活垃圾收运处置体系基本全

---

① 参见中华人民共和国生态环境部办公厅《关于转发〈河北省农村生活污水治理工作方案（2021—2025年）〉的函》（环办转发函〔2020〕9号）。
② 张永猛：《河北省南水北调受水区2872万农村人口将吃上引江水》，河北新闻网，2021年12月11日，http：//hebei.hebnews.cn/2021-12/11/content_8686679.htm。
③ 张帆：《2021年11月底河北省深层地下水位平均埋深同比上升5.30米》，河北新闻网，2021年12月23日，http：//hebei.hebnews.cn/2021-12/23/content_8694820.htm。
④ 张永猛：《河北省南水北调受水区2872万农村人口将吃上引江水》，河北新闻网，2021年12月11日，http：//hebei.hebnews.cn/2021-12/11/content_8686679.htm。

覆盖。而根据河北省住建厅印发的《河北省2021年推进农村生活垃圾处理体系全覆盖工作实施方案》的规定，2021年，河北省继续推进农村生活垃圾处理体系全覆盖工作，推进农村生活垃圾"全部收集、及时转运、无害处理"工作，积极开展农村生活垃圾源头分类减量、资源化处理利用工作，并提高重点区域的治理效果和水平。而在2020年8月，河北省唐山市遵化市、邢台市任泽区被列为农村生活垃圾分类和资源化利用示范县（市、区）。

在农村厕所改造方面。2019年5月，河北省人大常委会通过了《河北省人民代表大会常务委员会关于深入推进农村改厕工作的决定》，规定了县级以上人民政府应当建立农村改厕工作协调机制，加大宣传力度，明确年度任务并组织实施，将改厕资金纳入本级一般公共预算，探索改厕新模式，统筹推进厕所粪污的处理，加强监督检查等内容。该决定发布后，河北省又将2020年确定为"农村厕所革命质量提升年"，经过各地的努力工作，截止到2020年11月，河北省累计改造农村厕所905.74万座，超额完成了国家确定的任务目标。[1]特别是在2019年，农业农村部、国家卫健委联合推介了9个农村厕所革命典型范例，石家庄市井陉矿区成功入选。

在畜禽养殖污染防治方面。河北省先后出台了《河北省畜禽养殖废弃物资源化利用工作方案》《河北省畜禽养殖废弃物资源化利用专项行动方案（2020—2022年）》等文件，积极构建科技引领、种养结合、农牧循环的畜禽养殖废弃物资源化利用长效机制。各地积极落实文件的要求，探索畜禽养殖废弃物资源化利用的路径。比如，作为全国生猪养殖大县的衡水市安平县，依靠坐落于本县的生物能源科技公司，大力建设沼气发电项目，很好地解决了畜禽养殖污染问题。而截止到2020年8月，河北省建成的大中型沼气工程设施达到了287处，有机肥厂、集中处理中心达到了320余家，能够处理畜禽

---

[1] 张云：《超额完成任务 今年以来河北完成农村厕所改造143.66万座》，河北新闻网，2020年11月29日，http://m.hebnews.cn/hebei/2020-11/29/content_8232978.htm。

粪污1000万吨以上。[①] 2021年12月，河北省生态环境厅又编制了《河北省畜禽养殖污染防治技术指南》，用于指导全省的畜禽养殖污染防治工作。

三 河北省农村环境保护和治理仍面临的一些问题

（一）农村生活污水治理工作任务仍很繁重

河北省有5万多个村庄、3200多万农业人口。截止到2019年，集中式农村生活污水处理设施建成了1600多套，其中能够正常运行的大约1245套，能为280多万农业人口提供生活污水处理服务，占全省总农业人口的8%多。集中式农村生活污水处理设施多用于人口居住比较集中、产生的生活污水量较大的村庄，或地域空间相连的多个村庄，将生活污水统一收集后集中治理。另外，建成了分散式污水处理设施480多万套，用于农村单户或相邻几户居民生活污水的处理。[②]《河北省农村生活污水治理工作方案（2021—2025年）》显示，截止到2020年底，河北省累计完成了大约1.2万个村庄的生活污水处理，同时约有3.5万个村庄的生活污水乱排乱倒问题得到了有效管控。而该工作方案提出的目标是：2025年，全省新增1.1万个村庄（累计2.3万个村庄），生活污水能够得到有效治理；经济相对发达的县（市、区）、人口密集区、环境敏感区农村生活污水治理能够实现全覆盖。考虑到河北省庞大的村庄数量，生活污水的治理需与农村厕所改造、畜禽养殖污染防治相衔接等因素，实现这一目标仍任重道远。2021年7月6日，河北省生态环境厅在召开的"全省农村黑臭水体排查整治验收工作视频调度会"上就指出：个别县（市、区）在农村黑臭水体排查整治中，存在思想认识不到位、检查核查不认真、标准使用不规范、排查整治不及时等问题，需要予以整改。

[①] 《河北治理养殖污染，畜禽粪污去哪儿了》，《河北日报》2020年8月27日。
[②] 刘颖等：《河北省农村生活污水排放现状及问题》，《农村经济与科技》2020年第21期。

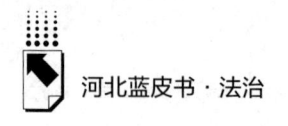

（二）农村垃圾整治工作仍需进一步完善

生活垃圾的处理是农村垃圾整治的主要工作内容，农业生产、畜禽养殖等也会产生一定的垃圾，在对这些垃圾的整治、处理方面，河北省取得了一定的成绩，但也存在一些不足，仍需进一步予以完善，主要表现在以下方面。一是垃圾桶的数量较少，难以满足村民的日常需要。一些村庄出于街道整洁等考虑，一般只为一排房屋设置一个或两个垃圾桶，当一排房屋较多时，难以满足村民的日常需要。二是垃圾外运不及时，一些村庄很难保证垃圾日清日运，过多的垃圾只能在垃圾桶外堆放，气味难闻、招苍引蝇，严重影响人居环境。三是建筑废弃物、废旧家具等大型垃圾难以处理。一般的垃圾清运车无法外运这些垃圾，一些村庄也没有针对性的外运规划与安排，故这些垃圾只能堆放在街道拐角等隐蔽处，久而久之形成卫生死角。四是农业生产产生的一些垃圾，如农药瓶、肥料的包装袋等，随意丢弃在田间地头，由于此类废弃物难以降解，会对土壤等造成污染。畜禽养殖产生的一些垃圾，也存在类似情况，随意丢弃在养殖场所附近。五是对集中后的垃圾资源化处理程度不高，还主要是采取掩埋等传统处理方式。产生以上问题有基础设施不足等原因，也有宣传、管理等方面的原因，需要在以后的工作中进一步予以完善。

（三）治理模式相对单一，社会参与度有待提高

目前，河北省农村环境、人居环境整治工作以政府治理模式为主，即政府牵头主导，主要由政府进行规划、设计，以及为各项整治工作提供资金和技术上的支持，工作流程主要由政府部门予以监督、督促，工作成果主要由政府部门予以验收、评价。这一模式有自己的优势，可以集中力量办大事，短期之内就可以取得明显的效果。同时，从长期来看，存在政府面临的资金压力、工作压力较大等短板。因此，需要其他模式予以辅助。而从目前来看，河北省农村环境、人居环境整治工作的模式相对单一，主体还是以政府为主，公众、社会的参与度有待提高，主要表现在以下方面。一是村民、村

委会的参与度有待提高。目前，在整治工作中，村民、村委会被动接受的成分过多。被动接受村庄整治规划、被动接受各项整治工作的具体安排、被动接受各项基础设施的建设、被动接受各项考核指标。而在制定符合本村落特点的治理规划、各项具体的治理措施等方面话语权不够、参与度不高。二是企业、社会组织的参与度有待提高。首先厘清一点，农村环境、人居环境整治工作具有一定的公益性，但并不是完全的公益事业。一些企业、社会组织参与其中，甚至进行一定的资金投入，是可以得到一定的经济回报的。比如，目前一些新能源企业对农村生活垃圾、畜禽养殖废弃物进行资源再利用，用于发电等。但目前的情况是企业、社会组织参与整治工作的路径有些狭窄、有待拓宽，其参与热情、参与度有待提高。

四　河北省进一步完善农村环境保护和治理工作的建议

（一）进一步加大科技力量的投入

2021年8月20日，生态环境部部长黄润秋在回答《每日经济新闻》记者提问时指出，下一步的农村环境保护和治理工作，首先是要加强农业面源污染治理的指导监督，特别是要联合农业农村部推动化肥农药减量增效、畜禽养殖污染防治。而这些工作都需要科技力量的支撑。2021年12月，河北省已经编制了《河北省畜禽养殖污染防治技术指南》，为这项工作的推进提供技术上的指导。但今后仍需加大科技力量包括科技人才的投入，为农村生活污水的治理，生活垃圾、农业生产垃圾等的处理、再利用，土壤污染的防治等工作提供技术上的支撑，也可以对现有的有关技术进行梳理，逐步试用到各项治理工作中。

（二）进一步加强农村环境保护和治理的基层执法队伍建设

农村环境保护和治理工作面对广大农村，工作面广，工作内容涉及很多方面，比较庞杂，工作对象的差异也比较大，比如，平原村落和山区村落的

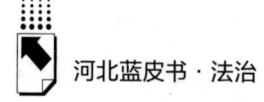

具体情况有很大的不同。因此，在加大宣传力度、提高村民环境保护意识的同时，要进一步加强基层执法队伍的建设，一是增加人数，二是提高其执法水平，以应对日常繁复的工作。只有使监督和执法成为常态，农村环境的治理和管理才能形成长效机制。

（三）探索新的治理模式，形成以政府治理模式为主、多种治理模式共存的治理形态

现阶段，农村环境保护和治理除政府治理模式外，还有社区治理模式和农户自治模式。社区治理模式主要是指以农村各级组织特别是村一级组织为主，推进农村环境的保护和治理。村组织对于本村村民参与农村环境、人居环境保护和治理起到推动引领作用。对于农村社区管理能力较高的地区，可以试用这一模式。农户自治模式是指以村民意愿为主，村民充分表达，积极参与到本村的环境治理中去。[①] 对于日常关系和睦、矛盾较少的村庄可以试用这一模式。多种治理模式的共存，也有利于企业、社会组织以及广大公众参与到农村环境保护和治理中去。

---

① 毛薇、王贤:《农村生态环境治理模式及推进策略研究》，《生产力研究》2021年第7期。

B.4 《河北省节约用水条例》制定评析与实施建议

蔡欣欣 林治*

摘　要： 制定《河北省节约用水条例》是全面推进节水型社会建设的需要、切实加强计划用水管理的需要、有力开展节水载体创建的需要、合理解决节水突出矛盾问题的需要。该条例明晰政府及其部门职能、强化水资源刚性约束、严格节水管控举措、规范各行业全领域节水、突出非常规水源利用、明确节水激励支持措施、加强节水宣传引导等问题。该条例实施后，河北省加大宣传力度，完善节水评价制度建设，严格实行计划用水管理，扎牢用水计量监控网络，真正把节约用水工作落到实处。

关键词： 节约用水　节水型社会　河北省

水是人类生存的根本。随着经济社会的高质量发展，水资源的供需矛盾日趋突出，已成为制约经济社会高质量发展的重要因素。面对普遍存在的缺水问题，合理利用水资源，大力推动全社会节水，全面提升水资源的利用效率，形成节水型生产生活方式日益受到广泛的重视与关注。2021年，河北省人大常委会、省政府确定了制定《河北省节约用水条例》（以下简称《条例》）一类立法项目，以解决河北水资源供需矛盾突出问题，用法治化手段

---

* 蔡欣欣，河北省社会科学院法学研究所副研究员，研究方向为法治建设、社会治理；林治，河北省司法厅立法二处一级主任科员，研究方向为地方立法。

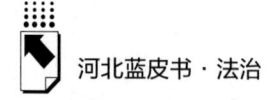

强化水资源的节约集约利用、保障水安全。2021年5月28日，河北省第十三届人民代表大会常务委员会第二十三次会议通过了《条例》，并规定其自2021年7月1日起施行。《条例》推动河北省节水事业迈上新台阶，全面擘画了河北节水工作新篇章。

一 制定《条例》的必要性

水是生存之本、文明之源。节约用水是推进生态文明建设、保障用水安全的重要措施，对推动经济社会高质量发展具有重要作用。《宪法》规定了国家厉行节约，反对浪费；《水法》把提高用水效率、强化节约用水放在了突出位置；《农业法》规定发展节水型农业；《清洁生产促进法》从服务性企业和建筑工程两方面对节水作出了原则性规定；《循环经济促进法》明确了增强节水意识、制定节水标准、配套建设节水设施、加强节水管理。

党的十八大以来，习近平总书记多次就节水工作作出重要指示批示，强调水是生存之本和文明之源，明确提出了"节水优先、空间均衡、系统治理、两手发力"[①]的治水总体思路，要求在思想观念、大众意识、治理措施等各方面都要把节水放在优先的位置。党中央、国务院高度重视节水工作，将"建设节水型社会"纳入生态文明建设的战略部署，并于2019年经由中央全面深化改革委员会审议通过了《国家节水行动方案》，相继出台了《全民节水行动计划》等一系列政策措施，将"实施国家节水行动，建立水资源刚性约束制度"写入了《中华人民共和国国民经济和社会发展第十四个五年规划和2035年远景目标纲要》。因此，河北制定一部有针对性、可操作性的节约用水地方性法规显得尤为必要。

（一）全面推进节水型社会建设的需要

河北省地处华北平原北部，地表总面积18.77万平方千米，平原占

---

① 姚润萍：《新时代水利改革发展的总基调》，新华网，2019年1月21日，http：//www.xinhuanet.com/politics/2019－01/21/c_1210043433.htm。

30.49%，其中，多年耕地面积约为6.48万平方千米，省内湖泊和洼淀面积仅占2.21%，水资源相对匮乏。河北省委、省政府立足全省水资源严重短缺的基本水情，认真落实国家节水工作有关部署，要求全面推进节水工作，制定举全社会之力的节水措施。"十三五"期间，全省万元GDP用水量下降27.2%，万元工业增加值用水量下降28.9%，节水工作取得明显成效。同时，仍存在水资源供需矛盾突出、水资源刚性约束不够、水资源利用效率不高、公众节水意识不强等亟须立法解决的问题。近年来，党中央、国务院提出了一系列关于节约用水的新举措、新要求，"节水优先"成为新时期治水方针的重要组成部分。自全国第一部专门规范节约用水工作的地方性法规《天津市节约用水条例》施行以来，目前全国已有25个省份出台了省级节水地方性法规或者政府规章。为推进水资源节约集约利用，强化节水工作法治保障，迫切需要全面梳理和总结地方性节水单独立法的成功做法，汲取经验与教训，制定河北省自己的节约用水条例。

（二）切实加强计划用水管理的需要

围绕落实《国家节水行动方案》，河北省委、省政府开展强化取水监管、实施调水补水、推进节水型社会建设等一系列工作，"十三五"期间，全省用水总量从187.2亿立方米减少到182.7亿立方米，人均用水量下降了6%，农田灌溉水有效利用系数提高至0.675，节约用水工作取得明显成效。节约用水工作的老问题仍没有解决，还出现了水资源短缺、水生态损害、水环境污染等新问题，而且新问题越发突出、越发紧迫。同时，河北省在严格取水监管，推进农业节水增效、工业节水减排、城镇节水降损以及非常规水源利用等方面取得了一些成功的经验，也需要以地方立法形式固定下来，不断解决节水工作中出现的新问题，以便更好地发挥地方立法对水资源节约集约利用的引领、推动和保障作用。

（三）有力开展节水载体创建的需要

作为国家实行最严格水资源管理制度的主要内容，节水载体创建是坚

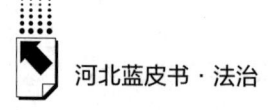

持"节水优先"原则的重要举措,也是节水型社会建设的重要工作。如在农业灌溉中,只有一小部分实施了喷灌、滴灌等田间高效节水灌溉方式,规模化喷灌、高标准管灌等高效节水灌溉率较低,仍旧存在大水漫灌的现象,计量设施安装率不高;节水优先还没有成为全民的自觉行动,对水危机、水忧患、水安全的认识依然不足,与高效水资源利用还有不小的差距;城乡节水器具普及率仍然较低,对于雨水、中水的开发利用程度较低,还没有形成以点带面、点面结合、示范带动、整体推进节水载体创建工作的良好效果。通过节水来遏制不合理的需求增长,降低水资源开发利用强度,减少废水污水排放,减轻对水生态和水环境的损害,从根本上解决河北省水问题,保障水安全,需要为节水工作提供法律支撑和保障。

（四）合理解决节水突出矛盾问题的需要

在国家层面,目前尚未制定专门的关于节约用水方面的法律法规及规章制度,河北省节水工作缺乏法治层面的强有力保障,在实际工作中仍存在一些突出问题,节水工作中还存在需要破解的难题,这主要体现在以下方面。一是政府没有充分发挥对节水的主导作用,相关职能部门的职责划分也不明确,节水工作中部门间推诿扯皮现象偶有发生。二是节水管理体制机制不够健全,一些管理措施存在失之于宽、失之于松、失之于软现象,一些好的做法和节水经验需要上升为法律规范。三是全社会的爱水、节水、护水意识不强,相关单位对节水工作的协调配合不够紧密,尚未形成全社会共同节约用水的良好氛围。通过制定《条例》,可有效推进用水方式的转变,加强对用水需求的管理,化解社会过剩产能,倒逼产业结构转型升级和经济提质增效,以水资源的可持续利用助推河北经济社会实现高质量发展。

二 制定《条例》的主要过程

任何法律制度都有基本的价值取向,节约用水的法律制度也不例外,即实现合理开发利用水资源、保护水环境、水资源的可持续利用等价值。为实现《条例》的立法价值，省人大、省政府印发立法计划，河北省水利厅把《条例》起草列为重点工作，制定实施方案，明确责任分工，进行安排部署。河北省水利厅组织调查研究，征求各方意见，寻求省人大、省政府及省司法厅和相关部门的支持配合，反复进行修改完善。《条例》体现出时代特征鲜明、立法目的明确、节水措施全面、职责划分明晰、奖罚措施分明等特点，能进一步发挥法规的调控、导向作用。

一是周密安排部署。水利厅成立由厅主要负责同志为组长和分管负责同志为副组长、相关业务处室主要负责同志为成员的立法工作领导小组，坚持问题导向和目标导向，制定了实施方案，5 次召开党组会、专题会进行研究部署，全力推进《条例》的起草工作，以解决河北省节约用水管理工作中面临的突出问题，实现水资源的高效利用，促进生态文明建设，推动河北经济社会高质量发展。

二是深入学习研究。为使《条例》符合河北实际，更具针对性和可操作性，坚持把问题导向贯穿草案起草的全过程，深入学习领会习近平总书记关于节约用水的重要指示批示、论述和讲话精神，尤其深入学习习近平总书记 2021 年 5 月 14 日在推进南水北调后续工程高质量发展座谈会上的讲话精神，并将其作为根本遵循贯穿立法全过程和各环节；认真学习《水法》等上位法和《国家节水行动方案》等相关政策文件，全面梳理学习节水的法律法规，形成 50 余万字的立法资料汇编；同时，应对新冠肺炎疫情影响，采取书面和座谈调研相结合的方式了解基层一线节水工作管理情况，组织有关专家就节水管理重点制度进行深入研究，并邀请省人大常委会法工委、农工委提前介入予以指导。

三是广泛征求意见。先后 5 次征求河北省全省水利系统、省政府相关部门、各市政府、雄安新区管委会的意见，与省发展和改革委、工业和信息化厅进行调研座谈，通过水利厅、司法厅官网和政府立法基层联系点公开征求社会公众意见，并听取水利部政策法规司意见。水利厅与司法厅先后组织召开厅长办公会、立法座谈会、立法协调会和专家论证会，针对关键问题和有

关部门重点关切等方面充分听取相关专家的意见和建议，着力完善相关制度，力求充分体现节约用水立法的科学性、可操作性与时代性。

四是反复修改完善。为提高立法质量，对草案立意、框架结构、主要内容等方面进行反复推敲、修改完善，力求务实管用。在认真吸收采纳各方面意见建议、反复修改完善、加强部门沟通协调的基础上，形成了《条例》；2021年5月25日，《条例》经省政府第一百二十次常务会议审议通过。

三 《条例》框架结构

节约用水工作涉及面广、涵盖内容丰富。因此，《条例》聚焦河北省节水工作中存在的突出问题，既突出了重点，又兼顾了覆盖面。《条例》共有9章62条，体现了地方立法原则、特色，开启了河北省节约用水的新时代。第一章"总则"，第二章"用水管理"，第三章"农业节水"，第四章"工业节水"，第五章"城镇节水"，第六章"非常规水源开发利用"，第七章"激励保障"，第八章"法律责任"，第九章"附则"。各章分别对节约用水工作的基本原则，用水管理、节水控制、非常规水源开发利用、激励和保障措施以及法律责任等方面作出了具体规定，内容涵盖了节水管理的全过程。

第一章"总则"，共9条。主要规定了立法的目的、依据、适用范围、基本原则，以及部门职责、宣传教育、公众参与和雄安新区节水等内容。《条例》进一步明晰了部门职责，明确规定水行政主管部门为节水主管部门，发展和改革行政主管部门负责建立健全节约用水的价格机制，并会同相关部门推进节约用水的重大项目建设，住房和城乡建设行政主管部门负责指导城市节水等相关工作，工业和信息化行政主管部门负责指导工业节约用水工作，农业农村行政主管部门负责指导种植业、畜牧业、渔业节约用水工作，其他有关部门按照职责分工做好节约用水相关工作，推进节约用水各项政策措施落地落实。

第二章"用水管理"，共17条。主要规定建立健全水资源刚性约束、水资源配置、节水规划、用水总量和效率双控、水资源承载能力监测预警、节水评价、取水许可、计划用水、水平衡测试、重点监控用水单位名录、节水标准、用水定额、用水计量、节水设施建设"三同时"和水权交易等节水制度，强化水资源刚性约束，严格取用水监管和精细化管控。

第三章"农业节水"，共6条。主要规范了农业种植结构调整、地下水严重超采区节水、节水型灌区建设、农业节水设施建设、畜禽业节水和建立健全基层节水服务体系等内容。

第四章"工业节水"，共5条。主要对高耗水工业控制、工业园区节水、工业企业节水和以水为主要原料的企业节水进行了规范，并明确了国家相关淘汰目录规定。

第五章"城镇节水"，共8条。主要对供水企业、建筑、公共机构和场所、高耗水服务业、城市景观、村镇、村（居）民等方面节水进行了规定。

第六章"非常规水源开发利用"，共10条。主要规范了再生水、微咸水、海水、雨水、矿坑水等非常规水源的开发利用措施。

第七章"激励保障"，共11条。主要从财政引导、信贷支持、科技研发、合同节水、节水产品认证、水效标识等方面加强激励保障，同时细化了居民阶梯水价和非居民超定额累进加价的水价形成机制。

第八章"法律责任"，共5条。主要规定了违反《条例》的行为应当追究的责任，以及相应的处罚及标准，实现节水制度措施与法律责任的统一。

第九章"附则"，共1条。规定了施行日期。

四 《条例》重点解决的问题

节约用水是应对水资源短缺的最直接、最有效的方法，是实行最严格水资源管理制度的基本内容之一。《条例》坚持把"节水优先"、落实最严格的水资源管理制度、建立水资源刚性约束体系贯穿水资源取用的全过程、经济社会发展的各行业及各领域，既注重强化问题导向，也注重体现河北省的特色，重点规范了以下七方面内容，开启了河北省完善水治理体系和提高水治理能力的新征程，为国家节水立法供给了有效法制资源和法治经验。

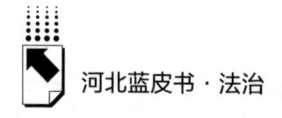

（一）明晰政府及其部门职能

水资源作为一种公共物品，社会所有个体都可以消费、使用，由于有些追求利益最大化的用水主体只注重边际私人的净产出，不关心社会的净产出，可能使边际私人的净产出大于社会的净产出，完全可能会造成从"经济人"角度看是盈利而从社会角度看是亏损的状况，即"市场失灵"状况，需要借助市场外的手段即政府干预解决用水矛盾。由于节约用水涉及诸多行业和部门，《条例》第四条围绕建立职责明晰、分工协作的节水工作机制，明确了各级政府和开发区、园区管理机构的职责，第五条对主要承担节水管理职能的水利、发改、住建、农业农村、工信等部门以及其他相关部门的节水管理职责作出明确规定。

（二）强化水资源刚性约束

落实习近平总书记"要坚持以水定城、以水定地、以水定人、以水定产，把水资源作为最大的刚性约束，合理规划人口、城市和产业发展"[①]的重要指示，通过强化水资源刚性约束倒逼经济社会发展转型，推进经济社会高质量发展。由于资源的稀缺性，《条例》在第二章中，规定建立健全以节水规划、用水总量和效率双控、水资源承载能力监测预警、节水评价、计划用水、水平衡测试、用水计量、节水设施建设"三同时"等制度为核心的水资源刚性约束制度体系，科学划定生产、生活、生态空间，合理确定经济社会发展布局和人口规模，调整优化产业结构，控制高耗水产业的发展，做到以水定需、量水而行、因水制宜。

（三）严格节水管控举措

为解决用水监管不严、节水措施不落地等问题，《条例》细化实化相关

---

① 徐琳瑜、袁江杰：《构建人水和谐共生关系，推进水生态文明建设》，光明网，2021年5月18日，https://m.gmw.cn/baijia/2021-05/18/34852653.html。

举措，确保节水设施正常建设使用。在第十六、十七条统筹节水措施和取水许可监管，明确将节水评价作为水资源论证的重要内容，并通过分期核定许可水量提升取水许可精细化水平。第十八、十九条分别细化了计划用水管理范围和主体，以及开展水平衡测试的情形和发现问题的整改要求。第二十二、二十三条明确了节水标准和用水定额的编制单位和程序。第二十四条分类明确了工业、农业和生活用水计量方式。针对节水设施建设"三同时"落实不到位问题，第二十五条对新建、改建、扩建项目节水设施建设"三同时"作出了具体规定。一是要求建设项目审批单位将项目节水设施建设的相关审批信息推送到水行政主管部门。二是规定项目建设单位组织开展咨询、设计、施工、监理、验收等活动时，应当落实建设项目节水要求，已建成的节水设施不得擅自停用，有效解决了责任主体不明和措施不清的问题。在第八章"法律责任"部分，对违反相关制度的行为设置了相应的处罚。

（四）规范各行业全领域节水

围绕农业、工业、服务业等各行业，以及生产、生活、生态等各领域节约用水，《条例》第三章在调整农业种植业结构、加快灌区现代化改造和推广高效节水灌溉方式等方面，对加快实现农业节水增效进行了规范；第四章以调整工业产业布局、引导企业实施节水改造和提高水重复利用率为重点，明确了工业节水减排；第五章在降低管网漏损率、推广绿色建筑和进行节水型公共机构建设等方面，对推进城镇节水降损进行了细化。同时，结合河北省地下水超采严重的情况，规定强化地下水超采治理，严格控制使用。一是规定地下水开采量在接近、达到或超过控制指标之后，应限制或暂停审批建设项目新增取用地下水。二是禁止使用地下水建造人造水景观和城市园林绿化。三是规定在南水北调受水区，如果地表水能够满足当地用水需求，则不再批准开采地下水。

（五）突出非常规水源利用

坚持开源与节流同步考量，针对河北省属资源型缺水，地下水超采严重,而非常规水源利用率不高的省情,《条例》设置专章加强非常规水源利用,提高用水效率。第四十六条明确将再生水、雨水、海水、微咸水等非常规水源纳入水资源统一配置范围,启动编制非常规水源利用规划;第四十七至五十一条规定县级以上人民政府应当促进再生水回收利用,组织推动对现有的污水处理设施进行提标升级和扩能改造,有序推进再生水利用管网的建设,为再生水循环利用提供条件,因地制宜推动再生水在工业企业、工业园区、宾馆、公共设施、小区和农村中的利用,并明确城市园林绿化、道路喷洒、洗车等行业应当优先使用再生水;第五十二至五十五条要求通过制定政策、配套建设设施等措施鼓励建设海水淡化工程,完善雨水集蓄利用设施和矿坑水净化及利用设施等,加大对雨水、海水、微咸水和矿坑水的利用力度。

(六)明确节水激励支持措施

针对用水单位节水内生动力不足问题,《条例》坚持政府和市场"两手发力",推动用水单位节水。《条例》第五十六至五十九条明确规定加大对节水工作的财政保障和支持力度,同时制定了多项节水奖励、金融支持、科技支撑等相关激励措施;第二十六、六十至六十二条规定建立健全水权、水价调节机制,通过加强初始水权确权和用水权交易管理、完善居民阶梯水价和非居民超定额累进加价形成机制等,充分发挥市场调节作用与价格机制调节作用,对差别水价和超定额累进加价制度予以细化,通过价格杠杆激发公众节水的内生动力;第三十二、六十三至六十五条通过培育、扶持和发展农村节约用水、行业节约用水等社会组织,推广合同节水管理、节水产品认证和水效标识管理,促进节水服务产业发展,为国民经济发展保驾护航。

(七)加强节水宣传引导

针对社会公众节水意识不强、参与节水不足等问题,《条例》全面突出加大普法力度,加强节水宣传,引导公众参与。一是规定各级政府和有关职能部门加强省情水情的舆论宣传,向大众普及有关节水的法律法规知识，在全社会营造良好节水氛围，引导公众自觉地参与到爱水、节水、护水行动中去，避免水资源的低效率、非正常使用。二是建立健全公众参与节水机制，鼓励公众积极参与节水政策的制定和出台，在推进节水工作中充分听取公众的意见和建议；激发用水主体厉行节约用水的主动性和积极性，鼓励公众参与节水，明确任何单位和个人都有节约用水的责任和义务，也有权对浪费水资源的行为进行监督，更好地减少水龙头上的浪费。

五 实施《条例》的对策建议

《条例》的颁布和实施是河北省水利法制建设的重要里程碑，它标志着河北省在实施最严格的水资源管理制度上又向前迈进了一大步，对河北省构建节约型社会、实现经济社会高质量发展具有重要意义和深远影响。而法律的生命力在于实施，只有《条例》有效实施，避免某些条款沦为"睡眠条款"，确保《条例》发挥"硬约束"作用，才能为节约用水工作提供有力的法治保障，才能真正把节约用水工作落到实处。

（一）加大宣传力度

要在节水宣传上下足功夫、做足工作，提高节约用水的社会参与度和群众认可度，更好地在全社会形成节约用水的良好风尚和自觉行动。要改变节水宣传仅停留在"世界水日、中国水周和城市节水宣传周"等固定时间段，提高日常宣传的活动频次和加大载体宣传的配合力度，扩大宣传覆盖面，做到常态化宣传。改变聚众宣传的模式，采取面向社会公众开展线下线上宣传，深入计划用水户开展精准宣传，走进社区、学校、商场、景区等开展广泛宣传的宣传手段。如开展节水科普进社区、进企业、进学校活动，通过播放节水宣传片、发放节水宣传册、开展节水知识问答等形式，普及节水常识及生活节水小窍门，增强社会公众的节水意识，引导社会公众自觉爱水、节水、护水。如促进污水处理厂对社会公众开放，使社

会公众实地了解污水净化过程，听取再生水回用情况，在参观中加强水情形势教育，增强社会公众的环保意识，使《条例》的立法本意和具体规定深入人心，进一步增强社会公众的水忧患意识，实现《条例》应有的社会效应。

（二）完善节水评价制度建设

节水评价制度是对规划和建设项目的取用水必要性和可行性进行综合评价，分析其节水指标的合理性，评估节水措施的有效性，合理确定取水和用水规模，并给出评价结论及相关建议的制度。设计节水评价制度的初衷是未来突出节水在规划和建设项目前期工作中的优先地位，在当前水利管理程序中强调节水工作总体要求，将节水评价融入现有规划和建设项目管理程序之中。在对建设项目的规划报告、项目建议书、项目可行性研究报告、水资源论证报告等材料进行技术审查时，也要对其中的节水评价章节进行重点审查，形成节水评价是否通过审查的明确意见。节水评价要对现状节水水平、节水目标与指标、规划水平、年节水符合性、节水措施方案与节水效果等进行综合评价，分析节水潜力，研究节水措施方案的科学性。对没有通过节水评价审查的建设项目，不予通过审批和技术审查，从严叫停不通过的项目，避免不合理利用、浪费、污染水资源的现象。

（三）严格实行计划用水管理

计划用水管理是落实最严格的水资源管理制度，科学合理分配使用水资源，强化用水需求和过程管理，促进水资源良性循环，提高用水效率，实现水资源永续利用的重要举措。《水法》明确规定，要实行计划用水制度。2014年，水利部《计划用水管理办法》对纳入取水许可管理的单位和其他用水大户实行计划用水管理。第一，通过水资源管理信息监测系统实时监测、月巡查、季检查及"双随机、一公开"随机抽查等方式，监督、检查各用水户用水计划的执行情况，严禁超计划取用水，确保严格落实用水计划。第二，指导和监督用水户及时更新用水统计台账，准确上报用水报表，严格审核统计数据,规范统计质量,确保统计数据上报准确、及时。第三,将规模以上工业和服务业用水单位纳入重点用水单位监控体系,严格落实水资源管理考核制度,并将其作为单位领导干部考核的重要依据,促进改进用水方式,科学合理用水。

(四)扎牢用水计量监控网络

节约用水在一定意义上是保护水资源,而保护水资源在实质上也是对水的节约。节约用水需要人们的节水意识,也需要一定的技术。用水计量是推动用水单位和个人进行节约用水的重要举措。只有通过对用水的计量,才能准确反映用水单位和个人的用水量,激励用水单位和个人节约用水,节约水费支出,才能将用水量与自己的经济利益挂钩,更有效配置水资源并推动水利高质量发展。《取水许可和水资源费征收管理条例》明确规定:"取水单位或者个人应当按照国家技术标准安装计量设施,保证计量设施的正常运行。"但在总体上,大部分灌溉用水不能实现准确计量、有效计量,大多数已有取用水的计量较粗放、误差较大,监测计量设施缺乏有效的运行与维护,用水计量率不高、监测水平低下。要充分利用市场机制,加强用水计量监控网络的建设和运行,提高用水监测计量的能力与水平,实现精细化、精准化管理,推动用水方式由粗放型向节约集约型转变,全面建设节水型社会。

参考文献

河北省统计局:《河北经济年鉴2018》,中国统计出版社,2018。

B.5
关于白洋淀生态环境治理和保护地方立法的实践与思考

郑晨曦*

摘　要： 习近平总书记指出，"建设雄安新区，一定要把白洋淀修复好、保护好"。2021年2月，河北省出台了《白洋淀生态环境治理和保护条例》。该条例作为护航雄安新区规划建设和生态保护的首部地方性法规，从列入立法计划到通过施行，历经四次常委会审议、一次人代会审议，历时一年有余，在河北省地方立法史上尚属首次。这部条例的颁布与施行，为保障白洋淀碧波安澜筑牢了法治基础，为建设一座蓝绿交织、清新明亮、水城共融的生态城市提供了坚实的法治保障。

关键词： 白洋淀　生态环境保护　地方立法

白洋淀是华北地区最大的淡水湿地生态系统、雄安新区蓝绿空间的重要组成部分。习近平总书记高度重视白洋淀生态环境治理和保护工作，先后作出一系列重要指示批示，强调"建设雄安新区，一定要把白洋淀修复好、保护好"。[①] 2021年2月22日，《白洋淀生态环境治理和保护条例》（以下简称《条例》）在河北省第十三届人民代表大会第四次会议上全票通过，并

---

* 郑晨曦，河北省人大常委会法工委法规二处副处长、三级调研员，研究方向为社会治理领域地方立法。
① 单芳、岳弘彬：《"华北之肾"修复记——白洋淀生态文明实践进行时》，人民网，2021年11月15日，http://pic.people.com.cn/n1/2021/1115/c1016-32282504.html。

于 2021 年 4 月 1 日雄安新区设立四周年时施行，这标志着白洋淀流域生态环境治理和保护工作有法可依。《条例》作为保障雄安新区规划建设的第一部地方性法规，为保障白洋淀碧波安澜筑牢了法治基础，为建设一座蓝绿交织、清新明亮、水城共融的生态城市提供了坚实的法治保障。

一 立法背景

（一）白洋淀基本情况

白洋淀位于华北北部、河北省中部，旧称白羊淀，又称西淀，是华北平原上最大的淡水湿地生态系统，主要由 143 个大小淀泊和 3700 多条沟壕组成，其中白洋淀、烧车淀、羊角淀、池鱼淀、后塘淀等较大，总称白洋淀，总面积约 366 平方千米。白洋淀属海河流域大清河水系，地处"九河下梢"，从北、西、南三面接纳瀑河、唐河、漕河、潴龙河等 9 条较大的河流入淀，经赵王新河汇入大清河，平均年份蓄水量为 13.2 亿立方米，是大清河流域缓洪滞沥的大型洼淀。白洋淀水域辽阔，烟波浩渺，势连天际，大面积的芦苇荡和连片的荷花淀构成优美的北方水乡景观，淀内水生动植物资源丰富，有芦苇 12 万亩、荷花近 10 万亩、淡水鱼类 50 多种，素有"华北明珠""华北之肾"的美誉。

白洋淀在历史上曾为沟通保定、天津的重要航道，淀区内曾有渔业、芦苇加工业等传统产业。20 世纪 90 年代后，随着旅游业的兴起，逐渐成为著名的旅游胜地，并于 2007 年被评为国家 5A 级旅游景区。行政管辖上，2017 年以前，白洋淀在保定、沧州两个设区市境内，其中安新县境内管辖白洋淀大部分水域，约占 85%，雄县、任丘市管辖不到 15% 的水域面积，容城县、高阳县也分别管辖少量水域。2017 年 4 月 1 日，党中央、国务院决定设立河北雄安新区，包括雄县、容城县、安新县全境。此后，原任丘市的郑州镇、苟各庄镇、七间房乡，以及原高阳县的龙化乡因毗邻白洋淀分别由雄县、安新县托管。至此，白洋淀淀区为雄安新区管理，成为雄安新区发展的重要生态水体。

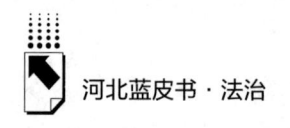

（二）生态环境治理和保护有关情况

白洋淀流域面积3.04万平方千米，占大清河流域面积的96.13%，流经山西省（面积占12.3%）、河北省（面积占80.4%）和北京市（面积占7.3%），下游经由赵王新河进入天津市境内。白洋淀生态环境治理和保护主要受到以下方面的影响。

1. 水资源短缺

河北省是全国水资源最稀缺的省份之一，全省人均水资源量307立方米，仅为全国平均水平的1/7。20世纪80年代以来，河北全省水资源量呈现大幅衰减趋势。白洋淀蓄水主要来自大清河上游地区降水在地表形成的径流，由于区域降水量大幅减少，加之工农业发展导致水资源的过度开发利用，入淀水量呈现大幅减少的态势，白洋淀这一华北最大的淡水湿地系统多次濒临干涸。为保护"华北明珠"，20世纪80年代以来，先后实施了"引岳济淀""引黄济淀"等应急补水工程。据统计，自2000年至2016年，先后25次向白洋淀累计补水14亿立方米。2017年，雄安新区实施了2次补水。2018年，通过南水北调中线工程放水、保定两大水库进行补水等，入淀水量1.7亿立方米，白洋淀生态湿地功能才得以基本维持。虽然通过大规模生态补水，避免了干淀现象的出现，但可利用水量与生态环境需求之间的矛盾始终存在。

2. 水污染治理任务艰巨

白洋淀水环境曾面临严重的污染。根据历年《中国生态环境状况公报》和《河北省生态环境状况公报》统计，自2008年以来，白洋淀水域的水质均长期保持在Ⅳ类和劣Ⅴ类之间。2012年到2017年的6年间，水质中度污染、重度污染各占比50%，水质整体呈现出轻度富营养状态。到2018年，仍然有多达7个月的水质为Ⅴ类。2018年，唐河污水库一期工程污染治理和生态修复顺利完成，将存余污水全部处理，累计清理一般固废12.6万吨；雄安新区内排查出"散乱污"企业1433家，关停取缔915家，整改提升518家，清理河道垃圾约130.9万立方米，606个有水纳污坑塘全部完成治理。通过大力度的污染治理和持续的生态补水，2019年以后，入淀河流与淀区水质明显改善。2019年，流域水质达到或者优于国家地表水环境质量Ⅳ类标准的断面占比为92.6%，但月度监测数据显示仍有部分断面水质不能稳定达标。

3. 管理体制仍存在制约

白洋淀流域没有一个统一的管理机构，难以统筹协调流域内上下游、左右岸的治水、节水、用水。流域管理涉及国家海河流域管理机构以及北京市、天津市和山西省，关于推进水资源保护利用、生态环境治理和防洪等领域合作以及信息共享、政策统筹、应急联动等问题均需要省级层面进行协调。白洋淀流域涉及多个市和38个县（市、区），其中大部分地处上游的保定市。保定市人大及其常委会积极作为，于2019年颁布实施了《保定市白洋淀上游生态环境保护条例》，加强了上游污染的治理和管控，但部分市、县（市、区）面临乡村振兴与生态保护双重任务，还需加快推进市与市之间、县（市、区）与县（市、区）之间等跨行政区域水环境生态补偿工作。此外，关于河湖长履职、群众监督、部门监管、领导责任考核、环境公益诉讼等方面的体制机制建设还需要进一步完善。

（三）加强地方立法的必要性

目前，雄安新区各片区塔吊林立、热火朝天，进入了大规模的建设阶段。人口和经济社会的快速增长，必然会给白洋淀流域整体生态环境带来压力和严峻挑战。虽然通过种种措施，"华北之肾"功能正在加快恢复，"华北明珠"正在重绽光彩，但离建设一座蓝绿交织、清新明亮、水城共融的生态城市目标还有相当大的差距。这就需要按照党中央、国务院批准的《白洋淀生态环境治理和保护规划（2018—2035年）》要求，把实践中的一些重大举措、治理和保护过程中积累的成功经验以及一些行之有效的制度措施通过地方立法的形式确定下来，上升为法规规定，以法律的武器保障白洋淀流域治理和保护工作，以法治方式解决环境治理、生态保护和防洪安全等突出问题，不断满足人民群众日益增长的优美生态环境需要，确保雄安新区

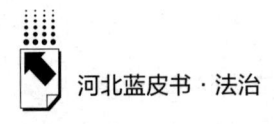

水城共融、白洋淀碧波安澜，为构建蓝绿交织、清新明亮、水城共融的生态城市打好底色。

二 调研和立法的实践过程

2017年4月，党中央、国务院作出设立河北雄安新区的战略决定后，河北省人大及其常委会就围绕服务保障雄安新区规划建设开展了地方立法的一系列前期调研，分别赴深圳特区以及上海浦东新区、天津滨海新区等地进行考察学习，并多次到雄安新区调研座谈，深入了解雄安新区实际立法需求。对雄安新区管理体制机制改革、生态文明建设、社会治理、改革创新等六个方面的立法专题进行了充分调研。在此基础上，充分发挥地方立法"小切口、真管用"的优势，把开展白洋淀环境保护地方立法作为保障雄安新区规划建设第一个实践任务。在立法实践过程中，克服了没有一部统一的上位法予以规范、许多政策之间没有衔接、管理体制机制改革正在进行、部分环境修复与治理工作正在探索等困难，积极争取全国人大、京津冀协同办以及有关国家部委的支持，并加强与北京市、天津市和山西省的立法协同，为做好这项立法工作奠定了重要基础。

（一）坚持政治引领，遵循生态优先、绿色发展的立法理念

一是以习近平生态文明思想为方向指引和根本遵循。习近平生态文明思想内涵丰富、博大精深，是习近平新时代中国特色社会主义思想的重要组成部分。生态环境保护和生态文明建设，是我国持续发展最为重要的基础。习近平总书记多次强调，要牢固树立"绿水青山就是金山银山"的理念，走以生态优先、绿色发展为导向的高质量发展新路子。在立法过程中，省人大常委会成立立法工作专班，认真学习习近平生态文明思想，深刻理解习近平总书记重要指示批示精神，不断提高政治站位。

二是认真落实《河北雄安新区总体规划（2018—2035年）》《白洋淀生态环境治理和保护规划（2018—2035年）》《河北雄安新区防洪专项规划》

等规划的具体部署。在立法实践中，不断落实顶层设计，维护规划法定地位和权威，与上位法和规划有序衔接，确保推动党中央重大决策部署落地落实，依法确保雄安新区规划建设一张蓝图干到底。《白洋淀生态环境治理和保护条例》从指导思想到立法原则，从治理理念到具体内容，都着眼雄安新区的建设是千年大计、国家大事，牢牢把握雄安新区及白洋淀功能定位，充分考虑白洋淀流域生态特点和环境实际，把一些成熟经验和有效做法总结提炼上升为制度成果、固化为法定措施，并不断强化法治保障，以法治思维和法治方式补齐短板，加快恢复白洋淀生态功能，实现以淀兴城、城淀共融。

（二）坚持以人民为中心，注重依靠人民、造福人民的立法原则

1. 通过立法解决人民群众最关心、最直接、最现实的利益问题

随着经济的发展，广大人民群众对于优美的生态环境质量这一需求呈现不断增长态势，并期盼加快生态环境质量的提高。在制定《白洋淀生态环境治理和保护条例》实践过程中，河北省始终坚持以人民为中心，立足雄安新区及白洋淀流域生态环境实际，着力从制度上推动解决人民群众最关心、最直接、最现实的利益问题，切实回应人民群众对良好生态环境的法治需求。

2. 最大限度地凝聚各方共识

一是立足于党的主张和人民意志相统一，在党的领导下开展立法。充分发挥党总揽全局、协调各方的领导核心作用，在省委主持下开展了立法协商，召开立法协商会，征求了政协委员和各民主党派意见建议。二是立足于发挥代表的主体作用，充分听取人大代表的意见建议。通过召开座谈会、邀请代表列席常委会会议等多种形式，听取代表意见。多次征求全体省人大代表意见，并认真研究吸纳。三是立足于群众关注的现实问题，广泛吸纳社会各界意见建议。将《条例》草案在《河北日报》及省人大常委会网站、微信公众号上全文发布，向社会公开征求意见。加强调研，到白洋淀流域多条河流和多个县（市、区）进行实地察看，面对面听取基层水利、环保工作者，乡镇干部和群众的意见，掌握第一手资料。《白洋淀生态环境治理和保

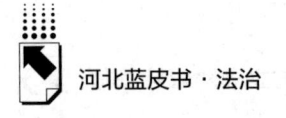

护条例》在制定过程中保障了充分反映民意、汇聚民智，既兼顾人民群众当前生产生活的要求，又注重维护人民群众的根本利益和长远利益，充分发挥法治的引领、规范、保障作用，使法规能够更好地满足人民群众日益增长的美好生活需要。

（三）坚持精细化立法，把握保障新区、服务发展的立法目的

1. 立足实际需求，体现地方特色

坚持精细化立法和"小切口、真管用"的思路，聚焦解决白洋淀流域突出的环境污染和生态问题，坚持将以淀兴城、城淀共荣理念贯穿始终，坚持将防洪、补水、治污一体化建设要求贯穿始终，力求有效实用，确保法规立得住、行得通、见实效。细化落实上位法和相关规划的重大生态治理保护制度，用最严密的制度、最严格的措施、最严厉的处罚保护白洋淀流域生态环境，充分发挥地方立法的实施性、补充性、探索性功能。坚持创新思维，既不简单照搬上位法相关规定，又准确完整贯彻落实党中央和省委重要决策部署精神，做好加减法，突出创制性立法务实管用特点。

2. 突出问题导向，加强协同治理

充分考虑白洋淀作为"九河下梢"的环境实际，通过统筹山水林田淀城的系统治理，聚焦白洋淀流域最为突出的环境污染问题、生态修复措施，在治理水域污染、保护生态环境方面全面发力。通过对白洋淀流域上下游、左右岸以及白洋淀淀区内外的全面治理，不断加快恢复白洋淀全流域生态功能。通过兴修水利、防治水患，不断增强雄安新区的城市防洪功能。立法中还建立了流域协同治理机制，推动与北京、天津、山西等周边地区共同开展治理和保护工作，将白洋淀生态环境治理和保护纳入实施京津冀协同发展国家战略重要内容。

（四）坚持严格法律责任，彰显厉行法治、依法治理的立法效果

1. 突出刚性约束

涉及生态环境治理和保护领域的上位法范围较广，在立法过程中，始终注重细化落实上位法和相关规划中的重大生态治理保护制度，逐一严格对照

禁止性行为，从严设置相应法律责任，加大对违法行为的惩处和威慑力度。强化国土空间规划和用途管控，严格落实"三线一单"制度，完善白洋淀流域生态环境标准体系，从源头减少污染排放。严格产业准入，严格工业集聚区环境治理，提高白洋淀生态环境立法的针对性、有效性和适应性，真正使法规成为刚性约束和不可触碰的高压线。

2. 全面规范流域环境治理

将水环境治理作为白洋淀流域生态环境治理的出发点与落脚点，通过实践调研，对污染水体的十项行为进行了明确禁止，进一步规范了白洋淀淀区的旅游、船舶污染的防治，清除堤岸边的围堤围埝，对排污行为进行了许可管理并进一步规范排污口的设置。针对工业生产以及种植业、养殖业的污染防治，对城乡生活污水处理等方面进行具体规定，严格禁止了各类污水的入河入淀。对大气、水环境以及土壤污染协同治理和突发环境事件应急处置作出规定。通过进行源头管控、全过程污染治理以及综合整治，全方位地对白洋淀流域的生态环境进行保护。

《白洋淀生态环境治理和保护条例》作为涉及雄安新区规划建设与环境保护的第一部地方性法规，其政治性很强，涉及范围广泛，受关注程度较高。从列入立法计划到通过施行，历经四次常委会审议、一次人代会审议，历时一年有余，在河北省地方立法史上尚属首次。《条例》融入了社会各界和广大人民群众集体的智慧和力量，整个立法实践的过程可以概括为"三个前所未有"，即全国人大和中央有关部委的支持指导力度之大前所未有，人民群众和省人大代表关注支持程度之高前所未有，河北省人大及其常委会审议和论证研讨座谈次数之多前所未有。通过全省社会各界以及北京、天津、山西等兄弟省市的共同努力，河北省打造出了一部经得起历史和实践检验、奠定雄安新区生态文明建设基础的高质量地方性法规。

三　主要内容

《白洋淀生态环境治理和保护条例》共 8 章，有 100 条之多，简称"白

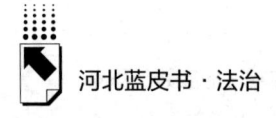

百条"，是一部典型的"小切口、大部头"的地方性法规。《条例》主要从规划与管控、环境污染治理、防洪与排涝、生态修复与保护、保障与监督、法律责任等方面进行规范，确保白洋淀流域污染得到有效治理，确保白洋淀淀区呈现良好的水生态环境、保持科学合理正常水位，确保白洋淀水质不断改善和提升，确保"千年大计"雄安新区的防洪排涝达到万无一失，其主要内容体现在以下几个方面。

（一）明确基本原则和具体要求

《条例》对白洋淀流域治理保护的基本原则、流域范围和具体要求进行了明确。对白洋淀流域的涵盖范围、白洋淀淀区的面积区域进行了具体规定，使基层在执法过程中能够明确、清晰。《条例》规定白洋淀生态环境治理和保护应当贯彻习近平生态文明思想，并加强了区域协同，与北京市、天津市、山西省建立联席工作会议制度，并与海河水利委员会等机构推进环境治理、水资源利用保护、防洪等相关领域的合作。深入贯彻落实新发展理念，按照高质量发展的要求，对白洋淀流域产业布局、清洁能源利用以及绿色低碳发展等方面都作出了规定。

（二）完善管理机制

按照资源环境承载能力和水安全保障的约束要求，明确规定了省、白洋淀流域所在设区市以及县（市、区）政府和相关部门、雄安新区管委会的管理职责。将白洋淀生态环境治理和保护纳入实施京津冀协同发展国家战略重要内容，规定白洋淀流域县级以上人民政府应当按照相关规定制定责任清单，并明确各部门责任。完善生态环境、防洪防汛联防联控联建等机制，实现政策统筹、信息共享、应急联动。规定县级以上人民政府的相关专项规划应当符合生态保护和防洪要求，并依法进行环境影响评价。

（三）坚持全流域联动整治

白洋淀流域严格禁止新建高排放、高耗水、高污染的企业、项目，并对现有的"三高"企业和项目进行改造、转型或者关停、搬迁。强化属地责任，各级政府及其有关部门应当依法公开环境信息，并建立完善公众参与和社会监督机制，推进全流域联动综合治理。强化国土空间规划和用途管控，严格划定生态保护区、永久基本农田、城镇开发区等空间管控边界。对于违法修筑围堤围埝，擅自建设旅游设施，释放、丢弃、擅自引进外来物种的，强化了法律责任。坚持严惩重罚，对部分责任条款，如污染水体、非法设置排污口、屡查屡犯等行为，依法提高了其处罚的下限，增强了《条例》的刚性约束。

（四）加强防洪排涝安全体系建设

白洋淀地处"九河下梢"，地势较低，防洪任务艰巨。在《条例》中单设一章对防洪排涝工作进行了规范。规定白洋淀流域县级以上政府应当将防洪工程设施建设纳入国民经济和社会发展规划，分区域按照防洪标准要求建设防洪工程，并同蓄水、补水、抗旱和改善生态环境统筹兼顾。严格涉河项目审批，蓄滞洪区内新建、改建、扩建非防洪建设项目，应进行影响评价并编制洪水影响评价报告，提出防御措施，履行审批手续。未经批准，不得开工建设。坚持对非法采砂、采矿、围垦、侵占水域岸线等活动进行清理整治，在保证安全的前提下，科学调蓄、合理利用洪水雨水资源，确保雄安新区防洪排涝万无一失、绝对安全。

（五）强化生态修复与保护

按照节约优先、保护优先、自然恢复为主的方针，科学确定在白洋淀流域采取的自然和人工、生物和工程的保护治理措施，加快恢复流域的生态功能，全面提升全流域生态系统的质量和稳定性。对引黄入冀补淀、上游水库补水、南水北调供水以及其他外调水源按照季节、需求量等进行合理统筹，加强引水、调水和蓄水工程建设，推动建立多元的补水保障长效机制，使白洋淀保持科学合理的生态水位和水域面积。充分发挥太行山区域的生态安全屏障作用，加强上游地区的矿山综合治理。深入推进生态廊道建设，加强湿地的修复和保护，逐步恢复流域湿地面积和生态功能。

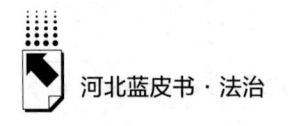

（六）健全监管保障机制

创新监管方式，提高治理能力。充分发挥流域内各级河湖长作用，按职责组织、协调、督导相关部门开展责任河湖的岸线管理、水资源保护和污染防治、水环境治理和生态修复、执法监管等相关工作。划定白洋淀生态保护红线、环境质量底线和资源利用上线，并制定生态环境准入清单。加大多元化资金投入力度，健全市场化、多元化生态补偿机制，严格对相关责任单位和责任人员的考核，实行环境保护目标责任制度和考核评价制度。同时，对自然资源资产审计、生态环保督察、约谈、信用惩戒等监管制度进行了规定，并强化了人大监督的内容。

四 实施效果

2021年4月1日，在《白洋淀生态环境治理和保护条例》正式施行之际，河北省人大常委会在雄安新区举办了《条例》实施新闻发布会。发布会上，省人大常委会法工委、省生态环境厅、省水利厅、雄安新区管委会以及保定市政府负责同志介绍了相关情况，回答了记者提问。发布会上，新华社、人民网、《河北日报》、长城网以及雄安当地媒体等相结合，实现了通讯社、纸媒、网媒、App、微信公众号、广电媒体全领域、全方位、全覆盖报道，为推动《条例》落地见效奠定了重要基础。

（一）加强法规落地落实

《白洋淀生态环境治理和保护条例》实施以后，省政府专门组织制定了《条例》分工落实方案，将条款规定具化为工作任务，分配到各责任部门。实施《大清河流域水污染物排放标准》《农村生活污水排放标准》，雄安新区及白洋淀流域执行全省最严的排放限值，推进白洋淀高水平、高标准治理保护。

（二）强化监测监管

专门设立白洋淀流域生态环境监测中心，在全流域设置 61 个考核监测断面，建设 42 座水质监测自动站，织密白洋淀流域监测网络，加密监测频次，建立监测数据日通报制度。组建白洋淀流域生态环境执法局，常态化开展异地执法、交叉执法、巡回执法，为白洋淀水质改善提供执法保障。

（三）大力整治工业污染

加强流域内 37 个省级以上工业园区污水集中处理设施建设，排查取缔"散乱污"企业 3 万余家，持续保持动态清零。推进涉水企业清洁生产审核，完成酿造、制药等 6 个行业 301 家涉水企业清洁生产改造。

（四）全面治理农业农村污染

因地制宜、分类施策，完成白洋淀周边及主要入淀河流沿线 968 个村庄生活污水处理。设立沿河沿淀化肥农药禁施区，减少农业面源污染。规模化畜禽养殖场全部配建粪污处理设施，粪污综合利用率达到 79% 以上。

（五）强力推进治污设施建设

白洋淀流域新建污水处理厂 25 座，原有 59 座污水处理厂全部提标改造，达到《大清河流域水污染物排放标准》；完成流域城市建成区雨污分流改造 923.6 公里，雨污分流能力大幅提升。

（六）加强生态清淤

采取抽运处理塘水、清运污染底泥、拆除围堤围埝、种植沉水植物等综合措施，分两期推进生态清淤 2.42 平方千米，累计抽运处理塘水 368 万立方米，清运污染底泥 87.2 万立方米，拆除围堤围埝 78 千米，种植沉水植物 280 万平方米，淀区水体连通性、水动力明显增强，化学需氧量等污染物浓度明显降低。

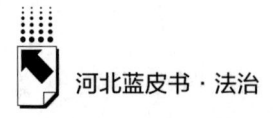

（七）管控旅游航运次生污染

改造淀区133家农家乐，建设景区餐厨垃圾收集处置系统，旅游厕所全部完成A级标准改造。强化船舶污染治理，实行航道网格化清洁管理，原有1328艘燃油运营船舶全部回购停用，新增旅游船舶全部使用清洁能源并配备污水和垃圾收储设施。

《白洋淀生态环境治理和保护条例》实施以来，通过种种措施，白洋淀水多了、水清了、水面变大了，水生态系统正在逐步恢复。监测数据显示，2021年1～7月，白洋淀4条有水入淀河流中，3条水质达到Ⅲ类以上，实现持续改善，淀心区化学需氧量浓度同比下降9.05%，接近Ⅲ类水质标准。省人大及其常委会将继续开展执法检查，推动《条例》的全面实施，推动全流域、上下游、左右岸、淀内外协同治理，让"华北明珠"重绽光彩。

B.6 河北省家庭教育现状、问题及立法对策[*]

河北省妇联《河北省家庭教育促进条例》立法前期工作专项课题组[**]

摘　要： 家庭教育是国民教育的重要组成部分，是学校教育和社会教育的起点和基石，事关千家万户，有着明显的地方特色，亟须加强制度建设。针对河北省家庭教育中的问题，需要在立法中进一步明确家庭教育法律地位，提高对家庭教育的重视程度；明确家庭教育的立法依据；明确家庭教育的独特内涵和作用；明确政府是家庭教育指导、管理的责任主体，树立家庭教育既是私事更是公事的观念；明确家长作为家庭教育具体实施者的义务和责任；建立家庭教育工作联动机制和家庭教育指导准入机制；加强家庭教育理论和应用研究，助推家庭教育科学化、专业化、法治化建设。

关键词： 家庭教育　制度建设　河北省

家庭教育是现代教育体系的三大组成部分之一，是学校教育和社会教育的起点和基石，不仅事关一个家庭，还关乎社会和国家的未来。党和国家领

---

[*] 本报告为 2020 年河北省妇联《河北省家庭教育促进条例》立法前期工作专项调研报告。
[**] 课题组组长：薛静，石家庄铁道大学教授，研究方向为法学。课题组成员：刘保平，河北省家庭教育学会会长，研究方向为公共管理学；吴美荣，河北省法学会妇女法学会副会长，研究方向为社会学；董颖，河北省社会科学院法学研究所研究员，研究方向为法学理论、社会治理；薛彦华，河北师范大学教授，研究方向为教育学；陈刚，河北省家庭教育学会副会长，研究方向为教育学；付云岭，石家庄铁道大学副研究员，研究方向为教育学；张春芳，石家庄铁道大学讲师，研究方向为法学。

导人高度重视家庭教育，习近平总书记明确强调要"注重家庭、注重家教、注重家风"，①《宪法》《民法典》《未成年人保护法》等法律规定了对未成年人进行家庭教育的权利和义务。《中国儿童发展纲要（2011—2020年）》《国家中长期教育改革和发展规划纲要（2010—2020年）》《关于进一步加强和改进未成年人思想道德建设的若干意见》等政策文件中，明确要求各级妇联组织、教育部门和中小学校幼儿园要切实担负起指导和推进家庭教育的责任。在各级党委、政府的领导下，妇联组织、教育部门及其他相关部门做了大量工作，推动河北省家庭教育事业取得了显著成就，但是也存在诸多问题。为了进一步规范家庭教育活动，加大家庭教育力度，切实保护未成年人合法权益，加快河北省家庭教育立法进程，2020年，省妇联专门立项，对全省家庭教育情况组织开展调查研究，最终形成调研报告。希望该报告能够为河北省高质量家庭教育立法提供有益的启迪和参考。

一 河北省家庭教育概况

（一）河北省家庭教育基本状况

长期以来，在党和国家关于注重家庭教育工作的方针政策指导下，各级党委、政府部门及社会各团体组织发挥各自优势，协调配合，整合多方资源，树立家庭教育新理念，探索家庭教育新路径，创新家庭教育新举措，在家庭教育的建章立制、宣传推广、指导服务等方面，取得了一定成绩，呈现出以下几个特点。

1. 妇联组织注重加强家庭教育

妇联组织或者是独立或者是联合各相关部门开展家庭教育活动，联合的主要有教育部门、文明办、宣传部、卫计委、文广新旅部门、法院、检察院

---

① 周楠：《习近平：注重家庭、注重家教、注重家风》，新华网，2015年2月17日，http://www.xinhuanet.com/politics/2015-02/17/c_1114401736.htm。

等。如廊坊市妇联整合资源，发挥多部门工作职能，共同推动。妇联作为家庭教育工作牵头单位，定期召集相关单位召开座谈会，对家庭教育工作者进行素质培训；与检察院、法院等部门共同开展以预防校园欺凌、法律进校园等为主题的活动，宣传普及家庭教育知识。

2. 规章制度成为重要保障机制

大多市、县（市、区）比较注重规章制度最基本的引领、规范、保障作用，积极配合政府工作，建立家庭教育长效机制，在推进家庭教育工作制度化、规范化建设方面作出了重要的尝试。如全省各地将家庭教育公益指导服务及社区家长学校建设纳入儿童发展规划及测评体系，纳入文明城创建指标要求和测评体系。如保定市妇联联合多部门制定了《保定市指导和推进家庭教育的五年规划（2016—2020年）》《保定市儿童发展规划（2011—2020年）》，印发了主要责任单位目标任务分解表，成立保定市家庭教育工作小组，全面谋划指导家庭教育工作，逐步形成了党政重视、妇联牵头、部门配合、社会参与的社会化、开放式工作格局。沧州市妇联和教育局实施了"沧州市中小学幼儿园家长学校提升三年行动计划（2018～2020）"，建立了家庭教育和家长学校工作领导与管理体系。教育部门"一把手"对家庭教育和家长学校工作出台的文件都认真审核，对家庭教育工作大力支持。教育局"一把手"担任家长学校领导小组组长，各学校"一把手"担任家长学校校务委员会主任，家庭教育和家长学校提升行动真正成为"一把手"工程。

3. 把组织建设作为有力抓手

为了推进和保障家庭教育工作的科学、规范、可持续发展，注重加强组织建设和管理。如保定市成立了由市政府副市长、市妇儿工委主任任组长，以市妇联、教育局、卫计委等部门领导为成员的家庭教育工作领导小组，通过家校配合，互学互动，构建全方位教育网络。2019年10月，沧州市教育局关工委启动实施了"沧州网上家长学堂"家庭教育培训项目，成立了专项推进工作领导小组和推进办公室，配备了专职工作人员担任区域负责人，组织召开市妇联、市文明办、市关工委参加的全市家庭教育工作会议暨

"沧州网上家长学堂"启动大会。各县（市、区）也分别成立了推进工作领导小组，召开了县域启动大会。唐山市各县（市、区）建立了由妇联、教育局、文明办、民政局、卫计委等部门组成的家庭教育工作联席会议或协调议事机构，统筹推进家庭教育工作，合力促进各级各类家庭教育阵地建设。

4. 形式多样，寓教于美

一是将家庭教育与美丽庭院建设、家庭建设、家风传承结合在一起，注重为未成年人健康成长营造良好的家庭环境和社会氛围。多年来，全省各地市通过事迹宣讲、家庭故事分享等多种形式，引领家庭文明新风尚，带动广大家庭在"寻美""赞美""学美"过程中，争当"最美"家庭。如廊坊、定州、辛集市妇联以"智慧家"为载体，开展"家教社区行"活动，传播现代、科学的家教理念和家教知识。立足家庭实际，广泛开展五好家庭、星级文明农户、寻找最美家庭、弘扬传承好家风好家训等活动，涌现出一大批尊老爱幼、男女平等、夫妻和睦、勤俭持家、邻里团结的文明家庭，有力推动了家庭文明建设。保定市、雄安新区等地在常态化活动基础上，开展了寻找抗疫"最美家庭"活动，讲优秀家庭的抗疫故事，用好的家风滋养良好的社会风气。最美绿色家庭、最美书香家庭、最美孝老爱亲家庭、最美友爱互助家庭等各类积极向上向善的"最美家庭"，以"最美"精神丰富良好家风，以良好家风促进家庭和睦，促进亲人相亲相爱，促进下一代健康成长。二是将家庭教育与学校教学和学校管理工作结合在一起，将家长学校作为开展家庭教育的主阵地。主要是以提升家长教育能力和教育水平为抓手，以提高学生学习成绩和助力学校管理为出发点和落脚点。

5. 搭建"互联网+"新平台

全省各地都能有效运用"互联网+"的新技术、新手段、新平台、新模式，开展多种形式的家庭教育指导服务，比较常见的是利用互联网设立家庭教育微课堂、开办微信公众号、开通钉钉课堂等。在线下，主要是依托家长学校、妇女之家、儿童之家的设备和场地开展活动。秦皇岛市以杏林小巷家庭党校为依托，培育北戴河区家风家训家教示范基地；以海悦心理卫生服务中心为依托，培育服务妇女儿童示范基地；以全国家长学校示范校为依托，培育社区家庭文明建设基石。廊坊市整合文青教育培训机构、九商三能、快乐书童阅读馆等社会教育资源，共同开展亲子教育、家庭教育等活动。保定市积极探索"基地＋课堂"的家庭教育指导服务模式，先后命名47个市级家庭教育示范基地，市、县（市、区）两级开展家庭教育指导服务社区行活动，宣传科学家教理念和优秀家教案例，引导全社会重视和支持家庭教育。

6. 家庭教育基本全覆盖

城市、农村都建立了儿童之家或儿童中心，能够提供阅读、科学育儿等日常性的开放服务，以及针对家长提供家庭教育指导，对农村、社区家庭普遍产生了移风易俗、转换家庭教育观念的作用。衡水、保定、秦皇岛、邯郸、石家庄等地专门组建家庭教育宣讲团，聘请家庭教育专业人士和热心人士，定期到农村、社区妇女之家常态化开展家庭教育活动，通过专题讲座、游戏互动、心理测试等形式，传播科学的家庭教育新理念和新方法。

7. 家教宣传上下贯通

家庭教育与家庭文明建设紧密结合在一起。全省各地市妇联、教育局等联合组建家庭文明建设和家庭教育报告团，定期举办家庭文明建设和家庭教育报告会，使家庭文明建设和家庭教育新理念不断深入人心。抓住时间节点，利用网络、电视等阵地，宣传家庭文明建设和家庭教育阵地活动情况，把市级家庭文明建设和家庭教育工作与县级家庭文明建设和家庭教育指导中心建设、乡镇级留守儿童活动室的运行管理、村级"妇女之家"建设、家长学校的规范管理结合起来，发挥阵地的作用，宣传家庭文明建设和家庭教育知识。

8. 目标设定分门别类

目标分别为儿童、家长、家庭教育指导师（培训师）三大群体。

（1）以儿童为家庭教育目标群体

主要是以儿童安全、健康成长为目的，拓展儿童的学习和成长领域，提高其学习能力、学习成绩。多见的是各种校外兴趣班、补习班、提高班、阅读班、朗读班、技能培训班等。唐山、张家口等地都能将爱党爱国和革命红色教育、优秀传统文化教育融合在亲子朗读、绘画等活动中，取得寓教于乐的教育效果。保定市作为河北省唯一的"联合国儿童早期发展社区家庭支持项目"实施基地，秉持以儿童为中心、以家庭为基础、全方位助力儿童发展的理念，积极探索以村（社区）为依托的儿童早期发展服务新模式。沧州市卫健委以创建儿童早期发展示范基地为抓手，探索以农村为重点的儿童早期发展服务内容和服务模式，通过开设孕妇学校，为全市孕期妈妈和儿童提供全面、科学、规范的医疗保健服务。

为了营造良好的家庭氛围，提高孩子的学习能力，让学生培养良好的学习习惯，全省各市全面开展的是以改善亲子关系为主的亲子阅读活动。此活动已经成为妇联家庭教育的常规工作，不仅有固定的资金保障，也开展各种评比表彰活动，广为宣传。如承德定期请辖区幼儿园老师就家长培养孩子阅读兴趣问题，做培养良好阅读习惯、开启亲子阅读之门的主题讲座。衡水市妇联与有关部门联合，建立了"快乐妈妈知味读书社"讲师团、青少年心理健康教育讲师团，指导家长如何辅导孩子读书，组织家长、老师开展"亲子共读"或家庭教育辅导讲座、交流研讨等活动，定期开展"同悦书香　逐梦未来"亲子阅读、国学诵读活动，为"亲子共读"活动提供专业化的指导。邢台市妇联联合县委宣传部和县图书馆等举办"萤火虫故事会""书香飘万家——看见幸福'阅'出梦想"亲子阅读活动，营造亲子阅读浓厚氛围，增进亲子感情，融洽家庭关系。

（2）以家长为目标人群

主要是对家长进行作为孩子"第一任老师"的教育者的"再教育"工作。如邢台市探索家长"持证上岗"模式，整合高校、社会各界家庭教育优质资源，创建了"新中国式家长学堂"网络平台与载体。通过线上教学、线下指导、实践推动等方式影响家长、教育家长、指导家长，提高家长的家庭教育水平，进而实现"不教的教育"。承德市重视家长学校建设，制定家长委员会章程，定期举办家长培训讲座和提供咨询服务，开展先进教育理念和科学育人知识指导；定期举办经验交流会，通过优秀家长现身说法、案例教学发挥优秀家庭示范带动作用；定期开展家长和学生共同参与的专题调查、志愿服务和社会公益活动，提升家长的家教素养。邀请从事妇幼保健工作的专家就儿童成长发育问题对家长授课。

（3）以培养家庭教育指导师为目标

开办家庭教育工作者、家庭教育指导师培训班、集训班等。如廊坊市妇联定期组织人员对全市家庭教育工作者进行素质培训；衡水市为了提升家庭教育工作者专业素养，成立了家庭教育指导委员会、家长学校总校和家庭教育讲师团，家庭教育队伍日益壮大；唐山市组织开展家庭教育公益培训项目，聘请国内知名学者专家开展培训师资和论坛讲座活动。

9. 立足本职开拓家庭教育新模式

在家庭教育常态化工作的基础上，各地加强家庭教育调查研究，探索家庭教育的新模式。如沧州市政府多部门合作，源头开展家庭教育工作，民政部门为15个婚姻登记处提供了婚姻家庭辅导服务，卫健委在全市所有的婚姻登记处配备力量，开展免费婚检服务和家庭教育宣传引导工作。此创新模式职责清晰，定位明确，为推进家庭教育发展提供了有益的参考。唐山、邯郸等地将编印的家庭教育指导手册和教育读本、实践案例等发放到幼儿园和学校，发放到社区、村妇女儿童之家，摆放到民政部门的婚姻登记处、医疗机构的候诊处，深受民众欢迎。

（二）河北省家庭教育服务机构和人员队伍建设情况

从来自全省11个设区市和辛集、定州、雄安新区妇联系统统计情况看，河北省在家庭教育服务机构组织建设和人才队伍建设方面都具备了相当规模，这对各个地方的家庭教育工作起到了重要的指导和支撑作用。

1. 家庭教育服务机构建设情况

据全省妇联系统的不完全统计，截至2020年上半年，全省家庭教育服务机构共有428个。从开办时间看，最早的成立于2003年，比较多地集中于2016年、2017年、2018年、2020年。从主管部门看，各有不同，分别是妇联、教育厅关工委、教育局、卫健委、工商局、行政审批局、图书馆、文化馆等。从性质看，以个体、民办非企业居多，也有少量公办的社会团体

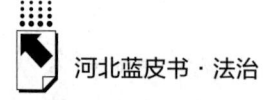

或公益组织，发展不平衡，管理模式不一。从规模看，由10人以下专业人员组成的家教服务机构占62.85%；专业人员为10~100人的占36.00%；专业人员在100人以上的只有5个，分别是藁城区教育局家长学校办公室、河北省心理学会沧州工作委员会、新东方家庭教育研究与指导中心、青龙家庭伦理道德研究会、保定市心理健康研究会等。从开展方式看，这些机构依托不同平台，在不同领域开展活动。主要是家庭教育指导中心、家庭教育服务中心、书院、幼儿园、家长学校、小学、教育咨询公司、心理协会、读书会、图书馆、俱乐部、孕妇学校、家庭教育培训学校教育基地、大讲堂、工作室等。从组织开展的家庭教育内容看，主要有：开展线上线下的家庭教育讲座、培训；培训心理咨询师；培训家庭教育指导师；给家长和孩子做心理咨询；在中小学普及家庭教育知识；组织孩子们进行实地游学活动；对社区矫正人员进行心理培训；举办有家长、孩子参加的线上线下读书会活动；等等。

2. 家庭教育人员队伍建设情况

据不完全统计，全省专兼职从事家庭教育的人员不足2000人。其中，女性占82%，男性占18%。从年龄结构看，以中青年为主，41~50岁的占42%；31~40岁的占30%。从学历情况看，大学本科及以上学历的占69%。从专业资质情况看，资质类型主要有国家二级心理咨询师、国家三级心理咨询师、ACI注册国际心理咨询师、婚姻家庭指导师、舞动治疗师、家庭教育指导师、医师、营养师、正面管教注册讲师、高级沙盘师等。这支队伍具备家庭教育基本的专业素养，有利于正确、全面地开展家庭教育指导服务。实践中，队伍成员发挥各自不同的专业优势，在不同地域、不同领域以不同形式推动着家庭教育工作的开展，已经成为河北省家庭教育工作的骨干力量。主要通过创办陪伴式家庭教育项目、组织学生团体活动、进行家庭教育讲座或培训，以及开展家庭成长沙盘、家庭个案辅导、法律知识讲座等形式推动家庭教育工作。

这些家庭教育的骨干力量在开展教育的同时，也在不断接受专业的家庭教育指导培训，提高各自的专业服务水平。通过调查了解，这些人员接受的培训主要包括：家庭教育讲座培训；犯罪预防宣传和未成年人法治教育宣传；国学、家风、传统文化培训；NLP亲子教育指导培训；卓越父母教练课培训；家庭教育指导师（高级）职业技术培训与考试；中华家庭教育研究院系统培训；等等。

二　河北省家庭教育法治化进程中存在的主要问题

（一）对家庭教育的重要性认识不足，家庭教育尚未纳入政府公共服务体系

儿童的素质关乎国家利益，家庭教育关系国家安全的观念还没有深入人心。尽管国家领导人和国家的方针政策一再强调家庭教育的重要意义，把它作为关涉国家发展和民族未来的重要的基础性问题并上升到国家战略高度，但是，在如何理解和把握家庭教育的概念和内涵、如何把握未成年人的法律主体地位和成长发展规律、如何把家庭教育纳入国民经济和社会发展总体规划中统筹协调实施等方面，还存在认识上的偏差。家庭教育尚未纳入政府公共服务体系，政策依据不足、政府责任缺失、组织保障不力、资金支持匮乏等问题普遍存在，不同程度地制约着家庭教育工作的开展。

（二）家庭教育的独特作用没有得到应有的发挥，以家庭文明建设和优良家风传承代替家庭教育问题凸显

家庭教育，事关公民素质的养成，具有极强的专业性、职业性，需要依法科学、规范、系统性开展，在一个人的成长历程中起着任何其他活动都不可替代的独特作用。毋庸置疑，家庭教育与家庭文明建设、优良家风传承相互影响、紧密相连，家庭文明建设和优良家风传承是家庭教育的重要基础。但是，现实生活中，存在以家庭文明建设和优良家风传承涵盖家庭教育、家庭教育工作处于附属地位的问题，客观上弱化了家庭教育的独特功能和作

用，忽视了对家庭教育工作的专业化引导和支持，不利于全面推动家庭教育事业的发展。

（三）家庭教育工作机制尚未健全，家庭教育缺乏有效的社会支持

主要表现为对家庭教育是政府责任的观念还没有形成共识，社会各方面力量在支持家庭教育方面的作用发挥不够。对"办好教育事业，家庭、学校、政府、社会都有责任"这一指示精神还没有全面理解贯彻。现实中还存在家庭教育是家庭私事、个人私事的错误认识。家庭教育问题家庭化、家庭问题妇女化、妇女问题妇联化、妇联问题边缘化、边缘问题碎片化的现象不同程度地存在，政府部门参与不够。尽管也有部分政府部门与妇联联合开展家庭教育的情况，但是，政府部门大多是配角，处于被动、附属地位。妇联作为群团组织的角色定位，决定了其不具有在家庭教育工作中调动整合政府及社会各方面力量和资源的职责权限，家庭教育事业的发展有待于进一步明确政府责任，加强制度建设。

（四）家庭教育目标设定存在偏差，家庭教育方向不明

主要表现为儿童作为家庭教育参与者的主体地位没有体现出来、家庭教育指导师队伍规范化建设滞后、对家长的培训教育指导缺乏制度性保障等。家长是孩子的第一任老师，要给孩子讲好"人生第一课"，帮助其扣好人生第一粒扣子。这里，家长作为孩子第一任老师的定位，既是党和国家的期望和要求，也是法定的权利和义务。《民法典》第二十六条规定："父母对未成年子女负有抚养、教育和保护的义务。"要培养孩子成为国家的栋梁之材，关键是对作为教育者的家长的教育。从大量的现实事例看，孩子们出现的问题，不是孩子自身的问题，而主要是家长的问题。因此，家庭教育的重点应该是家长，而不是孩子。为了解决什么样的家长能成为孩子的第一任老师，以及如何让家长成为孩子的第一任老师的问题，亟须建设一支家庭教育指导师队伍并加以科学管理和规范。这也是目前河北省家庭教育立法亟须解决的现实问题。

从对河北省各地调研反映的情况看，大多数地方还没有把解决如何使家长成为合格教育者的问题放在家庭教育第一位，更多地仍然侧重于对孩子的智力培育、技能提升、应试考核及参与各种评奖、过级比赛等，家庭教育书本化、教条化问题突出，并过早将竞争引入家庭教育，以育才教育替代育人教育。家长学校在对家长的指导方面，也大多侧重于对家长如何配合学校的教育及管理，督促检查孩子们学习方面，家长扮演了学校老师"助教""助管"角色，存在家庭教育学校化或沦为学校教育的附庸的问题，这偏离了家庭教育的本质和初衷。

（五）家庭教育工作发展不平衡，家庭教育影响各异

由于重视程度不同、政府部门执行力不同，城乡家庭教育观念、信息资源等存在一定的差异，导致了家庭教育工作发展不平衡。既有城市和农村的不平衡，也有农村乡镇与乡镇之间、村与村之间的不平衡。在城市，各种教育资源相对集中，为家庭教育工作的开展提供了良好的条件，且家长对家教工作普遍较重视，家庭教育知识普及率较高；在农村，特别是较为偏远的乡镇，受经济条件所限以及家长自身素质的影响，家庭教育本就是薄弱环节，而恰恰是这些地区，家庭教育资源最为匮乏、欠缺。此外，各年龄段家教工作开展也不平衡，小学、幼儿园开展活动较多，中学开展活动较少。在家庭教育活动的设计上，补短板、强基础的普遍性底线思维让位于增强项、树典型的极限思维，存在评优比先有余、问题关注不够、基础保障不足的问题。短平快、大呼隆、运动式做法短时间内能在一定范围内取得轰动效应，但是，有限的资源和经费难以发挥最大的社会效果，加剧了家庭教育工作的不平衡发展。

（六）家庭教育指导严重滞后，专业人员队伍质量有待提高

家庭教育指导服务质量与家长日益增长的家庭教育指导需求不相适应。一是缺乏相对稳定、专业的一定数量的师资队伍；二是缺乏系统、科学而有针对性的家庭教育指导教材；三是对家庭教育指导服务机构缺乏培育、规范

和管理，社会组织在家庭教育事业发展中的作用尚未得到充分发挥。从对家长的问卷调查情况看，77.7%的家长认为自身家庭教育方法欠缺，不知道如何教育好孩子，37.3%的家长意识到自身缺少家庭教育的相关知识，不知道怎么做是对的，因此亟须加强对家长的教育指导。随着新时期家庭教育工作的新变化、儿童身心发展的新特点以及家长对家庭教育的新需求显现，家庭教育工作如何贴近家长和儿童的需求已然成为新时期家庭教育工作亟须解决的问题。

家庭教育指导专业人员状况堪忧：数量少、质量低。对家庭教育指导师队伍培养和管理缺乏科学性、系统性、规范性。部分地区的家教工作者大部分是由教师兼职，其虽对家教工作参与热情较高，但水平能力有限；专业讲师素质培养的经验不足；专职的家庭教育指导师师资力量不足。据不完全统计，河北省家庭教育专职人员不足2000人。以2017年统计的全省2436.5万户家庭为基础，可以发现比例悬殊、供不应求。从参与问卷调查的家庭教育指导人员情况看，占总数64.39%的是35～50岁的中青年。半数以上的从业人员具有10年以上的从业经历，其中，50.59%的专业人员没有相关证书。在持有相关证书的群体中，持有教育学方面证书的有26.89%，其他类型的证书包括来自不同培训机构的心理咨询、家庭教育指导、婚姻家庭教育指导（分别占3.07%、1.77%、0.59%）等。这一问题，一方面说明从国家到地方都还没有普遍开展家庭教育指导师培训认证工作；另一方面暴露出社会各界尚未对家庭教育给予足够的重视，对从事家庭教育指导工作的人员缺乏应有的培养和规范。随着整个社会日益重视家庭教育，对家庭教育指导服务进行科学管理和规范刻不容缓。

（七）家庭教育市场缺乏准入机制，监督管理缺失，发展无序

当前开展家庭教育培训大多属于以营利为目的的市场化运作，部分家长本就认为家庭教育培训可有可无，选择花钱进入这些机构学习的更是少之又少。同时，有些机构因为指导内容缺乏针对性、系统性、科学性，难以真正帮助家长解决家庭教育困惑，有的还出现教育观念和知识上的错误引导，产

生负面效应。有的指导服务缺乏科学管理,乱收费问题严重,无形中加重了家庭的教育负担。

(八)家庭教育中的随意性和不规范性问题

1. 家庭教育方式单一,缺乏科学合理性

很多孩子的不良行为及消极情绪大多来自家庭。有些家长重视家庭教育理念,缺乏与之相对应的教育行为;重视孩子的错误行为,不重视平时的养成教育;关注情绪发泄,没有寻找积极有效的教育方法;关注文化知识学习,忽视了人格培养;关注孩子长大,忽视了自我成长。主要有专制型的打骂教育和放任型的溺爱教育两种。有的仅凭自己的经验教育孩子,缺乏科学的指导。许多家长关注孩子的物质需求,不关心孩子是否快乐,与孩子缺乏有效的沟通,或者只"沟"不"通"。

2. 家庭教育法律责任履行不当

家庭教育与学校教育是国民教育中的两个基本环节,很多家长无法处理好家庭教育与学校教育的关系,把教育子女的责任交给学校老师,或者交给课外文化补习班。导致孩子在接受多种教育,尤其是内容相悖的教育理念时不知所措,有的直接影响到父母与子女的亲子关系。

3. 家庭教育缺乏法治教育的内容,忽视法治意识的培养

表现为忽视家庭教育中儿童的基本权利和义务,民主作风缺失,家长制作风严重,加剧孩子自卑心理。过度保护和溺爱衍化成为对孩子的精神控制,导致儿童成长中的责任意识和责任能力不足,不利于独立法律人格的形成。

4. 缺乏健康的家庭教育环境

家庭教育的基础是良好的家庭环境,最为重要的是夫妻婚姻关系。受社会流动和迁徙的影响,家庭模式渐趋核心化,历史传承的家训家规难以保留和继承,新时代的家庭建设存在诸多不足,最为突出的是许多家庭不注重培养良好的夫妻关系和亲子关系。夫妻关系不睦不仅影响孩子的情绪,也造成父母与孩子之间感情的疏离,造成孩子安全感的缺失。部分家长不注意言传

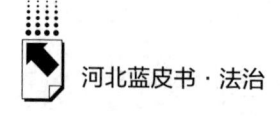

身教，重教子轻自修，不能为孩子做榜样，教育方式多训斥、少疏导，用溺爱或暴力等极端方式对待孩子，很难让孩子形成正确的三观。

5. 亲情缺失问题依然严重

主要表现为离异家庭、流动及留守儿童家庭的教育碎片化问题。有的农村小学生父母常年在外，孩子缺少亲情关怀，安全感缺失。容易造成孤独封闭、虚荣、过于自尊、盲目交友等问题，甚至容易产生仇视心理。还有一部分父母出于补偿心理，在给孩子拿钱方面十分慷慨，无计划、无节制。由于孩子缺乏自制力，生活追求享受，不思进取，自由散漫，懒惰贪玩，学习缺乏自主性和刻苦的精神，直接影响良好品德及习惯的养成。

6. 父亲在家庭教育中缺位，"丧偶式"育儿现象不同程度存在

在"男主外，女主内"刻板性别观念的影响下，有的父亲以忙事业为借口，逃避家庭教育责任，还有的即使有时间在家也不陪伴孩子，而耽于自己玩乐。父亲在家庭教育中的缺位，也造成了亲子之间沟通困难、家庭教育效果不佳。

7. 部分家庭家教家风建设不容乐观

随着经济社会的快速发展，奢靡之风在家庭中有所抬头，存在盲目跟风现象，红白喜事大操大办，讲排场、比阔气，铺张浪费现象特别是"舌尖上的浪费"现象严重。表现在对待子女方面，经常与他人攀比，即使家庭不具备相应的条件，也要给孩子提供"贵族教育"。缺少勤俭节约精神，为孩子传递了不健康的人生观。

三 河北省家庭教育立法对策与建议

家庭教育是公民教育的重要组成部分，事关千家万户。为了切实反映河北省家庭教育工作的实际情况，解决河北省家庭教育面临的实际问题，需要从制度建设抓起，加强家庭教育地方立法，重点解决以下几方面问题。

（一）明确家庭教育法律地位，提高对家庭教育的重视程度

家庭教育立法应明确家庭教育的战略目标和战略地位，把家庭教育作为经济社会发展、法治建设、精神文明建设的一个重要组成部分，列入社会总体发展规划。将促进未成年人德智体美劳全面发展，培养有理想、有道德、有文化、有纪律的社会主义建设者和接班人，培养担当民族复兴大任的时代新人作为家庭教育的出发点和落脚点。通过促进家庭教育事业发展，保障未成年人健康成长，增进家庭和谐幸福，推动社会协调稳定发展。

（二）明确家庭教育的立法依据

应当在遵循《宪法》原则基础上，以《民法典》《未成年人保护法》《教育法》等法律为依据，贯彻落实党和国家有关家庭教育方针政策，参考执行有关儿童发展的规划纲要及全国性家庭教育指导大纲等规范性文件精神，保障国家和地方法律法规的统一性、完整性和权威性。同时，紧密结合河北省家庭教育实际，立足社会现实问题和广大人民群众的迫切需要，使其具有广泛适用性、针对性和可操作性。

（三）明确家庭教育的独特内涵和作用

以人为本、立德树人、遵循未成年人身心健康发展规律、尊重未成年人人格尊严、切实保障未成年人合法权益应当成为家庭教育立法的指导思想。

正确处理家庭教育与家庭文明建设和优良家风传承的关系。将现代文明的家庭教育理念融入家庭文明建设和优良家风传承工作中，三者各有侧重、共同促进、协调发展。但是，无论是家庭文明建设还是优良家风传承，都应该坚持最有利于未成年人的原则，以履行家庭教育的法定职责带动家庭文明建设健康发展。处理婚姻家庭事务和涉及未成年人事项时，都应注意给予未成年人特殊保护和优先保护，尊重未成年人人格尊严，保护未成年人隐私权，适应未成年人身心健康发展的规律和特点，听取未成年人的意见，将保护与教育有机结合起来。

正确处理家庭教育与学校教育的关系。二者在培养人的目标上是一致的，但在教育的途径和方法上有所区别。家庭教育主要是通过父母的言传身教来进行的，学校教育则是主要通过课堂的系统性文化知识传授来进行的。家庭作为孩子成长的第一环境，家长作为孩子的第一任老师，在培养孩子的思想品德、情感兴趣、生活习惯、行为规范等方面有着特殊的影响、带动作用，不可缺位、不可替代。同时，学校不能把家庭作为第二课堂，家长也不能成为老师的教学助手。

（四）明确政府是家庭教育指导、管理的责任主体，树立家庭教育既是私事更是公事的观念

从培养社会主义建设者和接班人、培养担当民族复兴大任的时代新人的目标要求看，政府、家庭、学校、社会都负有不可推卸的法律责任。其中，政府是家庭教育的第一责任人。即县级以上人民政府应当将促进家庭教育纳入国民经济和社会发展规划，构建覆盖城乡的家庭教育指导服务体系，为家庭教育提供政策、财政资金、组织人员等方面的保障。我国新修订的《未成年人保护法》第七条和第八十二条都作出了相应规定，即"国家采取措施指导、支持、帮助和监督未成年人的父母或者其他监护人履行监护职责"；"县级以上人民政府应当将家庭教育指导服务纳入城乡公共服务体系。开展家庭教育知识宣传，鼓励和支持有关人民团体、企业事业单位、社会组织开展家庭教育指导服务"。

（五）明确家长作为家庭教育具体实施者的义务和责任

《民法典》第二十六条规定："父母对未成年子女负有抚养、教育和保护的义务。"《未成年人保护法》第十五条规定："未成年人的父母或者其他监护人应当学习家庭教育知识，接受家庭教育指导，创造良好、和睦、文明的家庭环境。"据此，父母或者其他监护人应当接受家庭教育指导，掌握科学的家庭教育方法，用科学的家庭教育方法对未成年人开展教育和影响，保障未成年人健康成长。

（六）建立家庭教育工作联动机制

《未成年人保护法》第九条规定："县级以上人民政府应当建立未成年人保护工作协调机制，统筹、协调、督促和指导有关部门在各自职责范围内做好未成年人保护工作。协调机制具体工作由县级以上人民政府民政部门承担，省级人民政府也可以根据本地实际情况确定由其他有关部门承担。"据此，建立政府统一领导、有关部门各负其责、社会广泛参与的工作联动机制应是家庭教育立法的重要内容。通过明确家庭教育主管部门及各相关部门的职责范围，分工合作、各司其职、各负其责，提高家庭教育工作效率。

（七）建立完善家庭教育指导准入机制，加强监督管理

《未成年人保护法》第九十九条规定："地方人民政府应当培育、引导和规范有关社会组织、社会工作者参与未成年人保护工作，开展家庭教育指导服务，为未成年人的心理辅导、康复救助、监护及收养评估等提供专业服务。"据此，应当加强家庭教育指导师队伍建设，规范培训、考核和管理，提高家庭教育指导服务水平。

（八）加强家庭教育理论和应用研究，助推家庭教育科学化、专业化、法治化建设

把推进家庭教育科学化、专业化、法治化建设及其相应的政策措施作为研究重点，组织力量，重点攻关。主要就家庭教育科学化、专业化、法治化的重要性、必要性、紧迫性和可操作性，应坚持的价值理念和基本原则，应明确的主要内容和核心功能、法律责任和特别措施，以及在推进家庭教育法治化进程中所面临的重点和难点问题等进行深度研究探讨，为促进河北省家庭教育健康、有序、高效发展提供智力支撑。

综上所述，家庭教育不只是家庭的私事，更是全社会的公事。针对河北省家庭教育中存在的问题，为了未成年人全面健康成长，为了增进家庭幸福与社会和谐健康发展，亟须尽快加强河北省家庭教育立法工作。这一工作功在当代，利在千秋。

B.7
党内法规制度建设光辉历程的河北实践
——关于河北省党内法规制度建设的历史回顾、经验和展望

河北省委法规室课题组*

摘　要： 在党内法规百年发展历程中，河北地域内党的省级组织贯彻落实党中央决策部署，结合实际积极推进党内法规制度建设，谱写了党内法规制度建设的"河北篇章"，为在新的起点上坚持依规治党、高质量做好地方党内法规工作积累了有益经验，提供了重要启示。新征程上进一步加强党内法规制度建设，必须以习近平新时代中国特色社会主义思想为指导，更好坚持和运用党的历史经验，注重与时俱进，坚持守正创新，推动省委党内法规制度更加完善、更有活力，为全面加强党的领导、继续推进新时代党的建设新的伟大工程和加快建设现代化经济强省及美丽河北提供更加有力的制度保障。

关键词： 党内法规　制度建设　河北实践

治国必先治党、治党务必从严、从严必依法度。这个"法度"，主要就是以党内法规为脊梁的党的制度。党内法规因党而生、因党而立、因党而兴。中国共产党从建党之初就十分重视党内法规，从新民主主义革命时期的萌芽形成，到社会主义革命和建设时期的曲折发展，到改革开放和社会主义

---

* 执笔人：崔红岗，河北省委法规室副主任，研究方向为党内法规制度建设；张盟，河北省委法规室四级主任科员，研究方向为党内法规制度建设。

现代化建设新时期的改革创新,再到中国特色社会主义新时代的全面发展,党内法规始终与党的建设同呼吸、共命运。

地方党内法规作为党内法规体系的重要组成部分,对于贯彻落实中央党内法规,加强和规范党的地方工作,确保全面从严治党、依规治党要求在本地区落地落实发挥着重要作用。在党内法规百年发展历程中,河北地域内党的省级组织贯彻落实党中央决策部署,结合实际积极推进党内法规制度建设,谱写了党内法规制度建设的"河北篇章"。为深入学习贯彻党的十九届六中全会精神,持续巩固拓展党史学习教育成果,课题组对党内法规制度建设发展历程的河北实践进行了全面系统回顾,以总结成果经验、汲取历史给养,在新的征程上更好推动河北省党内法规制度建设上水平、开新局。

一 党内法规制度建设河北实践的总体回顾

(一)新民主主义革命时期(1919~1949年)

这一时期,党内法规制度建设主要围绕革命任务需要展开。按照党中央部署要求,适应革命斗争形势发展变化,河北地域内党的省级组织在历经多次调整变迁中,推动党内法规制度建设开始萌芽起步。1927年8月,中共顺直省委(因历史上北京又名顺天府,河北省当时叫直隶省,故党在这一地区的领导机构称为中共顺直省委)成立;后因直隶省改为河北省,根据中央指示,中共顺直省委于1930年底改建为中共河北省委。土地革命战争时期,中共河北(顺直)省委深处国民党统治区和抗日救亡运动前沿,肩负着北方革命斗争领导职责,所处环境严峻复杂,党内法规制度建设更注重如何保证党组织生存和做好秘密工作、恢复和发展壮大党组织,以及加强组织建设和严格党的纪律、发展抗日民族统一战线和领导开展群众斗争等。"七七事变"前夕,河北省分设中共河北省委和平汉线省委;全面抗战爆发后,党在河北及其邻省地区先后开辟多块敌后抗日根据地,开始打破原有行政区划，在这些根据地内设立党的省级组织，历经多次合并、分设、重组，并延续到解放战争时期。及至1949年7月，河北地域内设有冀中、冀东、冀南区党委和察哈尔、热河省委。在全面抗战和解放战争阶段，各区（省）党委执行党的路线方针政策，在加强党的一元化领导和思想教育、巩固组织、改进作风、强化纪律，以及开展整风运动、落实请示报告制度、建立干部学习制度等方面作出若干制度规定，为领导广大人民群众进行艰苦卓绝的斗争提供了重要制度支撑。基于当时革命战争环境的条件限制，这一时期制定的党内法规内容一般比较简单，时效性、纪律性、保密性较强。这些初步探索实践，适应了党组织在革命战争年代生存和发展的客观需要，对保证和推动革命胜利、迎来全省解放和新中国曙光发挥了重要作用。

（二）社会主义革命和建设时期（1949～1978年）

1949年7月，中共中央发出《关于撤销冀东、冀中、冀南区党委的决定》，恢复河北省建制，组建中共河北省委。之后不久新中国宣告成立，中国历史开启新纪元。这一时期，各级党组织担负着多方面全新任务，党员干部队伍面临新考验，加强党的领导和党的建设也面临新课题。遵照党中央指示精神，省委党内法规制度建设进行了积极探索。一方面，将新民主主义革命时期一些行之有效的制度予以继承；另一方面，积极适应党在全国执政条件新变化以及社会主义革命和建设新形势新任务需要，重点围绕健全调整党的领导体制机制、强化党对各方面工作的领导，以及公开建党、整风整党整干、反腐防变教育、发展党员、强化思想政治工作和宣传教育、加强纪律检查等，建立健全了许多党内法规制度，对于提高党的领导能力和执政水平、维护党的团结统一、规范党内政治生活和纯洁队伍、凝聚力量起到重要作用，为带领全省人民贯彻实施新民主主义建国纲领、恢复国民经济、完成社会主义改造、实现由新民主主义到社会主义的历史性转变和全面建设社会主义提供了有力制度保障。其中，社会主义改造基本完成后，党对适合中国国情的社会主义建设道路进行了艰辛探索。当时历史条件下，省委党内法规制度建设在取得新进展的同时，也经历了在曲折中发展的过程，并在"文化大革命"中经历严重挫折。这些实践为新的历史条件下如何通过党内法规制度建设加强党的领导和自身建设提供了正反两方面的重要经验。

（三）改革开放和社会主义现代化建设新时期（1978～2012年）

改革开放以来，党从一个受到外部封锁和实行计划经济条件下领导国家建设的执政党，转变为对外开放和实行社会主义市场经济条件下领导国家建设的执政党，成功开创、坚持、捍卫和发展了中国特色社会主义。与此相适应，党内法规制度建设得到恢复和加强。这一时期，省委认真贯彻执行党中央部署要求和中央党内法规规定，强化党内法规在党的建设中的重要地位和作用，结合河北实际推动党内法规制度建设朝着程序化、规范化、系统化方向加快发展。涵盖党领导人大、政协、统战、宣传、法治、人才、教育、"三农"、信访、外事等领域的法规制度不断完善；涉及党内选举、党组织设立和运行、民主生活、基层党组织建设、党员干部队伍建设等组织建设方面的法规制度基础有力夯实；以加强思想政治工作、抓好理论学习教育为重点的思想建设方面的法规制度接续出台；包括厉行节约、改进领导作风和文风会风、规范干部待遇等内容的作风建设方面的法规制度有效发力；聚焦纪检监察机关设置、党风廉政建设责任制、纪律处分、巡视、考核、奖惩、个人事项报告等党内监督方面的法规制度日益健全；关于公文处理、会议活动、信息督查、机要保密、档案通信等机关运行保障方面的法规制度更加完备。党内法规制度建设进入健康、稳定、较快的发展时期。这一时期，省委党内法规工作不断加强，1995年2月，河北省委办公厅在全国各省（区、市）中率先成立法规处，使之承担党内法规和公文处理有关工作。2012年10月，贯彻中央党内法规精神，制定出台《中国共产党河北省委员会党内法规制定工作实施细则》、《中国共产党河北省委员会党内法规和规范性文件备案细则》和《中国共产党河北省委员会党内法规和规范性文件清理工作方案》，切实提升党内法规制定工作科学化水平，推进备案、清理工作起步和发展。总体上看，这一时期省委党内法规制度建设紧紧围绕民主集中制这个核心，注重维护党中央权威和加强党的领导，重视发展党内民主和保障党员权利，党内法规的内容日趋稳定，名称使用、结构体例、制定程序等得到有效规范，党内法规制度建设质量和水平显著提升，这为领导全省人民推进改革开放和社会主义现代化建设提供了重要制度保障。

（四）中国特色社会主义新时代（2012年至今）

党的十八大以来，以习近平同志为核心的党中央把党内法规制度建设摆在突出位置，加强顶层设计和统筹谋划，全方位、立体式推进建章立制，推动党内法规制度建设取得历史性成就。2021年7月1日，习近平总书记在庆祝中国共产党成立100周年大会上宣布，党已经"形成比较完善的党内法规体系"。[①] 这是党的建设史特别是党内法规制度建设史上的一个重要里程碑。2021年11月，党的十九届六中全会通过《中共中央关于党的百年奋斗重大成就和历史经验的决议》，在对新时代坚持党的全面领导、全面从严治党重大成就进行的总结中，充分肯定了党内法规制度建设在管党治党中的重要作用。党的十八大以来，省委党内法规工作坚持以习近平新时代中国特色社会主义思想为指导，认真贯彻落实党中央依规治党决策部署，紧紧围绕加强党的领导和党的制度建设需求建章立制，省委党内法规制定加速推进，法规制度逐步完善，执行机制更加健全，治理效能日益凸显。

1. 对党内法规制度建设部署推进持续深化

省委坚持把党内法规制度建设摆在更加重要的位置，纳入年度工作要点，通过召开省委全会、省委常委会会议和制发重要文件等，深入学习贯彻习近平总书记重要指示和党中央重大决策，研究部署党内法规工作。特别是党的十九大以来，省委坚持政治站位，对标对表、看齐中央，立足实际、着眼长远，对党内法规制度的安排部署进一步深化。

2013年12月，省委八届六次全会审议通过《中国共产党河北省委员会关于学习贯彻党的十八届三中全会精神的决议》，对深化党的制度建设改革作出

[①] 《中国共产党党内法规体系》，中国政府网，2021年8月6日，http://www.gov.cn/xinwen/2021-08/06/content_5629962.htm。

安排。2014年12月，省委八届九次全会审议通过《中国共产党河北省委员会关于贯彻落实党的十八届四中全会精神全面推进法治河北建设的实施意见》，将"形成配套完备的省委党内法规制度体系"纳入全面推进法治河北建设目标。2015年11月，省委八届十二次全会审议通过《中共河北省委关于制定河北省国民经济和社会发展第十三个五年规划的建议》，强调要"切实加强党的自身建设"，对完善党委领导经济社会发展的体制机制提出明确要求。2016年12月，全国党内法规工作会议召开后，及时下发学习贯彻通知，推动会议精神落地落实。2017年6月，出台《中共河北省委关于加强党内法规制度建设的实施意见》，加强督促检查，确保落到实处。2018年4月，省委九届七次全会审议通过《中国共产党河北省委员会工作规则》，明确"省委应当坚持依法治国和依规治党有机统一""自觉维护国家法律和党内法规权威"。2019年10月，省委全面依法治省委员会召开第一次会议，自此党内法规制度建设相关工作每年纳入省委全面依法治省委员会年度工作要点，实现与全面依法治省协同部署、一体推进。2019年11月，省委九届九次全会传达学习党的十九届四中全会精神，结合实际制定贯彻《中共中央关于坚持和完善中国特色社会主义制度推进国家治理体系和治理能力现代化若干重大问题的决定》的实施意见，将党内法规体系作为"10项制度体系建设"重要方面。2020年11月，省委九届十一次全会审议通过《中共河北省委关于制定国民经济和社会发展第十四个五年规划和二〇三五年远景目标的建议》，强调要健全坚持和加强党的全面领导制度，完善促进和保障河北改革发展的法规制度。2021年4月，省委、省政府出台《法治河北建设规划（2021—2025年）》，将"健全党内法规制度，坚定不移推进制度治党、依规治党"纳入法治河北建设重要内容，强调要加强党内法规制度建设，抓好党内法规制度实施，强化党内法规制度建设保障。2021年11月，省委九届十四次全会审议通过贯彻落实《中共中央关于党的百年奋斗重大成就和历史经验的决议》的意见，对坚持依规治党、加强党内法规制度建设明确具体要求；省第十次党代会强调"扎实推动全面从严治党向纵深发展，以自我革命精神推进新时代党的建设新的伟大工程"，对深入贯彻新时代党的建设总要求、"把制度建设贯穿其中"

作出新部署。2022年1月12日，省委召开的全省党内法规工作会议，对贯彻落实习近平总书记依规治党重要论述和全国党内法规工作会议精神作出系统部署。省委的一系列安排部署，有效引领带动各地各部门党委（党组）积极施措跟进、狠抓工作落实，形成全省上下齐抓党内法规工作的良好局面。

2.省委党内法规制度更加健全完善

一是坚持统筹谋划和规划引领。衔接落实中央党内法规制定工作规划，紧密结合河北实际先后编制省委党内法规制定工作第一个和第二个五年规划，逐项明确责任单位和完成时限，加强督促检查，推动有效落实。在规划执行过程中，根据形势任务发展变化适时调整，着力满足加强党的全面领导和党的制度建设需求。二是密集出台省委党内法规制度。截至2021年底，现行有效的省委党内法规共120部，其中党的十八大以来制定86部，占比71.7%；党的十九大以来，省委党内法规制定工作总体呈现提档加速升级、大步有序迈进的态势，制定省委党内法规47部，涉及党的组织、党的领导、党的自身建设和党的监督保障四大板块的党内法规制度有效完善。三是切实维护党内法规制度统一性、权威性。2012~2015年、2019年，按照党中央统一部署，先后进行两次省委党内法规和规范性文件集中清理，废止、宣布失效和修改1500余件；研究建立即时清理工作措施，形成与集中清理、专项清理互补衔接的常态化清理机制，实现党内法规制度的"新陈代谢"和"强身健体"，保证了党内法规、党的政策协调统一。认真落实党内法规和规范性文件备案审查规定要求，及时规范做好省委党内法规和规范性文件向中央报备工作。建立健全覆盖省、市、县三级的备案审查工作体系，按照有件必备、有备必审、有错必纠原则全面开展备案审查工作，有效发挥备案审查监督作用。党的十八大以来，累计审查各地各部门党委（党组）规范性文件5000余件；党的十九大以来，累计审查各地各部门党委（党组）规范性文件2600余件。

3.党内法规制度执行力显著提升

一是"关键少数"示范引领带动。省委常委会坚持以上率下，中央重要党内法规出台后,及时传达学习、研究执行措施;审议省委党内法规草案时,一体作出执规安排,压实工作责任。省级领导干部坚持带头学习、带头宣讲、带头执行,有效发挥示范引领作用,引导推动各级党组织和党员领导干部抓执规、严执规。二是以知促行强化法规意识。按照党中央部署要求,在"两学一做"学习教育、"不忘初心、牢记使命"主题教育和党史学习教育中把学习党章党规作为重要内容。各级党委(党组)认真落实《中国共产党党委(党组)理论学习中心组学习规则》,将党章党规作为重要学习内容。将党内法规纳入干部教育培训规划计划,党校(行政学院)主体班次和干部网络学院把重要党内法规作为必修课程。将党内法规纳入普法规划和部门普法共性清单,各有关方面统筹利用传统媒体和新媒体以及大讲堂、教育展、"大喇叭"、"小马扎"、口袋书、电子屏、小视频、微动漫等渠道方式,强化宣传解读,促进党内法规学习教育由点扩面、由浅入深。2021年6月21日至27日,省委办公厅会同省司法厅、省法宣办在全省组织开展"党内法规学习考试周"活动,推动全省在职党员干部认真学规、在线考规,累计参与人数突破200万人,在全省上下形成学习宣传党内法规的浓厚氛围。三是健全机制压实执规责任。严格落实《中国共产党党内法规执行责任制规定(试行)》,加快构建党委(党组)统一领导、办公厅(室)统筹协调、主管部门牵头负责、相关单位协助配合、纪检机关严格监督的执规责任体系。省委办公厅对现行有效的中央和省委党内法规逐一明确牵头执行部门,督办推动《省直单位牵头执行党内法规清单》落实见效。各牵头部门积极履职尽责,组织开展学习宣传、业务指导、政策解读和督查检查,每半年向省委报送一次执规情况报告;其他有关部门按照职责权限积极配合、共同执规,党内法规执行合力充分凸显。四是监督追责形成有力震慑。充分发挥监督检查疏通堵点、传导压力、追踪问责的重要保障作用,综合运用多种有效途径,促进党内法规有效贯彻执行。省委巡视和市县党委巡察均将重要党内法规执行情况作为重要内容。党的十九大以来,每年组织开展全面从严治党主体责任、监督责任和党风廉政建设责任落实情况专项检查。各有关部门组织对相关领域重要党内法规执行情况进行专项督查,对存在的问题开展专项整治，各级纪检监察机关用好监督执纪"四种形态"，坚持失责必问、问责必严，严肃查处违反和破坏党内法规行为，党内法规执行日益严起来、硬起来、实起来。

4. 党内法规制度优势较好转化为治理效能

一是坚决做到"两个维护"。坚持把深入贯彻习近平总书记重要指示批示作为重大政治任务和重大政治责任，及时研究制定贯彻落实意见并狠抓落实。党的十九大以来，重点围绕京津冀协同发展、雄安新区建设发展、北京冬奥会筹办等出台一系列法规文件，推动重大国家战略和国家大事在河北落地见效。二是有力推动各项事业发展。充分发挥法规制度管根本、管长远的重要作用，把加强党的领导和党的建设嵌入省委"三六八九"工作思路，出台一批法规文件，为相关领域工作开展提供了制度遵循，政治生态、经济生态、自然生态、社会生态发生历史性新变化，脱贫攻坚取得历史性成就，有力保障了以河北之稳拱卫首都安全、以河北之进服务全国改革发展大局。特别是在防控新冠肺炎疫情大战大考中，就充分发挥各级党组织和广大党员干部作用坚决打赢疫情防控的人民战争、总体战、阻击战，统筹疫情防控和经济社会发展等作出一系列制度安排，保证党中央重大决策部署落到实处，推动河北抗击疫情斗争取得重要成果。三是有效提振党员干部精神风貌。坚持激励与约束并重、严管与厚爱结合，制定修订关于干部考核奖惩、政治素质考察、追责问责和教育管理、谈心谈话、容错纠错、关心关爱等一系列监督保障法规制度，进一步加强干部队伍监督管理，健全正向激励机制，激发各级党员干部以良好精神风貌担当作为、干事创业，风清气正、拼搏竞进的氛围日益浓厚。四是深刻改进党风政风民风。深入贯彻中央八项规定及其实施细则精神，出台河北省实施办法，持续开展纠正"四风"和作风纪律专项整治，党风政风焕然一新并有效带动社会风气好转，党内法规制度在社会治理领域的"外溢效应"充分显现。党的十八大以来，省委党内法规制度的健全与发展深度融入全省工作大局，党内法规制度优势较好转化为管党治党、扎实做好改革发展稳定各项工作的治理效能。

5. 组织保障机制不断强化，党内法规事业发展呈现良好态势

一是机制机构进一步完善。按照党中央部署要求，建立省委党内法规工作联席会议机制，充分发挥议事协调机构职能作用，加大协作力度，2018年以来4次召开会议，统筹研究推进党内法规制定、实施等有关工作。建立规章和规范性文件备案审查衔接联动机制，提升备案审查工作机构协作配合水平。2017年6月，以省委办公厅法规处为基础，突出主业、优化职能，成立省委法规室。全省各设区市的党委办公室均设立专门法规工作机构，各县（市、区）党委办公室相继成立法规科或在有关内设机构加挂牌子、配备专门力量承担相关工作。二是队伍建设不断加强。加强党内法规专门工作队伍建设，采取多种形式强化上对下业务指导，举办党内法规工作业务培训，采取"上门式""菜单式""交互式"等方式，有针对性地对各市和省直部门开展业务指导，促进全系统工作能力整体提高。三是理论研究加快跟进。建立党内法规研究协调联动机制，充分发挥社会科学基金项目引导作用，将党内法规研究列入省社会科学基金项目选题。党内法规工作机构以及新型智库、社科机构、党建研究团体、高等学校等积极开展党内法规研究，组织或参加有关学术研讨会，形成一批研究成果，努力在党内法规研究领域发出"河北声音"，为党内法规理论建设作出"河北贡献"。

二 党内法规制度建设河北实践的经验启示

河北党内法规制度建设的成效，为全党"形成比较完善的党内法规体系"作出了地方贡献，为加快建设现代化经济强省、美丽河北提供了重要制度保障，也为在新的起点上坚持依规治党、高质量做好地方党内法规工作积累了有益经验，提供了重要启示。

（一）必须全面贯彻党中央决策部署，认真做到"两个维护"

党内法规体现的是党的统一意志，具有强烈的政治属性和鲜明的价值导向，高度凝结党的理论创新和实践经验。无论是在哪个历史时期，

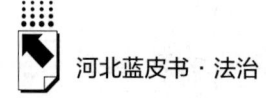

坚持党的指导思想和党中央集中统一领导，坚持正确政治立场和政治方向，都是做好地方党内法规工作的根本政治要求和关键所在。党的十八大以来特别是党的十九大以来，河北省委坚持以习近平新时代中国特色社会主义思想为指导，认真贯彻落实习近平总书记重要指示和党中央决策部署，把拥护"两个确立"、做到"两个维护"贯穿河北省党内法规工作全过程各方面，确保党内法规制度建设在正确轨道上发展前进。在新的征程上推进党内法规制度建设，必须坚持以习近平新时代中国特色社会主义思想为指导，深入贯彻党的十九大及十九届历次全会精神，充分认识"两个确立"的决定性意义，增强"四个意识"，坚定"四个自信"，做到"两个维护"，牢牢把握正确政治方向，不断提高政治判断力、政治领悟力、政治执行力，把夯实"两个维护"的法规制度保障基础作为首要政治任务，推动习近平总书记重要指示和党中央决策部署在河北落地落实。

（二）必须坚持服务工作大局，有效发挥法规制度治理效能

规范和加强党的领导及党的建设活动是党内法规制度建设的任务所在。纵观不同历史时期河北省级党组织的发展历程，党领导的革命、建设、改革事业进行到哪里，党的建设推进到哪里，党内法规制度建设就跟进到哪里。党的十八大特别是党的十九大以来，河北省党内法规制度建设紧紧围绕统筹推进"五位一体"总体布局和协调推进"四个全面"战略布局，紧紧围绕落实省委"三六八九"工作思路，有力有效规范各级党组织的工作、活动和党员行为，推动党的领导得到全面加强，全面从严治党取得重要成效，法规制度优势逐步转化为治理效能。在新的征程上推进党内法规制度建设，必须牢记"国之大者"，立足全省中心工作，紧紧围绕坚持党的全面领导和全面从严治党向纵深发展新形势新任务新要求，固根基、扬优势、补短板、强弱项，努力把党建设得更加坚强有力，不断提高地方各级党组织的执政能力和领导水平。

（三）必须统筹推进"配套性"立规与"创制性"立规，确保实现衔接互补

河北省委坚持把推动党中央依规治党决策部署在河北不折不扣落实到位和保证中央党内法规有效贯彻执行作为建章立制工作的重中之重，中央党内法规需要配套的，及时细化配套落实。同时，在符合中央精神前提下探索制定一批契合河北实际需求的创制性党内法规，为相关工作开展提供制度规范。在新的征程上推进党内法规制度建设，必须准确把握配套和创制的关系，一方面按照中央党内法规要求，有针对性地制定和完善配套党内法规，为党内法规体系"添砖加瓦"；另一方面坚持守正创新，积极探索，以不折不扣贯彻党中央决策部署为前提，注重运用新鲜经验支持制度创新，通过制度创新推动解决问题。

（四）必须坚持制定和实施并重，全链条协同推进各方面工作

从历史上看，河北省一级党组织重视党内法规制定工作，党的十八大特别是党的十九大以来，河北省委坚持对标对表，结合实际加快补齐党内法规制度短板，覆盖党的领导和党的建设各方面的党内法规制度得到健全完善。同时，坚持把法规制度执行摆在突出位置，推动执规体制整体优化、执规意识不断增强、执规能力有效提升。在新的征程上推进党内法规制度建设，必须科学把握建章立制和贯彻实施的关系，坚持一手抓制定，一手抓执规，既要增强党内法规的针对性和可行性，确保每部党内法规都立得住、行得通、管得了，又要在强化执行上下功夫，真正使铁规发力、禁令生威。

三 进一步加强党内法规制度建设的工作建议

党内法规制度建设只有进行时，没有完成时。以史为鉴、开创未来，在新的征程上进一步加强党内法规制度建设，必须以习近平新时代中国特色社会主义思想为指导，更好坚持和运用党的历史经验，注重与时俱进，坚持守

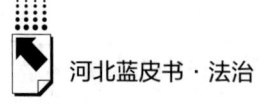

正创新，推动省委党内法规制度更加完善、更有活力，为全面加强党的领导、继续推进新时代党的建设新的伟大工程和加快建设现代化经济强省及美丽河北提供更加有力的制度保障。

（一）全面贯彻党中央决策部署和服务工作大局，不断提升党内法规制度治理效能

始终坚持政治站位，着力把握党内法规制度建设的政治性、系统性、规律性，将贯彻落实习近平总书记重要指示和党中央决策部署贯穿省委党内法规制度建设的全链条各环节，确保党内法规制度建设沿着正确方向前进。胸怀"两个大局"，牢记"国之大者"和"省之要者"，紧紧围绕完善党的领导体制和强化党的自我革命保障，科学把握党内法规制度在推进全面依法治省和实现治理体系、治理能力现代化中的地位作用，从加快建设现代化经济强省、美丽河北的高度谋划推进党内法规制度建设。着力强链补链，全链条做好党内法规起草、审核、备案、清理、评估、督促落实、理论研究等各方面工作，把工作重心更多放在执行落实和提升治理效能上。持续整治党内法规实施中的形式主义、官僚主义，既坚决防止打折扣、作选择、搞变通，又坚决防止脱离实际、层层加码。

（二）紧紧扭住提高制度质量这个关键，进一步健全完善省委党内法规制度

认真履行党内法规立项起草、前置审核、会议审议、发文审核、审批发布程序，严防带"病"出台。落实党中央为基层减负要求，把握精简原则和改进文风，摸清制度需求，突出目标导向、问题导向、结果导向，力戒形式主义，坚持少而精，提高制度安排的精准度和可操作性。着力解决法规解读不足问题，及时对新制发的省委重要法规文件进行解读，确保党内法规得到准确理解、正确适用、有效执行。推动健全规范化、常态化的实施评估机制，对长期试行、暂行的党内法规开展有序评估，结合评估发现问题做好修订和清理工作，为法规精准落地实施创造良好条件。

（三）强化党内法规学习教育，积极营造遵规学规守规用规浓厚氛围

持续加强学习宣传教育，推动党员干部认真学规，提升法规意识和素养。党委（党组）理论学习中心组要增加党内法规学习比重，探索实行党委（党组）会前学规制度。充分发挥党校（行政学院）干部教育培训主阵地作用，把党内法规嵌入主体班次课程。将党内法规宣传教育与普法工作同部署、同落实，提高党内法规宣传在法治宣传中所占比重。组织开展党员干部党内法规知识测试、考试、竞答等活动，以考促学、以学促知、以知促行。巩固传统媒体优势，积极用好新媒体手段，做到形式多样、生动活泼、传播广泛。总结推广执规经验做法，挖掘并宣传执行党内法规的先进典型，通报违规案例，开展警示教育，形成全党共同推进执规、抵制违规的政治文化环境。深化拓展党内法规理论研究，统筹开展基础研究和应用研究，为党内法规制度建设提供学理支撑。

（四）压实党内法规执行责任制，以钉钉子精神推动党内法规制度落地生根

根据党内法规执行责任制规定，细化具体落实措施，健全完善党委统一领导、党委办公厅（室）统筹协调、主管部门牵头负责、相关单位协调配合、党的纪检机关严格监督的执规大格局。牢牢抓住党委（党组）主体责任和主要负责同志第一责任人这个"牛鼻子"，各级党委（党组）每年至少专题研究1次党内法规执行工作，党委（党组）书记要亲自抓、分管负责同志要具体抓、班子成员按照"一岗双责"深入抓。优化执规工作机制，发挥党内法规工作联席会议机制作用，健全党委办公厅（室）和牵头执行部门之间协同联动机制，严格执规标准，规范执规程序，提升执规效果。加强党内法规工作机构队伍建设，强化工作职能，充实人员力量，优化人员结构，定期组织开展集中培训和分层次培训，努力提高统筹协调抓执规的专业化水平。

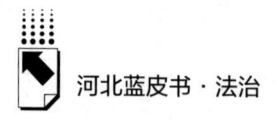

（五）提高考核评价监督追责精准度，增强法规制度执行效力

强化监督检查，加强牵头执规部门、党委督查机构、党内法规工作机构之间的协作配合，对重要党内法规执行情况开展定期督查、专项督查。搭建党员群众参与监督的平台，加强媒体和社会舆论监督，促进依规用权、依规办事。充分发挥巡视巡察"利剑"作用，强化结果运用，做好整改落实"后半篇文章"。精准运用监督执纪"四种形态"，持续加大对违反党内法规行为的查处力度，有针对性地开展"回头看"和突出问题专项整治。坚持督考并重，把党内法规执行情况统筹纳入党建责任制考核、领导班子考核、法治建设考核，明确细化考核内容，确保真考严考、考出导向、考出实效。

法 治 政 府

Rule-of-law Government

B.8
河北省基层综合行政执法改革研究报告[*]

王艳宁[**]

摘　要： 基层综合行政执法改革是提升基层治理能力的重要手段，是推进国家治理体系和治理能力现代化的重要组成部分。河北省贯彻落实中央关于推进基层整合审批服务执法力量的要求，积极推进基层综合行政执法改革，下放行政执法权限，实现乡镇和街道"一支队伍管执法"，通过立法保障基层综合行政执法改革有序进行，取得了良好改革成效，提高了基层治理效能。同时基层综合行政执法改革仍存在执法力量不足、无法有效承接、执法保障不足等制约问题。未来要统筹推进基层综合行政执法改革，建立协调联动机制，加强基层执法队伍建设，完善政策制度保障，提高基层执法能力和水平，做好改革"后半篇文章"。

---

[*] 本报告系2020年度河北省社会科学发展研究课题重点项目"社会治理现代化背景下的河北省基层综合执法改革研究"（20200101003）的成果。

[**] 王艳宁，河北省社会科学院法学研究所研究员，研究方向为地方法治建设。

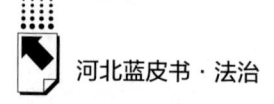

关键词： 基层综合行政执法　国家治理现代化　行政执法改革

基层是我国漫长行政链条的最末端，是国家治理的基础，基层治理能力和水平关系着国家治理的根基和水平。自2019年1月中共中央办公厅、国务院办公厅印发《关于推进基层整合审批服务执法力量的实施意见》（以下简称《实施意见》）以来，河北省深入贯彻落实中央关于推进基层整合审批服务执法力量的要求，积极推进基层综合行政执法改革，通过立法保障乡镇和街道综合行政执法改革有序进行，取得了良好改革成效，提高了基层治理效能。

一　改革背景：提高国家治理体系和治理能力现代化的需要

执法是考量国家治理能力的重要维度，基层综合行政执法改革是提升基层治理能力的重要手段，是推进国家治理体系和治理能力现代化的重要组成部分。党的十八届三中全会提出，我国全面深化改革的总目标之一是推进国家治理体系和治理能力现代化，自此之后，提高国家治理体系和治理能力现代化水平就成为我国改革的中心任务。习近平总书记指出，"一个国家治理体系和治理能力的现代化水平很大程度上体现在基层"。[1] 基层治理在国家治理中具有基础性地位，基层治理活动直接影响着人民群众的生产生活，基层治理样态决定着国家治理的根基和水平，基层治理水平体现着党执政的社会基础和能力。为此，2019年1月，中共中央办公厅、国务院办公厅印发了《关于推进基层整合审批服务执法力量的实施意见》，对提高基层治理能力和治理水平进行全面部署，对乡镇和街道改革中整合审批、服务、执法力量提出具体要求。

---

[1] 杨咏：《基层社会治理，总书记这样强调》，新华网，2020年7月25日，http://www.xinhuanet.com/video/2020-07/25/c_1210719741.htm。

对于什么是基层，实务部门和学者们都有不同的理解，有的学者将县域作为基层社会。① 根据《实施意见》的规定内容，本报告将基层界定为乡镇和街道一级，本报告讨论的基层综合行政执法改革主要针对乡镇和街道综合行政执法改革展开叙述。

我国基层综合行政执法改革有着重要的时代背景。按照《地方各级人民代表大会和地方各级人民政府组织法》规定，基层具有管理本行政区域内公共事务的职能。我国乡镇和街道行政执法在纵向管理上处于执法的末端，在横向综合管理上执法权限有限，这与乡镇和街道的职能及基层行政能力的设定有关。我国乡镇和街道职能的演进经历了三个阶段。②

第一个阶段为政治管制型乡镇和街道（1949～1982年），也称为短缺中的管制。新中国成立以后，国家实行计划经济，经济一度出现短缺，当时乡镇和街道的职能以政治为核心，国家通过乡镇和街道、村和社区组织行政化，以"组织精英"的方式建立乡镇和街道的权力结构及社会秩序，模糊了国家与社会的界限。

第二个阶段为经济发展型乡镇和街道（1983～2005年），也称为发展中的管理。1983年10月，中共中央、国务院发布《关于实行政社分开、建立乡政府的通知》，宣布人民公社解体，形成了乡政村治的基层治理模式，乡镇和街道成为国家与社会的边界。此时乡镇政府按照上下对口、条块结合的原则进行设置，并与县级政府组织机构相对应，以经济发展为核心，缺少社会服务和环境治理，乡镇和街道治理缺乏弹性，治理能力显得不足。③

第三个阶段为社会服务型乡镇和街道（2006年至今），也称为稳定中的治理。2005年国家减免农业税以后，依据现实情况意图构建服务型政府。随着发展权的上移和治理重心的下沉，有的地方探索将城管、绿化等部门的

---

① 窦竹君：《传统中国的基层社会治理机制》，中华书局，2021，第5页。
② 邻艳丽、袁悦：《乡镇综合行政执法体制改革研究》，《小城镇建设》2020年第11期。
③ 邻艳丽：《统筹城乡背景下镇之职能重设》，《小城镇建设》2017年第2期。

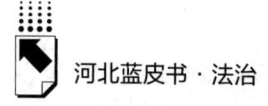

管理权下放到乡镇和街道一级，乡镇政府和街道办事处不再像以前那样，将工作重心放在处理与工业、农业直接相关的繁杂事项上，而是转向了社会治理职能等方面，包括提供政策服务、维护社会稳定等，财政上高度依赖上级。乡镇和街道主要承担执行职能，但是没有被赋予必要的行政许可权和执法权。对违法行为，乡镇和街道承担属地责任，但对违法现象"看得见却管不着"。

基层政府的治理能力是国家治理能力最直接的体现，乡镇和街道担负着很多经济社会管理职能，然而近年来法律法规赋予乡镇和街道的权力远不适应管理的需要，权责不匹配削弱了乡镇和街道的管理能力，因此通过扩大乡镇和街道的自主权，进行乡镇和街道综合行政执法改革，能够提高基层社会管理和服务能力，为提升国家治理能力夯实基础。国家治理现代化下的基层综合行政执法改革，就是其改革必须符合国家治理现代化的要求，通过综合行政执法改革提高基层治理能力，进而推进国家治理体系和治理能力现代化。

按照国家治理现代化的标准，基层综合行政执法改革的目标要求有以下几点：一是执法权力运行应做到规范化、法治化；二是减少交叉执法、重复执法，提升行政执法效率；三是行政执法单位与主管部门有效协调配合；四是文明执法，群众满意度明显提升。《实施意见》对推进基层综合行政执法改革提出具体任务，要求"推进行政执法权限和力量向基层延伸和下沉，强化乡镇和街道的统一指挥和统筹协调职责""组建统一的综合行政执法机构，按照有关法律规定相对集中行使行政处罚权，以乡镇和街道名义开展执法工作，并接受有关县级主管部门的业务指导和监督，逐步实现基层一支队伍管执法"。河北省把综合行政执法改革作为深化乡镇和街道改革的重要内容，推进行政执法权限和力量向基层下沉，组建统一的乡镇和街道综合行政执法机构，依法依规赋予执法权限，全面实行了"一支队伍管执法"，在全省构建起了以乡镇和街道为主体的横向综合执法队伍，呈现了基层综合行政执法改革的河北样本。

二 改革实践：实现乡镇和街道"一支队伍管执法"

河北省把推进乡镇和街道综合行政执法改革作为推进国家治理体系和治

理能力现代化的重要举措和夯基工程，认真贯彻落实党中央、国务院《实施意见》的决策部署，制定《河北省推进乡镇和街道综合行政执法改革工作方案》，对下放执法权限、组建综合行政执法队伍、明确行政执法权责边界、规范执法行为等方面作出了明确要求。到2020年6月底，全省2249个涉及改革的乡镇和街道的综合行政执法改革全部完成，全省基层综合行政执法改革在探索中稳步推进，改革具体做法有以下几点。

（一）下放行政执法权限

按照"依法下放、宜放则放"的原则，将点多面广、基层管理迫切需要且能有效承接的行政执法权，依法采取相对集中行使行政处罚权的方式赋予乡镇和街道，同时乡镇和街道依法行使与行政处罚权相关的行政检查、行政强制权，明确了乡镇和街道执法主体地位。各设区市、县（市、区）根据当地实际，从省统一制定的《乡镇和街道行政处罚事项指导清单》中确定具体事项赋权给乡镇和街道，成熟一批赋予一批，确保放得下、接得住、管得好，同时规定，涉及生态环境领域的应当报设区市政府批准。明确由县级有关部门委托乡镇和街道行使的行政处罚权，由各地结合实际确定，并依法履行委托程序。各地将赋权事项报设区市和省政府备案。对清单之外确需下放的执法权限，由县级政府依法依规逐级提请省政府批准赋权。县级政府按照权力清单标准化要求，制定公布综合行政执法主体的权力清单和责任清单，统一规范执法权力事项"名称、编码、依据、类别"，向社会公开具体职责、执法依据、处罚裁量基准、执法程序和监督途径等。到2020年7月，省确定的87项行政处罚事项（其中直接下放的78项、委托实施的9项）全部下放至各乡镇和街道，涉及生态环境、城乡建设和管理、文化市场、农业农村、安全生产、公路道路、食品医疗、劳动保障、宗教管理等9个领域，同时向社会进行了公示。各乡镇和街道从2020年9月20日起，按照新体制开始行使行政处罚权。2021年3月，根据省自然资源厅文件规定，又将涉及自然资源领域的25项行政处罚事项直接下放至乡镇和街道。至此累计向基层下放行政处罚事项112项。

（二）建立综合行政执法队伍

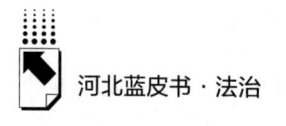

全省各乡镇和街道建立综合行政执法队伍，综合行政执法队伍的组建可以由县级综合行政执法部门集中县直部门执法事项，向乡镇和街道派驻执法队伍，纳入乡镇和街道的统一指挥和统筹协调，也可以由乡镇和街道直接整合组建综合行政执法队伍，以乡镇和街道名义开展执法工作。县级综合行政执法部门集中县直部门执法事项并向乡镇和街道派驻执法队伍，先从已设立县级执法局的地方开始。整合现有站所、分局和上级部门下放的执法资源，组建乡镇和街道综合行政执法队。乡镇和街道司法所履行社区矫正职能，属刑事执法性质，不与行政执法相整合。按照"编随事走、人随编走"的原则，将执法力量向基层和一线倾斜，乡镇和街道综合行政执法队人员编制原则上不少于10名，做到执法重心和力量同步下移、职责整合与编制划转同步实施、队伍设立与人员移交同步操作。依法继续实行派驻体制的公安派出所、税务所、市场监管所等，纳入乡镇和街道统一指挥协调，工作考核和主要负责人任免要听取所在乡镇和街道党（工）委意见，执法人员实行持证上岗和资格管理。到2020年6月底，每个乡镇和街道均按照改革要求组建了综合行政执法队，并以乡镇和街道名义开展执法工作。以石家庄市为例，其各乡镇和街道综合行政执法队平均编制数为11.6名，统一办理了罚没许可证，制定印发了乡镇和街道综合行政执法自由裁量基准，对全市乡镇和街道行政执法人员开展集中培训，保证基层行政执法人员具有适配的执法能力。

（三）健全配套制度机制

为了使全省基层综合行政执法改革顺利推进，完善了配套制度，建立了相关机制。明确要求乡镇和街道建立健全行政执法公示制度、执法全过程记录制度、重大执法决定法制审核制度"三项制度"，建立行政执法办案责任制。要求乡镇和街道完善"双随机、一公开"抽查机制，合理确定年度随机抽查的比例和频次，随机抽查事项实现全覆盖。对投诉举报多、安全隐患大、列入经营异常名录、有失信行为、有违法违规记录等情况的市场主体，增加抽查频次，加大检查力度，并将随机抽查结果纳入市场主体的社会信用记录。要求乡镇和街道建立协调联动机制，建立健全乡镇政府与县（市、区）直部门、相关执法部门间执法协调衔接机制，完善相互告知、案件移送、联合执法以及信息共享等工作制度，加强对乡镇和街道行政执法工作的规范指导。同时，要求乡镇和街道建立监督追责机制、举报激励机制、市场主体信用承诺机制、重大风险监测防控机制和绩效评估机制等。

（四）规范行政执法行为

首先明确执法边界。县（市、区）依据权责清单，依法合理界定县级有关部门与乡镇和街道的执法范围，避免多头多层执法、重复检查。其次建立健全行政执法责任制。将执法职权分解到具体岗位，责任到人，按照法定条件和程序履行职责、行使职权，严格落实行政处罚裁量权基准制度，合理限定行政处罚裁量幅度，防止过度执法。乡镇和街道一般直接适用县级以上行政执法部门建立的行政处罚裁量权基准制度，也可以结合本辖区实际情况制定行政处罚裁量权基准，县级司法行政处罚部门对乡镇和街道行使行政处罚裁量权的情况进行指导和监督。最后加强基层执法人员资格管理。做到持证上岗、亮证执法。规范执法检查、受立案、调查、审查、决定、听证等程序和行为，做到办理、审核、决定三分离，在进行调查、检查、行政处罚和实施行政强制措施等执法行为时，执法人员不少于2人，防止执法不严、徇私枉法等行为。

（五）立法保障基层执法改革

为了推动和保障乡镇和街道综合行政执法改革工作顺利进行，破解基层综合行政执法改革中的难点和堵点问题，2021年3月31日，《河北省乡镇和街道综合行政执法条例》（以下简称《条例》）经河北省人大常委会审议通过并于2021年7月15日起实施，这是全国首部对乡镇和街道综合行政执法进行规范的地方性法规，为乡镇和街道综合行政执法提供了法律支撑，标志着河北省基层综合行政执法改革被纳入法治轨道。《条例》以《行政处罚法》等有关法律和行政法规为依据，以《实施意见》等有关文件为基础，结合河北省基层综合行政执法改革实践成果，全面推进行政执法权限和力量向基层延伸和下沉，明确了乡镇和街道综合行政执法应当遵循职权法定、权责统一、程序合法、高效便民、公正公开的原则，并聚焦行政执法行为，从执法机构、范围、机制、监督和法律责任等方面进行了规范，对乡镇和街道"一支队伍管执法"进行了法律确认，有效破解了县、乡两级长期存在的治理难题。

三　改革评述：效能提升和问题制约并存

河北省基层综合行政执法改革推行两年来，加强了基层执法力量整合，有效解决了基层执法"管得着的看不见，看得见的管不着"的难题，激发了基层治理和发展活力，提升了基层治理效能，同时基层综合行政执法改革仍存在一些制约问题，影响改革效能的发挥。

（一）基层综合行政执法改革提升了基层执法效能

实行乡镇和街道"一支队伍管执法"是基层管理体制改革的重要一环，通过采取一系列改革措施，基层综合行政执法队伍的人员、编制和办公场地等相关硬件设施已配备完成，工作制度、工作流程已初步建立，基层综合行政执法的框架已基本形成。各地乡镇和街道综合行政执法队按照职责自主开展日常巡查、监管、处罚等工作，同时积极办理县直单位交派的处罚任务，查处群众举报信息，基层综合行政执法工作在探索中顺利推进。2020年改革开始的前6个月内，乡镇和街道办理行政处罚案件涉及生态环境、自然资源、农业农村、城市管理、劳动监察、安全生产、文化广电等多个领域，其中生态环境领域执法案件相对较多，主要是针对私自焚烧秸秆的处罚。

2021年，全省继续扎实推进乡镇和街道综合行政执法。除完成了《河北省乡镇和街道综合行政执法条例》立法，为乡镇和街道综合行政执法提供了法律支撑外，还经省政府批准印发了《关于加强乡镇人民政府和街道办事处行政执法规范化建设的指导意见》，进一步规范执法权限下放后的乡镇和街道行政执法行为。经省政府批准修订并印发《乡镇人民政府和街道办事处行政执法文书参考样式（2021年版）》，统一了64种执法文书格式。编制了乡镇和街道综合行政执法指导案例，修订了《河北省乡镇和街道综合行政执法问答手册》，指导乡镇和街道开展综合行政执法。印发了《河北省乡镇和街道综合行政执法用车标识》，统一了乡镇和街道执法用车标识。起草乡镇和街道综合行政执法指引，根据法律、法规、规章的立改废情况对《河北省下放乡镇和街道行政处罚事项指导清单》进行了修改。针对基层执法中的问题，起草《关于加强乡镇和街道与县级行政执法部门行政执法案件移送和协调协作工作的指导意见》等，加强对基层综合行政执法的监督和指导。

（二）基层综合行政执法改革的制约问题

1. 下放事项较多，基层执法力量不足

这次综合行政执法改革向基层下放的行政处罚事项点多面广，横跨多个专业领域，基层执法人员承担着监管和处罚双重职能，"一人多岗"现象普遍存在。例如，某镇辖区内共有村庄29个、社区6个，各类企业、商铺200余家，执法队员仅有15名，由于所辖村庄间隔距离远、监管的点位数量大，执法力量不适应执法需求。出现此类问题的原因：一是执法范围过大，执法力量不足，特别是县（市、区）城关镇的执法人员严重不足，难以对下放的执法事项做到全面承接；二是"管"与"罚"的界限划分需要进一步完善，综合行政执法改革后，县级职能部门拥有的审批、许可、监管等管理权与基层综合行政执法队的执法权界定还不够清晰，行政主管部门有时将管理职责推向基层执法"以罚代管"，将压力过度集中于基层执法环节。

2. 执法事项专业，基层无法有效承接

综合行政执法改革向基层下放的行政处罚事项中，有的专业性较强，执法人员不能独立完成监管和处罚。例如，执法人员在处罚卫片拍摄的违法占地时，需要明确当事人所占地域内土地性质及其边界，不同土地性质处罚额度和处罚依据不同，但具体土地性质及相关方位参数均在县级国土部门备案留存，基层综合行政执法队不具备相关资料和专业测量工具，无法做到及时

发现和处罚，因此存在处罚权"已下放、接不住"的情况。出现此类问题的原因：一是改革中"人随事走"还不到位，出现职权下放到了基层，县级职能部门中专业执法人员没有下沉至基层现象，乡镇和街道执法人员自身不具备足够的专业知识，工作中没有相应的技术装备和技术手段，没有完成相应专业执法的能力；二是有的地方基层业务培训侧重在理论方面，基层执法人员实际执法操作能力欠缺，难以胜任各类专业执法；三是协调联动机制还不顺畅，有的县级职能部门将职权下放后没有继续跟进指导，部门与乡镇和街道没有形成合力，乡镇和街道与部门在沟通协调中时有不畅问题发生。

3. 法律依据不足，偏重柔性执法方式

我国以往法律一般赋予县级以上人民政府及其主管部门享有行政处罚权，河北省改革下放的行政处罚事项的设定依据均为国家相关法律法规，由于国家法律没有修改，乡镇和街道行使处罚权时因没有直接法律依据而以劝说、教育等方式为主。出现此类问题的原因主要是：改革伊始，缺乏法律的支撑，有了法律依据之后，基层对《河北省乡镇和街道综合行政执法条例》赋予的权限仍理解不深，同时基层执法人员身处熟人社会，行使处罚权时多采用劝说、教育等非强制性方式。

4. 执法保障不足，不适应基层执法需要

基层综合行政执法队在日常工作中仍存在经费紧张、车辆装备紧张等保障条件不足问题，日常巡查和执法工作受保障条件制约。出现此类问题的原因是：有的乡镇和街道由于编制受限，使用工勤身份或公益岗位人员协助执法，有的乡镇和街道综合行政执法队因属于内设机构，没有专项工作经费，执法经费不足；许多乡镇和街道受公车数量限制，执法用车不足，制约执法工作开展。

四 改革前景：做好改革"后半篇文章"

综合行政执法改革是一项复杂、长期的任务，目前河北省基层综合行政执法改革已经取得了初步成效，但仍处于探索前进的阶段。从上述制约改革的若干问题看，基层综合行政执法仍存在掣肘因素，需要继续改革完善。

（一）提高政治站位，统筹推进基层综合行政执法改革

推进基层综合行政执法改革是党中央推进基层整合审批服务执法力量改革的五大重点任务之一，是全面深化综合行政执法体制改革的"最后一公里"。

党委和政府要提高政治站位，凝聚改革共识，充分认识中央推进基层综合行政执法改革的重要意义，党政主要领导要协调解决当前存在的执法力量薄弱、执法处罚界限不清晰、运行机制不畅通、经费不足等问题。乡镇和街道应充分发挥主观能动性，利用好已下放的各项处罚权，主动谋划和探索新形势下的基层执法模式，优化自身执法队伍结构，提高执法队伍素质。有关部门可以参照公检法司岗位补贴政策，研究出台支持关爱基层一线执法人员相关办法，为基层党委、政府提高一线执法人员的工作待遇提供政策上的支持，充分调动基层执法人员的工作积极性。

（二）建立协调联动机制，加强职能部门业务指导

自然资源、生态环境、城市管理、住建等下放职权专业性比较强的部门，应当明确所涉及的责任处室，安排熟悉业务人员对此前的执法工作及具体执法环节进行归纳整理，总结出详细的处罚、组卷流程并印发给基层参考，同时要及时安排专业人员下沉乡镇和街道，加强随队指导，快速提升基层执法人员业务水平。应探索构建横向联动机制，针对重点领域重点问题的专项执法事项，探索"专业执法＋综合执法＋联动执法"的行政执法组织机制，避免基层综合行政执法队或县级职能部门单打独斗。建立联席会议制度和案件会商制度，定期开展联合执法行动等，进行联动执法，在实践中学习与磨合，使乡镇和街道与部门之间紧密衔接，提升行政执法质效。

（三）加强业务培训，提高基层执法能力和水平

《河北省乡镇和街道综合行政执法条例》规定："省人民政府司法行政部门应当制定乡镇和街道综合行政执法统一操作规程和执法文书格式，规范执法检查、受立案、调查、审查、决定、听证等程序和行为，做到办理、审

核、决定三分离。"市级司法行政部门应主动与省司法厅联系沟通，参照统一制定的执法操作规程和执法文书格式，进一步统一、规范基层执法文书，并对执法过程中涉及的法律规程进行剖析，指导基层执法工作。同时，市级司法行政部门应加强对乡镇和街道依法行政业务能力素质的专题培训，结合乡镇和街道执法队伍现状，对负责领导、内设机构负责人、执法队员和相关工作人员分级培训，采取多种形式，全面开展法律法规知识学习和行政执法规范学习，提升基层执法人员的执法素质和能力。

（四）配齐配强人员，加强基层综合行政执法队建设

要建设高素质、专业化的基层综合行政执法队，切实坚持"编随事走"原则，从上往下跨层级调配行政和事业编制给乡镇和街道，充实一线执法力量。组织部门、人力资源部门在招录新的基层公务人员时应重视从乡镇和街道选拔法律专业人才，逐步充实基层法制人才队伍。逐步配齐乡镇和街道法制审核人员，严格落实执法人员资格管理制度，执法人员持证上岗，保证基层综合行政执法队的基本法治素养和执法能力。探索建立适应基层综合行政执法队的人才政策，在人员招录考核、晋升、调整轮换等方面制定适合基层工作的政策办法。如在人员配备中，提高乡镇和街道工作人员执法资格比例，加大乡镇和街道与部门之间轮岗交流力度，在工作津贴补贴、绩效考核等方面向基层适度倾斜等，使基层执法人员收入水平与承担的工作职责相匹配。

（五）完善政策制度保障，技术赋能基层综合行政执法

充分运用大数据、"互联网+"等技术手段，实现信息互联互通，优化审批程序，提高执法效率。根据工作实际，用好执法辅助力量，完善委托第三方服务管理制度和机制，为乡镇和街道配备法律顾问。抓好党建引领，用好在职党员"双报到"等现有工作机制，协助乡镇和街道做好网格化管理。健全保障基层执法人员正常休假、保障人身安全等配套制度，将执法人员与日常事务性工作剥离开来，加强对执法人员的督查考核，用制度充分激发基层执法人员的积极性。

B.9 "放管服"改革视域下优化河北省营商环境的对策建议*

寇大伟**

摘　要： 近年来世界范围内掀起营商环境建设高潮，我国主要通过"放管服"改革优化营商环境。河北省的"放管服"改革在取得显著成效的同时，也存在制约营商环境进一步提升的难点问题，主要表现为对改革的认识和创新意识不足、政府各部门间协调联动不到位、部分政策落实效果不佳、配套制度改革尚不完善等。本报告提出了以下对策建议：培养创新意识，加强服务型政府建设；理顺府际关系，实现各部门间协调联动；重视政策实施，加大政策落实力度；发挥制度优势，完善配套改革；打造法治化营商环境，完善营商环境评价指标体系。

关键词： "放管服"改革　营商环境　核心竞争力

营商环境是一个省份重要的软实力，是一个区域对外开放的核心竞争力。打造一流的营商环境必须树立为市场主体提供高效服务的理念，加强服务型政府建设。"放管服"改革是打造一流营商环境的有效抓手，在高质量发展和高效能治理的背景下，深化拓展"放管服"改革、进一步优化营商

---

* 本报告是2021年度河北省资助博士后科研项目"高效能治理视域下县乡政府承接下放事权研究"（B2021001050）的阶段性成果。
** 寇大伟，政治学博士，河北省社会科学院博士后创新实践基地、河北师范大学马克思主义理论博士后流动站博士后，天津社会科学院法学研究所副研究员，研究方向为政府治理。

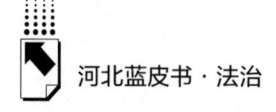

环境，是河北省应着重关注的问题。为深入了解河北省营商环境现状，笔者在省域范围内进行深度调研。通过与部门负责人和企业代表座谈，以及对行政相对人发放调查问卷，对河北省营商环境现状进行客观评价。

一 国际和国家层面优化营商环境的进展

随着市场经济的不断成熟和发展，世界范围内高度重视营商环境的优化，尤其是近年来世界银行每年发布《全球营商环境报告》。我国对优化营商环境也高度重视，做了大量工作。

（一）世界银行关于营商环境的研究

2001年，世界银行首次提出营商环境的概念。2003年起世界银行每年发布《全球营商环境报告》，其成为世界各经济体观测和比较各国营商环境变化的窗口。近几年世界银行发布的报告显示我国在世界各经济体中年度位置变化相当显著，在全球190个经济体中，2019年我国排名已跃升至第31位。世界银行的营商环境评价指标体系为"放管服"改革增强公众获得感提供了可资借鉴的操作方法与制度工具。《全球营商环境报告2020》中，世界银行从10个一级指标出发对营商环境进行评价，分别是"开办企业""申请建筑许可""获得电力供应""注册财产""获得信贷""投资者保护""缴纳税款""跨境贸易""合同执行""办理破产"，这十大指标覆盖了企业从成立到破产的全生命周期。

（二）国家层面对优化营商环境的规定

优化营商环境是事关经济高质量发展的战略性问题，是实现高效能治理的重要组成部分。习近平总书记强调要"营造稳定公平透明的营商环境"，[①]

[①] 《习近平：营造稳定公平透明的营商环境 加快建设开放型经济新体制》，新华网，2017年7月17日，http://www.xinhuanet.com//politics/2017-07/17/c_1121333722.htm。

李克强总理提出"营商环境就是生产力"。① 经过努力，国家发展和改革委员会构建了一套符合国情、标准统一的中国营商环境评价指标体系，在全国范围内组织开展了6批次中国营商环境评价，推动出台了《优化营商环境条例（2019）》，明确"营商环境"是指企业等市场主体在市场经济活动中所涉及的体制机制性因素和条件，至此优化营商环境有了行政法规的支撑，这也是全球第一部优化营商环境的行政法规，实现了优化营商环境工作规范发展的新跨越。2021年，国务院印发《关于开展营商环境创新试点工作的意见》，将北京、上海、重庆、杭州、广州、深圳6个城市作为营商环境创新试点城市，目的是聚焦市场主体关切，加快打造市场化法治化国际化的一流营商环境，更大力度利企便民。2021年12月29日上午，国家发展和改革委员会营商环境发展促进中心正式成立，这是国家层面为优化营商环境进行的体制改革。

二 当前河北省营商环境建设取得的积极成效

优化营商环境是事关经济高质量发展的战略性问题，是实现高效能治理的重要组成部分。近年来河北省高度重视优化营商环境，主要通过"放管服"改革将相关政策措施落地实施，取得显著成效，市场主体满意度和获得感持续提升。

（一）体制改革助力优化营商环境

为优化营商环境，河北省进行了大胆的体制改革。一是开展相对集中行政许可权改革、设立行政审批局。2017年，中央编办将河北省列为市县全面推行行政审批局改革试点省份。同年，全省11个设区市168个县（市、区）全部设立了行政审批局，河北成为全国第一个实现市、县两级行政审

---

① 《营商环境就是生产力》，"人民网"百家号，2019年11月21日，https：//baijiahao.baidu.com/s？id=16507701847336594 80&wfr=spider&for=pc。

批局全覆盖的省份。至此,审批和监管相分离,解决了"重审批、轻监管"难题。二是建成省级政务服务的实体部门。2018年,建成省级政务服务的实体机构河北省政务服务管理办公室,组织协调全省"放管服"改革工作,尤其是指导协调全省行政审批制度改革和全省政务服务管理工作。在2019年度省级政府和重点城市网上政务服务能力调查评估中,河北省省级政府网上政务服务能力排第10位,整体提升幅度全国排名第一,网上政务服务能力水平评估结果为"高",河北省首次跻身全国第一方阵。三是大力推进乡镇(街道)综合行政执法改革。2020年,河北省基层综合行政执法大力推开,乡镇(街道)成立综合行政执法队,着力破解基层"看得见的管不了"这一难题,并通过执法重心下移、权力下放、力量下沉等举措,打通行政执法"最后一公里"。2021年,颁布实施《河北省乡镇和街道综合行政执法条例》,为镇街综合行政执法提供了地方性法规遵循。

(二)政务服务持续优化加快市场活力释放

河北省政务服务不断优化,营商环境大幅改善。一是企业开办时间进一步压缩。河北省持续推行"证照分离、多证合一"改革,压缩企业开办时间,大大降低了企业开办成本。2020年8月底,实现全省全面推进企业开办一日办结。申请人通过"一窗通"系统,一表填报信息、一次提交数据,即可实现企业设立登记、公章刻制、发票申领等全流程一体化在线办理,企业设立登记4个小时办结,公章刻制、发票申领并联办理4个小时,将企业开办时间压缩至1个工作日(8个小时)。二是政务服务精细化持续深入。河北省率先贯通省、市、县、乡、村五级政务服务体系,实现了乡、村两级服务站点全覆盖,群众办事"小事不出村、大事不出乡"。各级政务服务大厅服务效能显著提升,申请材料压减超60%,办理时限压缩了34.3%。升级打造智慧政务2.0,省、市、县三级政务服务事项网上可办率达95%,1778项便民应用实现"指尖办"。"12345"政务服务便民热线全省联动、"一号响应",群众诉求件件有着落、事事有回音。三是监管方面切实管出公平。创新推进"双随机、一公开"监管与信用监管相结合,实施精准抽查、差异化监管，使监管既"无事不扰"又"无处不在"。依托"互联网+监管"系统推进智慧监管、联合监管，实现了4700余个重点监管部门数据共享。包容审慎监管方面，对"三新经济"给予1~2年包容期，引导企业依法经营、健康发展。四是扎实推进减税降费政策落地实施。率先在全国制订落实中央减税降费部署专项计划，印发减税降费政策落地实施14条措施，加力清理拖欠民营企业中小企业账款，出台对增值税小规模纳税人按50%最大幅度减征"六税两费"政策，落实收费项目"一张网"管理，企业负担大幅减轻。

三 "放管服"改革视角下河北省优化营商环境的难点

近年来，河北省围绕优化营商环境在体制机制上进行了一系列改革，密集出台了诸多政策措施，企业和群众的满意度和获得感大幅提升，态势良好。但仍存在制约河北省营商环境深度优化的难点问题，需进一步突破和解决。

（一）对改革的认识和创新意识不足

改革中的难点问题从本质上说是思想认识问题。一是思想认识与改革意识不到位会造成改革的滞后。转变政府职能是行政体制改革的核心，"放管服"改革是政府职能转变的关键抓手，思想观念的解放是一切改革行动的先导。官本位和层级制的管理理念以及传统的政府单中心管理模式，严重制约河北省"放管服"改革的效果和营商环境的改善。二是政策执行过程中工作人员主观能动性欠缺。作为执行政策的工作人员，尤其是直接面对企业和群众的基层工作人员，存在教条执行相关政策文件和服务意识淡薄的现象，缺乏主观能动性，对行政相对人办理业务造成不便。

（二）政府各部门间协调联动不到位

部门间协调联动是服务型政府建设的必然要求，现实中存在诸多部门间协调联动不到位的问题。一是各部门对同一概念的认定口径不一致。目前省工信厅、省市场监管局、省税务局、省统计局负责的全省小微企业法定划型结果数据共享机制和平台未建立，各相关部门对小微企业的统计认定口径存在差异。二是部门政策与金融系统政策不衔接。因疫情影响，国家出台政策，对按规定享受展期贷款的企业，不纳入贷款逾期统计，不下调贷款分类。但由于银行的贷款管理系统由总行研发设计，地方分支机构只是信贷管理系统的使用者，无权限修改，有企业反映在银行办理展期后，总行的信贷系统会自动将贷款分类由"正常"调整为"关注"，企业再次或向其他银行申请贷款就会受到贷款分类下调的影响而被搁浅。三是数据共享机制不健全。各部门间信息系统平台、共享机制尚未建立，产生数据共享难题，影响审批流程再造和审批效率提高，也增加了"一网通办"的实现难度。河北省在设立市、县行政审批局后，各部门专线专网还未完全与一体化在线政务服务平台对接，工作人员需对审批信息多次录入，工作量大幅增加，亟须加强数据共享机制建设。四是综合行政执法改革不到位。多层执法、多头执法、重复执法现象依然严重，综合行政执法改革未全面落地。各部门的执法检查不断，企业接待任务繁重、负担沉重。部分企业表示执法部门的多头执法和重复执法行为，令其苦不堪言、无可奈何。

（三）部分政策落实效果不佳

河北省在优化营商环境方面已经采取诸多政策措施，但在政策落地落实方面需进一步深化。一是工程建设项目落地难问题依然严重。企业"办证难""跑断腿"现象仍存在。例如，调研中发现某房地产企业拿地后2年多尚未办下建筑工程施工许可证，造成工期延误和成本增加，而这并不是个例；据中国商网报道，晋州市五泉江日化有限公司跑办环评手续3年未果，遭遇多部门推诿甚至阻挠。这些均与深入贯彻落实"放管服"改革、优化营商环境的初衷背道而驰。二是惠企政策的推送不够精准。为落实各项惠企政策，加大支持服务市场主体力度，各级各部门均建立了"政策找企业"等服务市场主体机制，但政策推送仍然不够精准有效。例如，国家对农业行业整体支持力度很大，制定了一系列政策，由于政策落地涉及农业农村、商务、发改、工信等多个职能部门，基层企业经常因信息沟通不及时不到位，错失享受政策良机。三是政策后评估机制缺位。针对政策落地效果问题，尚未制定严格的政策后评估机制，造成政策制定初衷与实际落地效果间存在偏差。导致这种偏差的原因可能是不同层级政府部门间利益取向不同，也可能是实际办事人员疏忽大意。例如，市、县中小企业普遍反映地方政府出于产业规划、政绩考核等考虑，对中小企业用地政策安排严重不足，造成在建设用地指标充足的情况下，企业用地指标非常难争取，土地供给与需求结构性矛盾突出。

（四）配套制度改革尚不完善

配套制度供给不足成为营商环境优化的一大阻力。一是政府性融资担保体系建立迟缓。为加快建立和完善全省融资担保体系，推动各地抓紧设立政府性融资担保机构，省财政厅、省地方金融监管局等部门做了不少工作。但目前河北省设立融资担保机构的地区还较少，尤其是各县（市、区）对政府性融资担保机构的建立表示有压力，主要是启动资金至少需要一个亿，财政紧张的县（市、区）很难做起来。另外，融资担保机构尚未制定退出机制，代偿损失认定标准的文件也没制定出来。二是中小微企业贷款抵押品不足、贷款难。当前中小微企业获得银行贷款多数需要抵押物，企业抵押物多为土地、房产等不动产，企业抵押物品种有限且银行抵押率较低，使企业难以足额获得贷款。由于抵押贷款困难，民营企业间互相担保，形成牵连风险难以化解。三是行政审批标准化建设尚不到位。在行政审批速度大幅提升的背景下，审批流程标准化尚需进一步推进。以《河北省人民政府办公厅关于规范全省工程建设项目审批流程推行标准化审批文本的通知》（冀政办字〔2020〕107号）为例，其虽已印发，但对材料清单的表述不够清晰明确，部分制式表格、模板未予以明确，导致各地掌握情况不一致。省级层面尚未就该文件组织系统培训，对事项办理所需的各类表格、申请、承诺等内容也没有统一化、标准化、模板化。

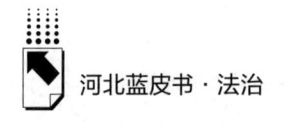

四 深化拓展"放管服"改革、进一步优化营商环境的对策建议

深化拓展"放管服"改革，应本着建设人民满意的服务型政府的总体思路，从改革意识、部门联动、政策落实、配套改革、法治化营商环境建设等多方面努力，以达到优化营商环境的目标。

（一）培养创新意识，加强服务型政府建设

用创新的思维和方式、优质的服务吸引企业聚集。一是增强大局观念和创新意识。在"放管服"改革，尤其是优化营商环境问题上，各部门负责人都应有政治意识和大局观念，服从改革的本意和初衷，增强服务意识、积极协调联动。改革创新难免会遇到困难和阻力，对此要有心理准备，解放思想，说起来容易、做起来难，首先要解除思维方式的制约，营造良好的创新驱动大环境。二是提升县级政务服务水平。企业大部分事项是在县层面办理的，县级的政务服务事项多、工作量大，要着力提升县级政务服务人员业务水平，加强专业技术学习，提升业务素质。同时，省、市层面要加强对县级的业务指导，尤其是要对新出台政策文件内容进行统一培训，使县级对事项办理达到统一标准。

（二）理顺府际关系，实现各部门间协调联动

各部门间协调联动是"放管服"改革和优化营商环境的必要条件。一是统一各部门对同一概念的界定标准。建立全省小微企业法定划型结果数据共享机制和平台，统一省工信厅、省市场监管局、省税务局、省统计局等部门对小微企业的统计认定口径。二是部门政策与金融系统政策实现无缝衔接。部门政策和金融系统政策是影响营商环境的重要因素。职能部门出台直接涉及金融系统的惠企政策时，应与金融系统总部协调沟通好，以保障惠企政策可落地、有实效。三是打破部门间数字壁垒，加快数字政府建设。国家

"十四五"规划明确提出"提高数字政府建设水平",河北省应紧抓数字化改革的契机,将其作为全面深化改革的突破口。加强顶层设计,打通部门间数字孤岛,推进技术、业务、数据融合。河北省可尝试在省级层面设立大数据中心,整合政务服务网络,实现横向联通和纵向贯通。四是深化综合行政执法改革。要优化横向部门间关系,整合执法资源,建立部门间有效沟通协调机制,完善部门间职权划分,加强部门间联动执法,打破部门间壁垒。同时要加大落实基层综合行政执法改革力度。规范乡镇(街道)综合行政执法工作,破解多头执法、多层执法、执法扰民和基层执法力量不足等问题。

(三)重视政策实施,加大政策落实力度

政策只有落地落实才能满足市场主体期盼和需求,进而优化营商环境。一是提升企业投资项目审批效率。河北省可以学习借鉴浙江省的"标准地"改革,以"标准地"改革作为撬动资源要素市场优化配置的重要抓手,重构政商关系。衡水和邢台在"标准地"改革方面已有探索,但还不够规范化。应根据河北省的具体实际,制定"标准地"标准,例如,可以提出"标准地+承诺制+服务化",将承诺制从企业单一承诺向政府、企业双向承诺转变。二是畅通政策传导解读途径。明确各项惠企政策梳理的牵头部门,建立公开透明、简单便捷且人性化的政策沟通渠道。利用大数据主动精准向企业推送相关政策。增加主动上门宣讲和服务频次,有针对性地开展政企对接活动,送政策进企业。加强对中小微企业的辅导培训,尤其在财税政策方面采取个性化的"一对一"精细化政策辅导。发挥工商联和商(协)会在政策宣传、信息咨询、情况反馈等方面的桥梁纽带作用。三是强化政策落地评价机制。政策责任部门要定期检查责任落实情况,并将评价结果纳入各级各部门目标绩效管理体系,以评价促政策落实。引入第三方评估机制,制定指标体系,对惠企政策落实情况开展评估打分。确保国家和地方各项支持政策不折不扣落实,让企业真正享受到政策红利。

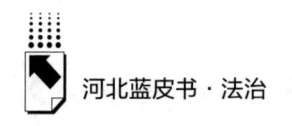

（四）发挥制度优势，完善配套改革

要善于运用改革思维和改革办法，统筹考虑短期应对和中长期发展的需要，既要在战略上布好局，也要在关键处落好子。一是加快完善政府性融资担保机构建设。加快形成"一体两翼三层"的全省融资担保体系，引导带动各类担保机构和资金。省级融资担保基金与国家级融资担保基金开展合作后，形成上下联动、优势互补、资源共享，与银行业金融机构"总对总"建立政银风险分担机制。发挥政府性融资担保机构作用，加强担保机构之间的沟通合作，逐渐形成担保风险分散机制，构建"补贴与担保相结合、政策与信贷相结合"的支持模式，增强担保机构、银行、企业的信心。二是放开知识产权质押融资途径。鼓励以商标、专利、版权等企业无形资产进行质押融资，解决创新型中小企业资金紧张问题，加速知识产权市场转化，提升企业核心竞争力。河北省可以此为突破口，重点破解中小微企业融资难题，让更多创新型中小微企业通过知识产权质押融资发展。三是推进政务服务实现省际规范化和标准化。2021年政府工作报告强调，企业和群众经常办理的事项要基本实现"跨省通办"。一方面，国家有关部委应根据法律、法规和规章，结合办理事项实际，界定事项设定标准，规定子项设立规则，规范审批流程，统一申请要件，指导各地推进事项标准化建设。另一方面，河北省在推进政务服务与外省（区、市）业务协同上要主动作为，在技术支持、平台对接、专窗设立等方面，推动"跨省通办"事项尽快落地实施。

（五）打造法治化营商环境，完善营商环境评价指标体系

法治是最好的营商环境，应通过法治建设为市场主体提供公正、稳定、可预期的法治环境。一是加强诚信体系黑名单建设。越来越多承诺制的实行，使监管压力不断加大，应加强信用信息平台建设，并将此平台与一体化在线政务服务平台进行数据对接。制定诚信体系黑名单，增加市场主体违法成本，达到"一处违法，处处受限"的效果，实现失信联合惩戒机制部门间全覆盖。二是加强知识产权保护。持续加大审查监管力度，注重知识产权工作质量提

升。健全知识产权多元化纠纷解决机制，将侵犯知识产权行为纳入征信系统，并作为营商环境评价的重要指标。三是完善河北省营商环境评价指标体系。构建优质营商环境是一个系统性改革工程，有了清晰的评价指标，在具体落实执行层面才会有的放矢。河北省应借鉴世界银行、国家发展和改革委员会及先进省（区、市）的营商环境评价经验做法，探索开展营商环境评价。应建立营商环境评价指标体系，落实《河北省优化营商环境条例》，实施指标体系评价，建立帮扶型"亲""清"政商关系。

B.10
中国（河北）自由贸易试验区法治化发展研究*

尹建兵　梅晓**

摘　要： 河北自贸试验区自挂牌设立以来，在河北省委、省政府的领导下，认真落实《中国（河北）自由贸易试验区总体方案》，贯彻京津冀协同发展战略，积极进行制度创新，不断推进差别化改革和探索，努力为国家试制度、为地方谋发展，推动政策制定、机构组建、制度创新、招商引资等重点工作深入开展。但通过调研发现，与全国先进省（区、市）相比，河北还存在面对高质量发展目标，资源配置有待优化、顶层设计有待强化、中央事权有待进一步下放、争取国家部委先行先试改革试点力度不足、服务业对外开放程度不高等现实问题。针对这些问题本报告提出了加大中央事权授权力度、加大立法支持力度、提升财政支持水平、扩大自贸试验区开放、推动贸易转型和打造特色产业体系、进一步发挥人才基础作用和建立服务贸易人才培养机制等对策建议，旨在以法治化推动河北自贸试验区高质量发展。

关键词： 河北自贸试验区　法治化　高质量发展

---

* 本报告中中国（河北）自由贸易试验区简称"河北自贸试验区"。
** 尹建兵，河北省社会科学院法学研究所研究实习员，研究方向为社会治理、地方立法；梅晓，河北省人大常委会法工委干部，研究方向为法治政府建设。

一 河北自贸试验区情况

(一)自贸试验区基本情况

中国(河北)自由贸易试验区是第6批自贸试验区之一。2019年8月,国务院批复同意新设中国(河北)自由贸易试验区等6个自贸试验区,并印发《中国(河北)自由贸易试验区总体方案》;同年8月30日,中国(河北)自由贸易试验区正式挂牌成立,其实施范围为119.97平方千米,涵盖雄安、正定、曹妃甸、大兴机场4个片区,是全国唯一一个跨省份的自贸试验区。

(二)自贸试验区发展现状

自设立以来,河北自贸试验区积极进行制度创新和差别化改革,不断形成可复制可推广经验,坚持"3+4+5+2"工作思路方法,全力建设新型工业化基地、京津科技成果转化承接区和国际商贸物流重要枢纽。截至2021年底,98项改革试点任务实施89项,有效实施率达90.8%,并推出首批16个面向全省的制度创新案例,河北自贸试验区建设不断创新发展。

1. 坚持以数字、金融、产业三大领域开放创新为引领,探索形成首创性制度创新成果

一是数字领域不断开放创新。省委、省政府积极推进河北省数字城市和智慧城市建设,召开河北省数字经济发展大会,印发《河北省数字经济发展规划(2020—2025年)》《河北雄安新区规划纲要》,加强数字经济政策引领,顶层设计不断加强。省有关部门组织制定了《中国雄安数字交易中心总体方案》,河北自贸试验区总体方案明确了建设数字商务发展示范区的定位,正定片区正在制定数字经济产业园发展规划。率先形成《2020全球数字贸易规则与标准研究报告》,首创提出"1+3+8+8"全球数字贸易提议(GDTD-CI);率先形成《河北自贸试验区数字贸易综合服务平台规划研究报告》,首创提出"1+4+N"平台体系建设构想;河北自贸试验区数字贸易论坛成功举办,并提出了"2020数字贸易发展倡议",全国影响力广泛。数字贸易领域发展速度不断加快，雄安和石家庄获批深化服务贸易创新发展试点，正定片区跨境电商1210业务首单顺利通关，曹妃甸片区引进阿里巴巴唐山跨境电商服务中心和29家知名跨境电商企业。二是金融领域不断开放创新。自贸试验区金融机构建设逐步完善，省市级政府领导部门积极加强与金融机构合作，签署战略合作协议，自贸试验区金融机构数量逐渐增加，成立多家商业银行分行和支行。金融服务体系不断建立健全，提升银行企业对接水平，推动相关银行向39家企业提供7亿元的授信额度。积极探索金融监管体制新模式，利用大数据、人工智能、区块链等信息技术，不断提升金融科技监管水平，引进监管"沙盒机制"，截至2022年底，已有5个创新应用成功入盒监管，顺利推进金融科技监管试点创新，积累了有益金融监管经验。自贸试验区金融服务机构不断利用5G等技术提升业务服务水平，中国银行雄安分行发行首单"债券通"产品，落地全国首笔"区块链+数字货币"业务；中国农业银行雄安分行实现全国首次金融机构商用5G切片技术，成功建成首个拥有"5G+场景"技术的智慧银行网点；曹妃甸片区探索跨境人民币结算动态"白名单"模式，将业务办理周期由4天缩短至15分钟。三是产业领域不断开放创新。曹妃甸片区探索推进钢铁全产业链开放发展，开展保税矿石混配业务，完成全国首票5000吨铁矿石保税筛分测试，形成"大数据+"船舶海上交通智能新模式等15项海事创新举措。正定片区积极探索推进生物医药全产业链开放发展，建成全国首个自贸试验区生物医药知识产权维权援助中心。

2. 坚持以保税监管、口岸开放、国际大宗商品贸易、产业合作四大平台为支撑，努力打造综合竞争新优势

一是保税监管平台服务水平不断提升。河北自贸试验区各片区积极推进保税监管平台建设，不断发挥平台载体保障作用。雄安片区探索推进海关特殊监管区"电子围网"建设，正定片区完成综合保税区跨境电商平台升级，曹妃甸片区取得国际航空运输协会（IATA）正式批复代码（CFZ），大兴机场片区探索综合保税区京冀共建新模式。二是口岸开放平台服务水平不断提升。正定片区积极加快A类低空飞行服务站建设，截至2021年底，正定机场已开通 7 条国际货运航线。正定片区国际药品进口口岸申建不断推进，获批金伯利进程国际证书制度钻石指定口岸。三是国际大宗商品贸易平台服务水平不断提升。河北自贸试验区在曹妃甸片区建立大宗商品交易中心，中国五矿曹妃甸国际矿石交易中心已投产运营，并首次发布曹妃甸铁矿石价格指数，原油商业储备 10 个保税储罐获得上海原油期货交易所批复，开通日韩外贸集装箱航线，建成 13 个内陆港。四是产业合作平台服务水平不断提升。曹妃甸片区国家进口高端装备再制造产业示范园区积极申建，吸引中铁十六局盾构机再制造等重大项目落户。大兴机场片区廊坊区域与中国航空科教产业园、国家新能源汽车大数据监控中心、德邦廊坊智慧城市服务总部签署合作协议。

3. 坚持以体制机制、法律法规、政策措施、政务服务、要素流动五个方面为重点，积极构建服务保障体系

一是体制机制不断健全。河北省针对自贸试验区建设不断建立完善管理体制和工作机制，省级成立由书记、省长任组长的自贸试验区推进工作领导小组，市级（石家庄市、唐山市、廊坊市和雄安新区）均成立了主要领导任组长的片区推进工作领导小组并分别设立了片区管委会，省有关部门均明确了分管领导、责任处室和工作人员。对外合作机制不断建立完善，京津冀自贸试验区协同发展水平不断提升。2019 年 11 月，京津冀海关共同签署《支持河北雄安新区全面深化改革和扩大开放合作备忘录》；2020 年 4 月，河北省商务厅与天津市商务局签署《津冀自贸试验区战略合作框架协议》；2021年 9 月，在首届京津冀自贸试验区联席会议上京津冀签署了《京津冀自贸试验区三方战略合作框架协议》，三地不断加强产业对接协作，实现共建共享、互联互通。二是法治化水平不断提升。地方相关立法不断完善，在全国第 5 批 6 个自贸试验区中，河北自贸试验区率先印发管理办法和地方性法规。2019 年 10 月，河北省政府第六十五次常务会议通过《中国（河北）自由贸易试验区管理办法》，2020 年 9 月，河北省十三届人大常委会第十九次会议表决通过《中国（河北）自由贸易试验区条例》，地方立法的不断完善为自贸试验区经济建设提供了法律保障。2021 年 12 月，石家庄、唐山、廊坊、雄安新区中院会签《中国（河北）自由贸易试验区法院司法协作框架协议》，加强四片区司

法协作制度建设，构建信息互通、联动执法、诉讼服务合作机制。2022年1月，河北自贸试验区正定片区仲裁中心揭牌，大力提升了商事纠纷解决水平，有助于河北自贸试验区建立健全国际商事争议多元化解机制，以法治化推进自贸试验区经济高质量发展。三是政策支持不断加强。省领导小组办公室、国家外汇管理局河北省分局、省市场监管局等部门出台多项政策措施。石家庄、唐山、廊坊市委、市政府出台支持片区高水平建设的意见，正定县委、县政府出台支持正定片区重点产业高质量发展的政策措施。四是政务服务水平不断提升。河北自贸试验区已基本实现"证照分离"改革全覆盖，自2019年12月起，自贸试验区四片区对540项涉企经营许可事项实行清单管理。河北省省级经济管理权限积极下放，向各片区管委会下放首批126项省级行政许可事项。着力提升政务服务水平，各类事项实现"一窗受理"，减少办事环节，压缩时间，让群众"最多跑一次"。五是要素跨区域流动机制不断健全。着眼承接北京非首都功能疏解，省市场监管局出台支持促进京津冀要素跨区域流动政策措施。着眼促进人才跨区域流动，京津冀三地人力资源和社会保障部门签署《京津冀专业技术人员职称资格互认协议》。

河北自贸试验区成立以来相关政策见表1。

表1 河北自贸试验区成立以来相关政策

发布时间	政策文件名称	出台部门
2019年12月	《关于支持中国（河北）自由贸易试验区正定片区高水平开放高质量建设的若干意见（试行）》	石家庄市委、市政府
2019年12月	《关于支持中国（河北）自由贸易试验区建设的措施》	河北省市场监督管理局
2020年1月	《关于持续优化营商环境放宽名称登记条件的通知》	河北省市场监督管理局
2020年2月	《关于在中国（河北）自由贸易试验区正定片区开展"证照分离"改革全覆盖试点工作的实施方案》	石家庄市政府
2020年3月	《关于进一步扩大自贸试验区服务业开放推动营业性演出、增值电信、印刷等领域对外合作的若干措施》	河北省商务厅、河北省委宣传部、河北省文化和旅游厅、河北省通信管理局
2020年3月	《河北省住房和城乡建设领域自由贸易试验区"证照分离"改革全覆盖试点实施方案》	河北省住房和城乡建设厅

续表

发布时间	政策文件名称	出台部门
2020年4月	《关于加快推进中国（河北）自由贸易试验区正定片区重点产业高质量发展的若干政策措施》	正定县委、县政府
2020年4月	《关于支持中国（河北）自由贸易实验区曹妃甸片区高水平创新发展的意见（试行）》	唐山市委、市政府
2020年7月	《关于进一步做好自由贸易试验区交通运输"证照分离"改革全覆盖试点工作的通知》	河北省交通运输厅
2020年7月	《关于做好自由贸易试验区第六批改革试点经验复制推广工作的通知》	国务院
2020年7月	《外商投资准入特别管理措施（负面清单）（2020年版）》和《自由贸易试验区外商投资准入特别管理措施（负面清单）（2020年版）》	国家发展和改革委员会、商务部
2020年8月	《关于中国（河北）自由贸易试验区引进高端创新人才的若干措施》	河北自贸试验区
2020年10月	《关于加强中国（河北）自由贸易试验区金融服务工作的指导意见》	河北银保监局
2020年11月	《唐山市曹妃甸区关于人才集聚政策的相关规定（试行）》	唐山市曹妃甸区委、区政府
2021年5月	《关于加强自由贸易试验区生态环境保护推动高质量发展的指导意见》	生态环境部
2021年11月	《支持中国（河北）自由贸易试验区创新发展的若干措施》	河北省商务厅
2021年12月	《关于推进河北自贸试验区贸易投资便利化改革创新的若干措施》	河北省政府
2022年1月	《关于印发支持中国（河北）自贸试验区创新发展若干措施的通知》	河北省发展和改革委员会

4. 坚持以促进市场主体增长和对外贸易发展为两个抓手，加快开放型经济发展

一是招商推介活动不断开展。河北自贸试验区积极组织各片区在经济发达地区举办系列招商推介活动，不间断开展"云推介""云洽谈""云签约"等，举办网上投洽会美洲、欧洲、日本专场和河北自贸试验区云招商推介会，共签约项目328个，签约金额3208.7亿元。二是大力促进对外贸易发展。正定片区和曹妃甸片区出台促进外贸发展的政策措施，帮助外贸企

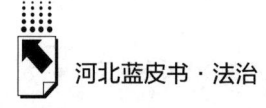

业复工复产和纾困解难。正定片区通过采取免费保税仓储服务等便利措施，为20余家企业减免相关费用50多万元，大力推广实施"一门受理、一门兑现"工作模式，积极为企业落实相关优惠政策，已落实各类奖励资金数额达3987万元。如曹妃甸片区，截至2021年底，已拥有3365家企业，相比较自贸试验区挂牌成立前增长率为489%；外商投资企业96家，增长率为1200%；进出口额达到485.06亿元，增长率为838%；共计签约620个国际国内项目，项目总投资761亿元。

二 河北自贸试验区发展面临的主要困难

近年来，河北自贸试验区虽然体制机制不断完善，经济快速发展，但是由于设立时间较短、制度创新经验缺乏、改革创新自主权限不够高，对河北省经济转型引领力度不足，在满足更高质量的发展要求方面还面临许多困难。

（一）中央事权授权不足

推进国家治理体系和治理能力现代化迫切需要解决央地之间权责不清晰的矛盾，优化央地之间事权格局体系。当前改革进入攻坚期和深水期，全面深化改革需要中央加强顶层设计和地方结合实际探索相结合，只有不断进行制度体制创新，才能打破既有政策障碍和利益樊篱。但是，从河北自贸试验区的发展现状看，地方政府作为制度创新的主体，虽然有积极推动改革的需求与主观意愿，但其职能主要集中在执行层面，大量针对制度规则的改革突破和权限分配则主要涉及中央事权，特别是随着自贸试验区改革的不断深化，地方和中央会产生涉及财政、金融等领域的事权矛盾，涉及深层次的制度问题，需要中央各部委授权。河北自贸试验区总体方案中明确要求的制度创新项目是98项，但是其中83项都涉及中央事权，这就需要对口部门跑办国家相关部委争取支持，然而跑办过程中流程多、手续杂、时间长，加之有些制度创新项目特别是数字贸易等一些新兴业态，没有明确牵头部门，更加大了跑办难度。因此，协调能力、试验权限的不足直接限制了自贸试验区的发展。

（二）国家大法支持不足

依法治区是推进自贸试验区改革发展的基本遵循。国务院发布的各自贸试验区总体方案，均明确了法制保障的重要性。虽然河北自贸试验区总体方案强调河北省以地方立法形式建立与实际相适应的管理制度，但是随着自贸试验区的改革深化，迫切需要国家层面的相关法律来提升自贸试验区治理的法制保障和引领水平，增强自贸试验区建设法律的权威性。只有制定专门的自贸试验区法律，才能减少自贸试验区制度创新与改革深化过程中的重重阻力与不确定性，有效解决部门利益冲突，降低改革探索的风险。目前，虽然各自贸试验区所在地大都制定了省级层面的地方性法规，但都仅限于省级层面的各项保障。在国家层面，全国人大常委会除了授权上海等5个自贸试验区具有暂时调整有关法律规定的行政审批决定权及游轮管理、土地征收、种子进出口的相关权限外，其他自贸试验区均无此权限。河北自贸试验区的制度创新需要在国家层面进行立法来加强法治建设，规范、保障和引领自贸试验区改革创新。

（三）改革创新的试点政策给予自贸试验区不足

自贸试验区改革创新是探索有益可复制发展经验的重要方法与手段。随着自贸试验区的进一步扩容，各自贸试验区都结合实际推出多项符合自身发展情况的改革试验，与此同时，国家层面的各项改革创新试点也在积极推进，然而有些政策试点并没有在自贸试验区开展，这就导致改革步伐难以合拍共振。对比全国各自贸试验区，河北自贸试验区获得试点的机会少、力度小，更需要进一步加强。以综合保税区为例，其作为自贸试验区的主要载体，特别是在海关特殊监管区的保税、退税、免税方面的各种政策，比区外优惠许多，给企业带来的红利更多，然而河北仅有正定片区、曹妃甸片区有综合保税区，大兴机场片区、雄安片区还未予以批准，这极大地限制了自贸试验区的各项发展。

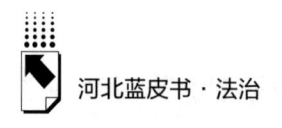

（四）财政支持力度不足

在支持自贸试验区发展上，中央和省级层面支持力度还需要进一步加大。以省级税收留成问题为例，全国范围内，上海、福建、广东、浙江、天津、山东等（北京市也将出台支持自贸试验区政策）均享受省级税收留成全部返还，用于自贸试验区片区内公共基础设施建设、企业创新鼓励、创业支持、人才引进培养等。然而与国内经济发达地区相比，受自身经济发展与财政收入水平影响，河北等地依然留成，如果无法为自贸试验区入驻企业提供与周边省份自贸试验区趋同或更为优惠的财政支持措施，势必将影响各片区招商引资的竞争力，产业发展也将受到巨大影响。

（五）人才支持不足

随着快速发展，自贸试验区对人才队伍的需求不断扩大，只有重视人才开发和储备、打造良好的人才环境，才能集聚高层次、高水平人才，提高国际竞争力，为自贸试验区经济的高质量发展提供动力。但从实际情况来看，一是自贸试验区缺乏专业复合型高端人才，特别是在融资租赁、科研技术、金融投资、航运物流、国际贸易等领域人才需求量较大。二是对自贸试验区内的业务人员培训指导少，特别是高层次、高质量培训少。

三 推进自贸试验区发展的对策建议

在开启全面建设社会主义现代化国家新征程的关键时刻，尤其是在百年未有之大变局和世纪疫情交织时期，要深刻认识更加复杂多变的外部环境和我国改革进入深水期的新挑战，贯彻新发展理念，推动自贸试验区经济高质量发展。

（一）加大中央事权授权力度

一方面，国家各部委可采取集中授权等方式将涉及的海关、金融、税收等领域权限予以下放；另一方面，明确数字贸易、服务贸易等新型业态在国家层面的牵头部门，以利于推动自贸试验区高质量发展。国家相关部委可以将先行先试政策放在自贸试验区开展，特别是河北自贸试验区起步晚、起点低，建议进一步加强支持指导。

（二）加大立法支持力度

建议全国人大及其常委会抓紧出台相关法律文件，进一步明确自贸试验区法制保障模式。一方面，探索研究针对自贸试验区的专门立法，特别是在各自贸试验区内统一内外资相关待遇，落实WTO《贸易便利化协定》，并努力将国内法的内容上升为双边或多边经贸协议的内容，消除贸易投资壁垒；另一方面，全国人大常委会和国务院应授权相关省份，在自贸试验区内暂停适用或变通适用有关法律法规，还可以赋权省人大常委会契合当地自贸试验区需求适量单独立法。

（三）提升财政支持水平

为充分发挥改革开放试验田的作用，提升自贸试验区的吸引力和竞争力，推动各片区在关键领域开展首创性、差别化改革探索，建议中央和省级层面给予自贸试验区更大力度的财政支持。以河北省级税收留成返还为例，建议河北省政府参照其他省份的支持政策，以2019年底各片区增值税、企业所得税和个人所得税省级财政实际留成数额为基数，至2024年底前，超基数部分全部返还各片区，用于支持自贸试验区改革创新发展。在新兴产业扶持上，自贸试验区可以设立相关专项资金，创新完善专项资金分配机制，加快资金拨付进度。

（四）扩大自贸试验区开放

利用国家政策支持，坚持推动体制机制不断改革创新，结合地区实际，把握自身区位优势，积极探索开放发展新路径。加快打造国际化、法治化的良好营商环境，不断提高市场服务水平，构建促进贸易投资和创新发展的政策体系，进一步优化开放格局，推动更高水平的全方位开放。不断提升国内国际市场融合度，实现外资准入清单不断缩短，并且更加明确和透明。坚持内外开放相互结合、相互促进，推动贸易和投资更加自由便利化，促进开放从主要由商品要素流动向标准和规则对接转变，精准衔接国际规则。提高对离岸贸易、离岸金融等新领域的探索水平，发挥制度创新的先行优势，推进新兴产业的加速集聚。

（五）推动贸易转型和打造特色产业体系

一是继续推动贸易转型。坚持以自贸试验区为依托，打造外贸转型升级基地，不断带动河北省外贸经济高质量发展。积极发挥区位优势，依托国家和地方优惠政策，着力发展自贸试验区核心产业，培育高质量品牌。帮助中小企业找准市场定位，加大相关政策优惠和资金支持力度，鼓励中小企业技术创新和转型升级，提升市场竞争力与知名度。不断利用先进数字信息技术，探索数字贸易等新型贸易方式，实现货物和服务贸易协调发展。二是推动优化要素配置。进一步整合产业要素，不断实现人才、技术等资源的优化配置。加快推动商品和要素流动型开放向规则等制度型开放转变，打造开放有序的国际化贸易平台，积极吸引外商投资，激发要素流动活力。三是加大基础设施投入。着力提升自贸试验区交通承载力，不断优化片区路网结构，完善基础设施配套工程。着力完善5G、IPv6等先进信息基础设施建设，提升自贸试验区各片区网络服务质量，建立安全、便利、高效的国际互联网数据通道。

（六）进一步发挥人才基础作用和建立服务贸易人才培养机制

一是加大创新人才引进力度。坚持引人与引智、引才与引团队、引才与引项目相统一的"走出去"战略，使之成为引进创新人才的主渠道。开辟高层次人才引进的绿色通道，拓展海外引才新渠道。对高层次领军人才和紧缺的高层次专业技术人才，可采用直接考核、特事特办的方式。实施主导行业、重点领域紧缺人才的柔性引进。二是建立人才培养机制。坚持产学研结合，将自贸试验区企业需求与大学教育结合起来，实现人才的定向培养，并针对自贸试验区服务业发展需求，增设与服务业开放相关的课程，为自贸试验区的发展培养更多合适的人才。三是加强组织培训。积极组织开展各类培训，国家相关部委可聘请国内外专家加强对新行业、新领域、新政策的培训指导。

B.11
平安河北建设中社会力量参与矛盾纠纷化解情况的调研报告

靳志玲*

摘　要： 平安河北建设不仅是贯彻党的十九届五中全会精神和国家战略的要求，更是实现强省目标的重要基石。河北省在平安河北建设，维护社会和谐稳定中，有效地整合社会领域资源，在推动社会组织、专业调解组织、志愿组织和志愿者等社会力量积极参与化解社会矛盾等社会治理方面取得显著成效。但也存在社会力量参与的范围不够宽、人员流动大且专业能力不足、规范性自主性缺失等短板，为此，应当以党建为引领，加强政府的责任，提高社会力量参与矛盾纠纷化解的专业化、规范化、品牌化水平，扩大社会组织参与矛盾纠纷化解的覆盖面、影响力和作用力，加强矛盾纠纷多元化解机制的构建及对社会力量参与矛盾纠纷化解先进事迹和人物的宣传表彰，夯实矛盾纠纷化解工作基础。

关键词： 社会力量　矛盾纠纷化解　平安河北建设

党的十九届五中全会将"更高水平平安中国建设"上升为国家战略，对筑牢国家安全屏障、建设更高水平的平安中国作出重要部署，为平安建设提供了根本遵循。平安河北建设不仅是贯彻党的十九届五中全会精神和国家战略的要求，更是实现强省目标的重要基石。平安建设的工作重心要求落实

---

* 靳志玲，河北省社会科学院法学研究所研究员，研究方向为经济法、政府法治。

在城乡社区，目的是大力加强基层的工作、组织和能力的建设，将基层社会治理体系构建成富有活力和效率的新型体系，将和谐稳定创建在基层，将矛盾纠纷化解在基层。这就需要全社会的参与，发挥市场机制作用，引导各类社会组织和市场主体充分发挥专业优势，积极参加服务社会、防控风险、化解纠纷等工作，助力解决平安建设难题。

近年来，河北省对中央关于平安中国建设的决策部署认真落实、全面贯彻，从宏观法律政策制定，到微观机制设计，在全面推进治理体系和治理能力现代化的进程中，有效地整合社会领域资源，在推动社会组织、专业调解组织、志愿组织和志愿者等社会力量积极参与化解社会矛盾等社会治理方面取得显著成效。

一 平安河北建设中社会力量参与矛盾纠纷化解取得的成效

（一）制定法律法规保障和规范矛盾纠纷化解工作

近年来，河北省为有效化解各类矛盾，避免社会风险，建立矛盾纠纷多元化解机制，省司法厅、省高院联合省政府有关部门连续出台多项法规规章，大力推动重点行业、重要领域纠纷调解工作。主要包括：与省住房和城乡建设厅联合出台《关于加强物业纠纷调解工作的若干意见》；与省工商业联合会联合出台《关于全面推进民营经济领域纠纷多元化解机制建设的实施意见》；与中国人民银行石家庄中心支行、中国银行保险监督管理委员会河北监管局联合印发《关于全面推进金融纠纷多元化解机制建设的实施意见》；与省市场监督管理局、省版权局、省财政厅联合印发《河北省加强知识产权纠纷多元化调解工作的意见》；与省建设工程造价管理协会联合出台《关于开展建设工程合同纠纷案件诉调对接工作的实施意见（试行）》；等等。特别是，为从法律层面推进矛盾纠纷多元化解机制建设，2020年11月，省人大常委会通过了《河北省多元化解纠纷条例》（自2021年1月1

日起施行)。《河北省多元化解纠纷条例》的制定,是全面贯彻和落实中央的决策部署,推进河北省治理体系和治理能力现代化的重要措施。对于建立健全有机衔接、协调联动、高效便捷的矛盾纠纷化解制度,推进矛盾纠纷多元化解工作的法治化、规范化,满足人民群众多元化解矛盾纠纷需要,构建共建共治共享的社会治理格局,推进平安河北建设,促进社会和谐稳定,都具有重要的现实意义。

(二)组织机构建设覆盖面广、特色突出

一是专业调解体系进一步健全。全省行业性专业性调解组织达到1077个,覆盖了交通、医疗、物业、环保、社保、土地等18个重点行业和领域。全省5.8万余个人民调解组织遍布乡镇(街道)、村(社区)及广大行业领域,33.8万余名人民调解员工作在基层一线,11个设区市全部建立医疗纠纷人民调解委员会。全省200家劳动人事争议调解仲裁委全部成立了劳动人事仲裁院,乡镇(街道)全部成立了劳动争议调解中心,实现了基层全覆盖。

二是各地市调解特色突出。在普遍建立调解机构的基础上,各地市根据自己的实际需要,建立特色突出的调解组织机构。如唐山市的渔业调解委员会、承德市的信用调解委员会、张家口市的民营企业纠纷调解委员会、石家庄市的金融纠纷调解室、邢台市的"鉴调一体"化解社会矛盾纠纷指导服务中心等。

三是全省基层法律服务中心全部覆盖。目前,河北省已普遍建成市、县(市、区)、乡镇(街道)、村(社区)公共法律服务中心(站)。全省2352个乡镇(街道)、52043个村(社区)全部配备了法律顾问,基本实现全覆盖。

四是个人(品牌)调解工作室方兴未艾。截至2021年,全省个人(品牌)调解工作室已达992个,"非常帮助"人民调解室113个,有些知名品牌如"帮大哥"的形象深入人心,已在社会上具有较强的影响力。全省"帮大哥""和事佬"式调解员达375人。

(三)调解队伍建设规模不断扩大

一是按照对行业性专业性人民调解委员会须有3名以上专职人民调解

员、乡镇（街道）人民调解委员会须有 2 名以上专职人民调解员的规定要求，对于疑难矛盾纠纷聚集、多发的基层特别是乡镇（街道）人民调解委员会，增加了专职人民调解员，强化调处工作的专业力量。截至 2021 年，河北省已有人民调解员 33.8 万余人、专职调解员 2.5 万人、调解组织 4.8 万个、个人（品牌）调解工作室 992 个。

二是积极动员社会力量参与人民调解工作。全省各地在实践中积极探索各种工作模式，在村（居）民小组、楼栋（院落）等村（社区）内，建立矛盾纠纷信息员队伍，发挥村（居）民小组长、楼门长、网格员的积极作用，帮助了解基层的社情民意，便于及时排查发现矛盾纠纷线索隐患，矛盾纠纷信息员队伍由乡镇（街道）人民调解委员会专职人民调解员协调管理。

三是大力发展人民调解志愿者队伍。将"两代表一委员"（党代表、人大代表、政协委员）、"五老人员"（老党员、老干部、老教师、老知识分子、老政法工作人员）、城乡社区工作者、相关专家学者、专业技术人员、大学生村官等作为矛盾调处志愿者，充分发挥他们的特长和优势，进行矛盾纠纷化解。

（四）"大调解"工作格局已经形成

按照司法部提出的调解工作基本形成"以人民调解为基础，人民调解、行政调解、行业性专业性调解、司法调解优势互补、有机衔接、协调联动"的目标，全省已经在重点领域建立了相关的行业性专业性调解组织以及多种样式的个人（品牌）调解工作室，形成了以市级矛盾纠纷指导中心为枢纽，乡镇（街道）、村（社区）调解组织为基础，行业性专业性调解组织和个人（品牌）调解工作室为补充的"大调解"工作格局。

（五）全省矛盾纠纷化解成效显著

一是抗疫前线及时化解涉疫矛盾纠纷。在 2020 年抗击新冠肺炎疫情的战役中，全省人民调解员奋战在疫情防控第一线，帮助解决困难、化解矛盾纠纷。

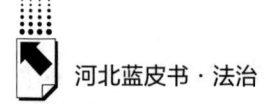

二是服务企业化解涉企矛盾纠纷。积极畅通民营企业纠纷解决渠道，对涉及民营企业的矛盾纠纷及时排查，发现苗头性、倾向性问题，采取有效措施进行调处定分止争，着力服务民营企业发展。

三是通过开展重大行动集中排查基层民生矛盾纠纷。通过重大节日节点开展专项活动，聚焦重点领域、重点矛盾、重点人群，全面开展摸排化解工作，最大限度把矛盾解决在基层、吸附在当地、消除在萌芽，实现矛盾不上交、不激化。2019年，全省累计排查各类纠纷307699件，预防纠纷192790件，调解纠纷421395件。2020年，全省成功调解各类纠纷294000件，成功率达98%，为群众挽回经济损失约10.2亿元。2021年，省司法厅又组织开展民间矛盾纠纷排查化解"暖冬行动"和"抓实调解促和谐"民间矛盾纠纷排查化解专项行动，围绕重点工作、重大活动和重大战略的实施，如服务乡村振兴战略实施、乡村振兴示范区创建、"三重四创五优化"、基层依法治理等，聚焦重点人群、地区、行业、时段，突出常见、多发的矛盾纠纷，如婚姻家庭、相邻关系、土地流转、征地拆迁、医疗和道路交通事故、物业纠纷、劳动争议等开展排查，及时有效化解，仅上半年全省共调解矛盾纠纷95155件，调解成功率达98%以上。"十三五"以来，全省各级行政复议机关共办理行政复议案件近30000件，综合纠错率达34.22%，实现了定分止争、案结事了，有力维护了社会和谐稳定。

四是全省矛盾纠纷化解取得显著成绩。2020年，河北省人民调解员协会荣获"最具实力公益伙伴""最具人气公益伙伴""公益担当者"三项荣誉称号和优秀单位奖。

二 社会力量参与矛盾纠纷化解存在的短板

在平安河北建设中，相对于政府的职能和作用，社会力量参与矛盾纠纷化解的优势在于相对独立、低成本、高效率。而由于目前基层社会治理中社会力量的参与处于初步阶段，这方面还存在一些问题和短板。

（一）社会力量参与的范围不够宽

一是社会组织参与不够，社会公益类、志愿服务类组织较少，行业协会类较多。社会公益类、志愿服务类组织更多的是自发自愿参与，其来源于群众、服务于群众，具有良好的群众基础，因而在化解矛盾纠纷、协同基层治理、推进平安建设中具有重要作用，这部分力量的缺乏，势必影响群众参与基层治理的积极性。二是河北省法学专家、律师参与调解的积极性、深度、广度与北京、浙江等地有一定差距，突出表现在参与调解的案件在数量上比较少，法学专家、律师的独特优势和作用没有得到充分发挥。三是企事业单位在参与矛盾纠纷化解中发挥的作用不够，特别是一些有热心有能力参与基层矛盾化解的志愿者、热心人士没有被吸引到平安建设中，促使其发挥特长的长效机制还不够完善。

（二）人员流动大且专业能力不足

一是在社会工作者队伍中专业人才缺口较大，具备社会矛盾调解专业知识及能力的人员数量有限，不能满足社会需求。如商事仲裁的仲裁员、劳动争议仲裁的仲裁员、政府机关的从事行政调解和行政复议的人员等，或多或少都存在队伍建设不能满足需要的问题。二是在一些参与社会矛盾调解的社会组织中也缺少具有专业知识和能力的专业人才，这样，社会矛盾调解效果就达不到预期。三是基层调解员队伍兼职人员较多，兼而不调的现象突出，且调解员能力参差不齐，真正投入人民调解工作中、认真履行职责且具备相关能力的人民调解员的数量严重不足。四是局部地区特别是乡村的人民调解员的素质甚至出现下降趋势。专业素养不高、人员流动性大、人民调解员科学有效的业绩考评机制不够健全、激励机制存在明显不足等问题，对调解工作产生一定的负面影响。

（三）经费投入仍然不足

一是存在保障不到位的问题。全省140多个县（市、区）落实人民调解工作指导经费和人民调解员"以案定补"经费，2017年全省共落实这两项经费3600万元。但从调查中发现，全省各地矛盾纠纷多元化解机制建设的投入经费保障情况存在较大差异，普遍存在保障不到位的问题。主要表现为：一方面整体投入不足，另一方面各部分保障不平衡。有些行业、领域相对有保障，而有些则是保障不充分、不全面。例如，某些重点扶持的专业纠纷解决平台经费能够保障，而人民调解经费的保障情况则显示出不够充分。

二是购买调解服务的供给不足。实践中调查发现，购买调解服务数量和实际需求之间存在一定差距。当前随着经济的发展、社会的多元化，广大群众对生活质量的要求也不断提高，对社会矛盾调解的需求也不断增加，特别是在家庭关系调解方面，其对社会稳定性影响较大，占据矛盾调处的份额较多，群众反映也较强烈。同时，近年来由于物价水平的提高和居民收入的增加，矛盾调处工作岗位运行成本也随之增加，因此需要提高购买调解服务的资金标准并增加数量，以满足社会不断增加的需求。

（四）规范性自主性缺失

有的社会组织自身缺乏有效适应市场化、社会化管理方面的能力和经验，缺乏政府相关部门的引导，主动参与社会治理的意识不强；也有的社会组织的设立多源于政府的某种需要，如为矛盾纠纷多元化解而设立，主要体现出依靠当地政府的引导重视，才得以有效运转，发挥其功能作用，否则将难以为继，也说明其自主性亟待加强。

（五）沟通协调机制不够完善

社会组织参与调解工作机制不够完善，特别是与政府的沟通渠道有限，在社会组织参与部分重大矛盾纠纷案件，尤其是涉及政府时，与政府有关部门的沟通渠道不够畅通，不能及时了解政府的工作意图和实施方案，影响到矛盾调解效果。

三 平安河北建设中推动社会力量参与矛盾纠纷化解的对策和建议

打造更高水平的平安河北,实现共建共治共享的社会治理格局,有赖于多元主体的积极参与。社会组织、企事业单位、志愿组织和志愿者、公民个人等不仅是社会治理的重要主体,也是享受治理成果的重要主体,所参与的具体领域和方面以及产生的具体作用直接影响到平安建设的成效,因此应当建立健全长效机制,促进社会力量积极广泛深入地参与。

(一)以党建引领为社会力量参与矛盾纠纷化解指明方向

持续狠抓社会组织的党建工作,将党的领导贯穿矛盾纠纷化解工作的全过程。为进一步发挥党员在基层矛盾纠纷化解中的带头作用,应当整合专兼职人民调解员中的党员,建立人民调解"行动党支部",在人民调解等领域形成党建品牌效应,将社会矛盾调处工作与党员组织生活相结合,使党建工作和解决社会矛盾工作实现同频共振、互融互促,发挥双重作用,取得双重成效。

(二)加强政府的责任

一是加强对社会力量参与矛盾纠纷化解工作的领导和指导。政府相关部门应通过政策扶持、孵化培育、引导规范等机制,加强对社会组织和专业社工机构参与社会矛盾调解业务的指导和管理,进一步强化能力建设。同时,进一步引导购买服务工作向推进平安建设、调解社会矛盾领域倾斜,加强针对性和实效性。二是通过"放管服"改革改进政府工作,推动政务公开透明,促进政府电子政务的发展,多方位畅通信息流通渠道,降低公众获取信息的成本,从而为群众有效参与公共决策、监督公共管理过程提供支持。在涉及有关政府部门的重大矛盾纠纷案件需要社会组织参与调处时,搭建交流会商平台,破除信息障碍,建立信息互通机制。应当大力推广网络信息、大数据和虚拟现实技术在多元化纠纷解决中的运用,可以由省委政法委牵头组织开发运行河北省矛盾纠纷多元化解协同应用系统,横向对接"民调通""冀时调"等省级部门涉及矛盾纠纷的主要业务系统,集在线咨询、评估、调解、仲裁、诉讼等功能于一体,不断提高纠纷解决工作效率,努力满足人民群众对矛盾纠纷及时、便捷、多元化解的期盼和要求。三是完善公众参与机制,拓宽公众参与渠道。一方面不断推进公众参与形式的多样化,从提高公众参与质量着手,提高公众参与的便捷性;另一方面不断推动公众参与过程的透明化,对公众意见力争做到全面收集、据情采用、及时反馈,力促公众参与社会治理和矛盾纠纷的化解。

(三)扩大社会组织参与矛盾纠纷化解的覆盖面、影响力和作用力

一是凝聚社会组织专业力量和优势资源,选择纠纷调处领域的优秀社会组织,成立社会治理公益联合组织。积极探索社会力量参与社会治理的新途径和新形式,构建跨区域、跨领域、跨部门的社会组织参与纠纷调处合作共同体,集聚各方优秀人才,发挥其优势,展示其影响,扩大其作用。建议适时成立河北省多元化矛盾纠纷解决发展促进会,作为行业性专业性协会,广泛吸纳调解、仲裁等相关组织参加,制定行业工作标准、程序规则及绩效考核标准,规范约束调解等矛盾纠纷化解行为,以专家线上线下讲授、观摩交流、模拟实操等方式开展调解员、仲裁员培训。二是将有关符合志愿组织条件的社会力量纳入志愿者的管理范畴。以相关社会组织为依托,按照志愿者组织的激励措施,将兼职人民调解员和仲裁员等以相关志愿组织的形式进行管理和规范,打造特色志愿组织品牌。三是将人民调解员遴选范围不断扩大、参与程度不断提高。一方面招募、遴选兼职人民调解员必须面向社会公开,吸引各方优秀人才的加入;另一方面可以根据人民调解员工作性质、范围以及个人实际情况,把人民调解员派驻到社区综治服务室,充实参与力量。

（四）提高社会力量参与矛盾纠纷化解的专业化、规范化、品牌化水平

一是建立和完善纠纷调处专家咨询库制度。一方面，组建素质较高、结构合理、覆盖全面的"专家库"，发挥优秀调解员模范带头作用，带动吸纳"二代表一委员"、法律工作者、人民陪审员、专业技术人员等社会热心人士成为专职或兼职人民调解员。另一方面，健全完善专家库管理制度，如专家的任职条件和审核入选办法、专家咨询工作制度、专家工作纪律以及专家考评机制等，规范专家库的管理。特别是要充分发挥河北省各级法学会桥梁纽带作用，动员组织法学专家作为调解员、仲裁员参加矛盾纠纷化解工作。河北省各级法学会是法学人才智库和思想智库，法学专家在化解纠纷工作中具有专业性、权威性、中立性和可信性等特点和优点，应当建立完善相关制度，充分调动法学会各位法学专家的积极性，让法学专家"动"起来，使其成为河北省矛盾纠纷化解工作的重要力量。二是完善律师参与调解制度。律师参与矛盾化解是中国特色的矛盾纠纷多元化解体系的重要组成部分。探索律师调解公益性与市场化相结合的工作模式，推动律师成为河北省调解、仲裁工作的重要生力军，实现人民调解、行业调解和律师调解的资源统筹、错位发展。河北省各级律师协会应当设立律师调处中心，在律师协会的指导下，组织律师作为调解员或成立个人（品牌）调解工作室，接受当事人申请或人民法院移送，积极参与矛盾纠纷的调解。三是大力推动个人（品牌）调解工作室的建立和规范，提升品质。对于有能力、成绩突出、有社会影响力的调解员，鼓励和引导其设立个人（品牌）调解工作室，在经费等方面提供可靠保障，打造纠纷调处专业品牌，并向社会大力推广。四是提高人民调解员的专业素质，加强人才队伍建设。将专职人民调解员队伍建设纳入法治政府示范创建内容，制定人民调解员的培训规划，组织人民调解员骨干示范培训，建立培训师资库。根据基层矛盾纠纷化解工作特点，采取集中授课、案例会商、岗位练兵、现场观摩、经验交流、网络视频等多样化方式，实现培训规范化；将持证上岗、案卷评查等的结果与人民调解员的奖惩和工作绩效紧密结合，提高调解工作水平，不断增强人民调解员的专业能力。

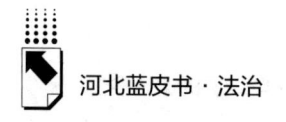

（五）加强矛盾纠纷多元化解机制的构建

习近平总书记"坚持人民调解、行政调解、司法调解联动，鼓励通过先行调解等方式解决问题"①的指示为构建多元联合调解模式指明了方向。一是认真将《全国人民调解工作规范》《河北省多元化解纠纷条例》等落到实处。特别是在人民调解与诉讼调解的衔接中，应以引导为主，改变群众旧的解决纠纷的思维或习惯，培养"社会调解优先、法院诉讼断后"的矛盾纠纷解决意识，形成优先选择非诉讼方式解决纠纷的思维方式，建立当事人选择、调解机构引导与法院诉前分流相结合的多方参与、互信互融的纠纷解决模式。二是健全经费保障机制。一方面，建立健全经费保障体系，以地方财政或专项经费为主体，以政府采购、公益基金和社会捐助等为辅助，以市场化收入为补充，共同保障经费来源。重要的是保障人民调解员补贴经费足额到位，大幅增加人民调解员聘任经费的投入，大力推广政府购买服务制度。另一方面，坚持资金来源的开放性原则，鼓励和支持社会资本加入纠纷多元化解领域，大胆尝试、大胆探索、规范操作、有序推进。例如，可以设立河北省矛盾纠纷多元化解基金，引导和鼓励社会资金通过非营利性基金形式进入矛盾纠纷多元化解领域。三是完善社区、社会组织、社会工作、社会志愿服务"四社"联动机制，加强"联席会议"的工作，建立相应的工作协作机制，加强工作配合、信息沟通与政策衔接。四是完善村（社区）党组织、村（居）委会、社会组织、志愿组织、社会工作者队伍等不同组织间的组织结构，它们应当职能相对分离、功能相互补充、工作互联互通、人员相互支持，形成"专干但不单干、分工但不分家"的工作原则，有效实现社区工作者、社区志愿者、社会组织、志愿组织和社会工作者队伍的联动协同发展。

---

① 白羽：《习近平主持召开中央全面深化改革领导小组第十七次会议》，新华网，2015年10月13日，http://www.xinhuanet.com/politics/2015-10/13/c_1116812201.htm。

（六）加强对社会力量参与矛盾纠纷化解先进事迹和人物的宣传表彰

着力激发社会力量参与矛盾纠纷调处和化解的积极性、广泛性，不断扩大社会力量参与基层社会治理的作用力、影响力。应当针对参与基层矛盾纠纷化解的不同主体及时进行表彰和奖励，如"人民满意调解员""十佳律师""最美社区工作者""最具人气公益伙伴"等，增强社会力量参与社会治理的自豪感、荣誉感和使命感，传递正能量，吸引和带动更多的社会组织和人员参与基层社会治理，构建和谐社会。

参考文献

傅政华：《坚持发展"枫桥经验" 谱写新时代人民调解工作新篇章》，《人民调解》2018年第6期。

聂影、辛忠波：《社会力量参与矛盾纠纷化解工作的路径选择与发展思路》，《人民调解》2018年第8期。

赵文海：《找准定位 着力加强民政制度体系和治理能力建设》，《中国民政》2020年第5期。

赵文海：《高质量谋划"十四五"河北民政工作》，《中国民政》2020年第24期。

周洁：《纠纷解决在源头 矛盾化解在"诉"外》，《河北日报》2020年12月9日。

司 法 建 设
Judicial Construction

B.12
市域社会治理现代化背景下一站式机制研究报告
——以H市两级法院为样本

王雪焕*

摘　要： 一站式机制的推进，对市域社会治理体系的完善有显著作用，有利于从法治方面促进市域社会治理体系现代化。在建设一站式机制中，法院扮演着重要的角色，在出现便民利民的纠纷解决渠道不畅通、集约高效的诉讼服务不达标、信息化智能化建设不到位等诸多问题时，要及时去发现解决。在市域社会治理模式下，市级法院在全市范围内鼓励多元解纷渠道与法院之间的全方位衔接，进一步优化诉调对接机制，提升诉讼服务效能，并利用信息化手段实现全市范围内司法数据的共享，全方位促进现代化诉讼服务体系建设，以适应市域社会治理现代化的发展需要。

* 王雪焕，邯郸市中级人民法院法官助理，研究方向为社会治理。

关键词： 市域社会治理现代化　一站式机制　诉调对接

一　问题提出：市域社会治理现代化与一站式机制的理论探析

（一）市域社会治理内涵

市域，就行政管辖范围而言，是城市行政管辖范围内的全部区域。根据《城市规划法》关于市域的规定，"城市，是指国家按行政建制设立的直辖市、市、镇"。一般而言，市域，应当指的是地级市行政管辖的全部区域，包括地级市行政管辖的县（市、区）、乡（镇）及村。

市域社会治理，是指在地级市层面，依靠党委、政府的领导，整合各方有效资源，参与到共建共治共享的社会治理体系中，通过对体制的完善，从而形成对辖区内的城镇及农村居民进行管理、服务的统称。市域社会治理，其重点着眼于"社会治理"，即在党委、政府的统一领导下，依靠各方资源，着力管控化解市域重大矛盾和风险，确保矛盾不外溢、不蔓延。

2018年6月4日，中央政法委员会秘书长陈一新在延安干部学院党委政法委员会新任书记培训示范班开幕式上首次提出市域社会治理现代化，其主要指的是"按照中央关于社会治理现代化的总体要求，以设区市为主要治理载体，以治理理念现代化、治理体系现代化、治理能力现代化为重点内容，加快提升社会治理的社会化、法治化、智能化、专业化水平的发展过程"。[1]

从中央政法委的角度讲，市域社会治理的重点主要在于防范化解五类风险。主要包括防范化解政治安全风险、防范化解社会治安风险、防范化解重

---

[1] 长安君：《陈一新：着眼把重大矛盾风险化解在市域打造社会治理的"前线指挥部"全国市域社会治理现代化试点举行首次工作交流会》，"中央政法委长安剑"微信公众号，2020年10月22日，https://mp.weixin.qq.com/s/F2D3R5wSErTYubPNC_6AFA。

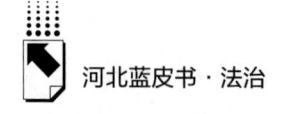

大矛盾纠纷、防范化解公共安全风险、防范化解网络安全风险，以推进城市安全发展。

（二）一站式机制内涵

一站式是指一站式多元解纷机制和一站式诉讼服务中心建设。在2019年8月1日，该概念首次由最高人民法院在《关于建设一站式多元解纷机制一站式诉讼服务中心的意见》（以下简称《意见》）中提出，其主要目的是"深化司法体制综合配套改革，全面建设现代化诉讼服务体系，进一步增强人民法院解决纠纷和服务群众的能力水平"。[1]

一站式多元解纷机制是指一个社会中各种纠纷解决方式、程序或制度（包括诉讼与非诉讼两大类）共同存在、相互协调所构成的纠纷解决系统，[2]一站式诉讼服务中心是人民法院为减轻诉讼当事人诉累，促进更快更好解决矛盾纠纷而设立的集诉讼立案、纠纷调解、综合查询等涉诉事项于一体的综合性诉讼服务场所。[3]

从目的上讲，二者均是由法院所提出，是为了便捷当事人尽快解决矛盾，减少诉讼成本。从分流机制上讲，一站式多元解纷机制可以覆盖一站式诉讼服务中心。从程序上讲，一站式多元解纷机制是一站式诉讼服务中心的前置程序。人民调解作为"第一道防线"当然远远不够，还需要仲裁、公证、行政裁决、行政复议等方式作为配套，这可以说是"第二道防线"，两道防线将案件及时化解在初始阶段，当事人不必再为案件诉至法院，实现社会的和谐稳定；在当事人通过调解等程序对纠纷进行初步协调后，当事人对解纷机制不满意时，再将纠纷通过诉讼的方式解决。实现解纷"终端"与诉讼"前端"无缝对接。

两个一站式之间既各有侧重，又密不可分。既要求人民法院主动"走

---

[1] 《最高人民法院关于建设一站式多元解纷机制一站式诉讼服务中心的意见》，最高人民法院网站，2019年8月1日，http://www.court.gov.cn/fabu-xiangqing-174602.html。

[2] 范愉：《当代世界多元化纠纷解决机制的发展与启示》，《中国应用法学》2017年第3期。

[3] 周欣宇：《全面推进诉讼服务中心现代化建设研究》，《法治与社会》2020年第5期（上）。

出去",通过整合法院司法审判力量之外的各种解纷资源,形成合力,共同化解矛盾,促成纠纷及时高效妥善解决,又要"引进来",要求法院变被动审判为主动解纷,重塑诉讼解纷格局,在诉讼服务中心提供一站式诉讼服务,将司法辅助性事务向前推进,确保当事人享有一站通办各种业务的场所。

(三)市域社会治理现代化与一站式机制推进的关系

首先,建设市域社会治理现代化就必然离不开建设一站式机制,二者需相辅相成,不可偏废。矛盾凸显,风险随之而来,现如今,建设市域社会治理,推进市域社会治理现代化,且作为拥有较为完备的社会治理体系的市域,拥有将矛盾排查化解的最优渠道与最强资源力量。随着一站式机制建设的推进,法院作为权威的司法力量,主动"走出去",融入由党委、政府主导的解决矛盾风险的治理体系中,通过一站式多元解纷机制,群众将重大风险矛盾化解在基层,化解在源头,有助于社会的长治久安。

其次,一站式机制建设是人民法院参与提升市域社会治理能力的内在要求。社会治理能力是社会治理体系自行治理社会的能力展现。现阶段,群众价值取向日趋多元、利益诉求更加多样,各类矛盾风险交织叠加,对社会治理能力提出了更高要求。一站式机制的建立,尤其是一站式多元解纷机制的构建,充分挖掘了社会资源,调动各方社会力量去共同参与社会治理。在解决群众矛盾的同时,增强辅助群众以法治思维来解决自身纠纷的法律能力,提升社会的法治化水平,从而有助于社会治理体系进一步向规范化、法治化及合理化推进。

最后,一站式机制建设是人民法院主动融入市域社会治理现代化"智治支撑"的重要体现。现阶段,"智治"已经成为社会治理现代化中新科技的重要标志,而大数据、互联网、区域链等技术的发展有助于市域社会范围内各部门、各层级、各领域之间实现数据信息共享。一站式机制的建设,使得法院诉讼服务中心与公安检察机关、行政机关、村(居)委会等之间的信息渠道不断畅通,更加全面地把握基层群众之间的矛盾,将矛盾摆出来,

更有利于去化解矛盾；同时，立案、调解、速裁、信访等信息资源的全数据分析，也为市域社会治理现代化提供了研判各类矛盾纠纷发展态势的数据支撑。

二 实践探索：市域社会治理现代化背景下一站式机制实践运行的现实困境

（一）党建引领一站式机制建设不充分

党的领导是中国特色社会主义最本质的特征，也是中国特色社会主义制度最大的优势。截至2019年底，全国约99%的基层行政单位已经建立了党组织。坚持党的领导是兼顾和平衡各个行业、群体之间利益的保障。也只有坚持党的领导，才能制定社会治理现代化的大政方针，研究确定并落实各项措施。

但笔者对河北省11个市域法院进行调研发现，目前尚未有以市域党委、政府为主导出台的关于一站式机制建设的系列文件，各地也未就市域社会治理现代化背景下防范化解重大矛盾纠纷出台相关措施。党建引领不充分，使得法院在构建一站式机制过程中缺乏强有力的组织领导，也使得人财物的保障不充分。

（二）法治保障不够，市域司法质效不高

1. 案件繁简分流标准不统一，类案不同审现象依旧存在

案件的繁简分流工作早在10年前就已经开始在各个法院开启探索模式，为了推动和规范民商事案件的繁简分流、诉前调解、速裁等工作，2017年最高院出台了《关于民商事案件繁简分流和调解速裁操作规程（试行）》，真正实现优化审判资源，做到简案快审、繁案精审，最大限度减少当事人的诉累。各个法院对"分调裁审"机制的改革进行了多样式的探索，也取得了一定的成绩，但仍然存在繁简案件分流不一的现象，在一定程度上影响了案件的审判效率。

如图1所示，H市20家两级法院中，使用繁简分流软件对案件进行分流的法院有11家，占法院总数的55%，繁简分流软件系统标准不一，可能出现简案不简、繁案不难的情况。

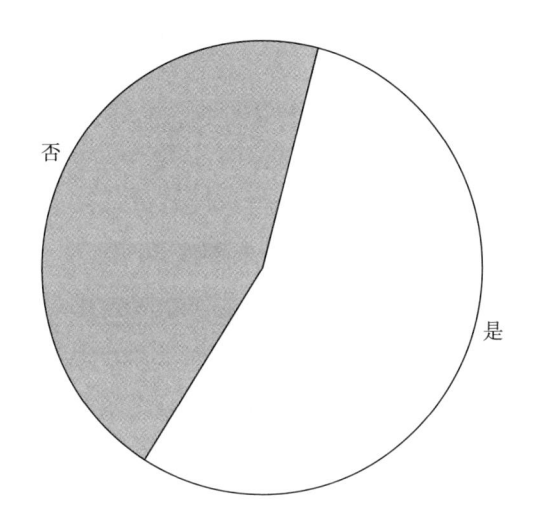

图1　使用繁简分流软件分案情况

资料来源：根据H市两级法院实际调研数据所得。

案件繁简分流标准不统一的主要原因有以下几点。一是各地经济发展不平衡，繁简分流的标准并不能够完全统一。以H市主城区C法院为例，C法院每年受理民事案件6400件左右，其中标的额在50万元以下的民间借贷案件仅占民间借贷案件总数的10%左右；而H市东部地区Q法院标的额在50万元以下的民间借贷案件占民间借贷案件总数的43%。经济发展水平不一导致案件分流时的情况标准无法统一。二是缺乏有效的指导措施。两级法院使用繁简分流软件进行分案的仅有11家，剩余的9家法院采用的仍是传统的人工分案方法，同时因无确切的繁简分流标准，分流后可能出现案件反复情况。

2.审判辅助事务集约化程度不统一，依旧制约审判质效

根据《意见》的要求，诸如送达、保全、鉴定等辅助性、事务性工作集约在诉讼服务中心，需要进一步拓展诉讼服务效能。但包括H市中级人民法院在内的20家法院对于审判辅助事务的集约化程度标准并不完全一致。

如图 2 所示，两级法院中有 7 家法院送达集约在诉讼服务中心办理，有 11 家法院保全和鉴定集约在诉讼服务中心办理；送达人员由诉讼服务中心管理的有 8 家法院，保全人员由诉讼服务中心管理的有 10 家，鉴定人员由诉讼服务中心管理的有 9 家。在市域环境下，全市两级法院对于送达、保全、鉴定等辅助性、事务性工作并未完全统一到诉讼服务中心来办理，这在制约案件审判质效的同时也不能满足群众对于司法诉讼服务的需求。同时，人员管理不统一也在一定程度上影响了送达、保全、鉴定等工作的开展。

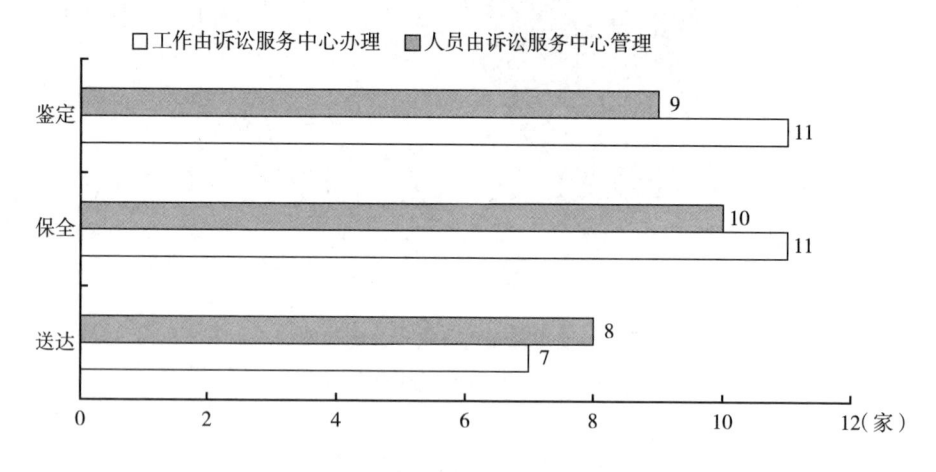

图 2　审判辅助事务及人员集约化情况

资料来源：根据 H 市两级法院实际调研数据所得。

此外，在案件进入审判业务庭室后，因为送达、保全、鉴定等辅助性、事务性工作并未放至诉外办理，该辅助性、事务性工作仍然占据案件主办法官相当部分精力。如图 3 所示，送达难、鉴定导致未能如期结案的原因共占据未结案件全部原因的 55%，影响案件的审判质效。

3. 诉讼与非诉机制之间衔接不畅通

博登海默就曾经提出，"在信奉儒家学说的中国，人民特别倾向调解，而不是诉讼，而且这种偏爱调解的倾向在很大程度上一直延续至今"，[①] "枫

[①] 〔美〕E. 博登海默：《法理学——法律哲学与法律方法》，邓正来译，中国政法大学出版社，2004，第 417 页。

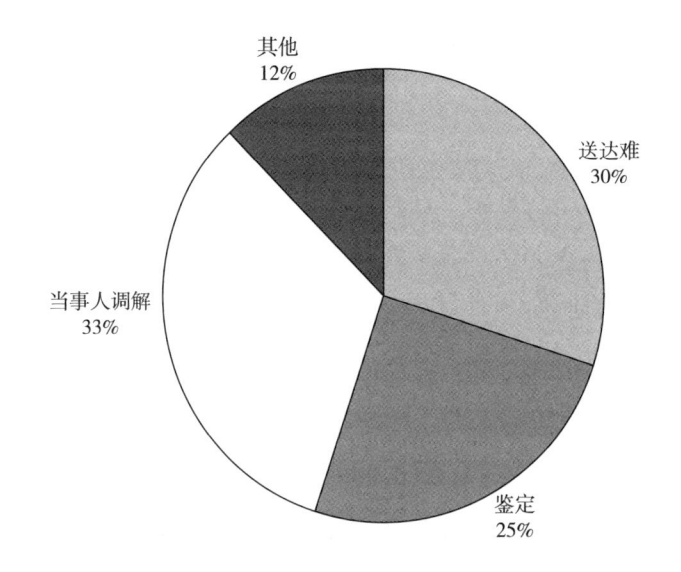

图3　H市某区法院未结案件原因分析

资料来源：根据H市两级法院实际调研数据所得。

桥经验"更是展现了新时代一站式多元解纷机制的便民性与纠纷化解的彻底性，但在使一站式多元解纷机制与一站式诉讼服务中心协同发展上，双方之间的机制衔接目前尚不顺畅。

首先，诉调对接方式缺乏多样性。司法制度的滞后性使得法院介入案件的时间较晚，且介入的方式及内容较为单一。如离婚案件中，在夫妻双方产生纠纷时，先由基层社区工作人员对双方的矛盾进行调解，在调解不成时，起诉至法院，法院再对双方当事人进行司法层面的调解，但由于法院对已有的司法程序及案件实体法律的依赖性较强，其调解的程序及调解的内容较为有限，在一定程度上限制了诉调对接的多样性。

其次，一站式多元解纷机制与司法确认衔接不畅。由于民间调解组织的非强制性，在调解后的履行过程中均是以当事人自愿为原则，在调解完成后，一方不履行调解协议，可能会出现程序反复的情形。以H市C区法院为例，其在2020年共受理民商事案件6345件，但所受理的案件中8%的案件在起诉之前就已经达成过调解协议，只是一方当事人反悔，导致另一方起诉至法院。这种情形的出现，一定程度上在增加时间成本的同时也未达到将矛盾从源头化解的目的，导致双方当事人之间的不信任感增加、矛盾进一步深化。

最后，多元解纷与诉讼之间衔接不畅。相较于调解机制的非官方性，当事人更愿意相信有司法机关参加的诉讼或者司法调解，笔者在微博上对100人进行的随机问卷调查显示，65%的人对于多元解纷持不信任态度，86%的人担心如果没有达成调解协议，则调解的一段时间被白白浪费。而对于使当事人在参加多元化调解时放下思想负担，在调解不成时以最快速度将案件转入诉讼程序，减少当事人的思想担忧，目前尚无衔接机制。

（三）诉讼服务中心一站式服务不规范，便民利民措施不明显

第一，一站式诉讼服务中心未展现其服务功能。《意见》对诉讼服务中心的建设提出"厅网线巡"的要求，并指出诉讼服务中心应当拓展其诉讼服务功能。但在现实中，诉讼服务中心虽然大多按照《意见》要求装配有自助立案、自助查询等相关设备，但对于如何使用，并无相关的业务介绍与辅助。同时，诉讼服务中心也未有相关诉讼引导人员引导当事人立案、缴费等内容，没有真正以服务群众、便利诉讼为服务宗旨。

第二，一站式诉讼服务中心与一站式服务的宗旨相去甚远。实践中，个别法院为了提升网上立案的数值指标，要求本来可以线下立案的当事人全部到网上立案，在网上立案后又要求当事人另行提交纸质材料，增加了立案的时间和困难，导致"新型立案难"出现。[①] 同时，相当部分法院并未制定标准化诉讼服务指南和工作流程，也未对立案所需材料进行罗列，导致当事人在进入诉讼服务大厅后，并不能够清楚其案件的立案情况、立案流程，进一步导致多次不能立案的情况出现。

---

① 信息整理于新浪微博，https：//s.weibo.com/weibo/%25E6%2597%25A0%25E7%25BA%25B8%25E5%258C%2596%25E7%25AB%258B%25E6%25A1%2588? topnav=1&wvr=6&b=1#_loginLayer_ 1600746990951，访问时间：2020年9月22日。

三 对策建议：市域社会治理现代化背景下一站式机制创新发展的路径探索

市域作为微观与宏观的转折点，主要发挥国家社会治理的纽带作用。中央政法委员会秘书长陈一新对市域提出了不同的观点，"市域社会治理对象更多样、治理风险更重大、治理资源更丰富，一些重大复杂问题的解决需要市域层面统筹推进、中观指导、真抓实干"。[①] 应在市域社会治理现代化背景下进一步推动一站式机制的发展完善，充分发挥法院的司法作用，最大限度将纠纷化解在市域、矛盾解决在当地。

（一）推动建立以党委为主导的"诉源治理"机制

"'诉源治理'是指社会个体及各种机构对纠纷的预防化解所采取的各项措施、方式和方法，使潜在纠纷和已出现纠纷的当事人相关利益和冲突得以调和，进而减少诉讼性纠纷，并且采取联合行动所持续的过程。"[②] 以党委为主导的"诉源治理"机制的构建，有助于改变政府部门、行业协会、乡村及法院系统各自为政的局面，有助于多数纠纷直接通过多元化模式化解，从根本上减少案件的数量，让法院能够专注于更多基于规则的案件。只有全方位构建多元解纷机制，多方协同，综合运用多元力量化解纠纷，才能真正发挥"诉源治理"的效能。

建立要事要案协同化解机制。建议推进以市委政法委牵头，法院、公安、群众工作委员会、行业协会等共同参与的矛盾纠纷排查化解机制和联席会议制度。对本辖区内可能存在的群体性事件、有信访隐患的事件、重大敏感事件、可能造成刑事犯罪的事件、突发事件等进行重点排

---

① 长安君：《陈一新：着眼把重大矛盾风险化解在市域打造社会治理的"前线指挥部"全国市域社会治理现代化试点举行首次工作交流会》，"中央政法委长安剑"微信公众号，2020年10月22日，https://mp.weixin.qq.com/s/F2D3R5wSErTYubPNC_6AFA。

② 郭彦：《内外并举全面深入推进诉源治理》，《法制日报》2017年1月14日。

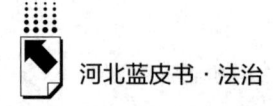

查，就可能出现相关事件的应急处置设立对应的处理机制，及时化解纠纷。

积极推动构建纵向纠纷解决机制。推动以市委、市政府为主导，形成各个县（市、区）、乡（镇）、村（街道）群众工作委员会，县（市、区）法院积极融入到群众工作委员会中来，由村（街道）群众工作委员会对辖区内的矛盾纠纷进行拉网式排查，县（市、区）法院指导并协助化解矛盾。村（街道）化解不了的由乡（镇）化解，乡（镇）化解不了的由县（市、区）化解，最大限度把矛盾问题解决在当地。同时，有助于防止个人极端案事件的发生。

（二）推动案件繁简分流标准化建设

在2019年中央政法工作会议上，习近平总书记指出："要深化诉讼制度改革，推进案件繁简分流、轻重分离、快慢分道。"① "司法资源是重要的公共资源，必须优化配置、精准匹配，不宜平均用力、空耗浪费"，② 对于案件的繁简分流应当自立案时就进行，以便于将司法资源用到更有需要的地方，以提升案件的审判质效。

市域法院应当结合下辖法院的特点，从下辖基层法院受理案件的实际情况出发，结合当事人填写的案件信息要素表和当事人的初步举证，进行繁简分流。熊跃敏教授在此提出观点，其认为，区分简易程序与普通程序的案件范围应当采用标的额与纠纷类型相适应的方式。③ 笔者结合H市两级法院的经济发展水平与受案的基本情况，对案件进行设想式繁简分流。

标的额在2万元以下，且案件情节不具有重大社会影响、不涉及群体性问题、有基本证据证明的金钱诉讼案件，如劳务纠纷、借款纠纷一般应适用

---

① 《积极推动民事诉讼繁简分流改革》，《人民法院报》2020年3月29日，http://rmfyb.chinacourt.org/paper/html/2020-03/29/content_166619.htm。
② 刘峥、何帆、李承运：《〈民事诉讼程序繁简分流改革试点实施办法〉的理解与适用》，《人民法院报》2020年1月17日。
③ 熊跃敏：《民事诉讼中法院的法律观点指出义务：法理、规则与判例——以德国民事诉讼为中心的考察》，《中国法学》2008年第4期。

小额诉讼程序。诉讼标的额在 2 万元至 100 万元之间的案件，以及非金钱诉讼案件，应当根据纠纷类型对应的案情复杂程度，确定是否适用简易程序审理。

法律另有规定的不得适用简易程序，如起诉时被告下落不明的案件、发回重审的案件、特别程序案件等不得适用简易程序。

（三）根据地域特色，构建适用市域发展的"分调裁审"模式

陈一新认为："加快推进市域社会治理现代化，最根本的就是着眼'社会'领域，着力把大矛盾大风险控制在市域、化解在市域，确保不外溢不扩散。"[①] 应通过建立全市范围内的"分调裁审"机制，从根本上化解矛盾，提升办案质效。

1. 构建农村地区"村+镇+乡镇法庭"模式

在农村，案件冲突主要集中在家庭纠纷上，包括离婚和财产安置纠纷、邻里之间的宅基地纠纷及熟人之间的民间借贷纠纷等，这些案件的特点决定了其纠纷的彻底化解离不开乡贤及村镇两委干部。

根据 H 地区 Q 县的"一委一庭三中心"的经验，可以在农村地区发展"村+镇+乡镇法庭"的矛盾化解模式。县级法院可以定期组织"法官下乡"活动，对本辖区内村民定期进行法律方面的宣传，同时对乡贤、村镇干部进行法律方面的知识培训，便于他们在对村民矛盾纠纷进行化解时有法律知识作为基础。当事人发生冲突时，由乡贤、村委会干部首先进行调解，如果在村里不能解决，村委会干部会陪同他们到乡镇群众工作委员会解决，在调解成功时，可以到乡镇法庭进行司法确认，调解不成的，由乡镇群众工作委员会工作人员协同当事人到乡镇法庭进行司法调解，仍然调解不成时，可以在乡镇法庭就地立案，启动诉讼程序。乡镇法庭工作人员将调解过程中形成的送达回证、调解笔录、当事人身份信息及地址确认书等与立案材料一

---

① 长安君：《陈一新：着眼把重大矛盾风险化解在市域打造社会治理的"前线指挥部"全国市域社会治理现代化试点举行首次工作交流会》，"中央政法委长安剑"微信公众号，2020 年 10 月 22 日，https://mp.weixin.qq.com/s/F2D3R5wSErTYubPNC_6AFA。

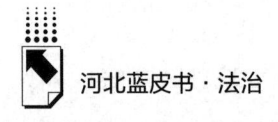

并移交诉讼服务中心立案窗口，案件进入诉讼阶段。

以乡镇法庭为依托的同时，由乡镇群众工作委员会工作人员和村委会干部集中排查乡镇矛盾点，做好前期工作。市域法院、县域法院当事人送达难时，乡镇法庭可以就相关内容进行集中统一送达。

2. 构建城镇地区"街道办 + 专业调解人员 + 乡镇法庭"模式

与农村相比，城镇地区的当事人的家族观念、"四邻看法"对其影响相对较小，其司法观念较强，有纠纷时当事人更愿意通过诉讼来解决而非以调解方式来化解。案由方面，婚姻家庭、继承、物业纠纷、民间借贷等案件同样是矛盾的聚焦地。为彻底化解矛盾，在调解案件时，可以邀请专业调解人员形成"街道办 + 专业调解人员 + 乡镇法庭"模式解决纠纷。

在当事人产生纠纷，将纠纷诉诸法院时，诉讼服务中心就会开展工作，将案件进行分流处理，然后将案件移送到乡镇地方的法庭，此时乡镇法庭会根据案件情况进行处理，或组织当事人进行调解。在此调解案件的过程中，乡镇法庭邀请街道办先行了解纠纷所产生的背景，同时在征得当事人同意后，由专业的调解人员及街道办对纠纷进行调解，如果调解成功，乡镇法庭需根据调解情况制定司法确认书，如果调解不成，乡镇法庭进行司法调解，仍调解不成的，将案件转入诉讼程序。

相较于农村居民经常居住地的稳定性，城镇居民流动性较大，在案件进入乡镇法庭之时，乡镇法庭先将案件所需的法律文书进行送达，并引导当事人填写地址确认书，便于之后案件的审理。如一方当事人在诉前调解时就处于失踪状态，可以先进行公告送达。

3. 类案形成"专业人员 + 专业调解人员 + 专业法庭"模式

从 H 地区近些年的收案情况来看，除家事案件外，交通肇事、劳动争议、金融纠纷、物业纠纷等类型化案件呈日趋增长的趋势。为进一步促进案件的审判质效提升，削弱矛盾的聚集性，对于类案可以参照武安市"道交一体化"模式，形成"专业人员 + 专业调解人员 + 专业法庭"诉调一体化模式，以此来提升办案效率。

在纠纷被诉诸法院之后，由专业人员对纠纷进行解读分析，根据相关结论组织当事人及专业机构来进行诉讼前的调解,并就可能造成的损失进行评估鉴定,最后由专业人员及专业调解人员先行民事调解,并做到实时数据共享,促进纠纷解决的透明化,提高办案效率。

同时,法院、专业机构、民事调解组织、行业之间对证据认定和赔付计算标准进行统一,做到一把尺子量到底,提升解决纠纷的公信度和权威性,变部门的单打独斗为线上线下的通力配合。

(四)完善一站式诉讼服务中心建设,提升服务群众水平

推进诉讼服务中心的建设是践行司法为民的重要举措,在提高司法公信力的同时,可以让群众享受到随时参与司法活动的便捷服务,提高纠纷的解决效率,降低诉讼的成本,更有效率地去建设诉讼服务体系。江帆认为,一站式诉讼服务中心标准化建设的过程,应当是"从内质到表层均应具备相当的一致性"的过程,即使在建设的具体内容中略有差异,但对于诉讼服务中心的定位、基本格局及服务标准应当统一,以满足当事人对于诉讼服务中心的司法服务需求。[1]

首先,在建设诉讼服务中心的时候要明确职能定位,要将诉讼服务中心的标准向统一化靠近,在案件中,要确保每个当事人所接受的服务尺度适当合理,推进服务尺度统一化。对于类型化的案件,要确保同一类案件同一类判决,需要引起注意的是,在立案环节就要把握类案同判的思想,要做到同类案件同类立案、同类案件同类收案。无论案件是繁杂还是简单,都要按照统一的标准去进行分流处理,要有依据来作出标准处理。不人为抬高或降低收案门槛的同时,对于其他的案件也需紧跟标准统一化处理,最为值得一提的就是案件的转化、时间以及标准。

其次,在建设诉讼服务中心的过程中,基础建设应当保持统一。按照《意见》的规定,一站式诉讼服务中心的建设,应当按照"'柜台式办公、

---

[1] 江帆:《诉讼服务中心标准化建设研究》,李瑜青、张斌主编《法律社会学评论》第4辑,2018,上海大学出版社。

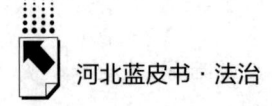

窗口式服务、门诊式受理'的原则，将诉讼服务中心分为综合服务区、候访服务区、立案服务区、集中送达服务区、集中保全服务区、调解速裁服务区、信访服务区、执行服务区及司法便民服务区等"，[①] 为人民群众开展诉讼活动提供更大便利。在诉讼服务中心智能化建设的过程中，应加强相关宣传，引导提高智能化诉讼服务中心的利用率。

结　论

推动纠纷解决机制科学化、多元化、法治化发展，努力提升纠纷化解效率，是一站式多元解纷机制的目的和追求。市域法院利用其对基层法院较强的辐射力及影响力，统一协调推进由党委、政府主导的"诉源治理"新模式，并依托"一委一庭三中心"，从源头排查化解矛盾。一站式机制的建设，并不能够仅仅依靠法院，而是需要党委、政府的主导，并在此基础上形成合力，以立体化、智能化、便捷化的模式方便群众诉讼，提升群众司法服务的获得感和满意度，从而发挥司法在参与市域社会治理中的积极作用。

---

① 白旭春：《打造"四化"诉讼中心　助推服务提档升级》，《人民法院报》2019年10月31日。

B.13
非法集资案件检察实证研究

"非法集资案件检察实证研究"课题组[*]

摘　要： 非法集资案件波及范围广，涉及人数多，涉案金额高，案情更复杂，查处难度也更大，不仅严重扰乱市场经济秩序，还严重损害国家利益、政府公信力及群众利益，严重影响经济发展和社会稳定。针对河北省此类犯罪案件，本报告从检察机关办案实践角度入手，通过总体判断基本态势，全面梳理案发规律，详尽研判案情特点，深度分析案发原因，直面司法处置中的疑点难点，进一步坚定检察职责担当，推动从社会管理层面健全法规、优化机制、明晰职责、有机协同，真正完善防、管、打一体化的全社会综合治理体系。

关键词： 非法集资案件　检察措施　综合治理

一　河北省非法集资案件基本态势

近年来，河北省内非法集资案件的基本态势表现为：在金融犯罪中占比较高；涉及范围扩大，已波及全省，重点区域比较突出；案件呈较快上升趋势。

---

[*] 课题组主持人：白剑平，河北省人民检察院检委会专职委员、二级高级检察官，研究方向为检察制度。课题组成员：王庆品，河北省人民检察院二级高级检察官，研究方向为检察制度；党效群，河北省人民检察院三级高级检察官，研究方向为检察制度；马志强，中国农业银行河北省分行高级讲师，研究方向为银行政策、制度；张红亮，河北省人民检察院检察官助理，研究方向为检察制度；曹丹萍，河北省人民检察院检察官助理，研究方向为检察制度。

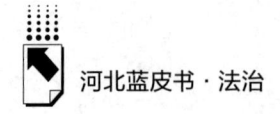

（一）在金融犯罪中占比较高

2014～2020年，河北检察系统受理审查起诉金融犯罪案件11165件、20058人。其中，非法吸收公众存款罪6260件、12585人，集资诈骗罪324件、605人（见图1、图2）。

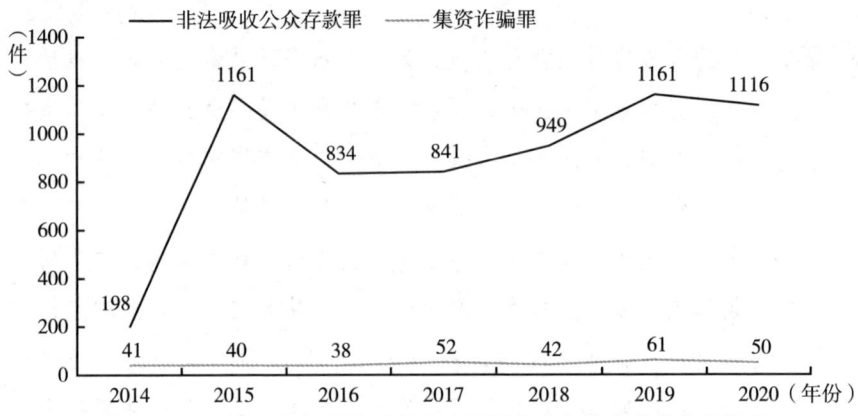

图1 2014～2020年河北省受理审查起诉非法集资案件数变化情况

资料来源：河北省人民检察院。

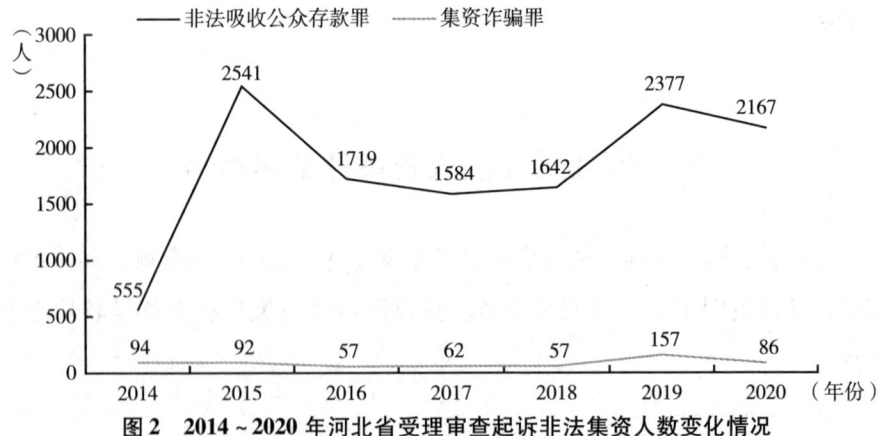

图2 2014～2020年河北省受理审查起诉非法集资人数变化情况

资料来源：河北省人民检察院。

2014～2020年，受理金融犯罪审查逮捕8714件、12226人。其中，非法吸收公众存款罪5156件、7583人，集资诈骗罪277件、386人（见图3、图4）。

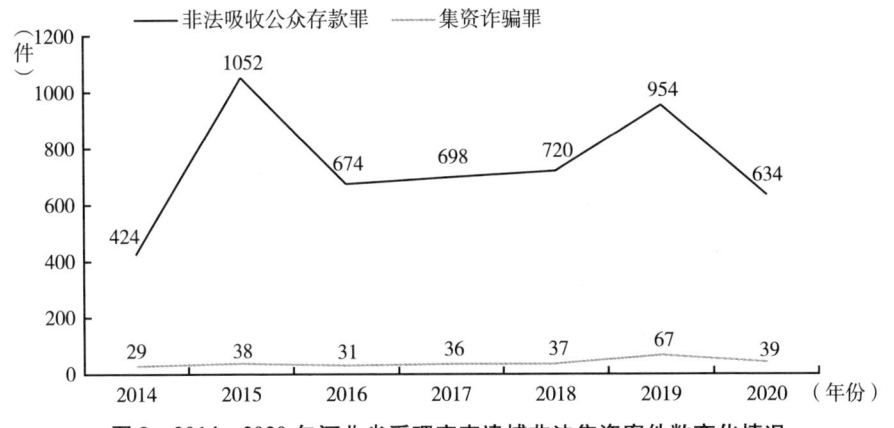

图 3　2014～2020 年河北省受理审查逮捕非法集资案件数变化情况

资料来源：河北省人民检察院。

图 4　2014～2020 年河北省受理审查逮捕非法集资人数变化情况

资料来源：河北省人民检察院。

（二）涉及范围扩大，已波及全省，重点区域比较突出

以 2020 年为例，全省非法集资案件受理起诉合计 1166 件、2253 人，涉及全省所有设区市。重点区域比较突出，其中，石家庄 396 件、695 人，保定 200 件、551 人，邯郸 199 件、255 人，唐山 89 件、188 人，上述 4 个地区案件占据案件总数的 76%（见图 5）。

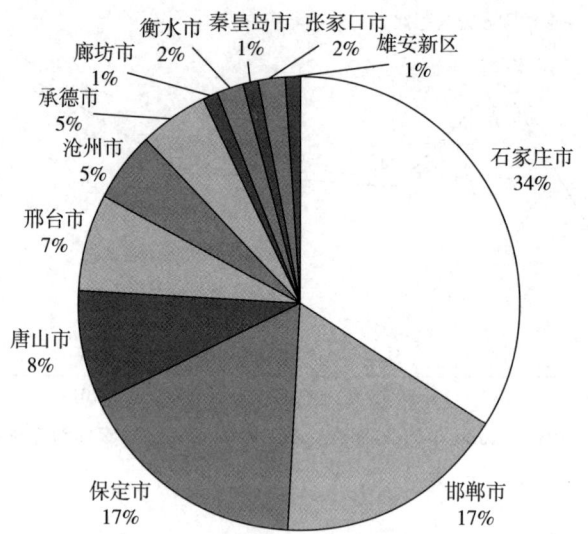

图5 2014~2020年河北省非法集资案件数地区分布情况

资料来源：河北省人民检察院。

（三）案件呈较快上升趋势

河北省受理审查起诉非法集资案件在金融犯罪案件中的占比有过几次起落，2014年占比31.53%，2015年占比猛增到62.33%，几乎增长一倍，2016年占比50.43%，2017年占比51.56%，2018年占比53.58%，在经历短暂回落和平稳上升后，2019年重现较快增长态势，占比高达71.10%，2020年占比71.98%（见图6）。

图6 2014~2020年河北省受理审查起诉非法集资案件在金融犯罪案件中的占比情况

资料来源：河北省人民检察院。

二 河北省非法集资案件的主要特点及特殊性

（一）主要特点

1. 案件数量激增，参与人数众多，涉案金额巨大，集资款难以返还

案件数量激增。2014年受理审查起诉239件、649人，2020年1166件、2253人，案件数年平均增长30.2%，涉案人数年平均增长23.1%。

参与人数众多。以2019年统计来看，集资参与人合计近54万人。其中，超过100人的案件210件，参与人数近53万人，案件数占比虽只有33.3%，参与人数占比却高达98.2%；超过500人的案件70件，参与人数49.7万人，案件数占比11.2%，参与人数占比92.6%；超过1000人的案件34件，参与人数47.6万人，案件数占比6.2%，参与人数占比88.7%；超过10000人的案件3件，参与人数39万多人，参与人数占比73.0%。石家庄办理的"轻易贷"案件，涉及全国24个省份，涉案金额800多亿元，集资参与人超过21万人。

涉案金额巨大。2019年新发非法集资案件集资金额合计544.1亿元。其中，超过亿元的有89件，总涉案金额437.2亿余元，案件数占比14.2%，金额占比80.4%。2019年结案的非法集资案件金额合计302.9亿元。

集资款难以返还。集资金额和返还比例呈明显的负相关关系，集资金额越大，返还比例越小，返还比例超过50%的集资金额大多在1000万元以下。2019年清退完毕的仅有1件；2020年非法集资案件造成的经济损失（569亿余元）中，追赃挽损不足15亿元，仅占2.6%。

2. 高息诱惑，承诺高回报，欺骗性强

从近几年查处的案件看，高息诱惑是非法集资活动常用的手段。许诺的年利率低则3%~10%，高则20%~30%，甚至更高，承诺的高额利息远高于央行规定的年利率及其上浮空间。集资者主要以那些具有一定的经济基础或者经济状况良好者为对象，初始阶段先引诱参与人进行小额投资，并按时足额还本付息，待取得参与人信任并积攒一定的"商业信誉"后，引诱投

179

资人加大投资力度，并拓展集资范围，形成"庞氏骗局"的资金效应。

3. 案发行业集中，有向农村蔓延的趋势

非法集资"下乡"趋势明显，农村地区成为重灾区。2019年，新发非法集资案件627件，主要集中在农牧渔业（115件）、房地产开发（110件）、民间投融资类中介机构（86件），上述3个领域发生的案件占新发案件总数的49.6%。有的农民合作社打着合作金融旗号，突破"社员制""封闭性"原则，超范围向不特定对象吸收资金；有的合作社公开设立银行式的营业网点或营业柜台，欺骗误导农村群众；有的投资理财公司、非融资担保公司改头换面，在农村广布"熟人业务员"，虚构高额回报理财产品，吸收资金。2020年，由于打击力度加大，政府宣传效应凸显，蔓延势头得到一定程度的遏制。

4. 组织运作职业化、专业化，形式多样、手段隐蔽，资金运作发生变化

组织运作职业化、专业化。从查处的案件看，非法集资案件的特点，一是组织严密、分工明确、犯罪人员众多；二是公司化运营、职业化倾向明显，借助"基金管理""理财咨询"公司的名义，分层管理，分工明确；三是涉案人员呈现一定程度的"专业化"，有些人甚至具有多年的金融工作经验，其中不乏在大型金融机构工作过的人，熟悉金融业务，了解监管政策，熟悉金融环境，在特定领域或者区域开展集资活动，既有经验，又有人脉，还有招牌，便于运作。

形式多样、手段隐蔽。随着打击力度的加大，行为人采用了更加隐蔽的手段实施犯罪。一是从过去的直接或变相吸收公众存款、集资诈骗、擅自发行公司股票和债券，逐渐向高额保本付息的委托理财、买卖原始股票转变；二是以投资商铺进行返租的名义实施犯罪；三是以投资车市进行返租的名义实施犯罪；四是假借虚拟货币、共享经济等新概念、新产品欺骗公众、非法吸收资金。

资金运作发生变化。一是由早期直接吸收存款转变为承诺回购或长期租赁的营销类投资；二是由早期的生产经营类投资转变为股权类投资；三是由早期的"拆东墙补西墙"集资模式转变为依托实体项目的扩大融资模式。

卓达集团非法吸收公众存款案，是河北省历年来办理的最大规模非法集资案件，该案的特点是非吸方式结构复杂，关联公司达到542家，非吸资金与合法收入混同使用，既有集资入股、会员分红、实物认购、"基金"销售等传统线下模式，又有P2P等新型线上模式，名目繁多。既有"商铺返租""福利房""预约金购房""合作建房""无忧购房"，又有"新材投资""基金合伙企业""养老旅居项目""派金所P2P平台"，涉及9类融资模式。

5. 以私募基金等名义实施的新型犯罪数量有所上升

2020年，河北省办理采用私募基金名义的非法集资案件22件，涉案金额40多亿元，参与人数8462人，占比虽小，但增速较快，更具欺骗性，直接危害金融安全。黄某某、闫某某非法吸收公众存款案中，犯罪嫌疑人成立股权投资基金管理有限公司，违反私募基金投资规定，向不特定对象宣传，以投资名义签订合同，允诺固定收益，诱使2.7万多人参与投资，涉案金额超13亿元。

（二）特殊性

非法集资案件数量持续上升，除去社会的、经济的以及特定的文化背景和土壤等方面的原因，也与管理体制改革、金融创新过程中，投融资管理相关的法规不够健全、制度不够完善、渠道不够通畅等多方面因素直接相关。从现实的角度看，一是在经济下行、信贷规模收紧的大背景下，在企业融资需求迫切、通过正规渠道融资难度加大的同时，量级增长的民间资本投资需求旺盛，而规范化的投资渠道相对狭窄，供需之间的不协调为非法集资提供了可能。二是在鼓励金融创新的过程中，法规制度的缺位、金融监管的滞后，又为非法集资活动留下了灰色地带。三是在民间借贷行为逐步纳入法治轨道的过程中，投资人的自我保护以及防范投资风险的意识不强，为非法集资提供了土壤和可操作空间。河北省非法集资案件高发，除了上述普遍的几个因素之外，还表现出两大特殊性。

1. 与河北省经济结构特点密切相关

相较于沿海发达省份，河北省非法集资案件在金融犯罪中占比高，增

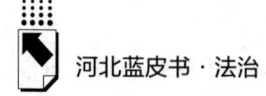

速快。2020年审查起诉数量占全省金融犯罪案件数量的比重达到71.98%，相较2014年的31.53%，增幅高达40.45个百分点。河北省金融业在第三产业中的占比落后于北京等发达地区，民间投资需求不断扩大与正规的投融资渠道相对狭窄之间的矛盾比较突出，大批闲散资金流向地下金融的灰色地带。

2. 与河北省城镇化结构、农村社会特点紧密相关

首先城镇化率低，农村人口占比较大，农村是金融风险防范相对薄弱的区域，也成为非法集资犯罪的突破口。河北省常住人口城镇化率相对较低，相比城镇而言，农村平均文化水平低，信息通畅度不高，投资渠道更加狭窄，金融市场混杂、信用环境差，成为非法集资的"天然温床"。尤其是老年人群体，在传统的存钱意识主导下，老年人大多存有积蓄，但其金融专业知识匮乏、风险防范能力差，中国农村又具有典型的"熟人社会"特点，适合非法集资犯罪以线下"口口相传"的方式开展活动，有效规避常规渠道的监管。阜平县的情况就比较典型——虽然曾是国家级贫困县，其却成为非法集资犯罪的重灾区。其次与城镇化率低紧密关联，"三农"领域发案率比较高。从涉及行业来看，农牧渔业具有财产不清晰、收益率不确定、管理方式粗放等特点，农村人口又自我感觉对情况熟悉，容易陷入非法金融活动或者诈骗陷阱。国内房地产市场持续走高，投资房地产的赚钱效应凸显，这与中国人购房置地的传统观念相契合，房地产市场成为非法集资犯罪的重要"平台"。

三 办案中遇到的问题

非法集资趋向专业化、职业化，导致案件办理难度大。一是经济犯罪往往假借合法经济金融形式的外衣，为犯罪分子日后的辩解提供借口，也使得涉案人员往往抱有侥幸心理，认罪认罚率较低。二是非法集资案件涉案人员多、地域广、资金额大，此外，案件量极为庞大，案件办理极为复杂，办理期限长。三是认识有待统一，合作有待强化。侦查机关和检察机关对于证明

标准等认识不一。四是检察官专业素养和能力不足。经济犯罪检察的专业化、体系化、规范化建设尚未成熟，相关法律、制度等尚未健全。经济犯罪案件涉及专业知识复杂，检察官自身素质与经济犯罪检察要求不能完全匹配。上述因素都给办案带来挑战。

（一）事实认定难

1.确定打击范围难

一是对中间人是否追诉把握不一致。近年来，重大非法集资案件行为人能够在短期内大规模筹集资金，往往离不开中间人的营销、沟通手段。从一些非法集资案件来看，由于中间人身份复杂，收取中介费的形式也五花八门，司法机关在对中间人是否构成非法集资犯罪的共犯在理解认定上有出入。

二是打击范围不统一。例如，卓达集团非法吸收公众存款案中，卓达企业在非吸活动中采用了"全员参与"模式，若依据法律规定的单位犯罪100万元的追诉数额标准，涉案人员达数千人，如何确定打击范围、需要考虑哪些因素、掌握什么标准等，成为处置时的难点。

2.收集、固定证据难

由于非法集资案件的复杂性、涉众型、地域广等特点，查处中，证据的收集与固定问题较为突出。

一是证据提取难。在办理非法集资案件中，犯罪分子为逃避处罚，一般不建立规范严谨的财务账簿，拒不交代赃款赃物去向，导致无法通过提取书证、物证查清事实；部分非法集资案件往往需要跨地区取证，取证时间长、难度大。例如，保定雨金案中，犯罪嫌疑人投资项目达30余个，仅涉及资金5万元以下人员就达到400余人，证据提取相当困难。

二是证据收集难。非法集资案件涉案人数多，需调查取证的工作量大，难以在侦查时限内完成，有的集资参与群众还不予配合，导致收集证据难。

三是补充侦查难。一方面，由于公安机关与检察机关对案件性质认识不

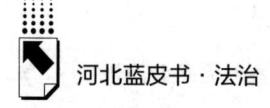

同，公安机关确立的侦查方向一旦有误，会使退补工作量增加，有的补充侦查效果不理想。另一方面，非法集资案件由于涉众广、工作量大，侦查期间往往会成立专案组，而在退回补充侦查时专案组往往已经解散，这加大了退查难度。

四是案件管辖争议大。基于上述诸多难点以及其他问题，侦查机关之间有时存在互相推诿或者争抢管辖权现象，特别是涉案金额特别巨大的案件，因涉及集资款返还，可能引发信访等不稳定因素，管辖争议问题更加突出。

3. 确定涉案数额难

一是集资参与人不能及时参与到诉讼程序中来，为确定数额带来困难。有的案件集资参与人众多，地域分布较广，部分被害人没有报案，或者不了解案件侦办情况，没有及时参加刑事诉讼。有的集资参与人在案发后仍存在侥幸心理，希望犯罪嫌疑人继续经营，以获取预期收益，在刑事诉讼之外观望，导致侦查机关不能及时收集集资参与人的证言，为确定数额带来困难。

二是部分书证反映的集资数额与实际情况不符。有的案件许多集资参与人在刚开始投入资金时如期拿到了高额回报，犯罪嫌疑人往往劝说集资参与人将"红利"作为新的"资本"重新投资，而他们给集资参与人开具的收款证明却不能反映出这一过程，即收款证明反映出来的犯罪数额有可能高于集资参与人实际投入的数额。

三是无正规账目，集资参与人投资数额难以确定。线下模式中，涉案公司往往缺乏正规的账目，且账目与集资参与人证实数额往往不符。有些集资参与人故意夸大投资数额，有些集资参与人证实的涉案数额不仅与"账目"不符，也与犯罪嫌疑人的供述存在较大差距。

四是审计鉴定难。涉案数额以及资金流向等主要依据审计鉴定，实践中，审计鉴定往往周期较长，费用较大，公司账目不全，使得审计依据不足或不明，针对性和客观性较差。

（二）法律适用难

1. 定罪难

虽然法律法规及相关司法解释对非法集资多有规定，但在非法集资案件定性与处理中仍存在诸多难题，经营活动违法与经济违规并存，经济纠纷与经济犯罪交织，主要表现为：一是非法吸收公众存款罪的要义是向社会公众即社会不特定对象吸收资金，实践中对集资对象的群体范围是否"特定"存在分歧；二是对集资行为人在吸收、管理存款的过程中是否具有"非法占有目的"难以认定，对非法吸收公众存款罪与集资诈骗罪的界定模糊。

2. 量刑难

一是量刑不均衡。非法集资案件中，犯罪嫌疑人往往分布在不同地方，受区域经济发达程度、地方法规政策、司法习惯、经济环境等因素的影响，各地法官对案件社会危害性在认识上容易形成差异，往往导致对同一案件或者类似案件的犯罪嫌疑人量刑不均衡。

二是检察机关附加刑量刑建议工作有待进一步规范。认罪认罚从宽制度以及23种常见罪名精准化量刑开展以来，主刑量刑建议提出并被全面采纳，但附加刑，特别是罚金刑量刑建议的提出缺乏标准。尤其是《刑法》第三章的法定刑全部包含罚金，且多数案件涉案金额较大，目前检察机关提出罚金的建议还比较依赖与法院的沟通。例如，卓达集团非法吸收公众存款案中，罚金刑量刑建议的提出成为难点。

（三）追赃挽损难

1. 非法集资案件涉及人数众多，追缴执行难度大

非法集资案件涉及人数众多，追赃挽损周期比较长，吸收资金大多消耗殆尽，追缴执行难度大。非法集资案件的发生，大多是由于犯罪嫌疑人资金链断裂，募集资金已被消耗殆尽，追赃困难，众多集资参与人损失无法及时弥补。并且追缴难度较大，缺乏具有可操作性的法律依据。

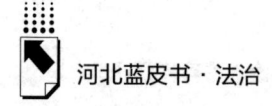

一是对于前期出局人员的利息收入，如何追缴、追缴范围、数额无相关规定，导致实际执行中，极易引发更大矛盾，实践中司法机关手段不足。

二是关于业务员提成、返点费的追缴也比较困难，业务员的提成、返点数额容易确定，但是存在业务员拒绝退还现象。而这些提成、返点费往往以现金方式支出，证据难以固定。使得明知业务员的收入或家庭收入高于其家庭正常收入，而无法采取查封、扣押、冻结的强制措施，给追缴带来困难。

三是中间人获取的收益无法确定。约定的提成名目繁多，形式多样，比例不定，有的是转账，有的是现金，导致中间人到底获利多少，无法确定。

2. 跨区域、跨行业追缴资金流向查证难度大

在非法集资案件中，资金流向十分复杂，由于信息的区域、行业间的障碍，监测、追踪资金流向难度加大，给侦查以及后续追赃挽损带来极大难度。另外，资金经过层层流转，账户资金混杂，给犯罪数额认定以及追缴带来困难。

3. 涉案财物处置难

涉案财物变现、发还难，集资参与人的经济损失无法得到及时弥补。

一是追赃挽损机制不健全。查封、扣押、冻结的易贬值及保管、养护成本较高的涉案财物，可以在诉讼终结前依照有关规定变卖、拍卖。但是，司法实践中，处置权责不清，可操作性不强。

二是查封、扣押、冻结的涉案财物常伴随债务纠纷、权属纠纷，以及抵押权优先、善意取得等问题，债券、股票、基金份额等财产的转让和变现操作过程复杂，涉及面广，使得查扣财物难以及时顺利变现，例如，卓达集团系列案等一些单位犯罪的案件，查封的楼盘中还存在诸多债务纠纷，难以顺利及时变现，实现利益最大化变得异常困难。

三是非法集资案件经常会有遗漏的集资参与人在案件审结后，再提起民事诉讼或另行报案，这影响财产处置工作顺利进行。

四 打击非法集资的检察措施

随着司法环境持续优化，法律法规进一步健全，公检法打击非法集资犯罪协调机制初步形成，办案力量和资源进一步整合，宣传教育覆盖面持续扩大，民众对非法集资的防范意识和识别抵制能力不断提高，打击非法集资犯罪的有利局面已经形成。检察机关应当乘势而上，站在维护社会正义、保障国计民生的高度，认真履行职能，强化对非法集资案件的督办指导，及时研究推动制定相关司法解释、规范性文件，完善专业化办案机制，加强以案释法，做好法律宣传教育工作，主动加强与公安、法院的协作配合，做好对违法犯罪的精准打击，为社会经济秩序的稳定和谐保驾护航。

（一）充分发挥捕诉一体化机制优势，破解办案难题

2019年，最高检全面推进捕诉一体化机制，提高逮捕标准，降低逮捕率，前移审查起诉，使得检察官提早介入，熟悉案件情况且全面掌握。改革中，为适应高速发展的社会需求，精准打击经济领域犯罪，专门组建了办理经济犯罪案件的部门。这些举措都十分有利于发挥专业化刑事诉讼办案机制的效能，快速强化队伍的专业化、精准化、实战化，培养一大批精通法律、熟悉国情、掌握经济政策、了解行业、了解市场的经济案件检察官，不断提高刑事检察效率，不断提高刑事检察品质，做优做强经济犯罪检察工作，为打击犯罪提供机制优势。

（二）加强上下协调，强化督导，形成打击合力

针对法律适用难等问题，从自身建设和对下指导层面，加强全省经济犯罪检察工作专业化、规范化建设，强化指导，加大督办力度。一是加强省级层面规范化指导。研究制定规范化指导意见，为基层办案提供规范化、可操作的标准。二是加强对下指导。近两年，省检察院相继开展了立

案监督和侦查活动监督情况，无罪、撤回起诉情况，经济犯罪案件适用认罪认罚从宽制度情况，金融犯罪情况等专题调研，已经收到很好的效果。在此基础上，应进一步加快调研成果的转化，深化成果利用，细化指导意见，对典型案例、好的做法进行系统整理，汇编指导案例。同时，鼓励下级检察机关选取突出情况和典型问题及时开展类案研究，推动解决经济犯罪检察实务难题。三是加强个案督导，确保案件办理政治效果、社会效果和法律效果的统一。省检察院通过加强对典型的重大犯罪案件的督导，引导侦查，指导办案机关准确构建指控思路和证明体系，严格把握刑事司法政策，最大限度做好追赃挽损工作，达到"指导一个，示范一片"的效果。在处置卓达集团非法吸收公众存款案中，在确定追诉范围、适用认罪认罚从宽制度方面都有比较好的做法，取得了一些成功的经验，可以进行系统的归纳整理，从实践上升到理性的高度进行再认识，并作为典型案例指导今后的工作开展。

（三）疏通两法衔接平台，联动执法

积极争取政府及其各部门支持，主动完善与金融机构、金融监管等部门协作机制，消除办案盲区，畅通信息通报渠道，优化现有两法衔接平台机制，强化系统性联动查处。可采取通报会、专题研讨会等形式开展合作交流，深化检察建议及白皮书制度，有效服务金融监管规范化、常态化的信息交流和工作协同平台。可以考虑从金融监管部门与公安机关出现争议的案件入手，强化立案监督。遇到重大复杂的案件，主动介入，有效沟通，减少分歧，加强调研和总结，将案件办理成果转化为长效机制。推动形成公安、工商、税务等多部门信息互通和执法联动机制。省检察院与银行系统开展的互派干部交流，实践证明是非常成功的。银行系统的专家通过开展专题授课、联合调研、提供案件专业咨询建议等形式，给检察工作带来非常大的助益，极大地推动了工作的专业化，应当继续深化与金融系统以及其他系统的互派交流，将成功经验复制推广到下级院。

（四）用好认罪认罚从宽制度，提高综合质效

从 2014 年 10 月党的十八届四中全会提出要探索完善认罪认罚从宽制度，到 2016 年 9 月全国人大常委会授权最高法、最高检在北京等 18 个地区开展试点工作及 2018 年 10 月认罪认罚从宽制度以法律形式正式确立，再到 2019 年 10 月"两高三部"指导意见的实施，经过多年的探索实践，逐步形成了具有中国特色的认罪认罚从宽制度。在办理非法集资案件中，应充分发挥制度效能，促使罪犯认罪悔罪、积极改造，瓦解犯罪，追偿损失，最大限度减少社会对抗，实现社会和谐稳定和国家长治久安。

（五）加强科技赋能，实施精准打击

充分利用大数据等科技手段，充分发挥检察机关的监督职能。可以"两法衔接"信息共享平台为依托，逐步完善联网成员单位各种大数据共享平台、涉案财物集中管理信息平台，加快升级改造，强化检察机关发现有案不移、有案难移、以罚代刑等现象的手段和能效，对行政执法案件、刑事案件强化实地监督、同步监督。注重新兴媒体与智慧检务的深度融合，将检察宣传、素材与线索共享、舆情研判等功能结合起来，发展为检察机关在新舆论形势下的智慧助理。探索量刑建议，推动刑事审判监督智能化、精准化，提高审判时法院采纳率，提升监督水平，通过大数据等科技手段为非法集资案件探索完善新的打击模式。

五 综合治理非法集资的检察建议

（一）完善主体责任明确的联合监管机制

党中央高度重视金融领域安全问题，反复强调要深刻认识非法集资犯罪的社会危害性。国务院已经从顶层设计上，建立了处置非法集资部级联席会议工作机制，条例及相关规定明确强调了政府部门应负的职责，赋予了处非牵头部门组织调查权和行政处置权。在行政处置权方面，可以根据需要采取

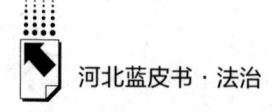

三种措施：查封、扣押；责令追回、变价出售有关资产；限制非法集资相关人员出境。同时明确，行政机关对非法集资行为的调查认定，不是依法追究刑事责任的必经程序。从各地政府出台的有关规定看，有些规定还显得有些宽泛，执行效果还有待在实践中进一步检验。还需要从立法层面明确各相关部门的职责权限，明确主体责任，规定查处非法集资的监管主体、职责权限、工作方法、法律责任等。可以积极探索在银保监会等职能部门建立监测监管机构，专门从事民间借贷监管和监控工作，完善监管体系，提高监管水平。

1. 建章立制，防范和打击工作由应急转入常态化

2019年3月，省打击和处置非法集资工作领导小组办公室开展了全省非法集资风险排查整治活动，进一步拓展了排查深度，加大了整治力度，深化了信息共享、治理协同，加强了督导考评。2020年，省金融风险处置化解工作领导小组办公室将化解非法集资风险作为主要任务之一，建立起全省金融风险处置化解工作情况的定期通报制度。借助全国非法金融活动风险防控平台的上线试运行，以及省级监测平台的陆续投入使用，各部门重拳出击、精准拆弹，一些积累多年的风险得到化解，一批久拖未决的案件得以处置。最高检"三号检察建议"的制发，在提高办案效率和质量上起到了非常积极有效的作用。同时，各级政府应当清醒地认识到，防范打击非法集资犯罪是一项复杂的工程，必须在实践中尽快建立起一整套相适应的法规制度，在严明的社会体制、法律体系、管理机制之下，从主动宣传到积极引导，从前期防范到过程监管，从案情预警到案件查处，从打击犯罪到化解各类矛盾，既有法规可依，又有担责部门。

2. 强化沟通联动机制，形成合力

结合《关于进一步做好防范和处置非法集资工作的实施意见》及相关规定，继续探索完善各部门权责明确的沟通联动机制。市场监管部门将"是否存在非法集资、吸收或者变相吸收存款"列入河北省年度随机抽查市场监管执法事项清单；金融办与银监部门联动，对县域内的金融机构开展不定时不定期的巡视与监管，及时发现并移送异常资金流动线索；工商、税务

等行政部门加强对辖区内各经济主体的日常监管,对新成立的具有融资业务的公司进行主动摸排,掌握其实际的经营状况,及时通报公安机关,面对层出不穷的广告宣传,建构商事登记、广告监测、清退资金、义务与责任等全方位的监管机制,在商事登记环节,企业名称和经营范围不得包含"交易所""交易中心""理财""财富管理""股权众筹"等字样或内容;广播、电信部门要加强对电视购物节目、招商加盟和各类广告的监管,严格审核,及时清理涉嫌非法集资的广告信息,并将刑事案件犯罪线索通报公安机关。同时,作为一级政府下承担不同职能的部门,应当相互衔接、相互配合、相互沟通、资源共享,真正实现无缝对接、有机协同,形成整体,使防范非法集资犯罪工作更加严密。

3. 完善监测预警机制,力求早发现

各级政府应积极建立非法集资监测预警机制,力求早发现早处置。充分运用科技手段,加强风险监测和研判。建立监测预警体系,需要全量采集企业监管处罚、网络舆情、涉诉失信、股权穿透、官网产品、投诉举报、广告宣传等各类公开数据,利用冒烟指数模型,对辖区内全量注册企业金融风险进行实时监测预警,覆盖私募、小贷、养老、房地产、电子商务等50多个重点领域。及时对接金信网银公司"五朵云"(金融风险监测预警云、投诉举报云、核查处置云、"7+4"监管信息云以及宣教服务云),充分利用、切实发挥其金融风险防控与处置全链条大数据产品的功能与作用。河北省研发上线的"涉嫌非法集资监测预警信息系统",为精准打击非法集资、防范金融风险开拓了一条新路,是信息时代防控金融风险的一种有效尝试,应当继续完善其功能,深度发挥其功效,充分运用大数据、人工智能等高科技手段实现"防早防小、打早打小"。

(二)健全以严密监管为主导的风险防控长效机制

结合"三号检察建议"要求,针对非法集资案件带来的金融风险,推动金融机构完善风险防控长效机制,重点做好以下几件事。

一是推动形成多层次的党委领导、政府负责、法治保障的全方位风险防控体系，扫除体制机制性障碍，重点解决当前监管体制滞后于金融创新的体制机制问题，形成防范化解金融风险的合力。

二是强化行政监管，加强对持牌金融机构、农村信用合作社等的监管，注重大数据、云智能等科技手段监测、预警、管理等作用的发挥。

三是清理整顿，稳定金融市场。在清理整顿工作中，省政府定期发布P2P网络借贷业务机构市场退出公告，有助于逐步实现机构业务出清、突出风险出清、机构市场出清。为进一步稳定金融市场，监管机构可考虑在联合机制下引入第三方力量，充分运用反洗钱网络功能，开展联合监管研判，强化动态监控，监督经营主体良性发展；正在修订的《中国人民银行法》已经突出和加大了对金融犯罪的打击力度，要求银行业机构高度关注非法集资高发领域重点客户的身份识别、账户资金往来，实时调整风险等级，发现涉嫌非法集资交易的及时向警方通报，并按规定向中国人民银行报告。在非法集资活动高风险地区，对资金账户异常的企业，及时分析调研其经营活动和资金来源与流向。

四是完善金融服务。政府出台政策加快主流金融服务的发展和完善，鼓励小额贷款公司和村镇银行等金融机构发展，对不规范的民间借贷形成挤出效应，堵住民间高风险融资去路，降低非法集资案件的发生率。拓展融资渠道，破解融资难和投资渠道窄等不对称问题，完善、规范、创新对民营和中小微企业的金融服务，加强金融信用环境建设，拓宽居民投资渠道，加强投资知识的普及宣传，引导居民合理进行金融消费。国家层面可尽快出台民间借贷条例，规范运作，实现"阳光化"操作。

（三）建立统一协作的追赃挽损机制

追赃挽损工作的社会影响深远。但由于非法集资案件往往涉及面广、情况复杂，单纯依靠司法手段，难度较大。应积极探索建立由党委政府牵头、多方联动的追赃挽损机制，将集资参与人的损失降到最低，维护法律正义，维护社会稳定。

一是加强制度规范建设。可考虑由省委政法委牵头、省处非领导小组协调司法机关联合出台规范性文件,对追赃挽损、刑民交叉、涉案财物退赔、追缴处置、跨区域案件资金清退等问题作出细化规定,明确责任主体,各司其职。

二是探索解决涉案财物处置程序问题。检察机关与公安机关、法院协商建立先期介入机制,如果非法集资案件扣押了大量现金及等价物,容易腐烂或者其他不宜保管的财物,车辆、大型机械设备等加速折旧或者保管、储存费用过高的财物等,可以由法院、检察院先期介入,就财产部分的证据进行引导、固定,先期处置,最大限度减少集资参与人的经济损失。

三是充分运用好认罪认罚从宽制度。可结合河北省办理涉众典型案例,探索制定非法集资案件认罪认罚从宽办案指引,依法、审慎地在辩护人参与下实施分层处理机制,尽最大努力挽回投资人经济损失。

四是引入商法,创新机制。涉案财物的处置,属于私法关系,决定了它对民商事实体法的依赖。在涉案财物的处置程序上,应积极探索引入商事思维,参照商事清算与商事破产的思路进行,最大化保障企业及债权人的利益。

(四)优化以改善信用环境为核心的宣传引导机制

优化信用环境,提高全民资产风险防范意识,是全社会的共同需求,也是各级政府及其部门的共同任务,需要调动各方资源,通力协作。全国处非办制作的公益宣传片在央视播放,率先开启了有益的实践和尝试。省处非办不仅专门印发《关于推广播放防范非法集资公益广告片的通知》,将播放这一公益片列为河北省处非日常宣传重点,还创新设立了微信公众号,设置"处非宝典""防骗锦囊""悬赏缉拿"三个板块,采用人民群众喜闻乐见的时尚形式和平台,形象生动地宣传有关法律、政策,发布风险提示、预警,剖析典型案例,对于提高广大人民群众的风险防范意识,从源头上预防、减少犯罪的发生,都大有裨益。

加强宣传教育引导,帮助社会公众建树一种全新的、科学的、能够有效抵御风险的投资理念,规范投资者的投资行为,重树守信重诺风尚,培育良

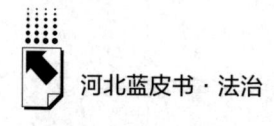

好的信用环境。这是一项系统工程，必须长期开展，必须不断深化，必须坚持社会化。可以在实践中逐步探索建立一套由处非办牵头，司法、金融监管和宣传部门共同参与的宣传教育工作协调机制，明确赋予其两项主要任务。一是强化风险警示教育，由金融业机构与司法机关合作，及时总结不同区域、不同时期、不同类型犯罪的规律、手法、渠道和特点，以真实案例阐释法律，以实际案情揭示危害，重点面向农村地区和老年人；金融监管部门切实履行社会职责，提早发现苗头，及早提示风险，及时预警，引导投资者增强风险自担意识，促使风险防控社会化。二是巩固打击犯罪成果，司法机关重点负责打击犯罪成果的展示，及时对一些典型案例、重点案件进行整理，及时公开案情，宣传打击效果，揭示社会危害，维持坚决保护合法经营、严厉打击非法集资的态势，用足用好举报奖励办法，激发群众参与的积极性和主动性，在全社会营造浓厚的舆论高压氛围，强化对犯罪的震慑。与维稳工作相结合，让群众了解党委、政府和司法机关所做的工作，争取受害群众的理解和支持，化解不安定因素，将社会风险降到最低。

参考文献

张明楷：《刑法学》，法律出版社，2018。

张明楷：《诈骗罪与金融诈骗罪研究》，清华大学出版社，2006。

胡铭：《刑事诉讼法学》，法律出版社，2019。

河南人民检察院：《经济金融犯罪办案手册》，2019。

山东高院刑一庭：《关于非法集资犯罪的调研报告》，2020。

B.14
大诉讼背景下行政复议制度研究报告

"大诉讼背景下行政复议制度研究"课题组*

摘　要： 回顾我国行政复议制度发展历程，在现今大诉讼背景下，行政复议制度化解行政争议主渠道的担当未充分显现，行政复议制度维护相对人合法权益的预期值未完全达标。本报告以H市某县区域样本为例，对该区域内行政复议功能实现掣肘因素进行分析，探索大诉讼背景下行政复议制度因地制宜的创新。

关键词： 大诉讼　行政复议制度　域外经验

行政复议制度肇始于新中国成立初期，几十年间分散规定于单行法中并在行政实践中不断积累经验，为今后行政复议开启统一立法之路奠定制度基石。1950年《中央人民政府财政部设置财政检查机构办法》提到"复核处理"，这一说法应为新中国最早有记录的"行政复议制度"。[1] 同年，《税务复议委员会组织通则》首次使用"复议"作为法律概念。70年间百余部单行法律法规专门就行政复议作出规定，《行政复议条例》官方发布为行政复议制度奠定立法基础，《行政复议法》正式施行，《行政复议法实施条例》配套建立。2018年，机构大刀阔斧改革。2021年，《行政复议法》修订、完善、创新成为不二之选。

---

* 课题组主持人：段卫东，河北省魏县人民法院党组书记、院长，研究方向为行政诉讼法。
课题组负责人：路学军，河北省曲周县人民检察院副检察长，研究方向为行政法。课题组成员：杨建英，河北省曲周县人民法院行政庭庭长，研究方向为行政法；高晓康，河北省曲周县人民法院审管办副主任，研究方向为行政法；闫琳特，河北省邯郸市邯山区纪委干部，研究方向为行政法。

[1] 司法部复议应诉局：《新中国行政复议发展历程》，《中国法律评论》2020年第1期。

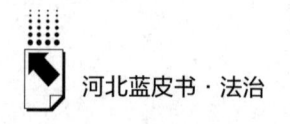

一　大诉讼背景下行政复议制度现状

（一）大诉讼打造中国特色解纷服务新模式

中央在全面深化改革进程中提出健全矛盾纠纷多元化解机制助推国家治理体系和治理能力现代化，并审议通过《关于完善矛盾纠纷多元化解机制的意见》（以下简称《意见》）作为指引。《意见》从两个维度——"引进来"及"走出去"对司法体系构建矛盾纠纷多元化解机制提出要求，诉讼不再局限于人民法院。"引进来"在矛盾纠纷多元化解机制中以司法为引领角色，许多部门综合配套参与，引入各类调解人员，按照合法、合规、自愿、便利原则，为当事人提供更多纠纷化解方案及服务。"走出去"以为党和政府中心工作提供良好法治环境为目标，积极主动参与协调，切实以司法公信力维护党和政府工作，努力完成时代赋予司法体系的新课题。大诉讼，是以诉讼参与为一个整体，不再拘泥于起诉应诉裁判流程，还包括诉前的准备环节、诉中的调查配合、诉后的执行监督。行政诉讼，诉前会有检察机关提前介入的可能；民事诉讼，诉前基层法庭调解成为重要过程，如河北省的"一乡一庭"；刑事诉讼，以审判为中心与公安、检察部门相互制约监督。判决生效后，执行要紧跟上，其他部门协助配合，诉讼结果才能真正获予落地。诉讼过程中法院、当事人、律师、检察院、行政机关、社会团体等都有参与多源头治理的角色需要，现今的诉讼与原来的诉讼维度大为不同。大诉讼背景之下，诉讼服务成为中国特色解纷服务新模式，整个体系运转需要充分调动各方力量以减轻司法压力。从主体上，人民法院要更为注重行政复议工作，发挥自身专业优势主动配合；从程序上，当事人要有选择行政复议的权利或是不选择行政复议的权利；从平台上，人民法院与行政机关要为当事人提供便利，完善人民法院行政调解中心建设，打造一站式大诉讼服务中心，让平台成为法院与行政机关行政复议工作联合点；从保障上，给予当事人诉前帮助，提供行政复议援助。全方面整体维护当事人权益，发挥大诉讼之下的优势，推动现实情境下减轻人民法院司法压力、提高行政机关行政复议水平、实现行政复议司法化性质。大诉讼之下，人们能够预期诉讼结果、预期复议结果，以审判为中心的诉讼创新梦想将成真。

（二）大诉讼形成阶段行政复议制度发展

1. 司法单轨制向其他手段多轨制建构

形成中国特色社会主义法治模式，要以十八大提出的良法善治为发展目标。法制每前进一个台阶都离不开司法的每一个进步，随着国家立法的不断推进，职权主义理念愈加弱化，当事人主义理念逐步增强，诉讼成为社会矛盾纠纷解决的权威手段，法院在大多数权利纠纷化解中担当重要角色并起主导作用。大诉讼背景下，以司法审判为中心，司法作为最主要的现代公权力救济手段，保持中立性、专业性和职业性，促进了社会健康稳定、国家长治久安。改革开放以来，国内经济板块迅速扩大，社会需求呈现多元化，利益冲突日益加剧，"诉讼大爆炸"在全国范围内显现。随着司法体制改革深入推进，人民法院实行立案登记制和法官员额制，案多人少矛盾激烈，推动完善矛盾纠纷多元化解机制，整合更多资源参与矛盾化解，可以缓解司法审判压力，司法诉讼结合现实国情可不必成为消弭冲突的唯一路径。行政争议发生后，人民法院可提前介入指导，深化行政争议诉源治理。以大诉讼为背景，行政领域引发行政争议，司法单轨制可向其他手段多轨制建构，行政复议制度发展成为应然趋势。法治模式积极回应现实不断产生的新变化，从权力主体向权利主体过渡，从"行政本位"向"公民本位"过渡，从传统行政管理向公共治理转化，党和国家机构改革巨大冲击、现代科技严峻挑战对行政管理产生影响。[1]

《宪法》历经五次修正，始终坚持从根本法层面保障公民对任何国家机关和国家工作人员有提出批评和建议的权利，国家机关和国家工作人员存在违法和失职行为，公民能够向国家机关提出申诉、控告或者检举。《宪法》明文为行政复议制度建立和运行提供最高法律依据，为制度存在和发展注入强劲宪政基本精神，为复议存在基础、存在价值、最根本问题提供最为权威

---

[1] 马怀德：《行政法学：面向新的实践需求不断自我更新》，《检察日报》2020年1月4日。

的辩护。行政复议理论基础包含三方面：存在价值、存在可能、成功尺度。行政复议制度依托专门行政复议机关对行政事务专业性、便捷性、简易性程序的运行，与其他救济制度相比付出成本较低的优势等，逐渐成为公民实现行政救济不可替代的重要制度，这应该是行政复议制度存在的最大价值。社会利益格局多元复杂，行政争议日益增多，群体性较为突出，行政复议作为一种内部纠错制度得以协调运行，体现出民众对于公权力，不仅内心有防范和抗争意识，也有信任和合作意愿，渴望行政复议制度更为完善，现实需要和群众需求是行政复议制度存在的最大可能。通过实施《行政复议法》《行政复议实施条例》，行政复议制度能够在督促行政机关依法行政、维护公民行政合法权益、防范化解重大风险、促进社会政治经济平稳健康发展方面发挥重要作用，证明了行政复议制度的成功尺度。行政复议机关专门负责行政复议工作，内设机构具体办理行政复议事项，受理复议申请、调查取证、拟定复议决定、提出建议等。行政复议机关一般以自己名义独立运行行政复议权并为此承担法律责任，少数行政复议机构以机构名义直接作出行政复议决定并独立承担法律责任。1990年《行政复议条例》对行政复议管辖体制初步使用的是"条条管辖"，4年后国务院通过《关于修改〈行政复议条例〉的决定》，管辖体制由"条条管辖"改为"条块管辖"。

2. 矛盾纠纷多元化解机制重要建构

矛盾纠纷多元化解机制的重要组成部分——行政复议与行政诉讼一般被并行讨论，法律地位及法律价值同样重要。行政复议制度与行政诉讼制度的存在为受到公权侵犯或阻碍的合法权益提供救济，"民告官"受到越来越切实可行的鼓励就在于这两项制度的实质性发展。行政复议与行政诉讼虽为两种制度形式，但二者有很多共通点：一是同为化解行政争议的重要手段，立法目的在于保护公民、法人或者其他组织合法权益，监督行政机关依法行使职权；二是同是以行政争议的产生作为前提，无救济申请便无程序启动，不告不理原则限制行政主体与人民法院主动启动复议或诉讼程序；三是同为法律关系中解决行政争议时的居中裁决者，所作裁决种类与执行手段也相似。

尽管行政复议与行政诉讼两项制度有共通、相似、密切之处，但是行政复议与行政诉讼相比，有其自身天然优势。理想状态下的行政复议制度，监督范围更为广泛，包括对部分抽象行政行为进行审查；审查程度更高，对行政行为的合理性进行审查；监督力度更大，决定一经作出便在系统内部进行约束并督促执行。行政复议制度利用复议机关特有的行政监督权，从系统内部增强行政监督实效性，申请人真正关切的是自身利益诉求能否在争议解决过程中得到便利、高效、低成本的满足。司法解纷有部分移植于西方近代法律制度，行政内部解纷却有中国几千年的传统，国民内心深处更相信行政权力；现实操作层面上，司法干预行政自由裁量权受到限制，行政系统内部基于关联关系可适时调整，行政纠纷的解决有更为彻底的可行性；专业认知维度上，术业各有专攻性，行政管理各领域隔行如隔山，行政内部利用行业优势自行解决能够实质探究问题本源，促进矛盾根源性化解。综上，行政复议对进一步加强政府法制建设、提高国务院各部门及地方各级政府依法行政水平、缓解人民法院独自处理所有争议的压力无疑起到积极的作用。从国家到地方、从理论到实务均认可行政复议制度的优势，为该制度推广付出大量努力，行政复议制度愈加为公众认知、了解，公众变被动为主动通过行政复议渠道来维护自身权益。行政复议制度现今已经在国家、社会中得到较为广泛的认同。

（三）大诉讼背景下行政复议功能实现掣肘因素

三线城市H市地处晋冀鲁豫四省交界处，属国务院批准具有地方立法权的18个较大的市之一。H市某县作为其东部较落后县域，行政复议功能实现程度与发达地区比较有相当大的差距。本报告以H市某县行政复议现状为样本，探讨大诉讼背景下行政复议功能实现掣肘因素。

1. 对行政复议仍存在认知偏狭

据表1和表2，2019年H市某县人民法院行政庭受理行政争议案件数与H市某县司法局法治工作股受理行政复议案件数差距较大，2020年主要受疫情影响，人民法院受理行政争议案件数大幅减少，但较多于司法局法治工作股受理行政复议案件数，如没有特别因素影响，人民法院受理行政争议案件数要远多于行政复议机构受理行政复议案件数。

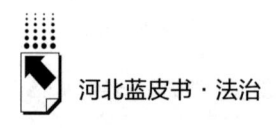

表1　2019～2020年H市某县人民法院行政庭受理行政争议案件情况

单位：件，%

年份	收案	结案	结案率
2019	88	88	100
2020	46	46	100

资料来源：H市某县人民法院。

表2　2019～2020年H市某县司法局法治工作股受理行政复议案件情况

单位：件，%

年份	收案	结案	结案率
2019	5	5	100
2020	17	16	94

资料来源：H市某县司法局。

据表3和表4，H市某县司法局法治工作股受理行政复议案件涉及行政行为类别及行政管理类别范围较小，2019～2020年行政行为类别主要集中于行政处罚与举报投诉处理，行政管理类别主要集中于公安、工商。

表3　2019～2020年H市某县司法局法治工作股受理行政复议案件涉及行政行为类别

单位：件

年份	行政确认	行政处罚	举报投诉处理	信息公开
2019	3	1	0	1
2020	1	6	8	2

资料来源：H市某县司法局。

表4　2019～2020年H市某县司法局法治工作股受理行政复议案件涉及行政管理类别

单位：件

年份	土地	公安	工商	土地征收	环保
2019	3	1	0	1	0
2020	1	6	9	0	1

资料来源：H市某县司法局。

行政诉讼由法院审理,在法律与程序框架内追求公正价值,行政复议由行政复议机构受理,在制度与监督体系内追求效率价值。行政诉讼通过诉讼模式倒逼行政机关依法履职,行政复议通过复议手段督促行政机关自我补救,行政诉讼与行政复议作为"民告官"最直接的两项制度发挥着监督救济的功能。但历史传统、现实经历、制度设计并未让行政复议与行政诉讼相提并论,"民"在认为自身权益受到"官"侵犯时,一般会首选诉讼来救济自身损害,复议并非第一选择。在经济较落后、法治不健全的县乡村,很多民众不了解行政复议这一救济手段,对复议比诉讼存在更多的"官官相护"质疑。行政诉讼占主导的监督救济也未完全尊重行政复议的功能价值,修订后的《行政复议法》"双被告"的设计表明了立法层面对行政复议高频次维持决定的态度。行政诉讼定位越来越被偏重,以诉讼为外部重要解决方式对行政复议维持决定作出裁判,行政复议并未真正实现化解行政争议的基础性功能。行政复议机关受理复议申请,投入人力、物力、财力,对行政争议行为进行审查,作出相应决定。决定作出后,继续投入时间、精力出席法庭应诉,接受人民法院审查。社会、公众、司法会对行政复议功能形成偏狭思维,即行政复议仅仅是自我监督、普通行政执法。司法对行政复议案件的审查不应当仅是行政执法审查,行政诉讼应当认可行政复议化解行政争议的对等地位。行政诉讼能否对行政复议直接进行审查及其审查的边界与强度问题,在正视行政复议法律属性及尊重行政复议发展规律基础上应审慎解决。[①] 由于偏狭思维的存在,多领域行政争议没有从行政复议路径展开救济,行政复议的专业性没有得到重视,这从H市某县受理行政争议案件范围就可见一斑。H市某县司法局法治工作股受理行政复议案件涉及行政行为类别及行政管理类别较单一,2019~2020年行政行为类别主要集中于行政处罚与举报投诉处理,行政管理类别主要集中于公安、工商,行政复议在行政领域的天然优势无法发挥,其行政专业属性没有在多领域得到综合全面

---

① 曹鎏:《作为化解行政争议主渠道的行政复议:功能反思及路径优化》,《中国法学》2020年第2期。

实践。

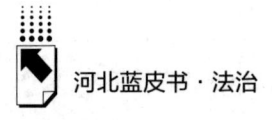

2.诉讼对复议否定效应

据表5和表6，复议再诉讼案件数、败诉案件数、纠错率是H市某县司法局行政复议工作的评价指标，H市全市也以这些指标作为重要参考对行政复议工作进行考核。

表5 2018~2020年H市某县人民法院对他县行政复议案件裁判情况

单位：件，%

年份	经行政复议后进入诉讼案件一审	经行政复议后进入诉讼案件一审败诉	经行政复议后进入诉讼案件一审败诉率	行政复议机关维持原行政行为案件一审	行政复议机关改变原行政行为案件一审	维持原行政行为案件经诉讼败诉案件一审	改变原行政行为案件经诉讼一审纠错率
2018	5	2	40	2	3	2	0
2019	3	3	100	2	1	2	100
2020	2	1	50	1	1	1	0

资料来源：H市某县人民法院。

表6 2019~2020年H市某县司法局法治工作股作出复议再经诉讼案件情况

单位：件，%

年份	经行政复议后进入诉讼案件一审	经行政复议后进入诉讼案件一审败诉	经行政复议后进入诉讼案件一审纠错率
2019	1	1	100
2020	2	1	50

资料来源：H市某县司法局。

人民法院引入第三方评估等方式对法院审判执行管理质效进行外部考核，内部设计明细完备的考核指标对标自身质效进行监督考核。行政复议质效指标评价目前没有较为权威的标准，以行政复议提起行政诉讼作为考量行政复议质效的否定因素之一。其中，行政应诉一审纠错率为直观常用评价指标，指的是行政一审过程中，行政机关应诉案件中被人民法院作出撤销、变更、履行和确认违法裁判案件所占比例之和。尽管从客观数据层面可以体现审判机关对决定作出的认可和纠错，但复议再诉讼并不能全面客观反映行政复议机关对行政争议案件的大量吸纳、对行政争议案件的实质化解内情。复议再诉讼这一指标认定没有公正属性，复议再诉讼案件数的统计纳入行政复议评价是行政诉讼对行政复议的否定效应。简单以案件数、纠错率等指标评价行政复议机关的付出是不科学、不严谨的。行政复议制度有其自身的发展规律、特点，一味苛责行政复议"官官相护"，认为行政诉讼"赏罚分明"是有失公允的。经过复议后再提起诉讼的败诉率、法院对复议案件的纠错率等都应纳入综合考量，才能真正对行政复议功能性进行客观评价。

3. 复议与诉讼衔接脱节

相对人认为自身权益受到行政行为侵犯时，采用合法手段恢复自身利益或赔偿救济可将两项制度紧密联系起来：可议可诉情形，行政争议案件可选择复议也可选择诉讼，法律将这一规定适用于绝大多数案件；选议不诉情形，申请人只得先行向行政机关申请复议，对复议不服的才向人民法院提起诉讼，法律这一限制适用于特殊类型案件；只议不诉情形，复议决定为终局裁决或行政复议案件受理范围大于诉讼范围不得再进行诉讼，这一规定仅适用在少数案件中。二者衔接以"原告选择为原则，复议前置为例外"为模式，除特别规定，否则复议并非诉讼前必经程序。争议发生后，相对人有两种选择，可先申请复议，再提起诉讼，也可选择不复议，直接提起诉讼。能够同时选择复议和诉讼时，应遵循复议在前、诉讼在后，而不能将顺序颠倒——先行诉讼而后复议，更不可同时提起复议与诉讼两种程序。原则由法律条文固定，但现实中会时而出现衔接脱节情形，造成重复处理和资源浪费。以H市某县曾出现的一起同时起诉作出原行政行为的机关和作出复议决定的行政复议机关案件为例，当事人诉讼请求中有撤销原行政行为也有撤销驳回其复议请求的复议决定内容，复议请求的主体内容也是要求行政复议机关撤销原行政行为。H市某县人民法院受理该案件，审理中法院一边去对原行政行为的合法性进行审查，另一边又撤销驳回再审申请人复议请求的复议决定，责令行政复议机关也去审查原行政行为的合法性，这种问题的实质就是法院和行政复议机关针对同一个纠

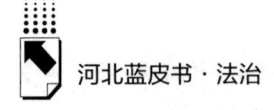

纷同时期启动解纷程序，不仅违背复议与诉讼的正常顺序，也造成重复劳动，最终导致案件办理时限过长，引发一次信访。

4. 行政复议机制自身缺陷

行政复议进入一个新时期，国务院各部门、地方各级政府的努力付出成效明显，但机制缺陷还是无法规避，并随着大诉讼时代变革日益凸显。一方面机构设置难以独立导致"维持会"无法避免。机构改革前地方各级政府的行政复议机关多为政府法制部门，机构改革后复议工作由新组建的司法行政机关负责。司法部按照党中央、国务院的部署，深入推进行政复议改革，行政复议机关专门负责行政复议工作内设机构具体办理复议事项，受理复议申请、调查取证、拟定复议决定、提出建议等，如H市某县司法局下设法治工作股具体负责处理行政复议案件。土地、矿藏、荒地等涉及自然资源所有权或使用权案件争议限制为复议前置，相对人如对行政机关作出的关于自然资源权属纠纷决定有异议，应依法向行政复议部门申请复议。土地、矿藏、荒地等权属争议确权一般牵涉当地重大利益，"人微言轻"的行政复议机构遇到这类案件一般找理由能不受理就不受理，或是通过所谓的"协商"进行利害关系说明，劝导相对人认清困难、选择撤销。即使受理出于牵涉当地政府重大利益考虑，有不合理之处也会能维持就维持，能选择不处罚就不处罚，"维持会"现象被公众诟病也只得无奈沉默。另一方面案多人少、良莠不齐导致专业性匮乏。行政复议制度发展势不可当，免费、省时、省力的行政复议途径成为更多当事人解决行政争议的选择，趋势就是行政复议案件会每年增多，2019年全国多省市受理行政复议案件数量过万件（见表7），H市2019年受理行政复议案件364件，2020年受疫情影响受理案件也有178件（见表8）。这种情形下多数行政复议机构三四个人的力量就会明显不足，案多人少又自觉出力不讨好的行政复议人员会感到从业压力。H市某县司法局法治工作股成立后，办公区域并未独立设置，行政复议人员也是身兼数职，从事公证、信访、行政监督等多项工作。2017年修正的《行政复议法》对初次从事行政复议人员有法律职业资格的明确要求，2019年H市某县司法局法治工作股对已在编复议人员没有严厉限制，自2020年初对不具备法律职业资格证书人员进行调岗，因而具有资质的人员成为多部门挂名人员。行政复议人员任职没有经过系统培训，2019年H县行政复议人员没有参加过任何培训，2020年参加司法部组织的视频培训1次、H市组织的关于行政复议工作的培训1次（见表9）。衡量行政救济手段优劣，不仅要看其是否公正，还要看其效率高低，由于复议期间具体行政行为一般不停止执行，复议裁决作出不及时会影响到申请人的合法权益，迟来的正义即非正义。按照《行政复议法》规定，行政复议人员不履行行政复议职责，在复议过程中存在违法、失职情形将承担一定的行政责任，但这种问责机制局限于一种内部责任，很难落实到实践中成为强约束。

表7 2019年全国31个省区市和新疆生产建设兵团受理行政复议案件情况（按数量降序排列）

单位：件

地区	数量	地区	数量	地区	数量	地区	数量
广东	31392	河北	7040	黑龙江	3868	山西	1726
上海	14847	浙江	6859	陕西	3652	海南	1609
辽宁	14665	河南	6829	重庆	3596	云南	1571
山东	13723	安徽	6185	贵州	3017	宁夏	555
江苏	10309	福建	5284	江西	2917	青海	395
北京	9298	湖南	4495	内蒙古	2203	新疆	295
吉林	7682	广西	4424	甘肃	1992	新疆生产建设兵团	146
四川	7048	湖北	3993	天津	1832	西藏	42
总计				183489			

资料来源：司法部网站。

表8 2019～2020年H市某县受理行政复议案件数在全市中的占比

单位：件，%

年份	H市	H市某县	占比
2019	364	5	1.37
2020	178	17	9.55

资料来源：曲周县司法局。

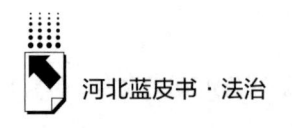

表9　H市某县司法局法治工作股基本情况

项目	基本情况
办公区域	综合办公室（10人一间）
复议人员	3人（每人兼顾多项工作，非专职行政复议）
取得法律职业资格证书人数	3人（2020年没有法律职业资格证书人员调至其他岗位）
参加培训次数	2019年未参加过任何形式培训，2020年参加司法部组织的视频培训1次、H市组织的关于行政复议工作的培训1次

资料来源：曲周县司法局。

二　行政复议制度因地制宜的创新

（一）行政复议制度系统化改造的趋向

坚持把非诉讼纠纷解决机制挺在前面，加强纠纷源头治理、综合治理，提出社会治理的最好办法就是将矛盾消解于未然，将风险化解于无形。大诉讼背景下，行政复议要以成为化解行政争议主渠道为目标启动系统化改造，服务全面依法治国大局。继2008年国务院法制办启动行政复议改革试点后，机构改革后重组的司法部开启了行政复议改革的2.0时代，行政复议改革以"三化"为核心内容，所谓"三化"，系行政复议规范化、信息化、职业化。[①] 制度是人为设计的，都会带有主观性和制度自身滞后性，任何制度都不能被设计得完美无瑕。徒法不足以自行，制度也是一样，再好的制度也要机构落实。落实制度，没有必要层层解读，或者扩大理解或者缩小理解，而是应当全面不打折扣地实施。如果打了折扣，即使为落实制度规定细则制定得十分详尽，也将无益于维持制度的权威。《行政复议法》的修订已经列入立法规划，拟于2021年底前提请全国人大常委会审议，这是行政复议制度得以再次发展的契机。[②]

[①] 曹鎏：《作为化解行政争议主渠道的行政复议：功能反思及路径优化》，《中国法学》2020年第2期。

[②] 马怀德：《行政法学：面向新的实践需求不断自我更新》，《检察日报》2002年1月4日。

行政复议要始终朝着一个正确的价值目标进行改造,这个正确的价值目标的核心就是公正。行政争议的解决关键点就是公正两个字,不公正就不能够真正地解决问题、化解纠纷,充分发挥出行政复议制度在化解行政争议中的基础性功能,助力维护市场经济秩序、保护行政相对人合法权益以及实现国家长治久安。①

(二)创新我国行政复议制度的具体手段

1. 矛盾纠纷多元化解机制推动行政复议规范化

行政复议制度,要在新时代改造体系中找准自己的功能定位,在化解行政争议过程中发挥主渠道作用。行政复议与行政诉讼有效衔接是运用法治思维和法治方式化解社会矛盾的重要方式,多元参与预防调处社会矛盾纠纷有利于平衡社会各方利益关系。政府部门、行政复议机关、人民法院等都应转变观念,顺应法治发展脉络,有机联合,通力打造集中、合作、智能的一站式多元解纷平台。始终坚持把非诉讼纠纷解决机制挺在前面,将行政复议建设作为落实诉源治理、服务依法治理的重要抓手,让人民群众有更多的解纷方式可选择,更好地满足人民群众美好生活需要。争取地方党委、政府帮助协调、解决工作中遇到的困难和问题。发挥行政复议的法治内核作用,带头打破各综治部门封闭运作、各自为战的调解壁垒,对于归属行政复议机关的纠纷,第一时间组织调解,尽最大努力予以解决。对于情况复杂仅凭行政复议机构无法及时解决的,及时提请上级部门召开邀请专业人员、人民法院等参加的集体会商会议,共同研究解决思路和对策,积极参与本地综合治理,为信访案件提供法治化解决方案,吸附、化解信访矛盾纠纷。

行政复议不仅是自我监督、普通行政执法,也通过行使行政监督权实现定分止争、实质性化解冲突、纠正违法行为、补救当事人损失。人民法院对

---

① 蔡立辉:《政府法制论:转轨时期中国政府法制建设研究》,中国社会科学出版社,2002,第303页。

复议案件的审查不应当仅是行政执法审查，行政诉讼应当认可行政复议化解行政争议的对等地位。行政复议与行政诉讼，彼此尊重、互融互通，借鉴司法全面审查的经验模式，对于行政复议作出的复议决定进行全面审查，可以认可其机构优势和专业特长，对有些事实调查认定予以采纳，节省司法资源，避免行政复议与行政诉讼重复劳动。复议再诉讼不应成为考量行政复议质效的重要参照，对行政复议的质效考量应当综合多种指标，用更为科学的质效评价标准提高行政复议的正面影响力。行政复议机关应当对接人民法院，人民法院通过数据公开如经过复议后再提起诉讼的败诉率、法院对复议案件的纠错率等，推动行政复议功能性公众评价更为完备。

2. 智能互联网大数据促成行政复议信息化

大诉讼离不开大数据的支持，自2019年开始在全国推广应用行政复议工作平台，截至2021年，利用该平台，31个省区市、新疆生产建设兵团和48个国务院部门共登记行政复议案件37万余件，行政复议工作互联互通大数据局面初步形成。依托智能平台，加强科技引领，建设智慧复议，实现行政复议智慧程度再提升。推进"网上受理""云调解""诉调对接"等信息化办案系统的应用，信息网上传输、卷宗同步录入、节点可循可控，借助信息科技手段推进行政复议机构规范管理、提升效能。在行政复议机构、当事人之间建立网上纠纷解决平台，运用信息技术整合资源，打造信息化便民模式。开拓工作思路，借助视频接访、会议系统，满足新型行政复议机构人员办公、办案需要，既避免了高投入建设，又实现了几乎"零投入"情况下的资源共享，还可以通过微信公众平台，主动收集和回应群众诉求、意见建议等，使群众足不出户就能解决身边的问题。通过手机终端对接，实现网上委托或邀请调解、信息联络、业务交流等功能。尤其是新冠肺炎疫情的发生，更突出了互联网网上处理行政争议的紧迫需求。在疫情防控期间，利用网上受理、送达、审查、裁决、调解，有效解决了当事人无法到达现场的难题，实现了疫情防控和纠纷化解"两不误"。电话、QQ、微信等即时通信工具开展纠纷化解、法律咨询等工作，真正实现了"让信息多跑路、让群众少跑腿"。

在大数据时代背景下，以数据为基础，通过纵向观察历年行政复议维持率的变化，横向比对同一地区不同制度、不同地区相似制度的行政复议维持率，分析影响其变化的变量及可能的组合模式，更加全面地理解行政复议维持率内涵，进而为行政复议制度的完善提供更科学准确的指引。通过大数据，对多类型案件进行汇总了解，掌握本部门案件审理大方向，行政复议总体工作格局都会全面优化。公开透明的智能化、覆盖强大的数据化，能够督促行政复议机关谨慎行使权能。

3.保障完善复议队伍，实现行政复议职业化

保障本地行政复议机构独立设置。形成相对独立的行政复议机构是不久的将来行政复议制度改革中心内容之一。目前很多地方试点建立行政复议委员会、行政复议局等独立专门机构，但对于究竟成立什么风格样式的独立机构，国家层面还未给出具体指导。目前无法在称谓上给予行政复议机关独立地位，但至少应当在办公区域上给予独立保障，使之具备相对独立的办公地点、相对完善的办公条件、相对齐全的办公设备，为行政复议机构开展工作提供物力、财力保障。本地政府应当出台相关规定为行政复议提供支持，保证行政复议机关行政复议能够依法独立完成，事后提供行政复议意见能够落地见效有回馈。H市某县人民政府、司法局每年与人民法院等多部门座谈，形成行政复议意见书，为其他行政机关单位提供法律意见建议且已经取得一定效果，这种机制要保持常态化。行政复议机关也应培养自信，以本职为傲，主动加强与人民法院、政府部门的联系，利用好行政争议调解中心、一站式诉讼服务中心、"一乡一庭"平台，保持独立地位的同时与其他部门协调配合，将矛盾化解在萌芽，让民众认可调解对自己的止损效果。实现复议人员队伍职业化。再好的制度设计也需要人来落实，复议人才很关键，不论立法还是制度都应当将复议人员管理作为重要问题来讨论。对复议人员资质应当进行严格限制，除具备法律职业资格证书外，还应当对其行政经验、业务知识进行考核，遴选符合岗位要求人员充实复议人员队伍。提高复议人员的地位及待遇，参照公检法部门给予复议机构办案经费、复议人员办案

津贴，提高复议人员工作积极性，解决他们的后顾之忧。认识到业务培训的必要性。复议工作随着经济发展会不断遇到新问题新挑战，应以应变思维做好工作准备，定期培训能够消除复议人员复议工作本领恐慌，提供最先进思维和方法路径，从而使其变被动为主动。明确执行监督惩戒力度。复议机构要自觉行使监督职责，督促行政机关及时纠错，同时明确复议人员岗位责任，建立配套的严格责任追究机制，用机制约束行政机关及复议人员审慎行使职权。

结　语

法治政府建设以实现从合法行政到良好行政、从形式法治到实质法治的有效转型来体现法治对公平正义的维护。以复议权力与复议权利关系为核心的命题，构成了行政复议权能关系的主要内容，也是行政复议中主体间关系的主线。主体性哲学的发展范式，为行政复议中主体间关系的调整提供了思想先导，行政复议权能关系发展，总体呈现出从权力主体向权利主体、从"行政本位"向"公民本位"过渡的趋势。这是行政复议制度在社会发展中的一般性规律。形式理性为主体间的交往提供了外在标准，程序正义也在行政复议中被奉为圭臬。但这种外在的主体间性，并不能保障主体间交往的实质性，在资本主义社会中只会造就唯利是图的"理性经济人"，逐渐造成行政复议主体间关系的实质疏离。社会主义的本质属性，已决定了我国行政复议主体间关系的优越性和融洽性，在马克思理论指导下进行行政改革实践，能够达到实质性的内在主体间性。行政权力主体所肩负的对人民负责的特殊责任，能够实现理想状态：行政冲在争议解决第一线，司法坚守解决最后一道防线。

权力对权利的这种伦理责任，并非传统意义上价值层面上对与错判断的直观评价，而是基于自我权力使命对权利主体永恒的责任初心。"不在于我到底愿意承担什么责任，而在于我是被赋予了责任；不在于我是否决心承担责任，而在于责任不以我的决定为转移，并在我决定之前已经落在我肩上。"[1] 这种责任既区别于亚里士多德式的正义秩序下的先验法律责任，也区别于康德式的自我内心法则下的道德责任，而是超越以上两种责任的面对"他者"处境所肩负的绝对责任。引申于我国社会主义境遇中就是党和政府对人民负责的绝对责任。这显然是资本主义法律体系中无法达到和内在缺失的主体责任境界。同时意味着"自我"对"他者"的道德承诺，在社会主义行政复议权能关系中，可成为一种实践的规范伦理。在某种意义上，行政复议最理想状态只有在社会主义国家中才有实现可能。

---

[1] 杨大春、Nicholas Bunnin、Simon Critchley 主编《列维纳斯的世纪或他者的命运："杭州列维纳斯国际学术研讨会"论文集》，中国人民大学出版社，2008，第145页。

B.15
失信被执行人信用修复的实践样态研究报告

谷 强 张嘉栩*

摘 要： 诚信是经济发展和社会进步的基石，随着社会信用体系建设不断完善，失信的社会成本越来越高，信用已逐渐成为市场主体选择交易对象的重要依据。建立信用修复机制，通过信用修复的诚信红利优化营商环境、服务高质量发展，不仅是人民法院服务新发展阶段、贯彻新发展理念的一种尝试，也是"切实解决执行难"的积极探索。在完善失信联合惩戒机制建设的同时，发挥信用修复的"容缺性"，以"放水养鱼"的方式有效弥补信用惩戒"重进轻退"的缺陷，对在全社会形成惩罚失信和激励守信的社会氛围、完善以信用为核心的社会治理格局具有积极意义。

关键词： 失信被执行人 信用修复 高质量发展 社会治理

引 言

在理想的社会信用体系环境中，遵规守信是一种常态，然而实践中，因失信被惩戒的情形却屡见不鲜。在失信主体受到惩戒后通过自身的积极行为

---

* 谷强，法学硕士，河北省成安县人民法院综合办公室法官助理，研究方向为刑法学、司法制度；张嘉栩，西北政法大学商学院财务管理专业在读学生。

提高履行能力时,法院赋予其自我修复的机会,也是在平衡利益主体权益、促进社会信用体系建设和发挥司法服务高质量发展作用方面的一种积极探索。

一 问题的提出和思考

案例1 浙江某药业公司修复信用案[①]

【基本案情】浙江某药业公司系某案失信被执行人之一(担保人),因未履行债务被限制高消费,列为失信企业。该公司系当地取得84消毒液生产许可证的企业。2020年2月,该公司为复工复产向法院申请修复信用。经法院协调,主债务人承诺配合先处置抵押物偿还债务,该公司承诺不足部分由其在疫情过后履行,债权人同意该公司恢复信用。

【处理结果】法院屏蔽该公司失信信息,对其银行账户解除冻结。

案例2 宁波某医疗器械公司修复信用案[②]

【基本案情】宁波某医疗器械公司被宁海法院纳入失信被执行人名单。疫情发生后,该公司接到医疗床、抢救车等订单,但因失信被执行人的身份,其银行贷款及经营受到影响。2020年1月,该公司向法院申请修复信用。

【处理结果】法院向该企业送达了信用修复决定书。同时,建议金融机构优先考虑该企业贷款需求。信用修复后,该企业共获得3000万元贷款。

案例3 宁德市蕉城区法院修复信用案[③]

【基本案情】宁德市徐某因未能如期偿还欠款,2014年9月被蕉城区法

---

① 《浙江法院服务保障疫情防控十大典型案例》,搜狐网,2020年2月27日,https://www.sohu.com/a/376202833_120207618。
② 余宁:《特事特办,宁波开启执行加速度》,《人民法院报》2020年3月4日。
③ 黄锡顺:《宁德中院率先在全省出台信用修复激励机制》,福建法院网,2020年5月19日,http://fjfy.chinacourt.gov.cn/article/detail/2020/05/id/5232726.shtml。

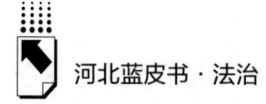

院纳入失信被执行人名单，其在生活等方面都遇到阻碍。2019年底，徐某向法院申请信用修复。经调查，徐某被纳入失信名单后，积极与申请执行人签订和解协议，按期偿还，并如实向法院报告个人财产。

【处理结果】法院屏蔽徐某的失信信息，并督促其继续履行和解协议。

从上述案例可以看出，一方面，因失信被执行人的信用状况得以客观改善，增强了案件继续执行的可能性。法院基于善意文明的执行理念，以屏蔽失信、解除冻结等修复方式激励失信被执行人持续守信，使其承受的惩戒范围、程度得到控制，增强了失信主体对于"守信"的认同感。另一方面，通过实施信用修复，以正面引导的柔性方式鼓励失信主体纠正失信行为，继续履行法律义务，及时回应了人民群众司法新需求。

二 失信被执行人信用修复的必要性分析

《现代汉语词典》对修复的释义是"修理使恢复完整"。[①] 信用修复机制的目的是在确保信用真实、准确和及时的前提下，为失信主体重新进入社会提供制度保障。近年来，失信联合惩戒在严惩失信、强化社会信用体系建设方面产生了积极有效的作用。从完善社会信用体系建设的角度来看，鼓励和引导失信主体主动改正违法失信行为，同样不可或缺。

（一）法理依据

从失信的本质属性分析。失信，顾名思义，意味着失去信任、不守信用，其本质是个人对社会秩序的一种对抗，但这种对抗并不是不可逆的，当给予失信主体机会，其可以通过积极有效的修复行为改善自身信用，在一定程度上恢复因失信所破坏的社会关系，这也是信用修复具有

---

① 中国社会科学院语言研究所词典编辑室编《现代汉语词典》（第7版），商务印书馆，2016，第1474页。

正当性的基础。

从信用行为所承载的社会评价分析。信用是行为和数据的汇总,通过信用修复和动态更新信用信息,使得信用信息回归准确的状态,在提高信用信息的真实性、及时性的同时,信用修复机制为失信主体重新获得社会信用评价提供了平台。在申请信用修复之前,法院公示其失信信息,给予其否定性评价。在失信主体信用修复之后,相关惩戒措施收回,公众基于对司法机关的信任,对其交易对象作出自己的选择。

(二)现实需求

信用修复作为一种激励机制,其现实需求来源于失信主体自我纠错后希望获得重新评价,在失信主体主动提升履行能力、主动纠正失信行为后,其信用状况在一定程度上得以改善,法院通过准许其进行信用修复,在鼓励其继续履行法律义务和在全社会形成守信的氛围上具有积极的引导示范效应。随着失信联合惩戒机制的不断完善,自动履行的案件呈增长态势,失信主体通过采取积极的行为,实现从失信到守信,信用状况得以改善,信用修复机制符合当事人对司法权的现实需求。通过信用修复让失信主体主动改善自身行为,对弥补信用惩戒"一惩到底"的不足和营造诚实守信的社会环境起到积极作用,体现的是奖惩并重、刚柔相济。

(三)制度支持

从表1内容可以看出,针对失信修复和守信激励机制已在制度层面有了一定的基础,特别是在案件执行阶段,对法院的执行理念和惩戒措施的精准性管理也上升为制度要求。面对失信个案,通过完善失信联合惩戒机制和探索适用信用修复机制,改变以往的"粗放型"惩戒模式,建立分级惩戒和推进惩戒的精准化、精细化管理已逐渐成为"切实解决执行难"的一种制度趋势,各地围绕激活和提升失信主体履约能力探索适用信用修复机制,在保障申请执行人权益的同时,取得了积极的效果。

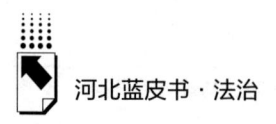

表1　失信修复和守信激励机制的制度依据

制定主体	文件名称	主要内容	时间
国务院	《关于建立完善守信联合激励和失信联合惩戒制度加快推进社会诚信建设的指导意见》	建立健全信用修复机制，在规定期限内纠正失信行为、消除不良影响的，不再作为联合惩戒对象	2016年6月12日
最高人民法院	《关于公布失信被执行人名单信息的若干规定》	失信被执行人积极履行生效法律文书确定义务或主动纠正失信行为的，人民法院可以决定提前删除失信信息	2017年5月1日
国家发改委、央行	《关于加强和规范守信联合激励和失信联合惩戒对象名单管理工作的指导意见》	建立有利于失信主体自我纠错、主动自新的社会鼓励与关爱机制	2017年10月30日
最高人民法院	《关于深化执行改革健全解决执行难长效机制的意见——人民法院执行工作纲要（2019—2023）》	优化各种强制执行措施综合应用，努力实现高效、精准、精细打击规避执行、抗拒执行、干预执行等行为，推进社会信用体系建设，大幅提高当事人主动履行生效法律文书的比例。推动形成"守法守信光荣、违法失信可耻"的社会氛围，让守法守信逐渐内化为信念，成为习惯	2019年6月3日
国家发改委办公厅	《关于进一步完善"信用中国"网站及地方信用门户网站行政处罚信息信用修复机制的通知》	就进一步完善"信用中国"网站及地方信用门户网站行政处罚信息信用修复机制作出部署，明确了涉及失信行为的行政处罚信息的分类范围、公示期限和规范开展信用修复等要求	2019年7月1日
中央全面依法治国委员会	《关于加强综合治理从源头切实解决执行难问题的意见》	建立覆盖全社会的信用交易、出资置产、缴费纳税、违法犯罪等方面信息的信用体系，完善失信联合惩戒机制，建立完善公共信用综合评价与披露机制	2019年7月14日
国务院办公厅	《关于加快推进社会信用体系建设构建以信用为基础的新型监管机制的指导意见》	探索建立信用修复机制，即失信市场主体在规定期限内纠正失信行为、消除不良影响的，可通过作出信用承诺、完成信用整改、通过信用核查、接受专题培训、提交信用报告、参加公益慈善活动等方式开展信用修复。修复完成后，各地区各部门要按程序及时停止公示其失信记录，终止实施联合惩戒措施	2019年7月16日

续表

制定主体	文件名称	主要内容	时间
最高人民法院	《关于在执行工作中进一步强化善意文明执行理念的意见》	探索建立惩戒分级分类机制和守信激励机制。各地法院可以结合工作实际，积极探索根据案件具体情况对失信被执行人分级分类采取失信惩戒、限制消费措施，让失信惩戒、限制消费措施更具有精准性，更符合比例原则	2019年12月16日
最高人民法院	《关于依法妥善办理涉新冠肺炎疫情执行案件若干问题的指导意见》	进一步推动国家信用体系建设和营商环境改善。建立健全惩戒分级分类机制，准确把握失信惩戒和限制消费措施的适用条件，持续推动惩戒措施朝精细化、精准化方向转变	2020年5月13日
中共中央	《法治中国建设规划（2020—2025年)》	加快推进社会信用立法，完善失信惩戒机制。规范失信惩戒对象名单制度，依法依规明确制定依据、适用范围、惩治标准和救济机制，在加强失信惩戒的同时保护公民、企业合法权益	2021年1月

三 失信被执行人信用修复的运行现状

（一）从文本到实践："切实解决执行难"的样本分析

在安庆，393家企业先后完成信用修复程序。① 截至2020年5月20日，宁德法院对201名失信被执行人进行了信用修复，促进了138人履行还款义务，95人达成还款意向，累计金额达1.04亿元。2020年1~5月，杭州法院对646家企业和3376名个人进行信用修复。②

以江西省高级人民法院等法院为样本分析，各地法院在"切实解决执行难""助推营商环境优化""促进信用体系建设"等方面相继出台了相关

---

① 金银林：《安庆法院帮助失信企业修复信用》，《人民法院报》2019年4月21日。
② 钟法、周峰：《杭州："善意执行+文明执行"助力复工复产》，《人民法院报》2020年6月29日。

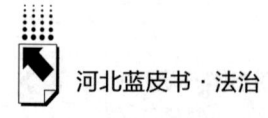

文件，对信用修复的启动、运行程序也作出了相应的规定（见表2）。总体来说，法院在信用修复中坚持综合治理、源头治理的理念，通过信用修复机制，服务新发展理念，对接新的司法需求，对有效解决执行案件和推动构建社会信用体系都起到了积极作用。

表2　江西等地法院信用修复制度

法院	文件名称	时间
江西省高级人民法院	《关于建立失信被执行人信用承诺和信用修复机制的实施意见(试行)》	2020年4月13日
宁夏回族自治区高级人民法院	《关于建立失信被执行人信用承诺和信用修复机制从源头切实解决执行难问题的暂行规定》	2020年7月14日
浙江省杭州市中级人民法院	《关于失信被执行人信用修复的实施细则(试行)》	2020年3月31日
宁波市鄞州区人民法院	《失信被执行人信用修复激励办法》	2019年11月1日
柳州市柳北区人民法院	《关于推行自动履行正向激励机制助力执行源头治理的实施方案》《关于推行失信被执行人信用修复激励机制破解执行难问题的实施方案》	2020年3月4日
福建省宁德市中级人民法院	《关于在全市法院实行失信被执行人信用修复激励机制的实施细则(试行)》	2019年12月27日
云南省昆明市中级人民法院	《关于进一步规范财产保全执行助力提升昆明营商环境的实施意见》	2019年4月23日
福建省明溪县人民法院	《关于开展失信被执行人信用修复的实施意见》	2019年11月
安徽省安庆市中级人民法院	《关于开展中小微企业信用修复助力经济高质量发展的意见》	2019年7月
四川省泸州市龙马潭区人民法院	《关于对失信民营企业、民营企业家信用修复的实施意见(试行)》	2019年11月29日

（二）信用修复过程中的影响性因素

1. 信用修复的边界宽泛

样本法院信用修复申请条件中出现频率较高的是要求失信主体"有积

极履行生效法律文书确定的义务的行为""履行能力提高"等,但履行能力在客观上如何评判缺乏可操作性,特别是失信主体有部分履行行为和履行计划时,是否准许信用修复更不易把握。此外,对失信主体修复之前受到失信惩戒的种类和程度并无限定,修复主体和修复边界过于宽泛,不易界定。

2. 信用修复认定标准不一

在对履行能力本身的判定缺乏客观和可量化标准的情况下,准确裁决失信主体当前的信用行为更加难以操作。样本法院中,有的对失信被执行人在遵守财产报告制度、遵守限制消费令、积极配合处置现有财产等方面的表现进行量化赋分,这也产生另外的问题,即不同类别的执行案件赋分权重和比例如何分配,如何把握信用修复的限度、避免惩奖失衡。

3. 修复主体程序性参与不足

失信主体提交修复申请后,通常是由法院进行审查后作出是否准许的决定,此过程中失信被执行人和申请执行人除提交证明材料外较少参与,程序性事项参与并不完整、顺畅,特别是在法院对失信被执行人"是否具备积极的履行能力"作出否定评价时,失信被执行人如何表达异议及通过何种方式表达、如何在修复的同时保障申请执行人的合法权益等方面较少涉及。

4. 修复效果社会认可度不高

失信惩戒使失信主体面临着日常出行、资质认定等限制,公众对失信主体的不信任的"标签化"判断一定时间内持续存在,惩戒的停止并不必然引起失信主体在回归市场和回归社会的过程中获得积极评价。信用修复的效果侧重于信用评价的改善,而失信行为造成当事人之间信任关系的破坏却很难修复,甚至是不可逆的,[1] 加之正向激励措施的不足,惩戒效果难以短期内实际消除。同时,仅依靠法院执行人员对失信被执行人信用评估,专业性不足,不排除部分失信被执行人利用信用修复拖

---

[1] 石新中、王辰超:《浅析信用修复的基本理论》,《中国信用》2019年第11期。

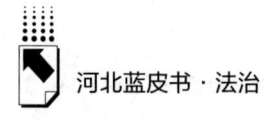

延执行。

5. 信用修复结果的运用单一

法院决定修复后,针对原失信惩戒措施的处理方式不一,修复后的信用状况难以得到与之相匹配的激励措施。因当前信用修复信息的推送渠道较为单一,司法信用修复数据如何实现与金融、市场监管、税务等部门的数据共享取决于各地信用体系发展水平。因此,失信主体的综合信用评价难以因信用修复得以完整、及时呈现。

四 失信被执行人信用修复的构成要素分析

申请并不必然引起修复,司法信用的修复需综合考量失信被执行人的信用权益和申请执行人的胜诉权益,努力在二者之间寻求最佳平衡。完整的信用修复过程包含失信被执行人自身积极履行的行为、信用状态的改善、申请执行人的信任、司法机关的认定以及遵守修复过程中的程序性事项。从申请信用修复的基础以及如何评判信用行为两方面着手,可以将信用修复的构成要素分为积极行为、执行理念、流程公开、风险防范,其中,积极行为与失信被执行人履行能力相关,执行理念与法院自由裁量相关,流程公开和风险防范与修复认可度相关,侧重于司法公信及修复的程序性事项。

(一)积极行为

积极行为主要围绕失信被执行人是否提高了履行能力,从而给申请执行人和法院以合理期待,包括但不限于以下内容:向法院提供真实有效的通信方式、提供本人住所地或经常居住地、填写送达地址确认书等基础信息以及提交其他相关证明材料(例如,本人和配偶的财产状况、与第三人的到期和未到期债权、预期收益情况等)。表现为经传唤于规定时间内到达法院配合执行,严格遵守财产申报规定,严格遵守限制高消费规定,积极配合人民法院处置现有财产,有部分履行行为、明确的履行计划、担保情况及第三方提供的证明材料,且不存在妨碍、抗拒、转移财产等规避执行的行为。

(二)执行理念

信用修复机制的目的之一是积极引导失信主体主动纠正失信行为、履行法定义务,在被准许信用修复后,法院通过"不对其作负面评价"的方式予以激励,从而进一步提高其履行能力。由此看出,在现行信用修复框架并不精细的背景下,执行理念至关重要,应充分发挥失信主体"自我纠错"的主动性。在修复范围和程度方面,拟作出修复决定时,也需综合考量原惩戒幅度后进而作出比例适当、合理的修复,包括对失信主体信用惩戒的暂停或时限缩短、将其失信信息屏蔽或暂时屏蔽、对限制高消费的解除等内容,在决定信用修复采取的具体措施时,应坚持适当原则,通过对失信惩戒措施的有顺序地、递进式地运用,避免修复行为与失信惩戒措施、信用行为严重失衡。

(三)流程公开

信用修复的基本流程是"提出申请—受理申请—综合认定—作出决定",对符合修复申请条件的,人民法院出具修复决定。对不符合修复申请条件的,公开告知。为规范修复流程,各项申请材料和处理决定、节点信息需在执行办案系统中全程留痕,做到信用数据透明、可溯源。

(四)风险防范

一方面,防范修复行为与原惩戒行为失衡、修复幅度过大带来的执行风险。另一方面,防范修复机制本身的漏洞和失信主体主观上规避带来的程序性风险,主要表现为假借信用修复之名转移财产、拖延执行等行为。针对修复过程中不符合信用修复条件的,应立即恢复适用信用惩戒措施,包括取消信用修复资格、延长失信发布期、拘留、罚款、发放司法建议等措施;情节严重,构成犯罪的,应追究其刑事责任。

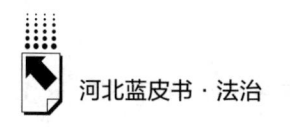

五 信用修复机制的完善建议

(一)量化信用评价,建立"信用承诺+滚动式审查"的修复认定标准

1. 量化信用评价

为增强个人信用评分的准确性、有效性,尽可能做到信用评价过程的直观化、可量化,可采取赋分制,即对涉及配合处置财产、遵守限制高消费、积极履行生效法律文书确定义务、财产申报等内容设置不同类别的量化评分项目。具体操作时,可借鉴芝麻信用评分(该评分系统依据用户金融借贷、转账支付、投资、购物、出行、住宿数据场景,通过各类模型算法,进行综合评分)。在量化评价中,可将失信被执行人的信用信息分为基础性信息和其他加分项,采取"基础分+幅度分"的方式,其中基础分侧重客观、静态的要素,幅度分侧重主观、动态的要素。在赋分权重方面,基础性信息所占比重可设定为60%,法院在量化评价中,首先核对作为修复前提的基础性信息。在幅度分的分布中,围绕"是否提高履行能力"这个核心展开。综合评分在一定数值以上的,法院将制作决定书,即时解除或变更惩戒措施,并将相关信息推送至信用平台。

2. 建立"信用承诺+滚动式审查"的修复认定标准

在信用承诺方面,失信主体在申请信用修复时应作出守信承诺,对自己所提供的修复申请材料的完整性、真实性和合法性负责。承诺自愿接受监督,违背承诺将依法接受相关联合惩戒。信用承诺书将纳入自然人、法人信用记录,作为信用监管的重要参考。在滚动式审查方面,法院发布的失信被执行人名单信息嵌入各单位"互联网+监管"系统,利用执行网络查控系统和司法大数据对失信被执行人履行状况滚动式审查,低于预先设定的分值时则自动发出预警和提示。对信用修复期间和信用完成一定时间内再次发生同类失信行为的,将提升失信等级并不允修复。

（二）规范异议表达渠道，平衡利益主体权益

1. 建立异议公开处理机制

信用修复的核心是重塑不良信用，减轻失信行为带来的不良社会影响。[1] 而在为失信者修复"信用裂痕"之外，同样应关注对申请执行人的权益保护。公开修复异议一方面可以避免信用信息不对称，另一方面可将法院、失信被执行人、申请执行人纳入同一个范畴，在公开、透明的载体上作出决定，确保执行权的合理适用。在处理失信被执行人针对不予修复、修复幅度等方面的异议时，可采用开放型的方式，围绕异议理由在规定时间内公开处理并反馈。为避免修复时间过长，可采取在线视频等方式。针对修复异议作出处理决定后，除非因新的事由，否则法院不再受理异议申请。

2. 扩大失信主体程序性参与

在修复过程中要注重强制与善意的平衡，在申请执行人和失信被执行人权益之间合理衡量。[2] 其中，针对失信被执行人"履行善意""履行能力"等方面的证据的评定应最大限度地保障失信被执行人和申请执行人的全程参与。执行法院依据申请执行人的申请可以对暂停适用信用惩戒的失信被执行人实行滚动式审查，发现不符合信用修复条件的，应立即恢复适用信用惩戒措施，并通知申请执行人和失信被执行人。申请执行人对执行法院同意信用修复决定有异议的，可向执行法院提出异议，执行法院应当在规定时间内进行复核。申请执行人仍有异议的，按照《民事诉讼法》第225条进行审查处理。

（三）引入第三方参与，扩大信用评价范围

1. 强化数据归集

失信惩戒一经作出，信用行为在特定时间即被给予了否定评价。随

---

[1] 王超、傅家桢：《信用修复和异议处理》，《浙江经济》2016年第20期。
[2] 刘权：《均衡性原则的具体化》，《法学家》2017年第2期。

着信用行为的积极改善，在对失信主体作出新的信用评价时，将涉及失信主体信用状况的各类数据"应归尽归"，可以身份证号码和统一社会信用代码为标识，利用大数据和区块链技术，全面刻画、展现市场主体的信用状况，最大限度实现对失信主体信用状况的客观、公正评价。

2. 引入第三方信用修复机构

例如，2018年5月，百行征信作为一家市场化个人征信机构在深圳正式开业，主要从事个人信用信息采集、整理、保存和对外提供信用报告、信用评分等征信服务。① 2019年7月9日国务院办公厅发布的《关于加快推进社会信用体系建设构建以信用为基础的新型监管机制的指导意见》提出，鼓励符合条件的第三方信用修复机构向失信主体提供信用报告、信用管理咨询等服务。在国外，韩国2002年成立信用恢复委员会，提供信用咨询与修复服务。美国1996年颁布的《信用修复机构法》规定：信用修复机构主要业务是改善消费者的信用记录、信用历史、信用评级，给消费者提供信用修复建议或者帮助。② 可借鉴此类经验，在司法信用修复流程中引入第三方信用修复机构。一方面，积极培育市场化的信用修复机构，由专业的信用修复机构提供信用服务。设立官方统一的信用修复机构，明确信用修复机构的机构设置、业务范围，规范信用修复机构的从业资格、材料流程、法律责任等内容，确保依法合规经营。在保证市场化运作的同时，促进朝专业化、效率化的方向发展。另一方面，鼓励行业组织与信用修复机构协同修复和协同监管。积极鼓励税务、市场监管等部门与第三方信用修复机构在信用数据归集、信用信息共享、信用数据分析、信用风险预警、失信信息核查等方面开展合作，符合条件的第三方信用修复机构可向失信主体和评价主体提供特定时间期限的信用报告、信用管理等服务，弥补失信主体和公共机构的专业不足。

---

① 彭扬：《百行征信有限公司23日在深圳正式揭牌》，新浪网，2018年5月24日，http://finance.sina.com.cn/money/bank/gsdt/2018-05-24/doc-ihaysvix5012531.shtml。
② 吴琪、王秋香：《美国个人信用修复的做法及启示》，《北方金融》2015年第7期。

（四）实行类型化修复，提升修复效果

1. 区分修复类型

根据失信主体、失信程度、失信领域等方面呈现出的不同特点，[1] 信用修复目前集中表现在失信主体对暂缓、解除自身受惩戒限制方面，因此，从修复实效方面考虑，有必要进行类型化处理，通过区分不同情况建立统一的信用修复机制，根据失信程度的性质适用不同类型的信用修复制度。[2] 实践中通常有三种修复方式，即时间性修复（确立失信信息的保存时限，当失信记录期限届满，可自动删除而不被记录，不再予以披露）、注释性修复（失信主体可提出申请，并进行标注）、删除性修复（履行相应义务后删除失信信息），并根据信用行为的变化进行相应的动态调整。从执行权的行使和公众角度出发，这三种修复方式中，注释性修复更符合当前的修复需求和公众的预期。一方面，其包含了修复主体信用状况的改变过程；另一方面，通过注释也避免了公众对失信信息"隐藏"或"删除"后产生的合理质疑。在"注释"和新增的修复信息进入信用记录后，市场主体或是政府机关都可在查询、了解特定主体完整信用记录的基础上，对重获"守信"评价的主体予以相应交易待遇。[3]

2. 规范修复流程

为便于执行人员掌握修复流程，可由省级法院建立本省的执行信用修复评级标准，根据所占比重较高的执行案由制定信用修复评分的指标体系，评分指标体系的设置应当遵循全面性、科学性、合法性、层次性等基本原则，以此增强可操作性。在对外推送信用修复数据方面，考虑到各县（市、区）经济发展存在的差异，可由中级人民法院汇总本辖区基层法院相关信息，统一对外推送。

---

[1] 张涛：《个人信用评分的地方实践与法律控制》，《行政法学研究》2020年第1期。
[2] 刘瑛：《信用修复的法理依据及类型化实施》，《中国信用》2019年第36期。
[3] 戴昕：《声誉如何修复》，《中国法律评论》2021年第1期。

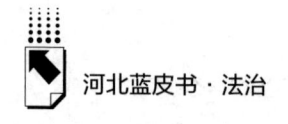

（五）从"修"到"复"，强化正向激励和结果应用

加强守信正向激励，充分将"惩"与"奖"有机结合起来，敦促引导社会公众认真对待自身信用、珍视信用记录。[1] 一方面，要加强综合治理、源头治理，构建以自动履行为主的治理体系。通过在全社会积极培育遵规守信的信用文化、定期发布相关典型案例等方式，增强公众信用意识，形成守法守信的社会风尚。[2] 另一方面，修复本身不会一蹴而就，修复的过程和效果有赖于信用信息的归集、评价、应用整个流程，有赖于修复行为的有效评估、过程监督、公众认可等方面。要注重制度衔接，着力于司法信用修复与其他行业信用修复机制相协调，着力于将司法信用等修复机制统一纳入社会信用体系建设的大局中，实现既有"修"的过程，又能够为失信主体重塑诚信打开"绿色通道"，取得"复"的效果，以此更好地服务优化营商环境，重塑诚信社会环境，满足公众和各类市场主体在新发展阶段中的司法需求。

结　语

信用修复作为善意文明执行理念的一种实践，其制度价值在于激励。在失信联合惩戒机制不断健全的背景下，对信用的修复与对"重塑信用环境"的结果期待具有紧密关系。通过信用修复，一方面，可为信用惩戒提供修正调整的空间，促进失信惩戒的分级分类管理。另一方面，也要探索建立协同修复机制和相应的"修复成本"承担机制，不能惩戒之后随之修复，也不能将失信成本转嫁于社会和其他人，应通过信用修复机制的建立，从源头上推进惩戒的精细化和精准化，共同营造遵规守信、褒惩并重的社会信用环境。

---

[1] 张贵峰：《"污点"可修复，有助信用体系完善》，《人民法院报》2019年2月13日。

[2] 王学辉、邓稀文：《"执行难"背后的信用激励机制：从制度到文化》，《四川师范大学学报》（社会科学版）2020年第1期。

B.16
刑事附带民事公益诉讼的实践困境与规范路径

——以环渤海区域1529份一审判决为研究起点

王荔 宋紫娟*

摘 要： 刑事附带民事公益诉讼在保护生态环境、打击食药品犯罪、维护社会公益方面呈现出独特优势，但司法实践中由于法律供给、适用标准、责任承担、程序衔接等方面仍存在缺失或不足，刑事附带民事公益诉讼的初衷、效果还未完全彰显。因此，有必要以刑事附带民事公益诉讼案件的审理实践为切入点、以案件流程轨迹为路径，探讨优化刑事附带民事公益诉讼制度，真正达到恢复性司法的目的和要求。

关键词： 刑事附带民事公益诉讼 司法实践 实证分析 规范路径

引 言

实现惩罚犯罪和修复被侵害的公益，是刑事附带民事公益诉讼的初衷和目标，更是习近平法治思想、习近平生态文明思想重要内容。十八届四中全会提出探索建立检察机关提起公益诉讼制度，2018年最高人民法院、最高

---

* 王荔，石家庄市中级人民法院法官助理，研究方向为刑法；宋紫娟，河北省井陉县人民法院法官助理，研究方向为环境法。

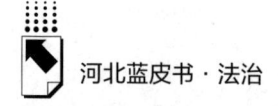

人民检察院发布《关于检察公益诉讼案件适用法律若干问题的解释》（以下简称《公益诉讼解释》），为刑事附带民事公益诉讼提供了依据。这些规定是对经验的总结和提升，对维护公共利益具有指导意义。但是，实践中还存在法律供给不足、适用标准不统一、责任承担方式不明确、程序衔接不顺畅等问题。因此，本报告试图在司法现状考察基础上，对制度进行综合分析，以期对实践有所裨益。

一 检视：刑事附带民事公益诉讼的司法现状

笔者在威科先行·法律信息库、中国裁判文书网以"刑事附带民事公益诉讼""一审""判决"为关键词，对环渤海7省区市判决进行了检索、分析。

（一）推而不广：刑事附带民事公益诉讼适用范围局限性

根据检索结果，2018～2021年[1]共计1529份样本判决书。其中，2018年205件、2019年486件、2020年690件、2021年148件，年增长幅度较大。

从表1、图1看，刑事附带民事公益诉讼主要有以下几方面特点。

一是年增长幅度较大，但地域分布不均衡。

二是案由较为集中，主要为危害食药品类和破坏环境资源类案件，占比超过了90%。

三是相较于法律、司法解释规定，[2] 地方司法实践又有所突破。例如，（2020）辽0213刑初339号判决显示检察机关对唐某某侵犯公民个人信息案提起了刑事附带民事公益诉讼。[3]

---

[1] 本报告中2021年的数据截至5月29日。
[2] 《公益诉讼解释》第13条将检察院提起公益诉讼案件界定为"对破坏生态环境和资源保护、食品药品安全领域侵害众多消费者合法权益等损害社会公共利益的行为"。《民事诉讼法》第55条也作了类似规定。
[3] 这一做法并非个例，其他省区市也多有探索，如（2020）鲁0303刑初773号判决、（2020）鲁0881刑初15号判决等。

表1 2018～2021年环渤海区域刑事附带民事公益诉讼案件数量

单位：件

年份	北京	天津	河北	山西	内蒙古	辽宁	山东
2018	2	3	49	38	24	47	42
2019	3	5	84	89	35	156	114
2020	2	4	200	63	59	187	175
2021	—	3	48	8	1	39	49

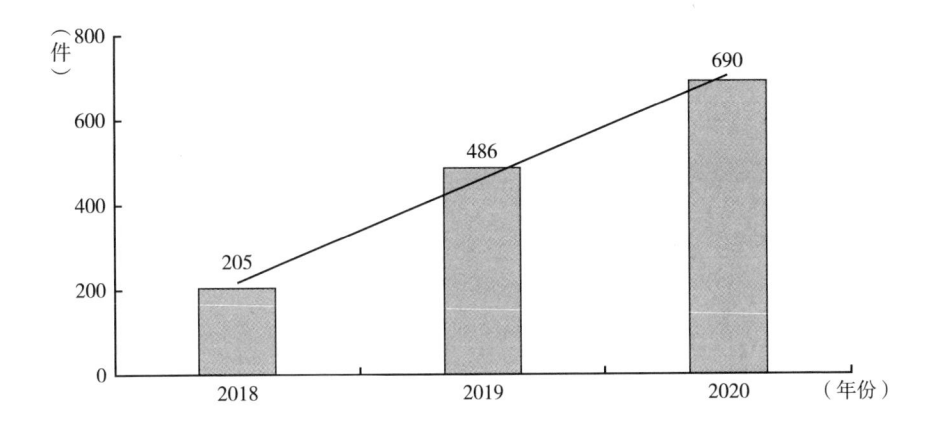

图1 2018～2020年刑事附带民事公益诉讼案件数量增长情况

但是，从刑事附带民事公益诉讼与对应的同类刑事犯罪数据看，其占比仍偏低，笔者对破坏环境资源类犯罪相关数据进行了统计对比。

从表2看，2018～2021年全部破坏环境资源类案件中提起刑事附带民事公益诉讼案件占比分别为3.14%、5.96%、11.91%、14.94%，尽管有不断上升的趋势，但总体占比只有7.21%，仍处于整体较低的水平。实践情况易让人产生以下疑惑。其一，对于其余的90%多的案件未提起刑事附带民事公益诉讼，易引起选择性司法的猜测。① 其二，刑事附带民事公益诉讼主要目标之一是通过恢复性司法实现惩罚犯罪和恢复环境、预防犯罪

---

① 事实上这种疑虑并非空穴来风，根据理论研究及司法实践情况，出于各种原因，检察机关中公益诉讼部门存在案件发现途径有限、被动完成任务等现象。

等,但是不到10%的适用率,似难适应司法价值取向。其三,有同案不同判倾向。相较于普通刑事犯罪,刑事附带民事公益诉讼责任中均有惩罚性赔偿、修复资金、赔礼道歉等判项。检察院若对相同或者类似情形作出不同处理,有的提起刑事附带民事公益诉讼,有的不提起,那么法院在裁判时则不得不根据公诉情况作出判决。①

表2 2018~2021年全部破坏环境资源类案件中刑事附带民事公益诉讼占刑事犯罪的比例情况

单位:件,%

类 别	2018年	2019年	2020年	2021年
刑事附带民事公益诉讼案件数量	114	254	394	88
刑事犯罪案件数量	3635	4263	3309	589
刑事附带民事公益诉讼占刑事犯罪的比例	3.14	5.96	11.91	14.94

(二)溢出与缺省:适格的当事人实践中缺位

1. 检察机关的诉讼角色定位不清

《公益诉讼解释》第4条规定了检察机关在公益诉讼中的地位是"公益诉讼起诉人"。但在司法实践中仍存在不同地区或法院对起诉主体的称谓不统一、诉讼地位不明的情况。表述有"公诉机关暨附带民事诉讼起诉人""公益诉讼原告""公益诉讼人""诉讼原告人""公益诉讼机关",甚至有在刑事附带民事公益诉讼部分无称谓的情况。用语不规范问题从侧面反映出对诉讼主体地位认识不清。

2. 刑事附带民事公益诉讼起诉人角色单一

根据《公益诉讼解释》的规定,刑事附带民事公益诉讼流程为:检察院发现损害社会公共利益的行为→公告30日→若有法律规定的机关组织提起刑事附带民事公益诉讼的由该机关组织提起,无机关组织提起诉讼的,则

---

① 王连民:《刑事附带民事公益诉讼的实践困境与完善路径——以污染环境相关案件为切入点》,《山东法官培训学院学报》2020年第1期。

检察院可以提起。由此可以看出，法律规定的机关组织是前置于检察机关的起诉主体。但司法实践中的普遍现象是检察机关作为起诉主体的地位固化，其他主体鲜有提起，甚至存在作为所有权人的组织或单位放弃起诉的现象，如在被告人张某全犯失火罪一案中，4个村委会作为火灾损毁林地所有权人均表示放弃提起刑事附带民事公益诉讼。①

（三）公正与效率：诉讼程序规则适用混乱

1. 诉前公告程序适用率低

《公益诉讼解释》第13条和两高《关于人民检察院提起刑事附带民事公益诉讼应否履行诉前公告程序问题的批复》均明确规定了检察院拟提起公益诉讼的，应当履行诉前公告。

从表3可以看出，未履行诉前公告程序的情况普遍存在，公告占比最高的为57.14%，占比最低的为18.18%。诉前公告程序的缺失，不利于公众对公益保护的知情权和监督权的行使，也意味着其他适格主体较难参与到保护公益的诉讼活动中，易导致其他主体习惯性沉默。

表3 2018~2021年刑事附带民事公益诉讼案件诉前公告占比情况

单位：件，%

类别	总数	北京	天津	河北	山西	山东	辽宁	内蒙古
诉前公告案件数量	678	4	6	181	36	197	212	42
刑事附带民事公益诉讼案件数量	1529	7	15	381	198	380	429	119
占比	44.34	57.14	40.00	47.51	18.18	51.84	49.42	35.29

2. 调解协议规则缺失、标准不一

根据统计分析，相当一部分刑事附带民事公益诉讼案件在诉前或者诉中检察机关与被告人达成调解协议，促使被告人积极主动履行义务对公益保护

---

① （2019）鲁0683刑初468号。

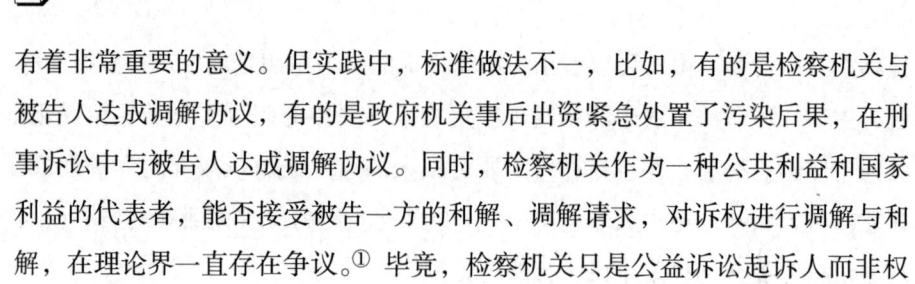

有着非常重要的意义。但实践中，标准做法不一，比如，有的是检察机关与被告人达成调解协议，有的是政府机关事后出资紧急处置了污染后果，在刑事诉讼中与被告人达成调解协议。同时，检察机关作为一种公共利益和国家利益的代表者，能否接受被告一方的和解、调解请求，对诉权进行调解与和解，在理论界一直存在争议。① 毕竟，检察机关只是公益诉讼起诉人而非权利义务承担人。

3. 合议庭组成有形式化倾向

《人民陪审员法》第16条规定："涉及征地拆迁、生态环境保护、食品药品安全，社会影响重大的第一审案件由人民陪审员和法官组成七人合议庭。"案件样本中，3人组成合议庭审理的1021件，7人组成合议庭审理的442件。通过对442件案件分析发现，135件案件被告人认罪认罚并同意刑事附带民事公益诉讼请求，部分已在庭审前取得了谅解或者达成调解协议；301件案件被告人认罪认罚；只有极个别的案件中被告人对公诉机关的诉求不予认可（见图2）。在这种情况下，案件动用3名审判员和4名人民陪审员组成7人合议庭的形式宣示意义大于实质定分止争意义，必要性存疑。

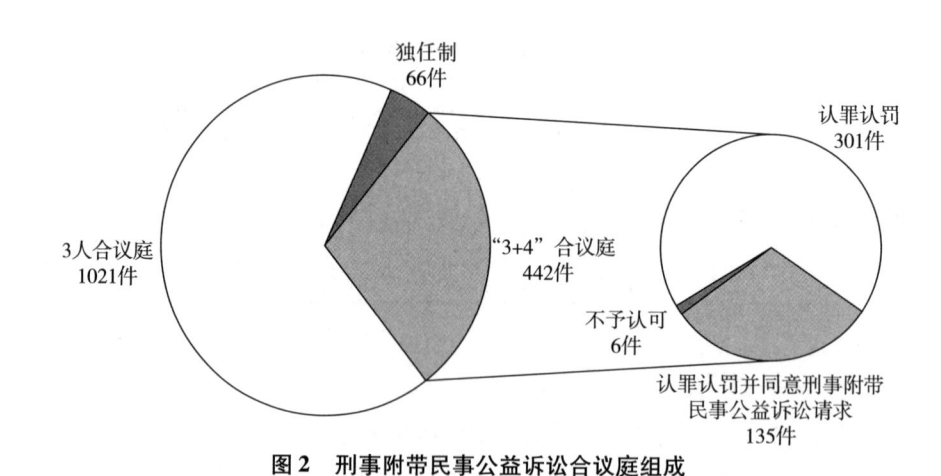

图2 刑事附带民事公益诉讼合议庭组成

---

① 卞建林、许慧君：《论刑事诉讼中检察机关的职权配置》，《中国刑事法杂志》2015年第2期。

(四)拓展与局限：刑事附带民事公益诉讼责任承担、履行的不确定性

刑事附带民事公益诉讼拓展了救济渠道和惩罚措施。例如，部分刑事案件发出了环境禁止令、修复令、管护令等。部分案件大量运用了惩罚性赔偿金规则。

根据表4，结合案件判决原文分析，可以发现修复生态环境、惩罚性赔偿金等方面存在以下问题。

第一，虽然多数法院支持惩罚性赔偿金这一诉请，但是惩罚性赔偿金倍数、计算方式均不清晰，各地法院判决也各不相同。[①] 第二，刑事附带民事公益诉讼起诉人在对惩罚性赔偿金的具体处理方面也未形成统一的做法，分别有责令依法上缴国库、缴纳至法院、缴纳至检察机关或专用账户、缴纳至区财政局、接收主体不明、由执行机关发放相关被害人等。第三，由于配套规定、执行手段缺失或存在局限，判决在具体的执行过程中问题频发，尤其是惩罚性赔偿这一判项。另外，根据相关判决，在破坏环境资源类案件中，有些环境修复资金巨大，[②] 有的属于非常规履行方式，[③] 对于这种新情况如何有效执行到位还有很多空白。

表4 部分刑事附带民事公益诉讼案件惩罚性赔偿金计算方式及去向

去向类型	案件	惩罚性赔偿金计算方式	惩罚性赔偿金去向
上缴国库型	（2020）辽0904刑初87号	违法所得10倍	上缴国库
	（2020）辽0103刑初586号	违法所得1倍	上缴国库
	（2020）晋1102刑初56号	违法所得3倍	由法院上缴国库
	（2019）晋1102刑初209号	违法所得3倍	由法院上缴国库

---

① 大致有判罚违法所得（或者销售额）3倍、5倍、10倍。
② 如（2018）冀0633刑初232号判决显示，被告人李某等4人共同赔偿应急处置费用、清除土壤污染费用和生态环境修复费用共计8288165.10元。
③ 如（2020）冀0824刑初118号判决，马某东被判犯非法狩猎罪，其自愿做为期一年的保护野生动物志愿者，如何履行欠缺标准。

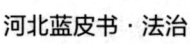

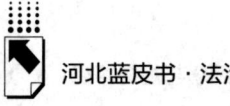

续表

去向类型	案件	惩罚性赔偿金计算方式	惩罚性赔偿金去向
上缴法院型	（2020）冀0623刑初104号	1000元	缴纳至法院
上缴检察机关或专用账户型	（2020）辽0922刑初158号	未体现几倍	缴纳至检察机关
	（2019）冀0105刑初103号	违法所得3倍	缴纳至公益诉讼人开设的专用账户
	（2018）冀0638刑初159号	未体现几倍	缴纳至检察机关
上缴财政局型	（2020）辽0113刑初293号	违法所得10倍	缴纳至区财政局
发放被害人型	（2018）冀0132刑初135号	违法所得3倍	由执行机关发放相关被害人
接收主体不明型	（2021）辽0123刑初16、17、18、23号	违法所得10倍	接收主体不明

二 探究：对刑事附带民事公益诉讼实践困境的原因剖析

（一）法律供给不足，实体、程序问题难觅依据

若对公益诉讼正当性依据进行追溯的话，会发现刑事附带民事公益诉讼法律和政策渊源极为有限。

从表5看，刑事附带民事公益诉讼最主要的依据是《公益诉讼解释》及《人民检察院公益诉讼办案规则》。前者中仅有一条作为刑事附带民事公益诉讼的授权性条款，缺乏充分的程序性操作规范。检察机关提起刑事附带民事公益诉讼面临法律依据、法定程序缺乏的问题。①

---

① 谢小剑：《刑事附带民事公益诉讼：制度创新与实践突围——以207份裁判文书为样本》，《中国刑事法杂志》2019年第5期。

表5 公益诉讼案件政策法规依据

时间	主要法律政策文件	内容
2014年	《中共中央关于全面推进依法治国若干重大问题的决定》	探索检察机关提起公益诉讼的制度
2015年	《检察机关提起公益诉讼试点改革方案》《关于审理环境民事公益诉讼案件适用法律若干问题的解释》《关于审理消费民事公益诉讼案件适用法律若干问题的解释》	对提起民事、行政公益诉讼相关事项作出规定;不服一审可以抗诉
2016年	《关于深入开展公益诉讼试点工作有关问题的意见》	首次提出刑事附带民事公益诉讼
2016年	《人民法院审理人民检察院提起公益诉讼案件试点工作实施办法》	对提起民事、行政公益诉讼相关事项作出规定;不服一审可以上诉
2017年	《民事诉讼法》	第55条新增一款授权人民检察院提起民事公益诉讼的主体资格
2018年	《公益诉讼解释》	作出原则性规定;不服一审可以上诉
2018年	《刑事诉讼法》	无
2020年	《人民检察院公益诉讼办案规则》	与《公益诉讼解释》基本一致

以上原因,给刑事附带民事公益诉讼留出很多不确定选项,导致司法实践中相关机关四处找法用法。在程序规定不足时,似乎还依据民事公益诉讼的相关法律,如《民事诉讼法》《关于审理环境民事公益诉讼案件适用法律若干问题的解释》《关于审理消费民事公益诉讼案件适用法律若干问题的解释》。① 因此,出现前述诉讼参与人称呼混乱、"选择性起诉"、扩张起诉案由、判项不一等问题就不足为怪。

（二）司法理念认识不足,衔接配合不顺畅

其一,重实体轻程序、重定罪轻量刑民事责任纠纷厘定。该问题导致部分案件对刑事部分证据罗列清晰,但是民事部分证据或者没有或者寥寥数语;对刑事部分分析透彻,对民事部分中（尤其是污染环境案件中）行为

---

① 谢小剑:《刑事附带民事公益诉讼:制度创新与实践突围——以207份裁判文书为样本》,《中国刑事法杂志》2019年第5期。

与结果的因果关系、损害后果计算、责任分担等一笔带过，不作详细说理。尽管公益诉讼还在探索中，但其仍应当确保正当程序，否则无法适应公益保护的新要求。

其二，诉讼程序交织，提升了该类案件审理的复杂程度。以生态保护案件为例，生态保护案件中往往会出现民事、行政、刑事三大法律关系相互包容、相互交织、相互重叠的情况，这在很大程度上增强了生态保护案件的复杂性。① 因此，检察机关在启动程序时一定程度上存在畏难和随意情绪。例如，在破坏环境资源类案件中，数额较小的、损失较为明确的、鉴定意见相对清晰的更容易提起诉讼。

其三，法检司法理念不一，部分问题仍有争议。2016年检察机关就提出了刑事附带民事公益诉讼，到2018年两高才出台司法解释，且部分规定存在冲突，如对于不服一审判决裁定，采取"上诉"还是"抗诉"，法检也是在争议中逐步统一（见表5）。同时，无论是刑诉法还是对应的司法解释均没有刑事附带民事公益诉讼规定。《刑事诉讼法解释》起草小组在解释为何不规定刑事附带民事公益诉讼时称，"两高的《解释》对刑事附带民事公益诉讼作出相对具体规定，但实施时间不长，可根据司法实践情况，通过修改《刑事诉讼法》方式对该问题作出进一步明确"。②

（三）人员、程序不协同，公正效率难以兼顾

一是检察机关内部没有协同。表现为同一件案件庭审分别有检察机关公诉、民行等不同部门的人员参与，多则5人、少则2人；刑事案件部分和刑事附带民事公益诉讼案件部分分批移送起诉，二者相隔少则数天、多则数月。实践中，部分刑事案件认定时本就疑难复杂、耗时较长，再引入刑事附带民事公益诉讼更影响审理期限。学者在调研中也发现，许多基层法院以民

---

① 陈历辛：《生态保护检察机构设置论》，《深化依法治国实践背景下的检察权运行——第十四届国家高级检察官论坛论文集》，2018。
② 李少平主编《最高人民法院关于适用〈中华人民共和国刑事诉讼法〉的解释理解与适用》，人民法院出版社，2021，第279页。

事公益诉讼案件由市中院一审为由,拒绝受理基层检察院提起的刑事附带民事公益诉讼。[1]

二是审判组织组成没有与认罪认罚从宽程序相互协同。尽管《刑事诉讼法》规定了第一审案可由审判员和人民陪审员组成7人合议庭进行,但是,7人合议庭应对的是疑难复杂案件,人民陪审员在事实问题认定上独立表决,在法律问题上发表意见、不参与表决。通过前述统计分析,实践中相当多的案件已经和解或者认罪认罚,组成7人合议庭必要性缺乏依据。另外,根据笔者实践经验,案件审理中的法律问题和事实问题交织,二者通常难以区分;在没有专业知识的人的参与下,7人合议庭中的人民陪审员对案件准确认定并不能起到更有力的作用,其形式宣示意义大于实质解纷意义。

三是内外部力量没有协同。损害公益行为侵犯社会大多数人员的利益,对不特定主体的权益造成威胁,其并非司法机关的"内部循环消化"。但是,实践中缺乏外部力量的有效参与,相关被侵害的组织提起诉讼的意愿非常低,有相关专业知识的人员参与案件审理的情况少见,案件判决之后相应的赔偿金管理制度不健全、无法归集统一有效使用,被告人无法履行义务时缺乏代履行机制,等等。缺乏多样化的救济手段和参与途径,极大地限制了制度效益的发挥。

三 优化:完善刑事附带民事公益诉讼制度可行性路径

实现既维护公平又保证效率的刑事附带民事公益诉讼,需要建构一体化的规则体系,破解当下案件少、依据少、效率低等问题。本报告拟按照案件办理流程,从案件发现、案件管辖、案件办理、判后执行等方面提出相关意见。

---

[1] 谢小剑:《刑事附带民事公益诉讼:制度创新与实践突围——以207份裁判文书为样本》,《中国刑事法杂志》2019年第5期。

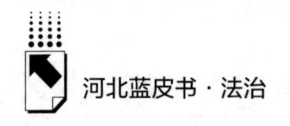

（一）案件发现：变"人找案"为"案找人"

刑事附带民事公益诉讼的功能是该项制度在社会大结构运行中与各种复杂因素发生互动的客观结果。[①]

1. 优化审前审查起诉程序

鉴于实践中存在的公益诉讼部门案件被动发现、起诉滞后的问题，建议公安和检察机关建立协调、筛查机制。具体为：公安机关侦查环境资源类、食药品类等可能危害社会公益的案件时，事先通报检察机关以决定是否同步审查、是否应当提起公益诉讼，以便提前指导公安机关调查取证。

2. 加强检察机关内部的协同

案件移送检察机关后，检察机关内部机构同步审查案件并予以公告，防止公告时间挤占审查起诉和审判期限。若最终决定提起公益诉讼，则报请上级检察机关审查决定。

公安、检察机关案件内外部协同审查流程见图3。

公安机关侦查环境资源类、食药品类案件时发现其可能会危害社会公益 ⇒ 公安机关通报检察机关 ⇒ 检察机关决定是否同步审查、是否应当提起公益诉讼 ⇒ 若需要同步审查、应当提起公益诉讼，则报请上级检察机关审查决定 ⇒ 上级检察机关决定同步审查、起诉，则由检察机关内部机构同步审查案件并予以公告

图3　公安、检察机关案件内外部协同审查流程

3. 提升诉讼主体参与度

不少学者建议将公益诉讼主体单一化，直接改为检察机关。且不说这种"父爱式"管理模式是否合理，单就专业知识储备、相关领域熟识度等，检察机关并没有优势可言。因而，应在明确其他机关组织作为诉讼主体的权利义务基础上，进一步完善检察机关支持起诉的制度设计，保障法律规定的机

[①] 刘艺：《刑事附带民事公益诉讼的协同问题研究》，《中国刑事法杂志》2019年第5期。

关组织的起诉权，加强委托鉴定评估、证据收集与指引方面的支持，保障社会公益能够得到更加专业的保护。

（二）案件管辖：集中管辖基础上的类案指导

根据司法现状，案件分散审理以及民事公益诉讼案件和刑事附带民事公益诉讼案件管辖分立均不利于制度的推进。

1. 案件集中管辖

尽管各地审判机关已经不同程度地将本辖区破坏环境资源类刑事案件进行了集中管辖，但是，公益诉讼涉及刑事、行政、民事，其专业化、复杂化、涉众化特质更为明显，建议从省市层面指定部分基层、中级人民法院集中管辖公益诉讼类案件，更好地考虑本地区案件法律适用统一性，衡平经济发展质量和社会生活秩序，持续为环境权、生存权等的改善提供良好氛围。因此，无论是防止地方保护，还是优先考虑整体利益，实施地区公益诉讼一、二审案件集中管辖均是提高专业化水平的可行途径。

2. 理顺案件办理程序

《公益诉讼解释》规定，民事公益诉讼案件原则上由中级人民法院审理，经上级法院批准后，可以将案件指定到下级法院办理，[①] 但刑事附带民事公益诉讼案件可以由一审法院直接审理。二者出现关系错位，因此，可以试点将该类案件规定由集中管辖的法院审理，基层法院受理案件后立即向上级法院备案，主动接受监督指导。上级法院角色由"被动地指定下去"变为"主动地类案指导"，同时针对典型问题适时制定裁判规则，统一辖区法律适用。

（三）案件办理：多元化主体参与和多样化程序衔接

1. 规范审理程序

看得见的正义，实质上就是指裁判过程的公平、法律程序的正义。[②] 刑

---

① 经检索，实践中相当一部分案件均被指定由下级法院审理。
② 陈瑞华：《看得见的正义》，北京大学出版社，2013，第3页。

事附带民事公益诉讼因其公益性更容易引起社会关注。其一，目前，部门法规还没有明确规定刑事附带民事公益诉讼，相关司法解释也是只言片语，多为原则性、概括性规定。实践中，可以参照刑事附带民事公益诉讼办理相关案件，除非民事案件复杂导致刑事案件法庭审理过于冗长、不能及时出判，原则上应当将刑事案件和刑事附带民事公益诉讼案件一并审理。其二，公益诉讼中的调解程序由于公益的特殊性，必须受到一定限制，只有调解能使损害降到最低或具备最优修复方案时才可以进行，否则检察机关放弃权益的行为就违背了公益诉讼本身的目的。① 因此，需要明确检察机关与被告人在民事责任方面调解、和解的权利界限，既要给予一定的协商权利，也应明确"退让"的界限，应当以达到保护社会公益的程度为基准。首先，无论是诉前还是诉中，都应明确检察机关将调解、和解内容进行公开这一程序性规定。其次，建议增设调解听证会议、审查调解协议合法合理性等规定，② 限制检察机关在刑事附带民事公益诉讼中的"自由裁量权"，保障社会公益的恢复和实现。最后，在审理阶段，根据双方达成的调解协议而制作的调解书或者准予撤诉裁定书也应当通过法院网站或其他途径予以公示公开，提高司法透明度，满足群众的知情权和监督权。

2. 优化审判组织

人民陪审员有效参与审判，可以防止司法恣意和司法腐败，也可以提升司法裁判的权威性或者其在社会民众中的可接受性。③ 但是否必须组成7人合议庭更应该侧重考虑广泛地接收民意、案件难易情况，侧重增强专业人士的智力支持等因素。可以建立专家陪审员库，吸纳环资类、食药品类专业技术人员进入人民陪审员队伍，在综合考量当事人数量、案件专业复杂程度、法律适用难易度等因素的基础上，选取具有专业背景的人员为案件审理提供重要的辅助，打破法律人士的专业单一、认识局限。在案件的事实认定、调

---

① 田凯等：《人民检察院提起公益诉讼立法研究》，中国检察出版社，2017，第89~90页。
② 林越坚、刘青青、林婷婷：《刑事附带民事公益诉讼的制度逻辑与程序优化——以生态环境类案件为视角的展开》，《人民检察》2020年第9期。
③ 何家弘：《亡者归来——刑事司法十大误区》，北京大学出版社，2014，第297页。

解宣传、裁判说理等方面发挥积极作用，增强司法公信力。

3.与繁简分流融合衔接

案件"当繁则繁，应简则简"是司法改革的明确要求，也是案件审理效率的切实保障。对于案件事实清楚、争议不大，尤其是被告人认罪认罚的案件，应当适用速裁、简易程序快速办理，迅速实现公共利益的恢复和弥补。否则，"表演式"的审判不仅会增强审判资源的紧缺性，还会冲击庭审的严肃性。

（四）判决执行：优化赔偿金监管使用，保证制度设置价值

从本质上看，公共利益的核心是不特定主体的利益，具有主体的不特定性，当公共利益遭受损失的时候，并没有一个特定的受偿主体，只能是由法律规定的特定机关组织或者个人代为受偿。[①] 惩罚性赔偿金作为刑事附带民事公益诉讼领域中相对较新的责任方式，其不同于针对私益被害人的赔偿，设置初衷不仅是"赔"，更具有"威"的效力，关键落实在"用"。因此，其一，应明确公益诉讼中的修复金、赔偿金的去向既不能是检察机关、法院，也不能是受损害的实际所有人，应为此类资金设置专项基金、专用账户。其二，准确认知司法机关相关领域中专业知识和工程管理经验的不足，充分发挥行政机关、研究机构、专门性社会组织生态修复的技术力量和管理能力优势，探索环境修复管理人制度，为公益保护提供有力支撑。其三，账户基金设置主体可以为相关行政主体，行政机关主动或者根据社会组织申请进行专项使用，检察机关、法院作为监督主体对资金的管理和使用进行专项监督，保障资金的合理、有效利用，形成完整的服务机制。

结　语

"新的精神逐渐开辟出一条自己的道路，尽管在这个过程中，每一步的

[①] 周新：《刑事附带民事公益诉讼研究》，《中国刑事法杂志》2021年第3期。

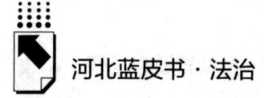

迈出都显得那么微小而不为人所注意，但当我们回头看的时候，就会发现它已经走过了遥远的一段历程。"[1] 刑事附带民事公益诉讼仍在探索之中，其司法过程、法律适用自始就不是简单的事实与条文对应直接得出结论的过程。司法实践中，应找准功能定位、价值取向，在不缺位、不越位的前提下，寻求机制创新，完善配套措施，促进程序衔接等，以公众之力维护公共利益，共同勾勒司法正义的图景。

参考文献

江必新：《中国环境公益诉讼的实践发展及制度完善》，《法律适用》2019年第1期。

卞建林、谢澍：《刑事附带民事公益诉讼的实践探索——东乌珠穆沁旗人民检察院诉王某某等三人非法狩猎案评析》，《中国法律评论》2020年第5期。

石晓波、梅傲寒：《检察机关提起刑事附带民事公益诉讼制度的检视与完善》，《政法论丛》2019年第6期。

胡巧绒、舒平安：《刑事附带民事公益诉讼运行实证观察》，《犯罪研究》2020年第3期。

王连民：《刑事附带民事公益诉讼的实践困境与完善路径——以污染环境相关案件为切入点》，《山东法官培训学院学报》2020年第1期。

张雪樵：《检察公益诉讼比较研究》，《国家检察官学院学报》2019年第1期。

赵辉：《检察机关提起刑事附带民事公益诉讼难点问题探究》，《中国检察官》2019年第16期。

秦天宝：《论环境民事公益诉讼中的支持起诉》，《行政法学研究》2020年第6期。

刘艺：《我国检察公益诉讼制度的发展态势与制度完善——基于2017—2019年数据的实证分析》，《重庆大学学报》（社会科学版）2020年第4期。

时磊：《检察公益诉讼办案中存在的主要问题和解决路径》，《中国检察官》2020年第15期。

梅贤明、陈美治：《环境公益诉讼适用调解的限度原则》，《人民法院报》2014年7月31日。

---

[1] 〔美〕本杰明·卡多佐：《司法过程的性质及法律的成长》，张维编译，北京出版集团公司、北京大学出版社，2012。

B.17
企业环境犯罪治理合规建设

——以河北省生态环境保护检察实践为视角[*]

朱伟悦[**]

摘　要： 环境保护责任是企业应当承担的重要社会责任之一，随着"重发展轻保护"理念的转变，企业环境保护责任追究机制不断完善，机制运行中也呈现出一些本土化问题。从法教义学角度分析，可以秉持恢复性司法理念，将自然人环境犯罪履行生态恢复责任的经验做法，应用于企业环境犯罪治理。加强区域协同合作对提高环境保护质效有益，"区域"可分为"微观区域""中观区域""宏观区域"三个层次，微观、中观、宏观逐级协同发展。同时，考虑企业环境犯罪主体特点，应完善磋商制度相关立法，区分企业责任与直接责任人员责任，完善企业合规建设，促进河北省生态环境修复。

关键词： 企业环境犯罪治理　恢复性司法　磋商制度　企业合规　区域协同

一　生态环境保护检察制度与企业合规建设运行现状概述

（一）生态环境保护检察制度运行现状

党的十八大以来，我国的生态文明体制改革进展迅速，特别是经过

---

[*] 本报告系基金项目，为2021年度河北省人民检察院检察理论课题"企业合规的理论与实践问题研究"、北京市法学会2021年市级法学研究课题"有组织犯罪涉案财产处置机制的规范化构建"的阶段性成果。

[**] 朱伟悦，中国政法大学刑事司法学院博士，最高人民检察院挂职检察官，研究方向为检察制度。

2018年的机构改革，适合中国国情的环境保护执法道路和执法方式越发清晰。① 《中共中央关于全面深化改革若干重大问题的决定》指出："对造成生态环境损害的责任者严格实行赔偿制度，依法追究刑事责任。""完善行政执法与刑事司法衔接机制。"② 近年来，公益诉讼检察经历了从试点到正式确立的历程，在助力打赢污染防治攻坚战方面发挥愈加明显的作用，与刑事检察、民事检察、行政检察并列为"四大检察"。与之相对应，我国生态环境保护检察制度，包含生态环境保护刑事公益诉讼、生态环境保护民事公益诉讼、生态环境保护行政公益诉讼。司法实践中，自然人涉嫌环境违法犯罪案件的责任承担，主要有以下几种表现形式。

一是在刑事判决书中表述"作为酌情从轻处罚的情节"；③ 二是在刑事附带民事公益诉讼判决书中表述"被告人履行公益诉讼起诉人提出的诉讼请求，可予从轻处罚"；④ 三是单独作为刑事附带民事公益诉讼的赔偿责任内容，不作为刑事公益诉讼的量刑依据；⑤ 四是在民事公益诉讼中，对不具有经济赔偿能力的被告人判处"以劳代偿"，化解"执行难"，彰显检察温度。⑥

---

① 吕忠梅：《习近平法治思想的生态文明法治理论》，《中国法学》2021年第1期。
② 《中共中央关于全面深化改革若干重大问题的决定》，《人民日报》2013年11月16日。
③ 参见福建省厦门市同安区人民法院（2019）闽0212刑初612号刑事判决书"被告人陈江滨自愿购买鱼苗采用增殖放流方式进行生态修复，可酌情从轻处罚"及福建省宁德市蕉城区人民法院（2019）闽0902刑初286号刑事判决书"被告人已缴纳生态修复保证金、完成部分补植复绿，取得村民谅解，可予以酌情从轻处罚"。
④ 参见河北省衡水市桃城区人民法院（2020）冀1102刑初251号刑事附带民事判决书"专家咨询意见为，二被告人的电鱼行为对衡水湖的整个生态系统有一定的破坏作用，建议以增殖放流的形式，放流同种类同重量的水产品幼苗作为损害生态环境的最低补偿……二被告人能如实供述自己的罪行，且主动履行公益诉讼起诉人提出的诉讼请求，有悔罪表现，依法可予从轻处罚"。
⑤ 参见河北省唐山市路北区人民法院（2019）冀0203刑初117号刑事附带民事公益诉讼判决书"被告人李某某犯非法捕捞水产品罪，判处有期徒刑八个月，缓刑一年；被告人刘某犯非法捕捞水产品罪，判处有期徒刑六个月，缓刑一年；被告人李某某、刘某在判决生效后十日内向刑事附带民事公益诉讼起诉人河北省唐山市路北区人民检察院支付海洋资源生态系统恢复费用人民币十万六千八百三十二元并承担鉴定评估费用人民币三万元"。
⑥ 郭树合等：《山东青岛：成功办理山东首例"以劳代偿"民事公益诉讼案件》，正义网，2020年12月8日，http://www.jcrb.com/procuratorate/jcpd/202012/t20201208_2231094.html。"检察官在案件办理过程中了解到被告人胡某某属于无固定收入的弱势人群，（转下页）

其中，以第二种刑事附带民事公益诉讼判决书表述最为常见。判决书内容的不同表现形式，体现了在司法实践中，适用标准的不统一，而适用标准的不统一，源于没有统一的、具体的、明确的法律规定和办案规范指引。有学者提出只能"适用犯罪情节轻微，犯罪行为是初犯，不适用累犯和惯犯，并综合考虑犯罪人的犯罪情节、主观恶意程度等。对情节严重、影响恶劣的犯罪人慎用恢复性司法功能，以彰显司法威慑力，有效保护生态环境"。① 在H省C市、F省A市的调研中，有检察官、法官提出，应警惕恢复性司法方式作为酌定量刑情节可能会导致的检察权过度延伸、法官裁量权滥用现象。②

相较于自然人涉嫌违法犯罪案件的责任样态"多元化"而言，在最高人民检察院刑事企业合规试点之前，对于企业环境污染犯罪刑罚只有单处罚金。③ 虽然形式单一，但是刑事公益诉讼程序对于企业经营的负面影响不容

（接上页注⑥）不具备经济赔偿能力，判决结果面临着'执行难'的问题……结合胡某某具有丰富的鸟类知识及饲养经验这一情况，市检察院提出通过为野生动物救助站提供劳务方式折抵赔偿金的方案，并指派崂山区检察院在其辖区内多方寻求合适的劳务代偿机构"。

① 李霞：《环境犯罪案件中适用恢复性司法研究》，《云南警官学院学报》2020年第4期。

② 笔者自2017年参与《承德市水污染保护条例》的专家论证过程开始，以及在主持河北省法学会2019年度理论研究课题、2020年度最高人民检察院应用理论研究课题期间，分别到F省A市、B市、H省C市、D市调研。F省检察院与省法院、公安厅、司法厅联合制定了《关于在办理破坏环境资源刑事犯罪案件中健全和完善生态修复机制的指导意见》，首推"恢复性司法实践+专业化审判机制"，在检察系统内部，生态环保检察处联合刑事执行部门出台了《关于加强生态修复与社区矫正有效衔接的意见》，对异地修复、替代修复、社区矫正履行社会服务作了明确规定，推动修复与矫正的融合；H省C市塞罕坝林场及D市海洋生态保护工作亮点突出，D市检察机关和燕山大学等高校联合成立"环境保护公益诉讼研究基地"，D市也是H省率先制定《公益诉讼案件线索举报奖励办法》《市监委、市检察院关于在公益诉讼工作中加强办案协作的实施办法》《市中级法院、市检察院关于建立公益诉讼协作配合机制的意见》等配套制度的地级市，设立并完善工作机制，为"利剑斩污"专项行动顺利展开提供制度保障。在法律法规规章制度及文献等资料收集方面，笔者没有局限于调研地，就本报告中重点论述的磋商制度，收集范围涵盖了在线上可查找到的所有省市县区。

③ 2019年2月20日，最高人民检察院、最高人民法院、公安部、司法部、生态环境部召开新闻发布会，发布办理环境污染刑事案件典型案例，在发布的5起案例中，有4起涉及企业环境污染犯罪，对企业单处罚金，对直接责任人及其他被告人处有期徒刑并处罚金。分别为：宝勋精密螺丝（浙江）有限公司及被告人黄冠群等12人污染环境案，上海印达金属制品有限公司及被告人应伟达等5人污染环境案，上海云瀛复合材料有限公司及被告人贡卫国等3人污染环境案，山东首例"以劳代偿"民事公益诉讼案。

小觑,"刑事犯罪轻则使企业苦心经营多年的品牌与名誉严重受损,重则因天价罚金而使企业万劫不复直至破产消亡"。① 最高人民检察院公布的最新办案数据显示:2021年1~6月,全国检察机关以单位犯罪起诉案件950件,同比下降29.6%,涉及单位1882个,起诉的208件妨害社会管理秩序案件中,破坏环境资源案件161件。② 通过数字,可以清晰地看到,在全国以单位犯罪起诉案件数下降的形势下,妨害社会管理秩序案件占比仍然很大,其中,又以破坏环境资源案件占绝大多数。对此类案件如果仅提起刑事公益诉讼,判处罚金,并不能实现修复受损自然环境的目的。因此,刑事附带民事公益诉讼成为"标配",而修复生态环境的具体措施是否合乎法理,可以从法教义学角度进行分析。

(二)环境犯罪治理责任承担方式的法教义学分析

根据《民法典》第1234、1235条和《最高人民法院关于审理环境民事公益诉讼案件适用法律若干问题的解释》(以下简称《环境公益诉讼解释》)第18条的规定,环境民事公益诉讼的诉讼请求一般包括停止侵害、排除妨碍、消除危险、修复生态环境、赔偿损失、赔礼道歉等。③ 而根据《刑事诉讼法》第101、103条和《刑事诉讼法解释》第182条第3项的规定,在刑事附带民事公益诉讼中仅能请求"赔偿(损失)"。那么,对于刑事附带民事公益诉讼的诉讼请求范围,到底应适用哪一部法律规范呢?

从一般法与特殊法的关系来看,由于刑事附带民事公益诉讼既是一种特别的民事公益诉讼也是一种特别的刑事公益诉讼,所以,在没有针对其专门制定的条文时,《民法典》与《刑事诉讼法》、《环境公益诉讼解释》与《刑事诉讼法解释》对其而言就没有一般与特殊之分,具有同等效力,这条

---

① 华东师范大学企业合规研究中心编《企业合规讲义》,中国法制出版社,2018,第490页。
② 2021年7月25日,"最高人民检察院"微信公众号发布。
③ 虽然《民法典》效力位阶高于《环境公益诉讼解释》,但仅就内容来看,《民法典》第1234、1235条实际上只是对《环境公益诉讼解释》第18条中"修复生态环境、赔偿损失"的具体化。

解释之路不通。回到刑事附带民事公益诉讼的根本目的，一般认为，刑事附带民事公益诉讼同时具有三种目的：追究被告人侵害社会公共利益的民事责任；促进刑民裁判的协调统一；提高诉讼效率、节约诉讼资源。在这众多目的中，何者应为根本目的？有学者通过实践检视，发现在试点期间有96%的检察民事公益诉讼案件皆为已追究过刑事责任的案件，由此探知到刑事附带民事公益诉讼产生的内在原因是现实的刚性需求。[①] 因此，刑事附带民事公益诉讼的产生实际上是源于检察机关为更便捷地追究刑事被告人侵犯社会公共利益所应承担的民事责任，也可以说是基于现实案件办理情况而"迫不得已"搭上刑事公益诉讼便车，制度的落脚点仍为保护社会公共利益。至此，保护社会公共利益才是刑事附带民事公益诉讼的根本目的，其他目的都依托"附带形式"而产生，当然不能因为程序的附带性而削弱对社会公共利益的保护。

诉讼请求是实现诉讼目的的通道。为更好地保护社会公共利益，在刑事附带民事公益诉讼中就应当允许检察机关提出最充分的诉讼请求，相较《刑事诉讼法》第101、103条和《刑事诉讼法解释》第182条第3项，无疑《民法典》第1234、1235条和《环境公益诉讼解释》第18条是对诉讼请求更全面的规定。实际上，有学者通过实证分析发现，实务中刑事附带环境民事公益诉讼追究的民事责任已经自觉地主要以民事法律、司法解释为准，甚至远超刑事附带民事公益诉讼的范围。[②] 此外，由于检察机关在公益诉讼中对实体权利和程序权利均不享有充分的处分权，若在单独提起环境民事公益诉讼时可以适用上述民事法律、司法解释，而在附带提起环境民事公益诉讼时却只能适用上述刑事法律、司法解释，为充分保护社会公共利益就不得准许检察机关提起附带环境民事公益诉讼；如此，将在事实上直接否定附带环境民事公益诉讼，这不仅在逻辑上难以自洽，还有违制度预设目的。

[①] 参见刘艺《刑事附带民事公益诉讼的协同问题研究》，《中国刑事法杂志》2019年第5期，第79页。

[②] 参见谢小剑《刑事附带民事公益诉讼：制度创新与实践突围——以207份裁判文书为样本》，《中国刑事法杂志》2019年第5期。

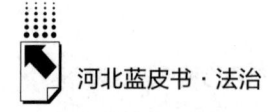

值得注意的是,"停止侵害、排除妨碍、消除危险"作为预防性责任承担方式主要作用于"危险尚存"之际,在环境民事公益诉讼中被广泛使用。在刑事附带环境民事公益诉讼中,由于被告通常会被判处限制人身自由的刑罚,危险已不会再扩大,故预防性责任承担方式的可适用性降低。但是,这并不意味着检察机关不能提出上述请求。由于环境损害的不可逆性,预防成为最积极、最有效的环境保护方式。因此,在刑事附带环境民事公益诉讼被告还可能继续实施危害生态环境行为时,检察机关应当提出相应的预防性诉讼请求。

综上所述,对于刑事附带环境民事公益诉讼的诉讼请求范围,应当适用《民法典》第1234、1235条和《环境公益诉讼解释》第18条,即检察机关可以提出停止侵害、排除妨碍、消除危险、修复生态环境、赔偿损失、赔礼道歉等诉讼请求。[①] 职是之故,检察机关亦可依据《环境公益诉讼解释》第19~22条来对诉讼请求具体化。

(三)试点运行现状

2020年3月,江苏省张家港市检察院等6个基层院获批首批试点单位。对企业环境犯罪案件,有试点单位因涉案企业犯罪情节轻微、自愿认罪认罚、案发后采取有效措施整改,主动申请开展企业刑事合规监督考察,经评估合格,而依法作出不起诉决定的判例。[②] 2021年3月,《最高人民检察院关于开展企业合规改革试点工作方案》出台,北京等10个省市开展第二批改革试点。2021年6月3日,最高人民检察院联合生态环境部等部门发布了《关于建立涉案企业合规第三方监督评估机制的指导意见(试行)》(以

[①] 此外,随着《民法典》的颁布,学术界和实务界已开展环境民事公益诉讼中惩罚性赔偿诉讼请求的研究和探索。参见李华琪、潘云志《环境民事公益诉讼中惩罚性赔偿的适用问题研究》,《法律适用》2020年第23期;闫晶晶《全国首例适用民法典环境污染民事公益诉讼案宣判 污染环境惩罚性赔偿的诉讼请求获支持》,《检察日报》2021年1月5日。若肯定了惩罚性赔偿制度在环境民事公益诉讼中的适用,则应即时适用于刑事附带环境民事公益诉讼。

[②] 江苏省张家港市人民检察院不起诉决定书(张检四部刑不诉〔2020〕495号)。

下简称《指导意见》），该指导意见是公开发布的第一份纲领性文件。试点工作开展以来，出现以下问题。

一是大部分中小企业对参与合规建设的积极性不高。这一方面反映出检察机关通过企业合规试点推动企业内部治理、预防企业犯罪的巨大空间。另一方面也导致检察机关在企业合规监督考察阶段陷入被动。有的案件中，公司规模小，总共才3个人，经营状况一般，根本谈不上制度建设，更不具备合规建设的条件；而具有合规建设条件的企业，又因为刑期等方面的限制，不能被纳入合规监督考察范围。

二是适用案件范围还有待进一步明确。第一批试点对适用案件一般限制在三年以下的轻罪。有的试点院规定应当以对犯罪嫌疑企业适用相对不起诉机制为前提。个别院规定适用案件为犯罪嫌疑人可能判处三年以上十年以下徒刑的企业犯罪案件。部分试点院对预判三年以上但合规建设有效的，采取两种刑事激励措施：一方面是加强单位犯罪二元化处理，在对犯罪嫌疑人提起公诉的同时，对企业可以适用相对不起诉；另一方面是给予相对一般认罪认罚更大的从宽幅度，《指导意见》第4条、第5条从正反两面规定了适用的条件。但是，除了这些明确的限制性条件外，是否可以采取与认罪认罚从宽制度适用条件同等的标准，即原则上不受刑期和案件类型的限制，还是存疑的。

三是磋商协议的法律效力认定标准不同。以赔偿磋商协议生效的模式为例进行分析，如表1所示。

表1 赔偿磋商协议生效的模式比较

地区	生效方式	具体规定
浙江绍兴	协议达成	《绍兴市生态环境损害赔偿磋商办法（试行）》第20条规定，达成生态环境损害赔偿协议的，可依法赋予该协议以强制执行效力
浙江桐乡	公证	《桐乡市生态赔偿暂行办法（征求意见稿）》第33条规定，赔偿协议应当经公证机构公证，公证文书应当及时送达赔偿义务人
河北省	司法确认	《关于推进生态环境损害赔偿制度改革若干具体问题的意见》第7条规定，经磋商达成赔偿协议的，赔偿权利人及其指定的部门或机构与赔偿义务人可以向人民法院申请司法确认

四是案件办结后与行政执法机关监管工作的衔接问题。经合规监督考察评估合格的企业被不起诉后，就已在检察环节终结诉讼，诉讼的终结并不等于企业合规建设的终结。目前，对企业合规建设仍缺乏有效的后续制约机制，与社会信用体系、现代企业制度、行政监管措施的有序衔接亟待进一步加强。

二　路径之一：确立生态环境保护检察区域协同发展观

（一）"区域"的内涵界定

区域，在本报告中的内涵有三层意思：自然地理空间概念上的"地域与地域之间相互联系"的含义，如长江经济带11省市检察机关的跨区域联合协同作战；一个自然地理空间内不同部门之间，如司法、行政部门之间相互联系；一个自然地理空间内一个部门内不同职能处室之间相互联系，如检察机关内部承担公益诉讼职能的民事行政检察部门与承担生态环境犯罪追诉职能的刑事检察部门之间相互联系。这三层"区域"按照内涵范围划分，笔者认为，可以分别称为"宏观区域""中观区域""微观区域"。"区域协同"是一个综合的、概括的理念，只有化解为各个环节，才能实现整个机制的有效运作。"微观视角"的区域协同，是实现"中观视角"和"宏观视角"区域协同的基础，因此，从逻辑习惯角度出发，下文将以"生态环境损害赔偿磋商制度"为例，按照微观—中观—宏观的逻辑展开论述。

（二）区域协同的重要性

"'上游污染，下游遭殃'是目前我国区域生态环境矛盾的生动写照，也是区际生态利益失衡的集中表现。我国的区际生态差异往往与社会发展差异相对应，即生态资源环境富集区往往是经济贫困区，生态环境脆弱（敏感）区也往往是经济贫困区，具有生态脆弱和经济落后相互重叠和交织的特征。"[1] 在区际生态利益失衡方面的论述中，环境库兹涅茨曲线（EKC）主要用来显示一个国家经济发展水平与环境污染程度之间的关系，先开发后治理，污染排放与经济增长之间就构成了一个先上升后下降的"倒 U 形"曲线（见图 1）。

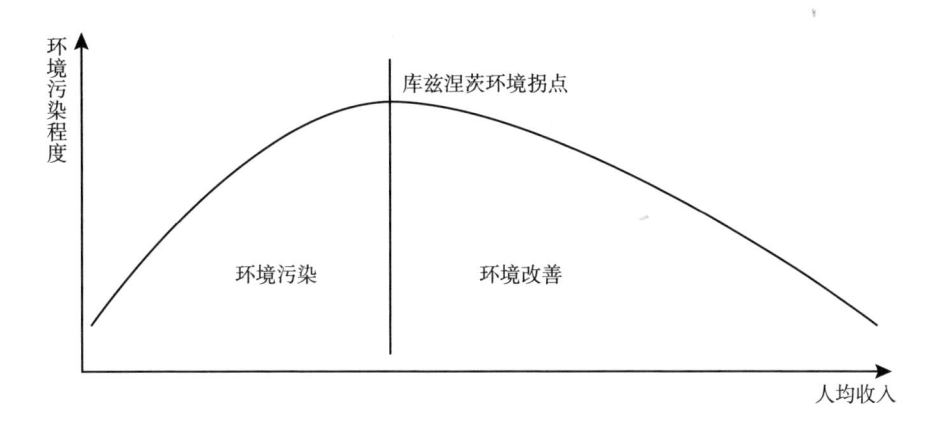

图 1　环境库兹涅茨曲线

近年来，通过调整产业结构、优化能源结构、淘汰落后产能等方面的努力，我国在应对气候变化方面取得了显著成效。为了在 2030 年甚至更早让环境库兹涅茨曲线接近峰值，我国正在加快步伐。但是，地区之间的不平衡是每个国家或地区都难以避免的。一项关于中国近岸海域水环境保护和污染治理的调研项目显示："山东等 6 省区市处于 EKC 后期阶段，水环境状况明显改善，其中，广西、海南水环境状况良好且趋于稳定，与其产业结构调整、工业内部经济效益提高存在明显的正相关关系；天津、浙江、上海处于EKC 中期阶段，水环境亟须进一步改善；江苏、河北处于 EKC 前期阶段，水质恶化。二产比重过高是河北、天津近岸海域水环境恶化的主导因素，而城镇化对上海、浙江、江苏近岸海域水环境影响更明显。"[2] 虽是关于近岸

---

[1] 黄寰：《区际生态补偿论》，中国人民公安大学出版社，2012，第 90 页。
[2] Simbarashe Hove, Turgut Tursoy, "An Invetigation of the Environmental Kuznets Curve in Emerging Economies," *Journal of Cleaner Production* 236, 1 (2019): 20.

海域水环境的调研，但道理是相通的，中华大地山川秀美，地域各具风情，样态多元，需要统筹考虑各省区市的经济社会发展阶段和水环境现状差异，来综合制定"因地制宜"的环境保护和污染治理策略，区域协同治理是基础，实现协同发展是稳定的关键。

（三）微观、中观、宏观区域协同发展的成效与问题

1."微观区域"：检察机关内部不同部门之间的相互配合

根据《生态环境损害赔偿制度改革方案》及各地具体规定，"涉嫌构成破坏环境资源保护犯罪的案件"都是重要的线索来源。"涉嫌构成破坏环境资源保护犯罪的案件"由案件管理部门收案后，分案对应大多数基层检察机关内部的检察一部（刑事检察部），由于办案压力等因素影响，刑事检察部办案检察官主动发现线索并移交本院民事行政检察部的比例并不高。为解决此问题，本报告认为，应建立部门间线索移送留痕机制，即所有涉及生态环境保护案件的线索公诉、侦查监督及相关部门工作人员必须审查，不管是否需要移送公益诉讼检察部都必须留痕备案，防止推诿扯皮，以此倒逼部门间线索移送不畅通问题整改。河北省一些地区检察机关，将涉食药品安全和环境资源类犯罪案件交由公益诉讼检察部办理，增强了公益诉讼检察官办理该类刑事案件的直观性、亲历性，更为重要的是提高了办案效率，节约了诉讼资源，对"微观领域"如何做好刑事公益诉讼与刑事附带环境民事公益诉讼有效衔接作出了积极探索。

2."中观区域"：同一自然区域内不同部门之间的相互配合

《关于推进生态环境损害赔偿制度改革若干具体问题的意见》明确规定："检察机关可以对生态环境损害赔偿磋商和诉讼提供法律支持。"C市检察机关在梳理两法衔接平台案件线索时发现一起赵某冬等4人倾倒洋垃圾污染环境案，并迅速集中力量侦办，该案入选全国检察机关两个专项立案监督活动优秀监督案例。D市检察机关与高校建立合作平台，为检察公益诉讼建立智库。此外，该地林场针对滥伐林木案件累犯、惯犯问题，提出借鉴"枫桥经验"，联合乡镇两委建立农村护林员的选拔、培训、考核机制

的相关建议。并根据实践结果，总结出"严格法治""引导激励""多方参与"三项环境政策及"体制机制""技术和产业""旅游"三大支撑体系的"3+3"生态环境保护经验理论体系，形成该地区生态环境保护检察工作的特色亮点经验。2017年，H省KC县为实践矿业领域生态文明建设，正式启动绿色矿山建设，累计投资58.6亿元，实施绿色矿山建设项目112个，为延伸监督阵线、加强"中观区域"部门间协调配合、做好环境保护工作提供了检察助力。

3. "宏观区域"：跨区域协同作战为治污攻坚提质增效

2020年初，最高人民检察院发布了《绿色发展·协作保障 服务保障长江经济带发展检察白皮书（2019）》，对长江经济带11省市的跨区域联合协同作战的显著成效进行总结。2020年7月，中国石油和化学工业联合会联合宁东能源化工基地、榆林国家高新技术产业开发区（榆横工业区）、榆林经济技术开发区（榆神工业区）、鄂尔多斯大路工业园区、鄂尔多斯苏里格经济开发区等17家能源"金三角"地区的主要化工园区发布《能源"金三角"化工园区绿色协同发展倡议》，融入黄河"几"字弯都市圈协同发展，更好统筹发展和安全，提升创新整体效能。诸如此类跨区域协作取得良好效果的案例不胜枚举。

三 路径之二：具体制度及立法完善问题

习近平总书记明确指出"用最严格制度最严密法治保护生态环境"。[①] 一方面要求立法遵循生态环境本质，将环境犯罪与其他犯罪区分开来，有针对性；另一方面要求谦抑谨慎立法，有必要性。

（一）确立适应我国企业经营管理现状的制度体系

对企业涉嫌环境犯罪而言，要综合考虑社会及生态治理效果，侧重经济

---

① 习近平：《加强生态文明建设必须坚持的原则》（2018年5月18日），《习近平谈治国理政》（第3卷），外文出版社，2020，第363页。

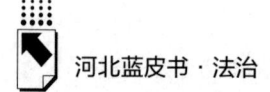

处罚以及合规激励，充分发挥检察机关不起诉激励作用。第二轮改革试点，可以考虑通过量刑建议从轻或减轻处罚，包括建议适用缓刑来将合规建设纳入缓刑考验期限（附条件不起诉），来适应我国企业经营管理的现状，来建立符合我国国情的企业合规制度体系，制度健全的大中企业并不会因为企业负责人承担刑事责任而无法经营，可以建立单位犯罪二元化处理的"范式合规"，中小企业中企业负责人与企业的生存发展高度关联，企业责任和个人责任具有高度统一性，可以建立"简式合规"。此外，即使可能判处三年以上有期徒刑，也可以通过提出轻缓量刑建议来促使企业开展合规建设、强化公司内部治理，预防犯罪的发生。

（二）完善量刑标准倒逼量刑公正

1. 建立标准化体系

量刑差异在多名被告人共同犯罪的环境犯罪案件中最为常见。例如，由于被告人工作岗位和经济水平不同，企业主管经理个人及其所在企业支付了巨额水污染修复资金，完全解决了被污染地区的生产生活饮水问题，而负责运输、倾倒人员则不能或者仅能出极小部分修复资金，导致恢复性司法程序中，因个体对环境恢复作用的差异从而可能影响量刑时，辩护人就提出诸如有失公平的辩护意见。此外，不同鉴定机构作出的鉴定结果差异引起了鉴定标准之争，鉴定意见质疑属辩护意见必提内容，花很高费用委托鉴定，鉴定意见也不一定被采纳，成为影响检察机关特别是基层检察机关提起公益诉讼的障碍。对此，笔者倾向于卞建林教授等提出的激活"有专门知识的人"，"涉及生态环境和资源保护的案件中，损害行为和损害结果之间的因果关系以及具体赔偿数额的认定，均具有一定专业性，因此需要'有专门知识的人'为法庭审理和司法裁判提供知识上的帮助"。[①]

2. 规制自由裁量权

《环境公益诉讼解释》第 5 条规定是"宽严相济"刑事政策的重要体

---

① 卞建林、谢澍：《刑事附带民事公益诉讼的实践探索——东乌珠穆沁旗人民检察院诉王某某等三人非法狩猎案评析》，《中国法律评论》2020 年第 5 期。

现,体现了恢复性司法理念,但是对于履行了生态恢复性司法程序要求的被告人,按照什么标准、在什么幅度内从宽处罚,目前没有明文规定,法官量刑自由裁量权过大,亟待建立标准化的裁量体系。完善量刑规范化中关于环境犯罪案件适用"生态恢复性司法程序"的相关规定是路径之一,相应的监督体系亦应建立,以防从轻处罚之后,被告人怠于履行或者拒绝履行"补植管护令"等行为得不到及时管制。上文脚注部分提到"补植复绿"及"增殖放流"等恢复性司法的处罚责任履行情况,在判决中履行程度被作为酌定量刑情节的考量指标,而实践中,这种类型的处罚责任在审判阶段往往已经全部或部分履行,具体以什么为标准进行量刑,没有统一规定。为防止量刑裁量权的滥用,需进一步明确的是从宽处罚的标准,从侦查、审查起诉、审判、执行全过程,对恢复性司法配套措施的协商合意达成、履行情况留痕建档立卡,使量刑规范化、可视化、公开化。同时建立相关案例常规上报机制,一方面可以宣传先进地区的办案经验,这有利于发现具有创新性的生态恢复责任方式;另一方面可以对自由裁量权起到规制作用,以公开接受监督倒逼司法公平公正。

3. 适用案件范围及责任方式需"因案制宜"

在整理疫情防控常态化时期全国适用"补植复绿"的刑事案件时,笔者发现下面这样一则案例。① 被告人与家人关系一直不够融洽,但因常年外出务工,接触较少并无明显冲突。疫情防控常态化时期,其居家隔离1个多月,朝夕相处,家人冷淡的态度让被告人很受伤,为了吸引家人的注意力,其在饮酒后放火。经鉴定,案发时被告人患有精神活性物质(酒精)所致的精神和行为障碍,属限制刑事责任能力。被告人认罪认罚,被判处有期徒刑1年6个月,责令于"补植复绿"基地种植岷江柏5142株,并承担3年的造林管护责任,确保成活率达80%以上。笔者认为,该案充分体现了恢复性司法理念在刑事公益诉讼中的运用,但是本案被告人患有精神活性物质(酒精)所致的精神和行为障碍,属限制刑事责任能力,从判决书表述中可

---

① 王明清放火案,四川省丹巴县人民法院刑事附带民事判决书,(2020)川3323刑初6号。

知其家庭关系并不和谐，那么3年的管护责任、树木成活率如何监督保障？判决被告人"补植复绿"生态修复责任的同时，一次性判决罚金（由专门机构代为履行）更适合患有精神障碍的被告人。秉持恢复性司法理念的具体责任方式"因案制宜"也是需要考虑的。① 除了适用案件范围的"因案制宜"，对于生态恢复责任的履行地域亦应"因案制宜"。如污染环境罪案件，被污染的水域尚在清理治理阶段，暂且不适合"增殖放流"的，除了可以判处缴纳生态修复金外，还可以允许被告人在辖区内其他水域放殖鱼苗，而不能"刻舟求剑"，非要限定在被污染地这一片水域，因为生态系统本身就是处于大循环之中的。当然，跨区域履行生态恢复责任的，更需要加强区域间协作、统一认定标准。

（三）加强与相关专门法律法规的衔接，充分发挥磋商制度功能，建立"缓冲区"

由上文可知，破坏生态环境资源保护类案件可能涉及公益诉讼、民事诉讼、行政诉讼、刑事诉讼四大诉讼程序以及四大检察、十大业务，相关法律法规衔接问题，不仅是立法难点，更是司法办案实践中的易错点。不管是援引其他法律或行政法规中的生态修复方式作为调查、审查起诉、判决依据，还是作为酌定量刑情节，都需要畅通与相关专门法律法规之间的衔接之路，而这条路上布满岔路口，或是民行交叉，或是刑民交叉，或是刑行交叉。

拨开交叉的"迷雾"，不管是行政、民事还是刑事处罚，其目的都是一致的，即对破坏生态环境资源保护的行为予以规制，惩罚违法者，警示潜在违法者。"对于一个潜在的违法者来说，预期的惩罚成本就相当于惩罚严厉程度与惩罚概率的乘积。因而，强化威慑力度包含两方面的努力：一是提高惩罚的严厉性；二是提高惩罚的概率。"② 提高惩罚的严厉性，可以通过加

---

① 朱伟悦：《重大疫情中的刑事案件法律援助理论与实践——基于141份裁判文书的思考》，第十一届"法治河北论坛"会议论文，石家庄，2020年9月24日，第344页。
② 参见〔美〕罗伯特·考特、托马斯·尤伦《法和经济学》，施少华等译，上海财经大学出版社，2002，第386~387页。

大处罚力度，限制缓刑、假释、减轻处罚适用实现；提高惩罚的概率，则可以通过加强监管监测、畅通举报渠道等提高违法行为被发现的概率，建构行政、民事、刑事紧密衔接的阶梯式的处罚机制，不留监管空白。实事求是地讲，生态环境保护检察公益诉讼可以说是检察机关解锁的新技能，在专业化、规范化程度等方面尚需进一步提升。此外，恢复性司法实践中，不管是作为酌定量刑情节还是作为刑事附带民事公益诉讼民事责任的处罚方式，"补植复绿""增殖放流""惩罚性赔偿"等民事、行政惩罚请求及措施都是必不可少的，上文的法教义学分析部分也进行了阐释。所以，笔者倾向于建立阶梯式的"缓冲区"，特别是企业涉嫌生态环境犯罪案件。即当生态环境犯罪问题达到刑事标准边界时，先不要急于"入罪入刑"，首先选择适用行政处罚，如果行政处罚能达到生态恢复和教育惩罚效果，就没必要再动用刑罚。当然，确实在刑事标准边界以内的，必须依法适用刑事处罚。而一旦启动刑事诉讼程序，则应区分情况处理：对于相关行政主管部门已经与义务进行"磋商"，达成协议，作出要求违法行为人、企业履行"补植复绿""增殖放流"等生态修复辅助措施责任相关决定的，或者违法行为人、企业主动要求履行生态修复责任的，检察机关根据案件及主体实际情况，采取二元化或一元化处理模式；对于之前阶段并未涉及生态修复责任处罚的，检察机关根据相关规定，向有关行政机关提出检察建议，告知违法行为人、企业履行生态修复责任可作为酌定从轻量刑的依据，提起刑事附带民事公益诉讼时提出具体要求被告人、企业履行何种生态修复责任。除了办案前、中期的紧密衔接联系，经合规监督考察评估合格的企业被不起诉后，由于已在检察环节终结诉讼，对企业合规建设的持续性缺乏有效的后续制约机制，与社会信用体系、现代企业制度、行政监管措施的有序衔接问题，仍然需要在今后的试点改革过程中进一步加强探索。

结　语

企业涉嫌破坏环境犯罪，与涉嫌虚报注册资本、非法吸收公众存款等犯

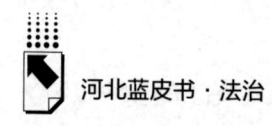

罪的类型有明显的区别。为取得更好的政治效果、法律效果、社会效果，应秉持恢复性司法理念，对企业破坏环境资源案件，采取生态修复替代措施，并与企业合规、认罪认罚从宽制度相联系，完善磋商制度立法，加强区域间协作，统一环境损害认定标准、程序，促进企业发展与生态环境保护相协调。

B.18
环境公益诉讼案件证明责任分配研究

——以环渤海环境公益诉讼案件为中心

张 亮 王利军[*]

摘 要： 对环境公益诉讼面临的证明难题，立法主要采纳了将因果关系倒置的方式来解决，这一风险分配方式并没有被司法实践普遍接受，法院只能认定原告的证据不能证明事实，或是直接忽视因果关系的证明，这些情形显然有违证明责任能够合理分配证明风险的初衷。对环境损害这一证明难题，首先，要从实体法上细化此侵权种类，取消一些侵权的主观要件，并将侵权请求权基础事实与抗辩事实作为分配的基本原则。其次，对因果关系这一难以证明的要件事实，应综合运用减轻提供证据责任的相关理论，包括证据收集手段的加强、表见证明的运用等方式来证明。最后，对侵权公益案件，需要考虑公益损害、国家规定的违反等特殊要件事实的分配。

关键词： 证明责任倒置 表见证明 公益损害

环境公益诉讼是2012年《民事诉讼法》修改所确认的一种诉讼类型，其将"污染环境、侵害众多消费者合法权益等损害社会公共利益的行为"纳入公益诉讼之中。之后2017年修改的《民事诉讼法》将"污染环境等行

---

[*] 张亮，法学博士、博士后，河北经贸大学法学院讲师，研究方向为公益诉讼；王利军，河北经贸大学法学院院长、教授，研究方向为经济法。

为"扩大为"破坏生态环境和资源保护的行为",该规定和《刑法·分则》第6章第6节的"破坏环境资源保护罪"实质内容一致,包含了对环境的污染以及对资源的损害,[①] 其实质是一种行为,包含了民事侵权的存在,也包括物权妨害行为。该规定也规定了检察机关可以代表公益介入破坏生态环境和资源保护的案件之中,使其和检察机关办理的环境犯罪案件结合起来。因此,环境公益诉讼中刑事附带民事公益诉讼也是成立的。无论是一般民事诉讼还是刑事附带民事公益诉讼,都要面对一个核心问题:对这些侵权行为的要件事实该如何分配证明责任?对此,《侵权责任法》第66条对其因果关系作了专门规定,即污染者或是对不承担责任或减轻责任的情形承担证明责任,或是对行为与损害之间不存在因果关系承担证明责任。这种略带技术性和政策性考虑的处理方式能否解决当事人之间的证明难题是值得思考的。同时,对损害赔偿数额这一要件事实的证明也是一个难题,现有法律并没有为其设定较为妥当的处理方法。因此,本报告希望通过对域外证明责任制度的考察,为我国环境侵权证明责任分配确立一个较为合适的证明责任制度,能够使双方当事人真正投入相关要件事实的证明,而非仅由法院依据规则加以裁判。

一 环境公益诉讼案件证明责任分配的现状及问题

法律解释者本身对于因果关系分配缺乏一致立场。《侵权责任法》明确的是将因果关系这一责任倒置分配给予了侵权方,实践中法院一般表述为侵权人未举证证明排污行为和损害结果不存在因果关系。[②] 根据上述规定,可将这种侵权关系的要件事实分配用表格表述,如表1所示。

[①] 南景毓:《生态环境损害:从科学概念到法律概念》,《河北法学》2018年第11期,第98页。

[②] 参见湖北法院环境资源审判十大典型案例(2018年)之一:郭某红与武汉市新洲天兴棉业有限公司大气污染责任纠纷案。

表1　《侵权责任法》侵权关系的要件事实分配

请求权基础事实		抗辩的要件事实	
被侵权人	排污行为	侵权人	不承担责任或减轻责任的事实
	损害结果		不存在因果关系（证明责任倒置）

但《最高人民法院关于审理环境侵权责任纠纷案件适用法律若干问题的解释》（以下简称《环境案件若干解释》）第6条又规定由被侵权人提供污染物与损害结果具有关联性的证据材料，即要求其对因果关系承担举证责任。且该解释中关于举证责任要求非常低，只要求达到具有关联性的程度。[1] 该规定虽然降低了要件事实证明标准，但又一次将证明责任给予了被侵权人，或是有学者将其表述为"关联性举证异化为因果关系举证"，[2] 被侵权人同时要对排污行为和损害结果承担证明责任。上述表述能否成立需要实践验证，笔者通过北大法宝对《侵权责任法》第66条的关联法条进行了检索，搜寻了部分典型案例和公报案例，发现上述法条适用存在以下规律与问题。

第一，因为有上述司法解释的存在，人民法院一般要求由被侵权人先行提供证据证明因果关系存在的可能性，[3] 即现已要求被侵权人对因果关系承担证明责任。这一要求明显和同一要件事实不能将其正面和反面分别分配给原被告双方的原理不符合。有的案件中，分院针对同一要件事实分别给原告与被告都分配了证明责任，且有误用相关概念的嫌疑，在2015年最高人民法院发布的环境侵权典型案例之四中，法院认为被侵权人要对排污行为与损害结果之间具有关联性承担举证证明责任，且认为这种规定对细化被侵权人和污染者之间的举证责任分配、平衡双方利益具有典型意义，体现了审判实

---

[1] 参见2015年6月1日的最高人民法院研究室负责人就《最高人民法院关于审理环境侵权责任纠纷案件适用法律若干问题的解释》答记者问。

[2] 参见徐勇勇《大气污染侵权案件司法实务疑难法律问题研究——证据关联性和因果关系的归位》，《法律适用》2018年第9期，第101页。

[3] 参见陈汝国与泰州市天源化工有限公司水污染责任纠纷案（《最高人民法院公报》2016年第3期）。

践在推进法律规则形成。且有的案件要求被侵权人提供勘验笔录与检测报告,并进而认为其完成此类事实的举证证明责任。① 环境侵权典型案例之四中侵权关系的要件事实分配如表2所示。

表2 环境侵权典型案例之四中侵权关系的要件事实分配

	请求权基础事实		抗辩的要件事实
被侵权人	排污行为	侵权人	不承担责任或减轻责任的事实
	损害结果		
	排污行为与损害结果之间具有关联性的举证证明责任		不存在因果关系(证明责任倒置)

第二,部分法院坚持《侵权责任法》规定的要求,要求侵权人对不存在因果关系承担举证责任,当其不能成立时,判决其承担举证不能的法律后果。② 但其适用时却产生两种例外。一是法院最终未适用证明责任规范作为裁判依据,而是运用推定来认定事实,其表述为"侵权人举证不能时,推定因果关系成立,进而认定环境污染责任成立"。③ 该裁判的理念仍然是被侵权人损害赔偿请求权的成立非得因果关系这一要件事实站在证明的角度,这和证明责任分配规范、分配风险和负担的初衷不相吻合,且此种情形也没有事实推定适用的余地,违背了证明责任中法律规范不适用的基本原理。二是为了减少因果关系举证的困难,还有法院将证明妨害制度运用于因果关系举证之中,认为被侵权人存在妨碍举证的行为,应当承担因果关系的举证责任。进而根据鉴定意见和其他证据认定因果关系存在。④ 部分法院对侵权关系的要件事实分配如表3所示。

---

① 参见最高人民法院发布的环境侵权典型案例之四:曲忠全诉山东富海实业股份有限公司大气污染责任纠纷案。
② 参见湖北法院环境资源审判十大典型案例(2018年)之二:胡某芸与徐某某、中国国际贸易促进委员会、湖北省鹤峰县委员会噪声污染责任纠纷案。
③ 参见湖北法院服务保障三大坚战攻坚领域十大典型案例(2018年)之九:范某某等26人与张某华水污染责任纠纷案。
④ 参见吴冬青因鲫鱼苗种死亡诉盐城市丰杯精细化工有限公司等水污染损害赔偿纠纷。

表3　部分法院对侵权关系的要件事实分配

	请求权基础事实		抗辩的要件事实
被侵权人	排污行为	侵权人	不承担责任或减轻责任的事实
	损害结果		
	因果关系（因不存在未证明而推定为成立或因证明妨碍行为重新承担证明责任）		不存在因果关系（证明责任倒置）

第三，此类案件为无过错责任，换言之，即便污染者对其损害结果承担的是无过错责任，即便其排放的污染物达标、造成损害，仍不能免除其民事责任，其将达标作为抗辩主张不能成立。① 有的案件法院仍然将过错或故意作为不承担责任或减轻责任的要件事实，即侵权人未能提供证据证明被侵权人对环境污染存在过错或故意。② 环境侵权典型案例之六中侵权关系的要件事实分配如表4所示。

表4　环境侵权典型案例之六中侵权关系的要件事实分配

	请求权基础事实		抗辩的要件事实
被侵权人	排污行为	侵权人	不承担责任或减轻责任的事实（被侵权人存在过错或故意）
	损害结果		不存在因果关系（证明责任倒置）

第四，对于环境侵权涉及的公益诉讼案件，立法也并没有对其在证明责任分配上面作特殊安排。2014年12月通过的《最高人民法院关于审理环境民事公益诉讼案件适用法律若干问题的解释》（以下简称《环境公益诉讼解释》）相关规定中，确立了以证明妨碍、法院职权收集证据和专家辅助来加强案件的事实认定，并在最后确定公益案件的事实认定可以在私益诉讼中作

---

① 参见最高人民法院公布的九起环境资源审判典型案例之二：聂胜等149户辛庄村村民与平顶山天安煤业股份有限公司五矿等水污染责任纠纷案。
② 参见最高人民法院发布的环境侵权典型案例之六：袁科威诉广州嘉富房地产发展有限公司噪声污染责任纠纷案。

263

为免证事实，但又要求被告仍然对其私益承担举证责任的事实加以举证证明，即被告认为不存在因果关系的，还是要再次举证证明。

因此，公益诉讼证明问题还是要落脚到一般环境侵权案件。该案件现有证明责任分配方式有可能带来案件审判的不公，且对此类案件损害赔偿分配产生一定影响。因此，对此类案件证明责任分配应该作怎样的调整，有必要结合我国公益诉讼案件的特点对域外经验加以参考。

二 环境侵权证明责任分配的法理及错误运用原因分析

证明责任分配是法院在诉讼中按照一定规范和标准，将事实真伪不明时所要承担的不利后果在双方当事人之间划分。① 其不仅和实体法规定紧密相关，也取决于诉讼制度对其的特殊安排，且要防止相关制度的混淆运用。

（一）证明责任分配与实体法规定之契合

虽然证明责任主要是由程序法规定的，但我国实体法和《民事证据规定》对某些案件的证明责任分配又作了特殊规定。这一点和证明责任分配发展的历史也是吻合的。

作为证明责任分配的主流理论学说，其主要是依据实体法律构成要件的事实来对证明责任加以分配，分为因果关系说、通常发生事实说和特别要件说等。其中，罗森贝克的规范说即是建立在对纯粹实体法结构的分析之上，从法律规范相互之间的逻辑关系中寻找分配原则。该思想也影响了德国实体法，《德国民法典》一些规定即直接对证明责任加以规定，如《德国民法典》第362条即规定借贷请求权因履行而消灭。我国实体法也有专门对证明责任规范加以规定的，如就环境侵权诉讼的证明责任问题。《侵权责任法》专门对其责任的倒置以及责任的减轻予以了规定，且实体法上是否将

---

① 张卫平：《民事诉讼法》（第5版），法律出版社，2019，第250页。

"违法性"加以规定也影响证明责任的分配。因此，证明责任分配必须基于实体法关于构成要件的规定，且对一些特殊侵权纠纷，要对实体法进行充分的体系解释，典型的比如关于动物侵害责任的证明责任分配曾引起学者不同的认识与争论。[1] 对于环境侵权证明责任分配的重构，也应该紧密联系其相关实体法的现行规定和相关修改，而不能擅自增加或减少相关要件。

（二）举证责任、证明责任、提供证据责任与举证证明责任之区分

在我国民事诉讼实务中，早期一般运用的是"举证责任"这一概念，其来源于日本学者松冈义正，他将其确定为当事人为避免败诉之结果，而有证明特定事实之必要。[2] 此概念的实质为行为意义上的责任，一般又将其称为"提供证据责任"。新中国成立后，以苏联证据法理论为蓝本建立的"举证责任"也是在这个意义上运用此概念，并体现在1991年的《民事诉讼法》中的。到了20世纪90年代，我国对"证明责任"研究深入，学界才将结果意义上的"举证责任"引入证据领域，"证明责任"这一概念成为学界的主流用语，而"举证责任"仍然被实务界作为行为意义和结果意义的概念。因此，可以说当下的证据法理论中，"举证责任"和"证明责任"是同一个意思，是作为与提供证据内容相异的一种形态。[3] 而《民事诉讼法解释》第90条使用的"举证证明责任"概念则是通过两款规定把行为意义与结果意义的"举证责任"统一起来，又或者是把"提供证据责任"与"证明责任"或"举证责任"的概念加以统称。但其仍然不能改变二者责任的重大区分，以及"证明责任"的本质在于"结果责任"。[4] 上述概念的区分只是在我国民事司法实践中有一定意义。张卫平教授即认为，客观举证责任和诉讼构造没有关系，它是法官在不能查明争议事实时，由谁来承担不利后

---

[1] 袁中华：《规范说之本质缺陷及其克服——以侵权责任法第79条为线索》，《法学研究》2014年第6期；吴泽勇：《规范说与侵权责任法第79条的适用——与袁中华博士商榷》，《法学研究》2016年第5期。
[2] 〔日〕松冈义正：《民事证据论》，张知本译，中国政法大学出版社，2004，第30页。
[3] 占善刚、刘显鹏：《证据法论》（第3版），武汉大学出版社，2015，第181页。
[4] 李浩：《民事诉讼法》（第3版），法律出版社，2016，第173页。

果的问题，在所有国家的诉讼中都存在这个问题。而就主观责任问题，国外重点在于谁必须提出证据，而不仅仅是国内的没有主体指向的"提出证据"这一行为的描述，且其和辩论主义诉讼构造紧密相关。从法律规定上我国《民事诉讼法》的规定是行为上的举证责任，但《民事证据规定》和《民事诉讼法解释》只是明确确立了结果意义上的证明责任。①

（三）证明责任分配与证明妨害、事实推定和证明责任倒置关系梳理

在对证明责任分配确定之后，不得在诉讼进行过程中随意加以变更，这种稳定的分配才能在最后事实不能查明时，起到分配风险的作用，也能够防止当事人因为其随意变更而对诉讼不满。

但按照实体法分配的要件事实，必然会存在一些难以证明的情形，比如关于主观过错、欺诈的证明，又比如环境侵权中因果关系的证明。对这些难以证明的事实，法律规定从技术的角度提供了一些解决办法，且将其放置于证明责任分配之前或之后。其中，首先和证明责任分配紧密相关的即证明责任的倒置，它是将一般民事法律关系分配要件事实的方法加以特殊调整，将本应由一方当事人承担的要件事实预先地分配给另一方当事人承担，其实质也是一种证明责任分配的方式。剩余的证明妨害制度则是证明责任理论的补充制度，其为了使得当事人之间的诉讼地位平等，通过制裁妨害证据提出一方当事人的方式，来减轻对该事实承担证明责任当事人的证明负担，可视为减轻证明负担的一种方式。而事实推定则是从证明角度阐述对案件事实的认知过程，它是以已经知道的一些事实为前提，通过经验法则来推知未知事实存在与否，从证明角度来看属于间接证明的一种。作为推定对象的未知事实既可能是间接事实，也可能是案件主要事实。因此，事实推定一般和证明责任是没有较为直接的关系的，只是当事人承担证明责任的主要事实有时候可以通过推定的方式得以证明，如果是通过法律推定的方式，则起到减轻证明负担的作用。就证明妨害和事实推定的运用，我国有学者将其概括为"证

---

① 张卫平：《民事证据法》，法律出版社，2017，第283～284页。

明负担减轻"或"举证责任减轻",认为其是一种介于证明责任分配和证明责任转移之间的证明法则,且认为其归属于"主观具体证明责任"下的展开运用。[①] 本报告认为运用一种理论将相关理论加以统一的出发点是不错的,但其独立性确实难以证明,因为缺乏共同的特征,还是应当将其作为单独的理论,做好详细区分。

三 破解环境侵权案件证明责任分配难题的基本原则

环境侵权案件面临证明这一难题,并不能简单依据证明责任分配解决,虽然其是较为重要的一个方面,但应当是一个系统工程,而不是仅能从某一方面加以解决,主要有四个方面的问题需要解答。

(一)实体法应确立不同的侵权类型来应对不同的环境损害行为

环境侵权是一种特殊侵权,从实体法层面也就为其确定了免责和减轻责任事由。从证明责任理论发展过程来看,客观证明责任因其考量的主要因素还是实体法的价值取向,对具体诉讼过程中的其他因素无暇顾及。因此,解决环境侵权的证明责任问题,还是要考虑实体法如何规定。

侵权作为一种环境保护手段是一项国际惯例,并且其能否发挥更大作用的辩论仍在进行,但从发展过程来看,确立不同的侵权类型是发展的必然方向。以英国为例其就分为三种形式。在传统的将侵权作为环境处理途径的立法之中,比如在妨害土地的诉讼之中,过错是必然要求。到了公共妨害行为,其是指影响广泛的行为,比如在英国的"总检察长诉PYA采石场"的案例中,被告采石场的爆破造成了噪声和震动,这种案件实行严格责任。并且,当私人妨害和公共妨害之间有很强的重叠性时,学者认为也应当适用比较严格形式的责任。在污染的案件中,侵害和妨害已经发挥了最重要的作用,因为大多数已知的污染形式会对邻近财产造成妨害。在土地侵权之外,请求过

---

① 孙晨曦:《民事证明负担减轻研究》,博士学位论文,西南政法大学,2018,第16~18页。

失侵权也是英国司法中的一项惯例,因为被告证明过错十分困难,在"绍斯波特公司诉埃索石油公司"的案例中,当事人要求以过失侵权请求赔偿。上诉法院对此采用了"推定被告存在过失侵权"原则的裁决,而在"塔腾诉AD沃尔特有限公司"的案例中,高等法院确立了原告是被告滥用杀虫剂的可预见受害者,以及被告违反了谨慎义务,最后认定其过失侵权成立。学者总结认为,当损失与侵扰土地利益毫无关系时,过失侵权就成为唯一可以起诉的原因。当然,建立过失侵权的责任要比建立妨害责任更困难。① 我国立法对环境侵权以"环境污染损害""环境污染危害"等词语来表述,其实质是指污染者因为一定的行为污染或破坏了环境、资源,进而造成他人财产权、人身权和环境权等权利受到损害,依法应当承担民事责任的一种侵权行为。除了这个笼统规定,并没有对其加以细化规定。环境公益侵权则特指损害了一定区域不特定多数人利益的行为,其在构成要件上应该和一般侵权存在区别。除此之外,根据《物权法》上的排除危害请求权,学者认为环境公益诉讼还存在危害性环境公益诉讼,主要是指对危害性要件分配证明责任并加以证明。② 因此,解决证明责任问题首先应考虑其在实体法上的安排。

(二)不同的起诉主体适用相同证明责任分配规则

在确定的一种类型环境侵权之下,环境侵权诉讼的起诉主体一般是被侵权人,环境民事诉讼的起诉主体则既可能是国家机关、社会组织,也可能是检察机关。这些不同的起诉主体显然具有不同的举证能力,那么,这是否可推论其应有不同的证明责任分配规则?

现有研究关注了不同主体在起诉环境侵权案件时会存在程序上的不同,对证明责任分配问题是否需要运用"倒置制度"也有争论,理由在于检察机关的举证能力较强,是和行政机关差不多的,因此就不应当适用"倒置

---

① 〔英〕马克·韦尔德:《环境损害的民事责任——欧洲和美国法律与政策比较》,张一心、吴婧译,商务印书馆,2017,第69、77~80页。
② 郭颂彬、刘显鹏:《危害型环境公益诉讼证明责任分配探析》,《大连海事大学学报》(社会科学版)2017年第6期,第51页。

制度",可以遵循原本的"谁主张谁举证"制度,其还强调了行政机关对事实掌握更加有力,即行政机关更应该适用此制度。① 笔者认为这种分析具有片面性,现有法律和司法解释并没有对不同起诉主体确立不同的证明责任分配规则,即便在刑事附带民事公益诉讼之中,检察机关作为刑事犯罪的起诉者,要承担对当事人刑事犯罪的举证责任,其在环境污染案件之中,就是对污染环境行为加以证明,包含对刑事犯罪客体——国家或社会公共利益受到侵害加以证明,也就相应地对因果关系进行了一定程度的证明。但刑事犯罪证明的事实始终是和民事证明有一定区别的,刑事犯罪证明的事实适用于民事证明要经过一定程序的转化,并且未涉及刑事案件的案外人的权利也应得到保障。因此,这种认定需要经过一定程序和实体要求,即该事实是认定有罪判决的要件事实,和民事案件具有关联性,并且对于刑事案件的案外人,只要参加了民事诉讼,就应当给予其提供反驳证据的机会,对这些证据采纳应参照民事证明标准。② 但刑事判决认定事实对民事审判的预决力并不难改变民事领域的证明责任分配规则。不同起诉主体提起民事诉讼还是应当遵循法律确定的证明责任分配规则,先前判决事实认定的预决力还是属于民事证明领域的问题。当然,对于环境公益诉讼,要考虑它和一般赔偿诉讼有区别,当它代表国家利益提起诉讼时,其目的主要是维护或救济生态环境,包括提起预防性的危害性环境公益诉讼。

(三)以提供证据责任来解决事实证明过程中的难题

在对证明责任概念加以区分时,笔者强调了主观和客观证明责任的区分,对于主观证明责任,我国学者通常称其为提供证据责任,区别于实体法预置的客观证明责任,其是指一套不同于客观证明责任的理论学说。德国学者普维庭根据"抽象"和"具体"对证明责任的区分将主观证明责任又分

---

① 石晓波、梅傲寒:《检察机关提起刑事附带民事公益诉讼制度的检视与完善》,《政法论丛》2019年第6期,第34页。

② 纪格非:《论刑事判决在民事诉讼中的预决力》,《当代法学》2015年第5期,第105~107页。

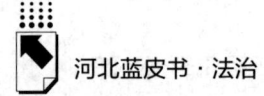

为主观抽象证明责任和主观具体证明责任，其抽象是指诉讼开始前，决定由谁来证明什么，其具体则是指在诉讼程序进行中，确定此时必须由谁来举出特定的证明。① 其中，主观具体证明责任和辩论主义要求相结合，就和证明妨碍、事实推定、阐明义务等理论发生紧密联系，环境侵权应考虑其解决证明难题的主要路径。

自罗森贝克以来的学者都认为诉讼证明中的证明责任与具体证明行为或证明评价是可以清晰划分的两个独立领域。后者包含一定因素，这些因素是可以在具体诉讼过程中灵活处理并能够影响诉讼事实判断结果的，其强调了过程中的当事人责任。② 我国过去的司法实践反而是较为强调和重视这一主观的提供证据责任，即行为责任仍是法院裁判的主要逻辑。由目前的审判实务观察，法官在依据证明责任裁判时，多在判决理由中表明"尚难认为以某当事人所提供的证据已经能够证明某事实为真实"，③ 甚至实践中在当事人已经证明案件事实的情形下仍然认为其未完成案件事实的证明。并且，我国司法实践中提到的证明责任转移的实质也是举证责任的转移。在立法层面，提供证据责任也是有相关法律规定为依据的，比如《德国民事诉讼法》第445条第1款规定："一方当事人对于应当由他证明的事项，不能通过其他证据方法得到完全证明的，或者未提出其他证据方法时，可以申请就应证明的事实询问对方当事人。"即只有负担提供证据责任的当事人才有权申请询问对方当事人，以履行其提供证据责任的行为。《日本民事诉讼法》第149条第4款关于阐明权促使当事人举证的规定，也是从立法层面承认行为证明责任的重要意义。因此，行为证明责任在诉讼过程中仍是不可或缺的，我国《最高人民法院关于民事经济审判方式改革问题的若干规定》对其运用过程进行了详细规定。在环境侵权领域，相对于涉及一般案件的《环境案件若干解释》，《环境公益诉讼解释》已经有意在提供证据责任方面作出初步规定，因此重要的是对这些制度如何合理运用以弥补仅有客观证明责任的不足。

---

① 〔德〕普维庭：《现代证明责任问题》，吴越译，法律出版社，2000，第14页。
② 胡学军：《具体举证责任论》，法律出版社，2015，第13页。
③ 黄国昌：《民事诉讼理论之新开展》，北京大学出版社，2008，第135~136页。

四 环境公益诉讼案件证明责任分配的重构

对于环境侵权证明责任分配,过往学者已经较多关注其因果关系事实的分配及证明问题,有学者认为环境侵权责任倒置本身是不科学的,且遭到了消极抵制,认为应当从因果关系的证明上来解决此问题,并配套相关制度。[①] 笔者也认为环境侵权诉讼证明的难题不能仅仅依据证明责任分配制度加以解决,对其分配制度还是要遵循该类案件作为侵权案件的基本要求,也应考虑该类侵权实体作为公益诉讼主体的特殊性。除了证明责任分配制度,还应考虑其提供证据责任制度上有一些配套的安排。

(一)严格责任适用范围及责任减轻和免责等抗辩事由的安排

环境侵权是依据过错责任还是严格责任是没有唯一答案的,我国《侵权法》虽然确定了环境污染是严格责任,但这种"一刀切"的方式显然有待商榷,更重要的是严格责任的适用范围问题,如是应当由造成损害活动的性质,还是应由损害本身的性质来确定是否启动严格责任。

比如,《德国民法典》第823条规定了一般人事伤害的过错责任,但是在实践的案例中德国也会对过错采取举证责任倒置,即在德国1985年的"熔铁炉"案件之中,在被告过量超标排放而造成损害的情形下,基于环境保护的重要性,法官就假设排放是由失职造成的,要求被告必须证明其没有过错才能免于赔偿,这只是一个特例。欧盟的大多数成员在建立以侵权为基础的环境责任制度时,其重要的特征就是在大多数情况下实行严格责任。因为侵权实质上是一种事后损失分配机制,严格责任相对于过错责任将更多的损害成本分配给了污染者来承担,其也和污染者付费原则相符合。同时,过高的注意义务标准和严格责任并没有实质区别。但欧洲国家之间严格责任适用

[①] 胡学军:《环境侵权中的因果关系及其证明问题评析》,《中国法学》2013年第5期,第163页。

还是存在一些区别的。首先，相关立法涵盖的活动范围不同。德国和丹麦的严格责任仅限于那些对环境威胁最大的活动，瑞典和芬兰的严格责任并不局限于特定的危险活动，决定的因素是损害的类型。在瑞典司法中，即便损害较少的纠纷也适用该责任。其次，可适用的抗辩范围不同。德国仅有有限的原因可以排除责任，主要排除原因是不可抗力，瑞典和芬兰根本没有任何抗辩可以适用，西班牙的立法草案则较为宽松，包括不可抗力、紧急避险及第三方的恶意行为引起的损害。[①] 我国立法规定原则上环境侵权都适用严格责任，即其涵盖所有的环境污染行为，但在环境噪声污染方面采纳了过错责任原则。这种规定的思路在于，从纠纷角度来确定责任，不同污染源就适用不同的归责原则，居民之间的污染主要由《物权法》的相邻关系加以调整，以过错责任为主要依据，企业污染则适用严格责任。[②] 这种区分个人和企业的责任法模式是值得商榷的，因为无论是个人还是企业，实施环境侵权行为都可能是危险性较大的行为，还是应当依据行为性质来确定归责原则，且严格责任应为主要方式，过错只能是例外。我国立法也没有根据环境污染侵害的公益、私益及侵害利益的大小来区分严格责任适用范围。在严格责任的抗辩事由方面，我国立法明确由各自单行实体法规定，且明确第三人行为不能作为抗辩事由，公益诉讼方面没有再专门对此加以规定，因为我国在此方面规定本身就已经较为严格，本报告认为没有必要去作特殊考虑。另外，对涉及排除妨害或危害的物权请求权的环境公益诉讼，法院应按照《物权法》相关规范来分配其证明责任。

（二）运用提供证据责任理论解决因果关系证明过程中的难题

就环境侵权中因果关系证明责任的分配，现有规定的实质是关于提供证据责任的分配，即受害者仍应提交排污行为和损害结果之间可能存在因果关系的初步证据，然后由侵权者对不存在因果关系加以证明，这是一种典型的

[①] 〔英〕马克·韦尔德：《环境损害的民事责任——欧洲和美国法律与政策比较》，张一心、吴婧译，商务印书馆，2017。
[②] 王胜明主编《中华人民共和国侵权责任法释义》，法律出版社，2010，第326页。

责任的"转移"。因此,就环境侵权因果关系方面,应当取消现有的关于客观证明责任倒置的规定。德国的《环境责任法》第1条规定受害者应当对设施和环境影响之间的因果关系加以证明,这样才能要求设施的经营者承担损害赔偿责任。我国学者胡学军也认为,不能以因果关系倒置来解决环境侵权成立的问题,而是应将其定性为相当因果关系,使其证明成为可能,然后仍然由受害人对其加以证明。① 本报告认为将因果关系倒置这种简单处理的方式并不符合当下司法实践要求,法院适用也会有意回避,或者成为法院不愿意查明案件事实的一种规避方式。只有根据证明责任和提供证据责任的二元模式,将因果关系问题划入后者理论之中,才能促使起诉者以最大的努力去收集相关证据,并对该事实加以证明。实践中对因果关系的证明较为依赖司法鉴定,同时,检察机关作为提起公益诉讼的主体也已经被赋予了自行加以鉴定的权利。因此,从证据收集的角度该方面已经得到了加强,今后应当改进的方向是对因果关系证明标准加以完善,因此对倒置问题应当加以纠正。

(三)环境公益诉讼的特殊要件事实探讨

环境公益诉讼是否应当有自己特殊的构成要件,根据前面的论述其前提是要在实体法层面将环境侵权划分为不同类型,对此《民法典侵权责任编(草案)》(二次审议稿)也有初步尝试,其对纯粹性生态损害采用了过错责任,增加了"违反国家规定"这一违法性要件,对能够带来人身、财产损害的衍生性生态损害行为则沿用严格责任,并没有对公益诉讼单列其要件。《环境公益诉讼解释》第8条第2款规定,起诉者对损害公共利益提出初步证明材料,该规定只是给该类案件增加了侵害公共利益的要件。

上述两个方面的要件事实是否有必要单独规定值得探讨。首先是关于侵害公共利益的要件,其主要是要证明公益诉讼侵犯了不特定多数人的利益,

---

① 胡学军:《环境侵权中的因果关系及其证明问题评析》,《中国法学》2013年第5期,第163页。

该要件在证明上有一定难度，但其在区分公益诉讼和私益诉讼、团体诉讼、侵犯国家利益的诉讼上有着重要作用，因此还是有必要的。因为不同利益区分，适用的实体法就是不同的，侵害公共利益的，要依据《环境保护法》第58条寻求司法救济。[1] 对于违法性要件，对其是否应当引入本身就存在两种观点。国际上又分为德国和法国两种模式，德国将违法性要件单列，法国则将其与过错要件合并。我国有学者提出对环境公益诉讼，因为是公法上的责任，应当增加"违法性"作为构成要件。[2] 也有学者认为对造成人身、财产损害的衍生性生态损害行为，本身立法就确立了无过错责任原则，增加违法性要件其实质相当于在严格责任的前提下增加了主观的违法要件，这有点难以理解。[3] 本报告认为违法性要件在环境民事公益诉讼的一些案件中也是必要的，比如以笔者曾处理的经营户没有资质自行销售美瞳等商品侵犯消费者利益的案件中，其销售行为违反了国家的规定，对该违法性也可以通过行政机关提供的证据加以证明。因此，环境民事公益诉讼虽然是以严格责任为基础，但因为其代表国家起诉的权威性和谦抑性，还是应当增加"损害公共利益"的要件，以及在一些违反国家经济秩序的案件中增加"违反国家规定"的要件。

（四）运用其他相关理论解决其证明过程中的难题

前面的论述中已经提到，从证明责任理论发展过程来看，客观证明责任因为其考量的主要因素还是实体法的价值取向，对具体诉讼过程中的其他因素无暇顾及。自罗森贝克以来的学者都认为诉讼证明中的证明责任与具体证明行为或证明评价是可以清晰划分的两个独立领域。在环境侵权案件中，具体证明行为或证明评价是大有可为的。

---

[1] 何燕、李爱年：《生态环境损害担责之民事责任认定》，《河北法学》2019年第1期，第173~175页。

[2] 张新宝、汪榆淼：《污染环境与破坏生态侵权责任的再法典化思考》，《比较法研究》2016年第5期。

[3] 王秀卫：《论生态环境损害侵权责任的立法进路——〈民法典侵权责任编（草案）〉（二次审议稿）第七章存在的问题及解决》，《中国海商法研究》2019年第2期，第7页。

对环境公益诉讼可能涉及难以证明的事实,有学者认为环境侵权应全面运用证明负担减轻制度解决其证明难题,而非从证明责任分配方面加以着手。①《环境公益诉讼解释》第13条也初步将证明妨害制度在环境公益诉讼中全面运用加以规定,是从总体上解决证明难题的一种概括性方式,但今后的适用应该是谨慎的。本报告认为应用证明责任减轻制度是必要的,但对环境侵权带来的损害,从实体法角度出发的对证明责任分配制度的考量也是有其价值的,重要的是在证明责任分配之外确立证明责任减轻等相关理论的适用范围。比如,就因果关系而言,解决它的问题就不是分配问题,除了证明标准的适度降低,还应根据不同的污染行为,根据法院不断的实践积累,进一步将其从事实推定确立为一种法律推定或者表见证明制度,从而解决其证明难题。环境公益损害赔偿额的问题也不是证明责任分配的问题,因为其从原理上应当由起诉者加以证明。《环境公益诉讼解释》第23条专门对损害赔偿额的事实确立了多重认定角度,以及法院认定的自由裁量权。除此之外,《环境公益诉讼解释》第30条还规定了公益诉讼裁判认定的事实对私益诉讼的影响,却没有对私益诉讼认定事实会对公益诉讼产生影响加以规定。就民事环境侵权的公益诉讼与私益诉讼而言,二者的优先性之中私益诉讼本来是优于公益诉讼的,因为其代表当事人对自己权利的重视和保护,也能够从整个法治层面推进对社会公共利益的保护。并且,私益诉讼从诉讼请求的角度而言,其证明难度也是较为具体和巨大的,因为公益诉讼有时候只主要提出停止妨害。因此,一些情形下私益诉讼也是优先于公益诉讼的,规定私益诉讼认定的事实在公益诉讼中的免证效力是必要和可行的,两种诉讼认定的事实都能代表人民法院的权威和过程的严谨性,没有孰优孰劣的道理。

结 语

环境公益诉讼是环境侵权诉讼的一种特殊类型,代表了从国家层面也要

---

① 孙晨曦:《民事证明负担减轻研究》,博士学位论文,西南政法大学,2018,第178~183页。

依靠侵权诉讼解决环境损害难题的态度和科学思路，是国家法治进程所必需的。和一般侵权诉讼一样，该类公益诉讼也要面临其证明责任分配不清导致证明对象不清楚、证明过程不顺畅或者混乱的难题。因此，应首先根据一般环境侵权的原理，要求环境公益诉讼案件证明责任分配以严格责任为主要归责原则，同时增加"损害公共利益"的要件和"违反国家规定"的要件，对其因果关系应当不再倒置，而是从减轻其证明责任的角度出发来解决证明难题。最后，证明责任的科学分配有必要依赖提供证据责任相关理论在证明过程中的辅助，包括对证明妨害、表见证明的运用，也包括对损害赔偿额的合理认定。只有如此，环境公益诉讼案件证明责任分配问题才算是在立法与司法层面得到妥当的解决。

冬奥会法治保障

Rule-of-law Guarantee for the Winter Olympic Games

B.19 涉冬奥拆迁补偿案件审理模式的构建

——以40份相关民事判决书为分析样本

郑晓姣[*]

摘　要： 本报告以40份涉冬奥拆迁补偿民事判决书为分析样本，梳理涉冬奥拆迁补偿案件的基本情况。分析得出，涉冬奥拆迁补偿案件的基本特征为：案件审理争议焦点集中在合同、物权和婚姻家庭继承纠纷上；裁判结果为一审服判息诉率低，上诉再审率高；案件管辖集中在京冀两地；2018～2021年该类纠纷案件较多；涉案主体往往具有共通性和联合性的特征。建议依据特殊性，构建涉冬奥拆迁补偿案件的审理原则和审理模式。秉持快速审理、稳妥审理、专业审理的原则，构建相应的审理模式，加强法律宣传，实现多元主体共同化解涉冬奥拆迁补偿矛盾纠纷的联动机制。

关键词： 冬奥会　拆迁补偿案件　审理模式

---

[*] 郑晓姣，张家口市宣化区人民法院执行局三级员额法官，研究方向为行政法与行政诉讼法。

引 言

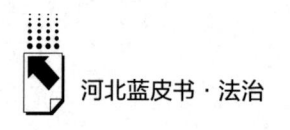

2022年，冬奥会由北京携手张家口举办，习近平总书记强调，办好冬奥会是我国对国际奥林匹克大家庭作出的庄严承诺。[①] 举办此届冬奥会对于促进奥林匹克事业发展、进一步提升我国综合国力、增强国际影响力意义重大。

张家口作为冬奥会分赛场之一，其体育场馆建设、配套项目设施特别是交通设施建设（尤其是京张铁路建设、张家口宁远机场扩建），均系2022年冬奥会的重要交通基础设施建设项目。这需要部分棚户区改造、处理在规划范围内房屋的拆迁和安置问题。充分发挥法院在冬奥会筹备和举办期间的审判职能，提供快速、便捷的纠纷解决途径，保障冬奥会的顺利召开。还需要处理好公平、公正地化解矛盾纠纷与快速推进冬奥会基础设施建设之间的关系。

一 涉冬奥拆迁补偿案件的现状分析

本报告研究的涉冬奥拆迁补偿案件主要是指，在冬奥会筹备和举办期间发生的、因按相关政策规划在拆迁及拆迁补偿分配过程中引发的相关民事纠纷案件。这类民事纠纷因冬奥会拆迁这一导火索而引起，也对冬奥会的筹备有着一定影响。妥善处理涉冬奥拆迁补偿纠纷，对于保障冬奥会如期、顺利召开有着至关重要的作用。

（一）涉冬奥拆迁补偿案件的基本情况

本报告依托中国裁判文书网，以"冬奥会""拆迁补偿"为关键词，对全国法院审结的涉冬奥拆迁补偿案件进行搜索，共得到40份民事判决书

[①] 《习近平对办好北京冬奥会作出重要指示》，《人民日报》2015年11月25日。

（检索日期为 2021 年 7 月 30 日）。以上述 40 份民事判决书为分析样本，对涉冬奥拆迁补偿案件的审理情况进行梳理。

1. 从审理争议焦点来看：多为合同、物权、婚姻家庭继承纠纷

涉冬奥拆迁补偿案件的案由分布较为集中，主要有三类：合同纠纷、物权纠纷、婚姻家庭继承纠纷（见图 1）。具体纠纷事由主要表现为在分家析产、房屋继承中对被拆迁房产、土地权属存在争议。再者，卖房人因看到拆迁利益而毁约，或是因对拆迁补偿协议不满而不配合拆迁。

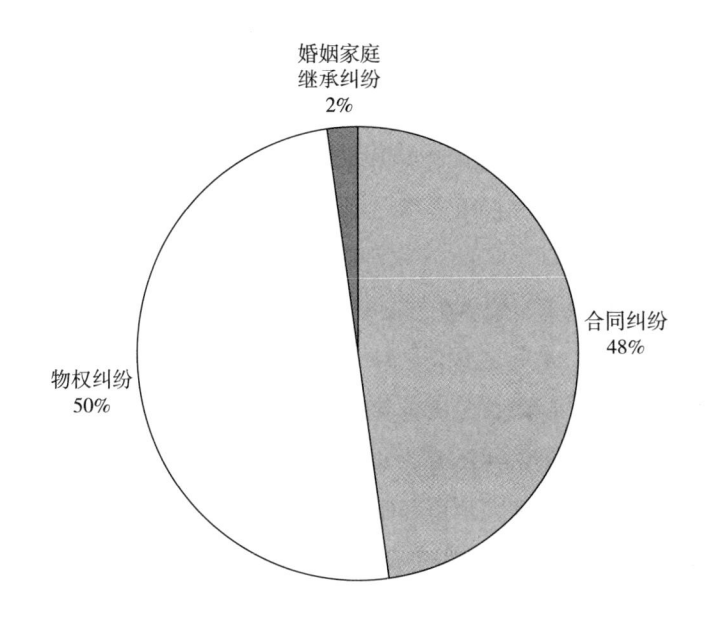

图 1　涉冬奥拆迁补偿案件的主要案由分布

2. 从判决结果来看：一审服判息诉率低，上诉再审率高

在 40 份样本判决书中，二审判决书有 20 份，占据公开文书总量的一半。在这 20 份二审判决书中，有 16 份为维持原判，只有 4 份为改判（见图 2）。可见，案件上诉再审率高的同时，二审结果与一审结果多为一致。一审程序中纠纷化解率较低。

从关联案件的检索中发现，有相当一部分涉冬奥拆迁补偿案件经历了民事一审、二审甚至再审程序后，当事人又用其他起诉事由（如从确认合同

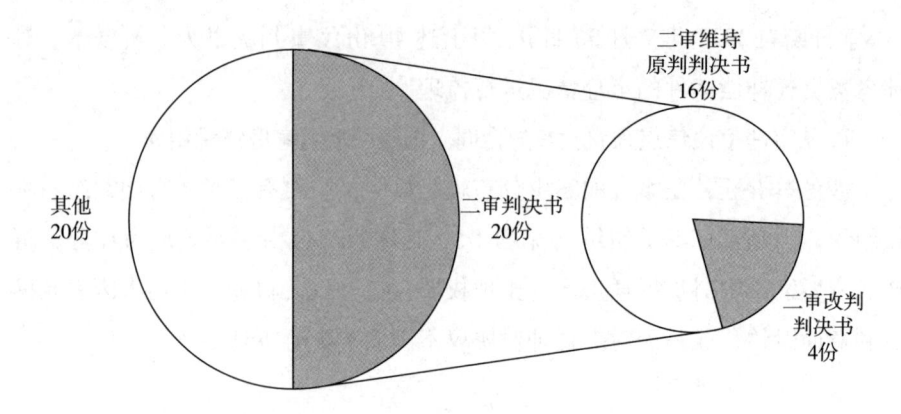

图2　涉冬奥拆迁补偿案件判决书情况

无效的合同纠纷变换为宅基地使用权的物权纠纷等）重新起诉，或是启动行政诉讼程序。这使得同一争议事实引发的纠纷在诉讼程序中持续拖延，无法得到根本解决。

3. 从管辖法院来看：集中在京冀

北京携手张家口举办冬奥会，对于这两座城市，冬奥会的举办带来了千载难逢的发展机会。同时，冬奥会筹备过程中衍生出一系列矛盾和问题，这两座城市自然也成为诉讼纠纷较为集中的地域。在40份样本判决书中，涉及的管辖法院主要集中在北京市和张家口市。

4. 从裁判日期来看：判决集中在2018～2021年

北京冬奥会从2015年申办成功到规划建设，再到涉及拆迁补偿，主要在近几年间。因而统计的涉冬奥拆迁补偿案件的裁判日期主要集中在2018～2021年[①]（见图3）。涉冬奥拆迁补偿案件属于当前遇到的新情况、新问题，需要进行有针对性的研究和解决。

5. 从案件主体来看：具有共通性和联合性

在对40份样本判决书进行分析时，发现相当一部分案件的主体为一个村的村民或是邻居，基于相同的事实和理由，向共同的被告分别提起诉讼。

---

① 因中国裁判文书网结案文书上网存在延时性，2021年涉冬奥拆迁补偿案件的统计可能存在数据偏差。

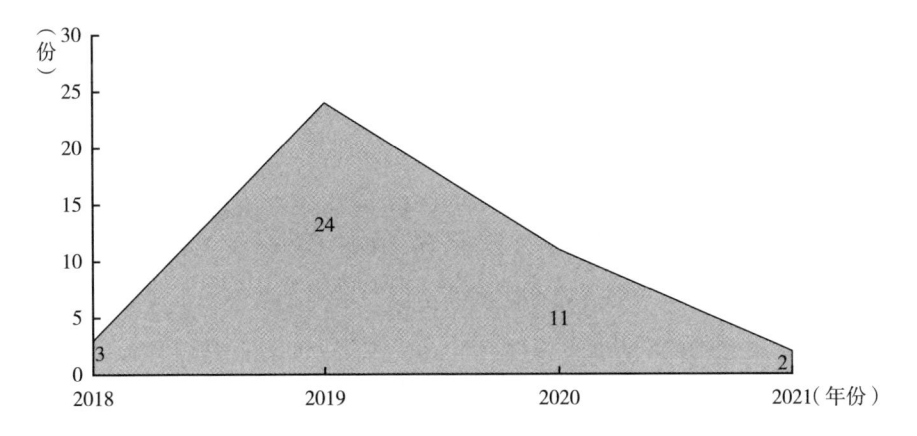

图3 涉冬奥拆迁补偿案件的审理年份分布

这类案件往往一同立案、等待开庭，带有群体性。如在40份样本判决书中，被告为京张城际铁路有限公司的宅基地使用权纠纷案件判决书就有9份。另外，王某等人与北京市延庆区康庄镇人民政府等确认合同无效纠纷案共涉及二审判决书6份。[1] 这些判决书所确认的事实基本一致，其判决结果也有很强的一致性。

（二）涉冬奥拆迁补偿案件的特殊性分析

拆迁补偿类案件本身涉及人数较多，稍稍处理不当，就极易产生群体性事件。人民法院审理涉冬奥拆迁补偿案件不仅应注意案件本身的问题，受国家和地方对冬奥会筹备、举办的相关政策规划的影响，其还肩负着为冬奥会筹备、举办提供司法服务和法治保障的政治任务。具体体现在以下几方面。

1. 审理时间的紧急性

冬奥会召开在即，各项筹备工作需在规定时限内完成。如果超期，将影响整个冬奥会的筹备进程和顺利开展。因此，人民法院在审理涉冬奥拆迁补

---

[1] 涉及案号分别为：(2019)京01民终8294号、(2019)京01民终8295号、(2019)京01民终8296号、(2019)京01民终8300号、(2019)京01民终8302号、(2019)京01民终8303号。

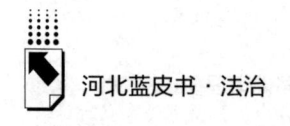

偿案件时，不仅受《民事诉讼法》规定的审理时限的约束，还要考虑政策规划推进的时限，快速化解纠纷，从法治上保障冬奥会筹备工作的如期进行。所以对于案件就应从快审理。

2. 影响范围的广泛性

从涉冬奥拆迁补偿案件的审理效果看，案件不只是在诉讼双方当事人之间产生法律效力。涉冬奥拆迁补偿案件不仅关系到个案公平正义的实现，还直接影响冬奥会的顺利开展。冬奥会作为一项重要的国际性体育赛事，它能否成功举办直接关系着我国的国际形象。所以案件的影响范围远超普通民事纠纷案件。

二 涉冬奥拆迁补偿纠纷产生原因及审理困境

人民法院审理涉冬奥拆迁补偿案件，是通过其司法审判职能来化解矛盾纠纷。只有清楚了解矛盾纠纷产生的原因，才能有针对性地解决矛盾、定分止争。

（一）涉冬奥拆迁补偿纠纷产生的原因

1. 根本原因：受拆迁利益的影响

这是拆迁补偿类案件的一个共通特征。面对高额的拆迁补偿金，在利益的驱动下，纠纷往往在所难免。把握这一根本原因，也为纠纷从源头上给出了解决途径，即妥善处理利益分配。这需要在个案事实的基础上，分析各方当事人对拆迁利益享有的合理性，以此确定分配方案和比例。

2. 主要原因：拆迁补偿实施欠完备

作为冬奥会的政治任务，拆迁规划和补偿方案确定后会立刻付诸实施。在此过程中，拆迁补偿实施难免存在仓促性。对拆迁补偿方案的解释、具体措施的落实有时候欠缺完备性，致使部分被拆迁人对拆迁协议和补偿方案不满，由此进入诉讼维权程序。

（二）涉冬奥拆迁补偿案件的审理困境和难点

1. 被拆迁人心情急迫、情绪易激动

由于即将或者已经拆迁，现有居住环境以及后续生活环境变换，所以当事人希望案件尽快审理，尽快得到法院的判决结果，而且对司法结果的期待也很高。这就导致如果案件办理期限较长或者判决结果与当事人预期差距较大，则当事人难以理解、情绪易激动，容易引发信访、闹访的矛盾。所以，法官要审时度势，观察当事人情绪变化，维持其稳定的精神和心理状态。这也对法官审理该类案件提出了更加富有难度的挑战。

2. 被拆迁人在利益驱使下的投机心理

在拆迁补偿利益的驱使下，一部分被拆迁人存有投机心理。基于举办冬奥会的特殊因素，部分被拆迁人的心理发生变化，想要利用国家举办公共体育赛事、修建基础设施的机会，大发横财。在拆迁规划公布以后，加紧实施抢建、抢栽等行为，希望获得更多的拆迁补偿款。此类案件在证据的获取上，往往因拆迁主体对拆迁对象的了解并不全面而困难重重。这为法官了解案件事实、作出接近客观事实的居中司法裁判带来了难度。

3. 缺乏科学、统一的裁量标准

由于涉冬奥拆迁补偿案件具有特殊性，不同于普通的拆迁补偿类案件，因此更需要特事特办，有相对科学、统一的裁量标准，以保证类案同判，最大限度地保障案件的公平审理和良性可接受的司法环境。

一方面，从案件审理的客观层面看，当前法院审理中，对拆迁补偿类案件裁量标准和裁量方法并没有相关规范，致使客观如何适用拆迁补偿较为混乱。另一方面，从审判法官的主观层面看，业务水平、审判经验、生活阅历以及法官个人综合素质的不同，直接影响着法官在涉冬奥拆迁补偿案件中的裁量思路，进而影响案件的裁判标准和结果。

三　涉冬奥拆迁补偿案件的审理原则和审理模式

走出涉冬奥拆迁补偿案件的审理困境，需要采取有针对性的措施，有的

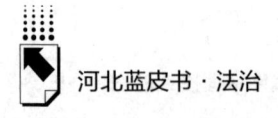

放矢，各个击破。按照冬奥会确定的目标、任务和方向，确定涉冬奥拆迁补偿案件的审理原则和审理模式，以此为切入点服务和保障冬奥会的顺利举办。

（一）与时间赛跑，快速审理案件

案件纠纷的快速定分止争对于推进冬奥会进程至关重要。这需要法院积极作为、主动作为，对涉冬奥拆迁补偿案件特事特办，快速化解矛盾纠纷，为冬奥会顺利召开提供良性司法环境。

1. 积极作为，缩短纠纷处理期限

2022年冬奥会是一项关系国家形象、国际影响力的重要体育赛事。所以，要求涉冬奥纠纷快审快结，迅速案结事了，推进冬奥会基础设施建设的有序开展。这不仅要求审判法官缩短案件的审理期限，还要求法院从立案、分案、文书送达、开庭到宣判、调解乃至执行等各个环节都提升效率，缩短办理和流转期限，保障胜诉当事人的权利及时得到实现。

另外，为了缩短案件流转和审理期限，对于符合条件的涉冬奥拆迁补偿案件，可以诉讼前置。在立案前，可以先进入诉前调解程序，对矛盾进行化解和举证指导，争取以最快速度解决纠纷，彻底缩短矛盾纠纷的化解时间。

2. 提高一审服判息诉率，减少上诉和再审

这需要法官坚持调解与判决并用、释法与明理并行。加强法院的释法明理工作，加大司法审判过程中的调解工作力度，与案件当事人进行深入沟通，阐明法理在各案中运用的过程，以此取得当事人的理解和认同，有效减少案件上诉。这也是推进案件终局性解决的有效措施。

（二）防范信访风险，稳妥审理

1. 预先对案件的信访风险进行评估，避免群体性事件

对风险案件进行预判，争取预先摸排、提前研究、尽早处理。遇到问题能够做到及时应对、妥善处理。针对案件，在释明法律的前提下，防范信访风险。维护稳定，防止不必要的信访产生。拆迁补偿类案件涉及民生，处理不当，极易引发信访和公共性、群体性事件。因此，稳妥处理是关键。但是这与快速办理并不矛盾，需要多方主体共同参与，共同化解矛盾纠纷。

2. 树立大局意识和服务意识，增强政治敏锐性

对冬奥会推进过程中涉及的拆迁补偿问题，及时与党委、政府进行沟通，与冬奥会相关筹备单位积极联系。这要求人民法院遇到涉冬奥拆迁补偿重大案件时启动重大敏感事件会商机制，向同级党委汇报，与其保持高度一致，提高司法服务的水平和能力，为冬奥会开展提供司法保障，扫除不安定因素。

（三）统一裁量标准，专业审理

1. 对案件分类归纳，推动类案分析研究

对于涉冬奥拆迁补偿案件，根据其纠纷类型、争议焦点，开展高质量的调研，并对其进行分类归纳和研究。

第一，婚姻家庭继承纠纷案件。主要是因为离婚或者遗产继承而分家析产，对拆迁标的权属发生争议的情形。需要综合考虑夫妻共同财产分割的自愿性、遗产分割的公平性等因素。

第二，合同纠纷案件。针对拆迁补偿合同的性质，对该类案件的权利主体、补偿范围、补偿标准、补偿方案作具体的模式化规定。为法官审理该类案件提供明确的司法指引，实现专业化审理。

第三，物权纠纷案件。主要针对买卖房屋未办理过户手续的情形。即因拆迁而后悔卖房，基于未办理过户手续，主张返还原物的纠纷。这类案件从诚实信用的原则和维护市场交易稳定性角度考虑，在不违背国家强制性、禁止性规定的前提下，认定房屋归真买受人所有。即使判决返还原物，也应保障买受人的拆迁利益。让毁约的卖房人无法获得或者获得较少的拆迁补偿利益，最终维护交易的安全，减少类似诉讼的发生。

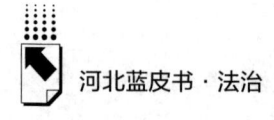

2.建立专业化审判团队和审理模式

涉冬奥拆迁补偿案件处理程度，也成为考察法官能力、检验司法公信力的重要标尺。这需要专业化的人员进行审理。组织设立涉冬奥纠纷审判专家库，为涉冬奥纠纷审判提供专业技术理论支撑。同时，建立专业化的审判团队，将涉冬奥拆迁补偿案件交由其办理。一方面，可以保障裁量标准和裁判尺度的相对统一。另一方面，专业化的办理也使得对相关案情和纠纷处理模式化，达到提升质效的目的。

同时，要加强北京、张家口等地法院及法官间的业务交流与培训，以及区域性集体案件的协调会商。加强类案培训，帮助法官积累经验、开拓审理思路，提升法官的司法审判能力。明确裁量标准、统一裁判尺度。加强举证引导，以证据为裁判依据。

（四）加强法律宣传，多元联动化解纠纷

1.从源头化解纠纷，提升当事人的法治素质、法治思维水平

这需要法院积极开展有针对性的普法宣传活动，充分运用法治思维化解矛盾纠纷。组建"法治冬奥"志愿者宣讲团，对于涉冬奥拆迁区域的群众以案讲法，消除群众的投机心理。同时，通过对裁判要点的归纳和讲解，减少类案纠纷的产生，也让百姓对裁判结果预期有了清晰的了解，从而激发全民感恩冬奥、支持冬奥、奉献冬奥的精神，为化解矛盾提供精神力量。

2.加强部门联动，多元主体共同化解纠纷

紧紧依靠党委和政府，同时与当地检察院、公安部门、城建部门以及相关冬奥会指挥协调单位紧密沟通、协调配合。借助多元主体力量，形成一套矛盾纠纷多元化解机制，多方共促冬奥会的顺利筹备和举办。

结 语

涉冬奥拆迁补偿案件的背后往往蕴含着复杂的利益纠葛，折射出新时代

亟待解决的社会问题。以妥善拆迁保障冬奥，是利国利民的重要举措，是司法参与社会公共治理的重要体现。让拆迁补偿更"贴心"、让裁判更"顺心"、让百姓更"放心"，还需要多方主体共同努力。建议在确保涉冬奥拆迁补偿案件审理质量的前提下，通过专业化审理模式，提升审判效率，为实现法治奥运，顺利筹备、举办冬奥会提供法治保障。

B.20 "法院+雪场+X"旅游滑雪纠纷解决机制研究

李静静 杨莉芳*

摘 要： 北京携手张家口成功申办2022年冬奥会，张家口市崇礼区以冬奥会为契机，认真贯彻落实习近平总书记关于冬奥会筹办的重要讲话精神，大力推动冰雪产业发展，致力于把崇礼打造成国际知名冰雪运动和冰雪旅游胜地。崇礼每年迎接旅游滑雪爱好者超百万人次，引发的旅游滑雪纠纷也日益增多。崇礼法院面对旅游滑雪纠纷较之前明显增多的情形，创新探索出"法院+雪场+X"旅游滑雪纠纷解决机制，构建了社会参与、多元并举的纠纷化解新格局，践行了习近平总书记"以人民为中心"的发展思想，提供了冬奥会筹办和本地发展的高质量司法保障。

关键词： 冬奥保障 多元化纠纷解决机制 旅游滑雪纠纷

"法院+雪场+X"旅游滑雪纠纷解决机制（以下简称"旅游滑雪纠纷解决机制"）是人民法院对多元化纠纷解决机制的创新探索，也是依法服务保障冬奥的生动实践，充分发挥了人民法院在多元化纠纷解决机制建设中的引领、推动和保障作用。该机制充分体现了人民法院的司法能动性，变被动

---

* 李静静，张家口市崇礼区人民法院党组书记、院长，研究方向为民事诉讼法；杨莉芳，张家口市崇礼区人民法院法官助理，研究方向为民商法学。

审判为主动司法引领,将纠纷化解的关口前移,积极引导当事人通过非诉方式解决纠纷,不断提升新时代人民法院的司法服务能力。

一 冬奥背景下探索旅游滑雪纠纷解决机制的原因

(一)是多元化纠纷解决机制建设的客观要求

习近平总书记在中央政法会议上强调"把非诉讼纠纷解决机制挺在前面",[①] 这为多元化纠纷解决机制建设指明了方向、提供了遵循。最高人民法院制定的《关于人民法院进一步深化多元化纠纷解决机制改革的意见》,确立了人民法院在多元化纠纷解决机制建设中的引领、推动和保障作用。

崇礼法院在面对旅游滑雪纠纷数量增多、类型多样及审理中面临困境的情况下,积极延伸审判职能,提供司法公共服务,努力构建司法普惠下的"司法供应链",为2022年冬奥会提供法治保障。"普惠"一词,通常是与公共服务紧密联系的。公共服务是指政府为了满足社会公共需要而提供的产品和服务的总称。[②] 司法公共服务,指法院延伸审判职能,依据其自身特点及法律专业性,在法律的框架内,向社会提供公共性法律保障和法律服务的职能和实践做法。[③] 崇礼法院努力向社会提供司法公共服务,探索旅游滑雪纠纷解决机制是多元化纠纷解决机制建设的客观要求。

(二)是依法服务保障冬奥的时代要求

随着中国冰雪产业的快速发展和大众对参与冰雪运动热情的不断高涨,"3亿人上冰雪"从愿景到现实,中国冰雪产业真正实现了从"冷资源"到"热经济"的转换。崇礼借助冬奥机遇,致力于把自身打造成国际知名冰雪

[①] 李雅云:《非诉讼纠纷解决机制:使矛盾化解"关口前移"》,中共中央党校网站,2019年10月2日,https://www.ccps.gov.cn/dxsy/201910/t20191002_134748.shtml。
[②] 李军鹏:《公共服务型政府建设指南》,中共党史出版社,2005,第89~90页。
[③] 蒋惠岭:《引领—推动—保障:司法作用的发展阶段》,《人民法院报》2015年4月10日。

运动和冰雪旅游胜地。崇礼辖区内的7家滑雪场，吸引着越来越多的旅游滑雪爱好者，每年迎接旅游滑雪爱好者超百万人次。滑雪作为一项高风险运动，在使人们激情飞扬享受冰雪世界带来的无限乐趣的同时，不可避免地会出现因旅游滑雪而引发纠纷的情形，且纠纷数量和纠纷类型较之前明显增多。

旅游滑雪纠纷数量和纠纷类型的增多，不仅加大了法院的办案压力，也对法院类型化、专业化审理旅游滑雪纠纷案件提出了新的要求。常见的旅游滑雪纠纷包括人身损害赔偿纠纷、财产损害赔偿纠纷、合同纠纷。人身损害赔偿纠纷包括以下几种常见情形：第一，滑雪者之间的相互碰撞（双方事故），如滑雪者前后碰撞（追尾）、左右相撞而造成的人身损害；第二，滑雪者在滑雪场自行摔倒受伤，如滑雪场未尽到安全保障义务（滑雪场雪道出现结冰、防护网破损、无安全标识等情况）导致滑雪者受伤、滑雪者选择了超出自身滑雪水平的雪道而造成损害；第三，滑雪学校、滑雪教练未尽到安全保障义务，滑雪教练在教学过程中导致滑雪者受伤。财产损害赔偿纠纷包括以下常见情形：滑雪者双方发生碰撞后，致滑雪板、头盔等雪具受损。合同纠纷一般包括买卖合同、服务合同、保险合同等纠纷，如滑雪者因购买滑雪季卡或年卡而引发的合同纠纷、滑雪者因购买或租赁雪具而产生的合同纠纷、滑雪者与滑雪学校和滑雪教练履行合同时产生的纠纷等。

"现代奥林匹克运动已与法治紧密结缘，不但使其纳入现代法治轨道而形成法治奥运的运行模式，而且现代奥运又必须与时俱进，在受到现代民主法治的有关挑战中不断地进行改革与调整，以跟上时代发展的步伐。"[①] 崇礼法院探索旅游滑雪纠纷解决机制成为依法服务保障冬奥的时代要求。

（三）是创新旅游滑雪纠纷解决途径的必然要求

旅游滑雪纠纷主体以外地游客和高知人群居多，且纠纷类型不断丰富。按照传统诉讼方式审理旅游滑雪纠纷案件，普遍存在审理期限较长、案件服

[①] 于善旭：《法治奥运在北京奥运会的实现及其深远影响》，《首都体育学院学报》2016年第3期。

"法院+雪场+X"旅游滑雪纠纷解决机制研究

判息诉率低的情况。究其原因，一是原告往往不清楚适格被告有哪些，起诉后申请追加被告的情况时有发生；二是伤者不清楚自己雪票中包含的保险及险种；三是不同雪场合作的保险公司不同，承保的意外保险及公众责任险的保额不同；四是雪场及当事人没有留存滑雪事故发生时的影像资料，责任无法认定；五是人身损害、财产损害需要鉴定，鉴定花费时间较长；六是法官受滑雪专业知识的限制，在划分滑雪责任时存在困惑。

面对旅游滑雪纠纷的新类型，国内可以参考的判例少之又少，怎样做到统一裁判标准和尺度，是法官在审理旅游滑雪纠纷时面临的难题。第一，滑雪者双方发生碰撞或滑雪场未尽到安全保障义务等引发纠纷时，滑雪者双方、滑雪者与滑雪场之间系侵权责任纠纷（即人身损害赔偿纠纷和财产损害赔偿纠纷），而滑雪者与保险公司、滑雪场与保险公司之间系合同纠纷，一起旅游滑雪纠纷中会出现两个法律关系即侵权责任纠纷和合同纠纷。鉴于纠纷主体大多为外地游客或高知人群，为减少当事人诉累，侵权和合同两个法律关系能否在同一案件中进行审理。第二，滑雪者双方发生碰撞时责任如何划分，受滑雪专业知识限制，法官依据影像资料很难判断出滑雪者双方责任大小。第三，滑雪场的安全保障义务如何界定，滑雪场张贴注意标识、广播提醒等，是否可以认定为已经尽到了安全保障义务。第四，滑雪者自主选择难易不同（初、中、高级）的雪道，判断滑雪者是否选择了超出自身滑雪水平的雪道，是否可单凭滑雪等级资格证书界定。实现集约高效的旅游滑雪纠纷化解目标，创新化解思路成为必然。

二 旅游滑雪纠纷解决机制参与主体的价值分析

崇礼法院认真贯彻落实习近平总书记"把'枫桥经验'坚持好、发展好"[①]的重要指示精神，聚焦冬奥会筹办，探索建立了旅游滑雪纠纷解决机

---

① 《习近平就创新群众工作方法作出重要指示 强调把"枫桥经验"坚持好发展好把党的群众路线坚持好贯彻好》，央视网，2013年10月11日，http://tv.cctv.com/2013/10/11/VIDE1381489925369699.shtml。

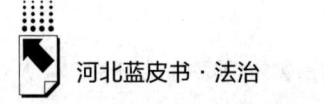

制，积极引导当事人通过非诉方式解决纠纷。该机制是富有生命力的社会治理实践，注重社会参与，法院与滑雪场、保险公司建立协作机制，厘清赔付内容和标准；法院与滑雪协会对接，引入行业规范，发挥行业领域专业化指导作用，客观公正划分责任；法院与体育法研究所合作，吸收专家意见，不断提高司法能力。不断充实"X"的范围，充分发挥"X"的作用。

（一）"滑雪场"的安全保障价值

截至 2021 年，崇礼共有 7 家滑雪场，成为国内最大的高端滑雪场集聚区，每年迎接旅游滑雪爱好者超百万人次。7 家滑雪场各有各的特色，如云顶滑雪场是 2022 年冬奥会自由式滑雪和单板滑雪比赛地、太舞滑雪小镇是中国目前规模最大的综合滑雪度假区、万龙滑雪场是中国首家开放式滑雪场等，崇礼法院分别到 7 家滑雪场进行走访调研，深入了解各家滑雪场的情况。

滑雪场作为旅游滑雪纠纷事故发生地，与法院建立协作机制即法官工作站，便于开展纠纷化解工作。滑雪场的应急部门第一时间采取应急措施，安全保障部门第一时间对伤者进行搜救，医务室第一时间对伤者进行救治，警务室对事故视频录像进行保存，并对纠纷进行登记，为责任划分提供依据。此外，职业素养较高的滑雪教练应邀成为法官工作站的特约调解员，参与旅游滑雪纠纷的调处工作。

法院加大了对滑雪场的普法宣传力度，提高滑雪场的安全保障意识，将旅游滑雪纠纷数量降到最低。鉴于各家滑雪场的安全标识、警示标志等无统一标准，容易给旅游滑雪爱好者带来误导，从而引发滑雪事故，建议各家滑雪场积极探索形成类似交通标志的规范标识，形成行业规范标识。

（二）"保险公司"的高效赔付价值

滑雪作为一项高风险运动，崇礼的 7 家滑雪场均会投保，一般包括意外保险和公众责任险，但承保的保险公司不同。法院积极与保险公司建立协作机制，便于法院厘清保险的赔付内容和标准。保险公司密切配合，对应赔付的类别,积极进行赔付,在实践中取得了不错的效果。

首先是案情概要。刘某在滑雪场滑雪时,高速滑入跳跃区,失去控制,滑出雪道后受伤。事故发生后,刘某认为滑雪场未尽到安全保障义务,应承担赔偿责任。滑雪场则认为刘某未能准确判断自己的滑雪水平,选择了超出自身滑雪水平的雪道,才导致事故的发生。且滑雪场认为场地有安全标识、广播提醒、防护措施等,其已经尽到了安全保障义务,不应承担赔偿责任。

其次是调处结果。人民法院受理该案后,因刘某与滑雪场之间就是否应当赔偿这个问题存在较大分歧,调解工作很难推进。但在调解过程中,法官了解到滑雪场在保险公司投保了意外保险和公众责任险。于是,法官积极启动机制中的主体之一即保险公司。保险公司密切配合,介绍了意外保险和公众责任险两个险种的不同。意外保险是滑雪者在购买雪票时,雪票中包含的保险,系滑雪者与保险公司签订的合同,且不划分责任。而公众责任险则是滑雪场与保险公司签订的合同,保险公司在滑雪场承担赔偿责任范围内,承担替代赔偿责任。保险公司认为刘某的情况,属于保险理赔范围,对刘某主张的赔偿数额核实后,按照赔偿标准和计算方式对刘某进行了赔付,滑雪场不承担赔偿责任,纠纷得到成功化解。

滑雪者单方发生滑雪事故后,滑雪者往往认为是滑雪场没有尽到安全保障义务,故向滑雪场主张赔偿。而滑雪场则认为自身已经尽到了安全保障义务,不应承担赔偿责任。本案例的典型意义在于机制中保险公司积极发挥作用,除对险种进行介绍外,还对应赔偿的类别进行赔付,使旅游滑雪爱好者的权利得到保障,纠纷得到高效化解,减少了当事人诉累。

(三)"滑雪协会"的行业规范价值

法院与滑雪协会对接,引入行业规范,发挥行业领域专业化指导作用,滑雪协会客观公正划分责任,为法官裁判提供专业化依据。旅游滑雪纠纷解决机制中引入滑雪协会,实践效果良好,对成功化解旅游滑雪纠纷发挥了行业规范价值。

首先是案情概要。王某某与李某某在崇礼某雪场中级道滑行,起初李某某（单板）在王某某（双板）后方滑行，后李某某通过姿势变换滑行，超越王某某滑至其侧前方。此时王某某专注于后刃变前刃大幅度疾速动作转换，未意识到双方位置变化，导致二人相撞，造成王某某受伤。

其次是调处结果。崇礼区法院受理该案后，鉴于双方对责任划分固执己见、对抗情绪激烈，特邀请滑雪协会专家根据双方不同阶段的滑雪姿势，进行专业技术分析。确定李某某虽在完成超越时享有雪道优先权，但超越过程中没有为王某某留出足够的安全距离，是事故发生的诱因。但其使用单板，面向前方滑行，视野范围小，注意义务小于对方。王某某使用双板，视野范围广，实施大幅度疾速动作转换时有能力、有义务预见被人超越时可能发生的危险，其注意义务大于对方，应提前采取变换雪道滑行或者减速滑行的安全预防措施，但其专注于动作转换，未进行观察，是致使双方发生碰撞的主因。据此，依据有关注意义务与法律责任的法律原则规定，充分运用国际雪联十项安全准则第三条选择安全线路原则规定（后方滑雪者务必要选择不危及前方滑雪者的路线滑行）和第四条超车原则规定（从后方或侧方超越其他滑雪者时保持足够距离），释法明理，阐明雪道使用优先权的转换和注意义务的不同，明确了王某某、李某某的主次责任，促使双方达成调解协议并履行。

最后是典型意义。随着冰雪运动广泛开展，此类纠纷明显增多，而现行法律对此类事故的认定尚无具体规范，案件的法律适用，只机械套用概括抽象的法律规定难以服人，纠纷不易及时有效化解。随着冬奥会举办日益临近，快速妥善化解雪上运动纠纷、营造平稳和谐办赛环境的需求更为凸显。本案例的典型意义在于，在适用国内法前提下，积极借鉴、充分运用专项国际体育规则，作为释法明理、划分责任的依据，可以充分显示出案件审理的专业性、调处方案的权威性，从而获得双方的理解和认同，取得了案结事了人和的圆满效果，为涉冬奥纠纷的妥善处理树立了典范。[①]

该纠纷的成功化解，厘清责任是关键。旅游滑雪纠纷解决机制中，充当

---

① "运用国际体育规则圆满调处滑雪事故案"入选张家口市2020年保障冬奥会筹办助力"五城"建设典型案例。

"X"之一的滑雪协会发挥了不可或缺的作用，从专业化的角度对双方动作变换及单双板进行分析，准确地对双方责任进行认定，打破法官认为李某某责任更大的判断。设想，若法官单纯地认为李某某在后方，王某某在前方，而忽略双方一系列的姿势变换，认为王某某拥有雪道优先权，故李某某的责任更大，那判决结果便会出现偏差，承担主要责任的李某某可能会不服判决提出上诉，这便出现了机制运用之前的情形。

（四）"体育法研究所"的专业参考价值

崇礼凭借得天独厚的自然条件和区位优势，孕育出冬季滑雪、夏季户外的体育休闲产业，现在以及将来的崇礼都离不开体育和运动这两个关键词。旅游滑雪纠纷作为一种新型纠纷，类型多样，这对法院的司法能力提出了新的更高要求。面对该类纠纷专业化要求较高、判例较少的情况，法官在不断提升自身业务能力的同时，还需寻求外力帮助，所以机制中应积极引入体育法研究所，吸收专家意见，为纠纷化解提供新思路、新方法，进而不断提高法院司法能力。

（五）强化"X"价值的新探索

旅游滑雪纠纷解决机制中现有的参与主体，使化解旅游滑雪纠纷取得了一定的实践效果，但是在实践中发现还需不断充实"X"的力量。第一，医疗保障方面，可引入北医三院崇礼院区。北医三院崇礼院区为北京2022年冬奥会和冬残奥会定点医院，对受伤严重的运动员或滑雪爱好者可采取应急措施，如启用直升机等设备，及时救治。与北医三院崇礼院区合作，可为伤者提供及时医疗救治，防止伤者损伤扩大的情况发生。第二，监管方面，可引入滑雪场的主管部门，如体育行业管理部门、环保部门、市场监管部门等，对滑雪场进行监督管理，完善滑雪场安全预防措施，定期对缆车、雪道、防护网等进行检查，使雪场的运行更加安全规范，从源头减少旅游滑雪纠纷发生。第三，心理咨询方面，可引入心理咨询师，对受伤严重的滑雪爱好者进行心理疏导，安抚受伤者激动情绪的同时，降低舆论炒作的风险。第

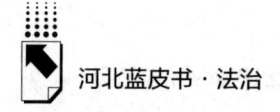

四，技术方面，可引入鉴定机构，缩短鉴定周期，为诉前化解旅游滑雪纠纷提供调解依据。

三 旅游滑雪纠纷解决机制的意义

（一）是践行"以人民为中心"发展思想的有效回应

习近平法治思想是一个由众多具有鲜明中国特色、中国气派的法治理论板块构成的系统完备、逻辑严密、内在统一的科学理论体系。"人民有所呼，改革有所应。"[①] 崇礼法院认真贯彻落实习近平总书记"以人民为中心"的发展思想，准确把握人民日益增长的美好生活需要同司法工作发展不平衡、不适应之间的矛盾。面对旅游滑雪纠纷增多的情形，积极回应游客新要求新期待，最终探索出旅游滑雪纠纷解决机制，增强了旅游滑雪爱好者的获得感、幸福感、安全感。

第一，落实人民主体地位。机制变被动审判为主动司法引领，将纠纷化解关口前移，落实法治建设基础是为了人民、依靠人民、造福人民、保护人民。习近平总书记强调："必须牢牢把握社会公平正义这一法治价值追求，努力让人民群众在每一项法律制度、每一个执法决定、每一宗司法案件中都感受到公平正义。"[②]

第二，落实保障人民人身权益。滑雪作为一项高风险的运动，机制把旅游滑雪爱好者的生命健康安全放在首位。与滑雪场建立协作机制，加大对滑雪场的普法宣传力度，提高滑雪场安全保障意识，降低旅游滑雪爱好者受伤的风险。一旦发生涉及人身损害的滑雪事故，第一时间启动应急措施，及时进行救治。

[①] 吕媛媛：《一心为民 习近平这些改革话语历久弥新》，央视网，2018年10月12日，http://news.cctv.com/2018/10/12/ARTIdkrH1X6K1lMG0docoSGT181012.shtml。

[②] 《在中央全面依法治国工作会议上强调坚定不移走中国特色社会主义法治道路为全面建设社会主义现代化国家提供有力法治保障》，《人民日报》2020年11月18日。

第三，落实保障人民财产权益。机制注重保障滑雪爱好者的合法财产权益，与保险公司建立协作机制，厘清保险的赔付内容和标准。一旦发生涉及财产权益保障的滑雪事故，积极发挥保险公司的作用，对理赔范围内的纠纷，保险公司高效理赔，保障滑雪爱好者的合法财产权益。

第四，落实回应人民群众新要求新期待。人民日益增长的美好生活需要同司法工作发展不平衡、不适应之间存在矛盾。旅游滑雪爱好者以外地游客、高知人群居多，一旦发生旅游滑雪纠纷，花费的时间和经济成本较高，会增加当事人诉累，机制则满足了旅游滑雪爱好者关切的公平正义、集约高效的司法需求。

第五，落实提升司法公信力。"法治为民"是社会主义法治最核心的价值，是社会主义国家的立法目的所在。机制通过法治化、专业化、社会化的纠纷解决方式，提升旅游滑雪爱好者对人民法院工作的认同感和满意度，进而提升了人民法院的司法公信力。

（二）是依法服务保障冬奥的生动实践

北京携手张家口成功申办 2022 年冬奥会，崇礼作为冬奥会雪上项目主要举办地，早已与法治冬奥紧密结缘。崇礼法院聚焦依法服务保障冬奥，积极探索建立旅游滑雪纠纷解决机制，为冬奥会筹办和本地发展提供了高质量的司法服务和保障。

第一，运用机制旅游滑雪纠纷得以专业、高效化解，这不仅满足了旅游滑雪爱好者对司法服务的新要求新期待，还降低了崇礼被舆论炒作的风险，为依法服务保障冬奥打下了良好的社会基础。

第二，机制将司法服务的职能延伸至诉讼外，整合法律服务资源，健全公共法律服务体系，为人民群众提供多元化纠纷解决途径，以实现司法普惠的目的，[①] 为冬奥会的成功举办奠定了良好的法治基础。

[①] 唐卫等：《从纠纷解决到规则治理：中国社会基层治理"内生性演化"结构失衡及其修正——以"非诉讼纠纷解决机制挺在前面"为解决契机》，第三十二届全国副省级城市法治论坛会议论文，武汉，2020 年 9 月 28 日。

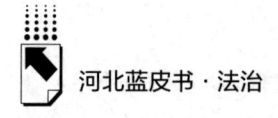

第三，崇礼法院把依法服务保障冬奥作为最大的政治任务来抓，努力把本届冬奥会打造成为一场"法治冬奥"。崇礼法院充分发挥司法能动性，探索建立机制，变被动审判为主动司法引领，发挥了人民法院在旅游滑雪纠纷解决中的引领、推动和保障作用。

（三）是服务乡村振兴和基层社会治理的大胆尝试

习近平总书记在中央农村工作会议上强调"民族要复兴，乡村必振兴"。[①] 随着乡村振兴战略实施，旅游滑雪纠纷受案类型不断丰富，对人民法院诉源治理水平和综合审判能力提出新的更高要求。最高人民法院强调，要积极回应人民群众新要求新期待，将"便于人民群众及时感受到公平正义"作为工作原则中全新的时代内涵。

第一，注重矛盾纠纷多元化解，切实把矛盾解决在萌芽状态。机制与滑雪场、保险公司、滑雪协会等形成工作合力，最大限度地将矛盾化解在基层。依托滑雪场法官工作站和人民法庭平台，以及实现分层递进源头预防化解矛盾纠纷路径，使旅游滑雪纠纷就地发现、就地调处、就地化解。

第二，增强调解力量，有效提升基层社会治理水平。机制注重社会参与，积极动员社会专业力量化解纠纷，既为游客提供高效、便捷、低成本的纠纷解决方式，又有利于提升社会治理的法治化水平，促进社会矛盾有效化解。

第三，加强法治宣传，营造良好法治环境。崇礼法院与滑雪场建立协作机制，"法治冬奥青年志愿者服务队"定期到滑雪场开展法治宣传，深入宣传与旅游滑雪爱好者密切相关的法律法规，加大以案普法、以案释法力度，形成"办事依法、遇事找法"的法治环境。

（四）是强化多元化纠纷解决机制的深入探索

多元化纠纷解决机制是人民法院贯彻中央决策部署、推进国家治理体系

[①] 《习近平：民族要复兴，乡村必振兴》，新华每日电讯网站，2020年12月30日，http://www.xinhuanet.com/mrdx/2020-12/30/c_139628945.htm。

和治理能力现代化的重要举措,"过分强调了法院化解纠纷的工具性功能,弱化了其通过审判宣示和发挥其在法治进程中应有的更高层次的规制和引导作用",[①] 旅游滑雪纠纷解决机制则充分发挥了人民法院在法治进程中的引导作用。

第一,纠纷化解关口前移,节约司法资源。法院与滑雪场、保险公司、滑雪协会、体育法研究所建立协作机制,把纠纷化解在诉前,不仅节约了司法资源,缓解了办案压力,还有利于缓和当事人打官司的负面情绪,营造良好的社会氛围。

第二,变"事后解决"为"事前预防"。机制通过多元化部门协作,最大限度避免了旅游滑雪纠纷的发生,符合新时代人民法院集约高效、多元解纷、便民利民的司法服务要求。

第三,推动行业调解和社会调解的专业化进程。旅游滑雪纠纷解决机制中引入滑雪协会、体育法研究所等专业性较强的主体,令"X"越来越专业化。旅游滑雪纠纷解决机制在保障旅游滑雪爱好者合法权益的同时,也推动了行业调解和社会调解的专业化进程,营造了社会参与、多元并举的纠纷化解新格局。

结　语

目前,机制在旅游滑雪纠纷化解中取得了一定的成效,也得到社会各界的肯定,被称为开全国滑雪运动行业矛盾纠纷调解之"先河"。机制获得2020年河北省十大法治事件提名奖,被录入中国商事争议解决年度观察名单。旅游滑雪纠纷解决机制将探索建立案例库、总结典型案例、吸纳引入更广泛的社会组织和专业力量,在满足人民群众新时代司法需求的同时,为"法治冬奥"保驾护航。

---

① 江苏省泰州市中级人民法院课题组:《矛盾纠纷多元化解机制的实践困境与路径探析》,《中国应用法学》2017年第3期,第66页。

法治社会
Rule-of-law Society

B.21
平安河北建设主要成效及提升路径

麻新平*

摘　要： 河北省委、省政府始终把创造良好稳定的经济社会发展环境，作为自身的重大政治责任，凝心聚力建设更高水平的平安河北，有效防范化解重大风险，不断提升人民群众的获得感、幸福感和安全感。但是，前所未有的各类风险挑战，对平安河北建设提出了更高要求，因此，河北省应以防范化解突出风险为工作重点，不断创新体制机制，当好首都政治"护城河"。

关键词： 平安河北　首都政治"护城河"　社会治理

　　河北地理位置特殊，省委、省政府始终把平安河北建设作为自身的重大政治责任纳入经济社会发展全局，推动平安河北建设不断上层次上

---

* 麻新平，河北省社会科学院法学研究所研究员，研究方向为经济法、社会治理法治化。

水平,有效防范化解重大风险,不断提升人民群众的获得感、幸福感和安全感。

一 平安河北建设主要举措及成效

十九大以来,河北省委、省政府聚焦突出问题,在平安建设体制机制方面不断创新,探索出一条具有河北特色的平安建设之路,取得了显著成效。

(一)平安河北建设工作格局不断完善

1. 建章立制为平安河北建设指明方向

河北省委、省政府把平安河北建设纳入经济社会发展全局统筹部署推进,出台了《关于打好防范化解重大风险攻坚战切实当好首都政治"护城河"的意见》《关于加快推进社会治理现代化开创平安河北建设新局面的实施意见》等政策文件,为平安河北建设指明了方向、提供了制度支撑。出台了《河北省健全落实综治维稳领导责任制办法》《省直部门平安建设考评奖励办法》《关于加强新时代公安工作坚决当好首都政治"护城河"的实施意见》等文件,为平安河北建设勾画出清晰的"时间表"和"路线图",统筹推动各项措施落地落实。

2. 注重将党的领导优势转化为平安建设的组织优势

成立省委书记任组长的平安建设领导小组,下设8个专项组,组织领导全省平安建设,推动形成党委领导、部门协同、社会参与的工作格局,在更高层次推进平安河北建设。全省乡镇(街道)全部配齐政法委员,在全国处于前列。建立了"1+3+13+N"(1个省级指挥调度平台、综治维稳信访3条战线、13个地市、多个省直部门)共治机制,横向上整合部门资源力量,纵向上贯通省、市、县、乡、村五级,实现了力量统筹、资源共享和工作联动。

3. 加强平安河北建设相关领域地方立法

紧盯改革发展稳定的重点难点,谋求地方立法新突破,出台了《河北省

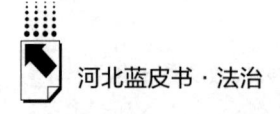

学校安全条例》《河北省禁毒条例》《河北省燃气管理条例》《河北省租赁房屋治安管理条例》等地方性法规，为平安河北建设提供了坚强的法治保障。

（二）社会治安形势持续向好

1. 维护国家政治安全能力进一步提高

始终把维护国家政治安全和制度安全作为首要任务，严密防范、严厉打击敌对势力渗透颠覆破坏、民族分裂、宗教极端等活动。深化严打暴恐活动专项行动，坚决守住不发生暴恐活动的底线。

2. 人民群众安全感明显提高

一是依法打击惩处各类刑事犯罪。针对严重影响社会稳定和群众反映强烈的违法犯罪开展专项治理，牢牢把握社会治安主动权，组织开展了"云剑""亮剑""猎狐"等系列打击整治行动，不断深化命案积案攻坚行动，开展打击"黄赌毒""盗抢骗""食药环"等系列专项行动，重拳整治涉枪涉爆、拐卖妇女儿童以及电信诈骗、网络传销等突出犯罪，社会治安环境稳步好转，现行命案历史性实现100%侦破，刑事发案特别是严重暴力犯罪、传统盗抢骗案件数量逐年下降，2020年全省刑事、治安、交通警情案件同比分别下降2.3%、19.4%、7.6%，8类严重暴力犯罪案件比2018年下降5.37%。二是"扫黑除恶"专项斗争成效明显。以深挖根治和长效常治为目标，把"扫黑除恶"专项斗争作为重大政治任务来强力推动，建立健全精准有效的依法打击机制。首创"专项督导"模式，构建省、市、县、乡、村五级书记一起抓的责任体系。强化依法严惩，坚持有黑必扫、除恶务尽，一批黑恶犯罪分子被绳之以法。"扫黑除恶"专项斗争期间，公安机关共打掉涉黑组织163个、涉恶团伙1537个，[1] 全省法院一审审结涉黑案210件、涉恶案1840件。[2] 首创"一案三查"模式，对黑恶势力进行深挖根治。聚焦"打伞破网"，深挖彻查黑恶势力背后的腐败问题和"保护伞"。加大

---

[1] 河北公安：《忠诚履职尽责 坚决当好首都政治"护城河"排头兵》，澎湃新闻网，2021年8月26日，https://m.thepaper.cn/baijiahao_14222393。

[2] 《2021年河北省高级人民法院工作报告》，《河北日报》2021年3月24日。

"打财断血"力度,彻底铲除黑恶势力经济基础。"扫黑除恶"和"一案三查"得到中央领导同志肯定,并在全国推广。三是社会治安防范基础更加牢固。深化"雪亮工程"建设,覆盖重点区域、部位的视频监控网络基本建成。纵深推进综治中心规范化建设。目前,省、市、县、乡四级综治中心已经建成,形成了矛盾纠纷联调、社会治安联防、基层平安联创机制。人民群众安全感比 2018 年提升 13%。① 四是"三道防线"更加牢固。组织重大安保和警卫任务,构建起以"三道防线"为支撑、覆盖全省城乡的重大安保和警卫工作机制,圆满完成系列安保维稳任务。

3. 社会矛盾总量稳中有降

一是安全生产形势持续稳定好转。强化危险化学品、煤矿等重点行业安全风险防控,持续推进重点领域风险专项整治,坚决遏制生产安全事故。深化安全生产"双控"机制建设,推进风险辨识和隐患排查治理全覆盖。进一步强化党委、政府领导责任和部门监管责任,推进安全生产责任落实。安全生产事故、较大事故、工矿商贸事故实现"三个双下降",② 全省未发生重大及以上事故,道路交通事故死亡人数和较大事故起数逐年下降。二是防灾减灾救灾能力持续增强。抓好自然灾害综合风险普查工作,完善自然灾害综合风险会商研判机制,推进人防物防技防体系建设。三是综合应急救援能力不断提升。修订完善应急预案,完善应急指挥体系,深化应急管理执法体制改革,不断加快应急管理信息化建设,应急管理基层基础更加扎实。四是食药品安全形势总体向好。把打击食药品犯罪写入政府工作报告,并纳入全省社会治安综合治理考评,推进食药品安全工作向纵深发展。各部门相互配合,协调联动,形成政府主导、公安主力部门协同、社会参与的打击食药品犯罪整体格局。紧紧围绕"四个最严"总要求,以零容忍态度对食药品犯罪实施全环节、全链条打击整治,严惩危害食药品安全犯罪,保障人民群众生命健康。五是生态环境保护发生历史性新变化。以空前的力度依法铁腕治理

---

① 《坚决当好首都政治"护城河"排头兵》,"河北交警微发布"百家号,2021 年 7 月 2 日,https://baijiahao.baidu.com/s?id=1704152934880399662&wfr=spider&for=pc。
② 《2021 年河北省政府工作报告》,《河北日报》2021 年 3 月 1 日。

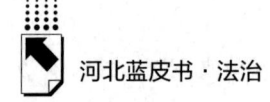

污染，持续打响蓝天、碧水、净土保卫战。开展扬尘、噪声、异味、露天焚烧、黑臭水体等方面的专项整治活动，推动环境质量持续改善。2021年1~10月份，全省$PM_{2.5}$平均质量浓度同比下降15.9%，[1] 污染治理力度之大、环境改善速度之快前所未有。六是新冠肺炎疫情防控取得重大战略成果。坚持依法防控、科学防控、精准施策，确保防控责任和各项措施落到实处。

（三）风险防控整体水平稳步提高

1. 风险隐患预防机制更加完善

坚持关口前移、科学预防，切实从源头上预防和减少不稳定问题的发生。健全社会公示、专家咨询、合法性审查等制度，推动矛盾风险防范与经济社会发展同步规划、同步实施。强化人防物防技防，提高对各类风险动态监测、实时预警能力，织密织牢社会治安防控网，有效预防和减少各类违法犯罪。加强对城建拆迁、企业改制、非法集资等重点领域、重点行业常态化风险排查调处及分级预警和管控，有效遏制矛盾纠纷叠加升级。稳妥处置涉众型经济案件，依法处置卓达、轻易贷等涉众非法集资案件，重大风险得到有效化解。

2. 矛盾纠纷多元化解机制更加完善

省人大制定出台《河北省多元化解纠纷条例》，为建立健全有机衔接、协调联动、便民高效的矛盾纠纷多元化解机制提供了制度保障。充分发挥人民调解"第一道防线"作用。全省县、乡、村人民调解组织全覆盖，最大限度地把各类矛盾隐患和风险吸附在当地、化解在基层、解决在萌芽状态，基层矛盾纠纷化解率达97.6%。强化行业性专业性调解定分止争作用。全省建立了1078个行业性专业性调解组织，为矛盾纠纷提供了更加多元便捷的解决方式。大力推动调解平台建设，为矛盾纠纷提供一站式服务。坚持把矛盾纠纷化解在诉前。大力开展诉非分流、诉前化解、诉调对接、"互联

---

[1] 王东峰：《走好新的赶考路 拼搏奋进新征程 加快建设现代化经济强省美丽河北》，《河北日报》2021年11月27日。

网+诉非衔接"工作,将矛盾纠纷关口前移,从源头上减少诉讼增量。大力推行"鉴调一体"创新机制,将司法鉴定与人民调解深度融合,把人身损害类纠纷、亲子鉴定和医疗纠纷等非诉讼事项纳入"鉴调一体"模式,既提高了纠纷处置效率,又减轻了群众负担。全面上线应用多元解纷"冀时调"平台,调解成功17.22万件,调成率达74.00%。[1] 2019年,全省法院新收案件止增回落,传统民事和行政案件实现同比下降,全省诉源治理工作取得明显成效。[2]

3. 信访形势发生历史性好转

河北省委、省政府把信访维稳摆在突出位置,完善领导干部包联和接访下访制度,省、市、县主要领导带头包联重点信访积案,依法解决疑难信访问题能力明显提升,信访工作实现"五个下降",历史信访积案基本清零。[3]对非法集资、房地产、征地拆迁、国企改革等重点领域,开展涉诉信访突出问题集中整治活动,全面排查、建档立卡,加快解决到位,大批极端访、陈年信访积案得以圆满解决。在涉诉信访方面,进京访、赴省访分别同比下降47.05%、18.59%。[4]

(四)平安建设根基不断稳固

基层稳,则天下安。河北省注重抓基层基础建设,下好平安河北建设"先手棋"。坚定不移坚持和发展新时代"枫桥经验"。以"矛盾不上交、平安不出事、服务不缺席"为目标,打造新时代"枫桥经验"的河北"升级版"。强化自治的基础作用。推进议事协商有序化、制度化,以共商促共识、以共识促共治。注重扶持治保维稳、基层生活服务、专业调处等方面社会组织的发展,培育和打造出"帮大哥""常山红"等一批有影响力的社会

---

[1] 《2021年河北省高级人民法院工作报告》,《河北日报》2021年3月24日。
[2] 《2020年河北省高级人民法院工作报告》,《河北日报》2021年2月13日。
[3] 王东峰:《走好新的赶考路 拼搏奋进新征程 加快建设现代化经济强省美丽河北》,《河北日报》2021年11月27日。
[4] 《2021年河北省高级人民法院工作报告》,《河北日报》2021年3月24日。

组织。注重发挥专家、律师、乡贤、志愿者等社会力量的作用，有效解决基层工作资源和力量不足等问题。强化德治的引领作用。通过乡贤参事、村规民约、家训家风、道德榜样的教化，规范社会秩序，平息矛盾纠纷。发挥法治的保障作用。坚持不懈地开展"法律八进"等活动，全面实施"十户普法宣传员"制度，健全完善"一村一法律顾问"制度，引导社会成员运用法治手段主张权利、解决纷争。建立覆盖全省的公共法律服务中心，推进公共法律服务热线平台建设，为社会提供优质高效的法律服务。持续深化行业性系统性平安创建活动，统筹推进基层平安创建活动，通过局部"微治理"推动和谐稳定的"大平安"。①

（五）深化京津冀三地协同发展

随着京津冀一体化协同推进，京津冀警务协作、司法协作、检务协作等方面合作日益频繁，为平安河北建设打下了坚实的基础。三地公安机关充分发挥打击犯罪合成作战优势，在流窜性犯罪、严重暴力犯罪、食药品安全、环境污染等方面建立联合打击防控机制，以及电信网络诈骗警情实时互通预警机制，全面加强信息共享、侦查互通；推进京津冀缉查布控一体化平台和道路交通应急管理联动机制建设，有效提升了区域交通管理联勤联动水平。三地法院在立案、审判、执行等众多领域广泛开展司法协作，发挥三地执法协作"同城效应"，实现被执行人查控联动、企业数据信息共享、执行指挥调度系统互联互通，从源头切实解决执行难问题。三地司法系统签署《司法行政工作服务京津冀协同发展框架协议》，在执法衔接、纠纷联查等方面探索建立矛盾纠纷联排机制；签署《坚持和发展"枫桥经验"筑牢环首都"护城河"工程行动方案》，构筑重大安保、矛盾调处、重点人员稳控、风险防范、扫黑除恶、协同指挥、信访舆情等首都政治"护城河"九道防线。

---

① 麻新平：《打造新时代"枫桥经验"的河北"升级版"》，《共产党员》2020年第11期。

二 平安河北建设面临的新挑战

世界正经历百年未有之大变局,各类风险挑战前所未有。河北省产业结构调整、供给侧结构性改革进入了关键期,京津冀协同发展、雄安新区规划建设、冬奥会筹办等重大国家战略也进入全面实施阶段,各种矛盾风险日益凸显,新一轮技术革命和网络快速发展、京津冀区域间差距也给河北省经济社会发展和社会稳定带来巨大压力,特别是新冠肺炎疫情的发生与防控,不仅加大了平安河北建设的难度,也对平安河北建设提出更高要求。

(一)政治安全面临极大挑战

河北省地理位置特殊,不但各种风险集聚,而且各种渗透颠覆破坏、暴力恐怖、民族分裂、宗教极端等犯罪活动也从未停止。

(二)社会治安案件数量仍维持高位,治安风险居高不下

当前,河北省社会形势总体稳定,但平安建设形势依然严峻,风险隐患并没有从根本上消除。刑事犯罪仍处于高发期,严重暴力犯罪案件仍处高位。2020年,全省法院审结严重暴力犯罪案件2981件。[1] 全省检察机关惩治聚众斗殴等影响社会稳定的易发多发犯罪,起诉21423人,严惩涉恐涉枪涉爆、故意杀人等严重犯罪,起诉3582人。[2] 黑恶势力的"保护伞"及经济基础尚未完全铲除。特别是在土地项目工程、交通运输、民间借贷、市场交易、非法采砂等行业领域,城乡接合部、资源富集乡、短租房社区、"村改居"社区等重点区域,涉黑涉恶违法犯罪较为突出;黑恶势力滋生土壤依然存在。同时,黑恶势力由传统暴力向"软暴力"衍化,呈现日趋隐蔽化特征,为打击惩治带来了很多困难。涉众型经济犯罪点多面广。涉众型经

---

[1] 《2021年河北省高级人民法院工作报告》,《河北日报》2021年3月24日。
[2] 《2021年河北省人民检察院工作报告》,《河北日报》2021年3月26日。

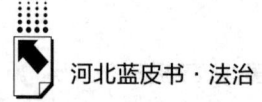

济犯罪涉案人员多、广、杂,对社会稳定影响巨大。全省检察机关起诉涉众型经济犯罪人数由2011年的309人增长到2020年的2639人。电信网络诈骗犯罪高发多发。2020年,全省公安机关打击电信网络诈骗破案数、抓获数同比分别上升157%、182%。2021年1~3月,破案数、抓获数同比又分别上升49%、135%。其中,网络贷款、兼职刷单、冒充客服退款、杀猪盘、冒充公检法诈骗等5类案件发案数占全部电信网络诈骗案件的86.4%,[1]给群众造成极大的财产损失。由于电信网络诈骗案件犯罪窝点大多隐藏在境外,犯罪技术手段不断升级,案件防范难、追赃难、深挖难,同时黑灰产业的不断泛滥、壮大,也为电信网络诈骗的生存、蔓延提供了土壤。网络犯罪难打难防。传统违法犯罪向网上蔓延且手法不断翻新,贩毒、贩枪、诈骗、赌博等均能借助网络实施,检察机关起诉网络犯罪人数由2017年的214人增长到2020年的1266人,同时网络犯罪案件数占案件总数的比重由0.4%增加到1.9%,利用网络实施犯罪占比攀升。

(三)自然灾害多发频发

河北省是自然灾害较为严重的省份,旱涝、火灾、地震等自然灾害种类多、分布地域广、发生频率高、损失严重。随着全球气候变暖,极端天气事件将趋多,发生大暴雨、大洪水和地质灾害的概率增加,灾害形势异常复杂严峻。

(四)安全生产事故多发的态势没有得到根本扭转

近年来,河北省安全生产形势总体向好,各类事故起数和死亡人数保持双下降,但河北省是工业大省,高危行业多,生产基础薄弱,道路交通、化工、商贸、建筑等重点行业事故总量居高不下,煤矿、化学品等方面安全隐患依然存在,公共安全隐患不容忽视。

---

[1] 《网络贷款、兼职刷单、杀猪盘……这5类案件占全部电信网络诈骗案件86.4%》,《河北日报》2020年8月18日。

（五）公共卫生事件防控难度增大

突发急性传染病、境外输入传染病以及生物技术误用、滥用、谬用的风险不断增大。2021年初，石家庄、邢台等地突发新冠肺炎疫情，让人们对公共卫生事件的不可预测性、传播范围广和速度快、危害重大有了更深刻的认识。

（六）食药品安全形势依然严峻

虽然河北省打击食药品犯罪工作取得了很大成绩，但食药品安全形势依然十分严峻。一是食药品领域犯罪呈逐年上升趋势，全省食药品犯罪案件由2017年的206件增长到2019年的1653件。二是网络化、跨区域犯罪特点突出。犯罪分子利用网络、物流的隐蔽便捷性，实现"产销分离""人货分离"，线上线下犯罪交织，犯罪环节异地分散，如承德市特大网络制售有毒有害食品案，遍及全国3个省（区、市）411个市（含县级市）。三是食药品犯罪受害对象不特定，危害人数多、范围广，严重影响社会安全，农村、城乡接合部、校园是食药品安全的"洼地"。四是果蔬过度用药、肉类注水等现象屡禁不止，人民群众生命健康权和"舌尖上的安全"依然受到威胁。

（七）生态环境保护任务艰巨

由于基础薄弱，历史欠账较多，工业化、城镇化步伐加快，偏重资源型产业结构使得发展与保护的矛盾更加突出，环境风险隐患日益显现，环境污染从单一型、点源型向复合型、区域型转变，生态环境保护任务压力巨大。

与此同时，平安河北建设尚存在诸多短板，其能力和水平都有待进一步提高。一是党委统揽全局的作用尚需充分发挥。河北省平安建设领导小组成立后，如何充分有效发挥领导作用，统筹推进平安河北建设尚需深入探索研究。统筹推进平安河北建设的领导体制和多部门参与平安建设工作的协调机制尚不完善。二是社会力量常态化参与机制不健全。社会力量参与的积极性不高，政府对社会力量多元参与风险防控的组织性引导机制不健全、途径还不够多。三是各部门联防联控机制尚不完善。各部门间联席会议、案件会商、信息通报等机制虽然已经建立，但效果不够显著，尚存在分工不明、职责边界不清、程序衔接不畅、组织保障不力、经费保障不足等问题，一些案件在办理中还是经常出现"梗阻"，影响案件办理效果；高科技支撑赋能水平还不够高，不同部门、地区间信息共享机制还不够完善，打击合力未能有效形成。四是基层社会治理基础薄弱。基层干部参与基层社会治理的积极性不高，创新意识不足；一些基层党组织弱化、虚化、边缘化问题比较严重，基层党组织的核心力和向心力不强；乡镇（街道）作为基层治理的重要组织者，存在权责不统一、事权大于职权、人员编制不足等问题，影响着乡镇（街道）治理能力的提升；作为最基层的行政组织，乡镇（街道）参与平安建设存在权责不明的问题，与职能部门之间还存在条块分割、各自为政等问题。

三 推动更高水平平安河北建设的深化路径

推动更高水平平安河北建设，应统筹国内国际"两个大局"、发展和安全"两件大事"，以共建共治共享为导向，以市域社会治理、基层社会治理、平安创建活动为抓手，不断推进理念思路、体制机制和方法手段创新，全面提升平安河北建设社会化、法治化、智能化水平。

（一）坚持党的领导，把党的领导优势转化为平安建设效能

一是充分发挥各级党委的领导作用。围绕办好"三件大事"、打好"三大攻坚战"、当好首都政治"护城河"等重点目标任务，统筹安全与发展，将平安河北建设摆到全省经济社会发展总体布局中同步部署、同步推进。要进一步健全完善党对政法工作绝对领导的体制机制，真正把党管政法这一最高原则落到实处。二是注重发挥平安建设领导小组及省委政法委在平安建设中的主导作用，推动市、县、乡平安建设领导机构建设，构建上下贯通、协调有力的平安建设组织体系，切实把我国制度优势转化为社会治安治理效

能,确保各项措施落到实处。三是完善平安建设协调机制。明确各级党委、政府社会治理职责,构建权责明晰、高效联动、上下贯通的社会治理指挥体系,统筹推进社会治理和平安建设工作。四是健全落实平安建设领导责任制。建立健全平安建设的任务、责任、追责"三张清单",压实各级党委、政府平安建设主体责任和行业监管责任,并将"平安成绩单"作为干部考核的重要依据。

(二)不断拓展平安河北建设的广度、深度,实现政治、经济、文化、社会和生态"五位一体"的全方位之治

坚持总体国家安全观,聚焦人民群众的多样化多层次多方面需求,在政治、经济、文化、社会、生态安全方面全面发力,从更广领域推进平安建设。

1. 紧紧抓住影响政治安全的风险点,打好主动仗,确保政治更安全

严密防范和严厉打击敌对势力的渗透颠覆破坏等活动。严格落实意识形态工作责任制,全面防范化解意识形态领域风险。强化网络和宗教领域治理,巩固壮大主流舆论。

2. 有效防范应对社会治安领域风险,确保社会更安定

一是织密织牢社会治安防控网络。打造网上网下交融、人物技结合、打防管控一体化的社会治安防控新格局,打造社会治安防控体系升级版。二是建立健全常态化"扫黑除恶"机制。将打击的矛头始终对准黑社会性犯罪组织者、领导者、骨干成员及其"保护伞";深化"一案三查",坚持扫黑与反腐齐抓、除恶与拍蝇同步,深挖"保护伞""关系网",切实防止黑恶势力死灰复燃;精准实施"打财断血",进一步加大对涉黑涉恶犯罪涉案财产的判决追缴和执行力度,摧毁黑恶势力的经济基础。三是推进网络违法犯罪打击整治行动。坚决遏制电信网络诈骗、网络传销等新型犯罪高发势头,创造安业、安居、安康、安心的良好社会环境。

3. 全面提高公共安全保障能力,确保人民更安宁

持续开展危化品、消防、交通运输等重点领域隐患排查和专项整治,健

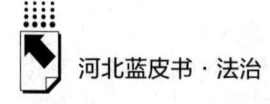

全"双控"机制，严防重特大事故发生；完善应急管理体系，加强应急救援力量建设，提高防灾减灾救灾能力；加强突发公共卫生事件监测预警和应急处置能力建设，加强公共卫生防控、物资保障和组织指挥体系建设；实施食药品安全放心工程，强化食药品安全流通追溯体系建设，保障人民群众生命健康；严惩重大责任事故、危险驾驶等危害公共安全行为；严惩危害食药品安全犯罪。

（三）推动方式方法创新，全面推进平安河北建设提档升级

准确把握平安河北建设新趋势新特点，化解"存量"，避免"增量"，确保矛盾纠纷不累积不扩散不升级，有效维护社会大局稳定。

1. 坚持预防为主、关口前移

应进一步畅通和规范群众诉求表达渠道，解决群众反映问题，保护群众合法权益。推进重大事项社会稳定风险评估，从源头上防范化解风险隐患。

2. 完善社会矛盾风险防控体系

加强对各类风险隐患的源头发现、早期控制，完善事前事中事后全程治理机制，加强对矛盾风险各个环节的动态把控，实现从源头到末梢的全程治理，推动问题在第一时间解决、事态在第一环节控制。

3. 加强对社会矛盾纠纷的排查化解

加强对重点地区、重点行业、重点群体、重点人员、重点场所社会矛盾纠纷排查化解。严格落实"六稳""六保"要求，妥善处理雄安新区规划建设、冬奥项目中征迁安置等重大战略推进过程中产生的矛盾纠纷，确保重大战略的有序推进。加强对非法集资、金融、房地产、征地拆迁、劳动权益、涉法涉诉、国企改革等重点领域矛盾纠纷的排查化解，严防发生重大敏感事件和群体性事件。深入排查受新冠肺炎疫情影响的行业、群体出现的问题隐患，加强预警研判，依法落实化解、帮扶、疏导措施。深化多元矛盾纠纷预防调处化解。完善人民调解、行政调解、司法调解等各类调解联动工作机制，促进矛盾纠纷多元协同化解。

4. 健全社会心理服务体系和危机干预机制

依托医院专业心理科室，建立社会心理服务工作中心，依托社区、调解室、线上平台等建立心理咨询室，对民众开展心理健康宣传教育和心理疏导，特别是有针对性地加强对重点人群的帮扶救助、心理疏导、法律援助，帮助理顺民众情绪，引导民众理性反映诉求，依法依规解决问题，严防发生个人极端案事件。

5. 持续推动信访积案化解工作

严格落实领导干部包联和接访下访制度，注重对重点领域的信访突出问题开展隐患排查和专项整治，有效化解信访存量，防范信访增量。

（四）创新基层社会治理，提升平安河北建设的实效

1. 加强基层党组织建设

推进村级党政实质性融合，将社会治理与经济发展等通盘考虑；积极推进街道"大党委"建设，形成抓党建、抓治理、抓服务的强大合力；乡镇政法委员配齐后，进一步明确并落实权责和待遇。

2. 推动基层党建与基层社会治理深度融合

深入推进"党建带社建""党建促社建"机制建设，建立健全以基层党组织为核心、群团组织为纽带、各类社会组织为依托的基层群众工作体系，探索建立"基层党建+"工作模式，构建"公共服务圈""群众自治圈""社会共治圈"，织密基层党组织网络。

3. 推动社会治理向基层下移下沉、资源下倾

一是为基层社会治理提供优质法律服务。司法部门积极融入基层社会治理，有效发挥职能作用，形成问题联治、工作联动的生动局面，共同破解基层社会治理难题。二是扎实做好市域社会治理试点工作。不断探索符合市域规律的社会治理新模式，总结出可推广可复制的河北经验。三是进一步推动乡镇（街道）管理体制改革。严格落实乡镇（街道）职责清单，全面推行乡镇（街道）"职责准入"制度，推动乡镇（街道）抓社会治理；积极推进基层综合行政执法改革，统筹下沉执法权限和力量，实行"一支队伍管

执法"；优化基层机构编制资源配置，确保乡镇（街道）人员力量适应工作需要。四是加强基层自治组织建设。健全"五位一体"农村治理架构和"六位一体"社区治理框架，把村（居）委会从大量行政事务中剥离出去，使其回归"纠纷调解、公益慈善、邻里互助"等自治组织法定功能；加快培育城乡基层社会组织，使其更好发挥在参与社会事务、维护公共利益、帮助困难群众、化解矛盾纠纷中的重要作用。五是深入开展宽领域、多层面、高标准的基层平安创建活动。以特色创建推动整体创建，积"小平安"为"大平安"。

B.22 河北省人大践行全过程人民民主的实践与启示

董 颖[*]

摘　要： 人民代表大会制度是实现全过程人民民主的重要载体。河北省人大常委会通过不断探索，在实践中创新发展模式。"人大代表之家"加强了代表与人民群众的联系，丰富了人民群众参与渠道，提高了民主的实效性。通过连续4年开展联动监督，聚焦河北省经济社会发展的关键领域，有针对性地解决民生关切问题，彰显了人民代表大会制度的制度优势和整体功效。从人民代表大会制度的河北实践可以看出，人民群众在立法、决策、监督等方面全过程进行参与，体现了以人民为中心的理念，河北实践为人民民主赋予了新的时代内涵。全过程人民民主的制度优势在今后的工作中应得到进一步体现。

关键词： 全过程人民民主　河北人大　联动监督　群众参与

全过程人民民主立足于中国，扎根于实践，不仅有完整的制度程序，还有完整的参与实践，突出了人民的主体性。从实际意义来说，每个人都有机会成为决策的参与者，实现了各个层次的全覆盖。人民代表大会制度是中国人民民主的实践总结，是全过程人民民主的重要制度载体。正如习近平总书记所言："人民代表大会制度是我们党领导人民在人类政治制度史上的伟大

---

[*] 董颖，河北省社会科学院法学研究所研究员，研究方向为法学理论、社会治理。

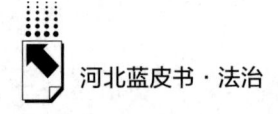

创造，是在我国政治发展史乃至世界政治发展史上具有重大意义的全新政治制度。"①

河北省在人民民主发展过程中，成为历史的实践者与见证者。1949年7月，石家庄市第一届人民代表大会召开，成功组建了具有人民民主性质的民主联合政府。石家庄成为全国第一个召开人民代表大会的城市，提供了全国实行人民民主的范例。石家庄市第一届人民代表大会开创了普选制的先河，广大市民的意见可直接向大会提出，或者通过代表传递到会议，人民以主人的姿态参与政治，人民民主以崭新的样式展现在世人面前。

新的历史时期，河北人大不断探索，创新发展模式，充分体现了人民代表大会制度的历史必然性与实践优势。正定镇"人大代表之家"向群众开放，不仅解决了人大闭会期间代表与群众的联系问题，还使自身成为人民群众反映诉求、监督代表的场所。联动监督制度促进了民主的实现，丰富了监督的渠道，提高了民主的实效性。从人民代表大会制度在河北的实践中可以看出，全过程人民民主显现出了无限的生机与活力。

一 河北省人大践行全过程人民民主的生动实践

近年来，河北省人大通过认真履职、创新工作方式，保障人民群众广泛参与立法、决策、监督，充分调动了人民群众的积极性，在实践中生动诠释了全过程人民民主的价值理念。

（一）"人大代表之家"成为人大代表与群众之间的连接桥梁

人大代表来自人民、代表人民，发挥代表的主体作用是践行全过程人民民主的关键。2018年，河北省"人大代表之家"和"人大代表联络站"实现全覆盖。人大代表家站结合，进行规范化、法治化建设，统筹协调管理。

---

① 冯玉军：《坚持和完善人民代表大会制度》，中国人大网，2021年10月19日，http://www.npc.gov.cn/npc/c30834/202110/4b1bbc8809b242559b0582bafbfc8fad.shtml。

如正定镇的"人大代表之家"设立于2017年,覆盖全县11个乡镇(街道),正定镇还在人员流动密集、人大代表集中、重点产业区域建立了9个"人大代表联络站"。通过联络站,代表与人民群众之间的联系常态化,办理事项的方式多种多样。"人大代表之家"对群众开放,群众可以"请进来",代表也可以问计于民;代表还经常带着问题"走下去",了解民情,征求立法、监督等方面的意见建议。人大代表还利用互联网的优势,采取"网上办"的方式,为群众快速解决问题。代表与人民之间的联系更加紧密,人民群众的政治参与热情不断提高。"人大代表之家"对于健全人大代表的工作机制、促进代表履职能力的提升具有重要意义,同时,人大代表在履职中对群众参政议政也能起到带动作用。

2020年,正定县正定镇"人大代表之家"被确定为全国人大常委会法工委基层立法联系点,这也是全国人大常委会法工委在全国设在乡镇的首个基层立法联系点。正定镇基层立法联系点充分发挥自身的特色和优势,积极畅通基层群众对国家立法的意见、诉求反映渠道,除对法律法规提出意见建议,还反映基层的客观情况、发现问题、推进普法宣传、凝聚法治共识。收集基层意见是基层立法联系点的核心任务,为了让立法更接地气、围绕中心、立足实际,正定镇"人大代表之家"着眼河北大局和京津冀协同发展的重大国家战略,为国家立法建言献策,健全完善具有本地特色的工作制度,不断提高基层立法联系点的工作质量和水平。

(二)人民群众参与立法

河北省人大常委会不断完善党委领导、人大主导、政府依托、各方参与的立法工作格局,在立法中推进实践全过程人民民主。不论是年度立法项目编制、立法咨询,还是地方性法规草案公开征求意见,人民群众都能以各种渠道参与其中。河北省人大常委会相继出台了10余项制度和相关措施,保障了人民群众广泛参与立法。2018年7月,河北省十三届人大常委会第四次会议修订了《河北省地方立法条例》,新修订的地方立法条例明确规定,立法应体现人民意志,发扬社会主义民主,坚持立法公开。除正定镇"人大代表之家"成为全国人大常委会法工委基层立法联系点外，2020年11月，河北省人大常委会确定了石家庄市新华区革新街道天骄社区等13个单位为基层立法联系点。基层立法联系点成为人大常委会征集基层群众意见的桥梁，借助这一途径，群众的意见得到反馈，许多立法建议得到采纳，做到了问需于民、问计于民、集中民智。2018年以来，河北省人大共针对56部法规草案向社会征求意见建议，得到了群众的广泛参与，约有10万人次提出1000余条意见建议，并有许多意见建议得到采纳。在《河北省长城保护条例》制定过程中，一线工作人员的意见建议得到高度重视，如长城保护员曾对县与县交界处长城保护漏洞提出意见建议，条例起草组专门作出了"毗邻的人民政府及其文物主管部门建立沟通协调机制，落实分段管理责任"的规定。立法的民主性和精准性得到了充分体现。

河北省人大在立法过程中，始终坚持将人民的利益放在首位，不断拓宽人民群众的立法参与渠道。立法调研工作不断加强，每部法规从规划到起草、咨询、听证、征求意见等，都经过多次调研、座谈，将群众意见落在实处。在编制五年立法规划和年度立法计划过程中，通过广泛征求意见丰富立法项目来源，建立多层次征集意见与嵌入式调研相结合的工作模式。项目立项方面体现出多元化色彩，充分关切大多数群众的利益。在立法草案审议和评估环节，采用多方联动的方式，吸引群众依法有序地参与立法过程，调动了群众参与的积极性。同时，多方联动的立法过程提升了立法的科学性，始终以人民的利益为落脚点，体现了全过程人民民主的价值理念和基本原则。2018年6月，河北省人大常委会首次召开网上听证会，对《河北省促进企业技术创新条例》进行公开听证，围绕"人才引进的规定是否可行、企业技术创新难点"等问题，网友踊跃参与讨论，300多名网友实时互动，产生许多有质量的意见，收集意见400多条，一些意见得到了高度重视，并最终体现在了地方法规之中。网上听证进一步拓宽了立法参与的途径。针对人民群众切实关心的生态保护问题，河北省人大常委会围绕"统筹山水林田湖草治理难题"开展调研30余次，对全省的主要河流、矿山、草原、林地、湿地进行全面考察，掌握生态信息和发展现状，并对当地基层干部、人大代表、群众的意见进行汇总分析，在充分调查研究论证的基础上，相继出台了10余部生态保护方面的法规。这些法规从起草到颁布的全过程，都体现了人民群众的参与，保证了立法充分反映人民的意志。

（三）通过联动监督服务经济社会发展大局，推动解决群众的实际问题

自2018年以来，河北省人大常委会连续四年开展联动监督。主要方式是"多项监督联袂开展、四级人大联动实施、五级代表联组参与"。联动监督聚焦河北省经济社会发展的关键领域，着眼于民生福祉，不但履行了人民代表大会的监督职能，还通过有效联动，解决突出问题，彰显了人民代表大会制度的制度优势和整体功效。

联动监督是在河北省人大常委会统筹之下，由各县级人大常委会对本行政区域内的各级人大代表统一进行编组，以代表小组的形式进行的履职活动。联动监督的方式多样，包括群众反映问题、人大代表发放问卷、公开热线电话和电子邮箱，更广泛全面地收集线索。人大代表还通过与相关人员进行座谈、查看和分析资料，或到实地进行明察暗访，做到充分了解民情。对收集上来的问题，责任部门及时建立台账，督促整改。联动监督的重点始终是深入群众，在群众中征集问题，在群众中调查研究。不但着眼于解决群众的实际问题，也在督促问题的解决过程中推动了河北发展的大局。

在联动监督过程中，人大代表通过各种途径收集问题线索，针对人民群众关心的热点问题，召集有关代表进行实地调研、撰写建议，经地方人大常委会审查后交县政府，推动问题尽快解决。河北省各地的"人大代表之家"和"人大代表联络站"成为联动监督的平台和载体，在这里群众可以充分表达意见，人大代表广泛倾听群众的意见，直面问题，在法治前提下推动问题解决。联动监督对人大代表的法律素养和履职能力提出了新的要求，为保证监督的各个环节以法律法规为准绳，严格依法办事，河北省人大常委会将执法检查内容和有关法律法规汇编成册，采取多种方式对检查组成员进行培训，并进一步对照法律条款，对检查中发现的问题进行细化，确保作出的决

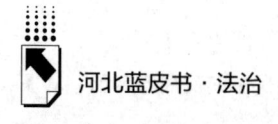

定能找到相关法律依据。

自联动监督开展以来，全省4万余名人大代表活跃在基层一线，代表广大人民群众提出许多意见建议、提供诸多问题线索。如邢台市组建了696个代表小组，7799名代表参加监督检查活动；邯郸市把2000余名代表编入200个代表小组。监督的内容涉及各个领域，主要面对群众的难题、企业的困境、社会普遍关注的问题等。代表深入社区居民、农户、企业详细了解情况，并尽快对各种问题进行梳理，调动相关部门，做到即查即改。并在问题交办、督办之后，持续跟踪问效，显示出依法监督的强大合力。

全省人大系统开展四项联动监督，以问题为导向，扎根于基层，坚持以法治思维和法治方法解决问题，充分发挥了人大的监督职能，在新时期坚持以人民为中心，探索正确监督、有效监督、依法监督的路径，着力在健全监督机制上不断创新，显示出全过程人民民主的先进性和生命力。

（四）网上参与进一步拓展了群众参与人大工作的广度

随着互联网和信息技术的发展，河北人大系统不断利用新的科技手段创新群众参与人大工作的方式。各地人大积极探索"网上人大代表之家"，充分利用互联网、大数据等现代科技手段，通过微博、微信公众号等信息手段，群众可以随时反映问题，通过互联网反映民意、建言献策，民意的真实性得到更充分的表达。群众还可以对人大代表和人大工作提出建议、进行监督，通过集思广益，提高人大工作效率和决策水平。人大代表与群众的联系从工作站点到互联网的延伸，进一步拓展了代表与群众联系的时空。

正定县"网上人大代表之家"体现出社会化、智能化和精准化全新平台的特色。"网上人大代表之家"App包含监督平台和履职平台两大部分。通过这一平台，选民群众可随时反映问题，人大代表、人大常委会工作人员、选民群众以及政府相关部门共享信息，共同回应问题。"网上人大代表之家"为每位人大代表建立了履职档案，成为代表和选民双向互动的有效途径。代表履职档案全面记录了代表的履职情况，包括人大代表联系选民的情况、参加学习培训和调查研究的信息。这一举措不仅有利于选民了解代表履职信息,加强与人大代表的沟通与联系,还激发了人大代表的责任感和使命感。代表履职平台的网络化、履职渠道的信息化,实现了一站式受理和多渠道联动。灵寿县人大常委会积极推进"互联网+代表履职"平台建设,每一位人大代表都建立了电子档案,代表联系群众的方式得到优化,实现代表履职留痕全覆盖。灵寿县完善了全县15个乡镇和4个人大代表联络站,整合了各乡镇资源,打造了19个网上家(站)履职App。"网上人大代表之家"采用常委会、代表之家、选民群众三级架构。结合省人大联动监督工作,设置了联动监督板块,通过"网上人大代表之家"公开解决问题的时间表和路线图,及时、持续更新工作动态,督促问题整改。新乐市人大常委会"网上人大代表之家"开辟了"我的意见"专栏,通过这一平台,选民和代表都可提供问题线索,或对各项工作提出意见建议,促进各部门尽快解决实际问题。

"网上人大代表之家"丰富了新时期人大工作内涵,扩大了人大工作覆盖面,群众反映问题的空间进一步拓展,可以随时反映民生、民情、民意,信息化程度提高,畅通了社情民意表达和反映的新渠道,人大代表的履职渠道得到拓宽,政治责任感进一步增强,彰显了中国式全过程人民民主的制度优势。人大代表不仅在选举阶段与选民联系、沟通和交流,还在履职中始终以人民的利益为价值追求,并为民主决策、民主治理提供保障。现代化科技手段和信息技术,促进了人大代表作用的进一步发挥,并激发人大代表依法监督、正确监督、科学监督,依托科技信息手段创新联系群众和依法监督的方式。

二 河北省人大践行全过程人民民主的启示

我国宪法规定一切权力属于人民,以人民为中心始终是共产党人的价值理念。全过程人民民主扎根于中国,立足于实践,突出了人民的主体性。人民民主只有在实践中才能焕发出生机和活力,河北省人大的地方人大建设和

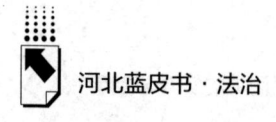

代表履职以及人大监督等方面的实践，体现了以人民为中心的理念。人民群众在立法、决策、监督等方面，不但能够及时了解信息，而且能够全过程进行参与，并且群众参与的渠道不断拓宽，人民民主显示出新的时代特征。

（一）以人民为中心是全过程人民民主的价值追求

中国共产党自建党之日起，始终奉行以人民为中心的价值理念，坚持以人民为主体，探索全体人民享有普遍真实的民主。从人民代表大会的河北实践中可以看出，人大代表对群众的民意征集、民生议题的关注和解决、群众的参与成为全过程人民民主运行的内生动力，显示出中国式人民民主的可实践性与独特的运行机制，形成具有中国特点的民主话语体系。全过程人民民主以人民至上为崇高价值目标，不仅彰显了以人民为中心、以人民为主体的理念，还围绕更好地满足人民对美好生活的需要而展开资源配置，以人民的利益需求为契合点，通过实践将以人民为中心的价值理念转化为现实，保证全体人民平等普遍真实地享有民主。

民主的活水源头在人民之中。全过程人民民主，不仅要通过选举制度确保选举出的代表能够代表大多数人的利益，还需要有广泛的民主参与机制，使民主具有活力，能够激发人民参与国家治理和民主政治建设的热情。通过选举，公民的选举权得以实现，但在选举的后续阶段，不同的选举制度体现出不同的特点。全过程人民民主不仅是程序上的民主，更体现了实质民主，以人民的全程参与为价值取向，成为真实有效的民主。从正定实践可以看出，"人大代表之家"和"人大代表联络站"的建立，使人大代表在闭会期间，能够随时与人民群众进行互动，群众反映问题的渠道进一步畅通，人大代表也可以以问题为导向了解民情，并快速为群众解决问题，提高了群众参与人大工作的热情，也提高了人大代表的履职能力。

（二）人民的广泛参与是全过程人民民主的基石

习近平总书记指出："人民只有投票的权利而没有广泛参与的权利，人民只有在投票时被唤醒、投票后就进入休眠期,这样的民主是形式主义的。"① 人民民主不仅需要完整的制度程序,还需要完整的参与实践。在全国人大和地方人大代表人民行使权力之时,人民当家作主的理念应具体、现实地体现在各个层面,关注人民自身利益的实现。社会主义民主的实质和本质就是人民对国家生活的全过程参与。人民广泛参与,依法进行选举,组建各级人民代表大会和各级人民政府,这是人民当家作主的制度安排,是发展全过程民主的重要制度前提,保证了选举中选择与结果之间的关联性。不同于其他类型的选举,我国的选举程序依法进行之后并未按下暂停键。从河北省人大常委会的探索实践中可以看出,人民群众有广泛的选举权,人大代表经选举产生后,仍与人民群众保持着密切联系,群众反映问题、提出意见建议、进行监督的途径畅通,具有丰富的民主渠道和民主实践。在实践中,人民群众参政议政的权利得到有效保护,进一步激发了其主人翁意识,使其有切实的民主获得感,显现出强大的制度力量。

上海市虹桥街道第一个基层立法联系点建立以后,全国人大常委会法工委立法联系点数量不断增加,并辐射带动各地发展立法联系点。人民群众可在日常生活中参政议政,参与立法过程,提出意见建议。基层立法联系点的建立和推广,促进了人大代表依托立法联系点深入参与立法项目征集、对法规草案征求意见,广泛听取人民群众的意见,更好地反映民意、集中民智,将人民的利益和要求贯穿于立法、监督、决定及选举任免等各项工作之中。我国人民代表大会制度在实践中积极探索创新程序和形式,以更有利于人民群众参与为目标,更加具体、生动地体现在人民当家作主的各个环节之中,打破了立法及政治的神秘感。基层立法联系点打通了国家立法机关直接联系基层群众的渠道,实现了立法过程中民主参与、民主表达、民主决策的浑然一体。民主的形式在实践中不断探索创新,激发了人民群众参与立法的热情,也使立法更加精准,服务百姓关切。近年来,

---

① 学而时习:《习近平"妙语"论民主》,求是网,2021年10月16日,http://www.qstheory.cn/zhuanqu/2021-10/16/c_1127963699.htm。

我国立法程序不断完善，群众可以通过多种渠道参与立法，很多涉及群众切身利益的立法草案一经公布，便得到社会的广泛关注和积极回应。如《民法典》在立法进程中，先后十次向社会公开征求意见，群众参与的热情空前高涨。事实证明，我国全过程人民民主不仅有完整的制度程序，还有完整的参与实践，是最广泛、最真实、最管用的社会主义民主。

（三）以民生议题为导向，践行全过程人民民主

人民代表大会制度确立了人民民主的价值内涵，而制度的运行过程彰显了民主功能的实现。作为我国根本的政治制度，人民代表大会制度通过完善健全的制度程序，使其功能在人大的各个环节得以全面发挥。人民参与的过程中，民生议题始终作为首选。切实解决群众面临的问题，由此将程序民主与实质民主有机统一，使民主不是停留在制度层面，而是成为真正管用的民主。如正定镇"人大代表之家"收集的问题大多是有关交通拥堵、房屋拆迁、游客安全等的民生问题。人大代表通过对征集的问题进行分析，除引导群众通过法治程序到有关部门解决问题，或以"人大代表之家"的名义交有关部门办理，还可以对带有普遍性的热点难点问题进行分析，或立法调研，提出立法建议，在这一衔接有序的过程之中，人民的意愿通过不同点的聚合上升为整体意志。河北省人大常委会对各级人大代表的议案建议进行深入研究，对群众反映集中、事关人民群众切身利益的重要立法项目，更是予以高度重视，并及时纳入立法规划、计划。2018年以来，河北省人大常委会在民生领域立法33部，占出台法规总数的62%。

自2018年以来，河北省人大常委会连续四年开展联动监督，主要聚焦扶贫脱贫攻坚、大气污染防治、优化营商环境，这些问题也都关系到民生福祉，如2020年聚焦违法违规圈占土地、违规违建项目、资源能源项目、房地产开发项目、矿山综合治理、地下水超采综合治理6个重点领域清理规范和加强公共卫生管理开展"6+1"联动监督。联动监督的方式不断创新，实现民主过程的全覆盖，群众反映问题、提出意见建议都有畅通的渠道，并坚持法治思维和问题导向，回应民生关切，使人民群众的意志上升到立法和

制度层面。由此可以看出，地方人大实践中彰显出的制度优势，是践行全过程人民民主的生动实践。

（四）发挥代表作用，积极履职尽责

我国的人民民主体现出主体的广泛性。我国民主选举的五级人大代表共262万余名，其中直接选举的县、乡两级人大代表占代表总数的94%，这些代表都是选民一人一票选举产生的，最大限度地代表了全体人民的利益。人大代表来自各个领域、各个界别、不同民族，根据宪法和法律赋予的职责，代表人民行使国家权力。选举的广泛性保证了民主的可行性，民主与民意相通、与民情相呼应。人民既是发挥作用的力量，也是依法履职的归宿，应调动人民参与政治的积极性。

我国的人民民主在主体上实现了全覆盖。在我国选举制度之下，公民的选举权具有广泛性和普遍性。代表选举的普遍参与和代表构成的广泛性为实现全过程人民民主打下了坚实的群众基础。通过选举制度强有力的保障，人大代表代表人民行使国家权力，根植于人民之中，始终保持与选民的联系，并接受选民的监督。选举制度全流程、全方位贯彻了全过程人民民主理念的原则和要求。

人大代表由人民选举产生，秉持代表人民的使命，履职过程中积极了解民众诉求，在人大闭会期间始终与群众保持联系，倾听人民的声音，主动担当，解决群众的棘手问题，对人民负责，并接受人民监督。河北省人大自2018年以来开展联动监督工作，河北各县级人大常委会对本行政区域内的全国、省、市、县、乡五级代表进行统一编组，成立1500多个代表小组，4万多名各级人大代表以代表小组的形式参加履职活动，切实发挥了人大代表联系群众的主体作用。

（五）不断丰富人民群众的参与渠道

在"人大代表之家"和基层立法联系点，基层群众的建议诉求可以直达国家权力机关甚至最高国家权力机关，国家立法决策包含了群众的利益表

达，这种务实的参与过程显示了人民民主的本质，即人民至上，保证和支持人民当家作主。网上参与进一步拓展了群众参与人大工作的广度。通过微博、微信公众号等信息手段，群众可以随时反映问题。河北各地积极探索"网上人大代表之家"，充分利用互联网、大数据等现代科技手段，在正定县原有的11个家（站）微信监督平台，以及27个家（站）和全国人大基层立法联系点，群众可以随时与代表进行交流，反映现实生活中面临的问题。代表的责任感在互动过程中得到了增强，这也促使代表针对现实问题创新工作方式，更好地服务群众。网上人大代表履职留痕的全覆盖，也方便了群众有针对性地提出意见建议，并对人大代表进行监督，民意的真实性得到更充分表达。

三 进一步发挥全过程人民民主制度优势的思考

（一）实现工作常态化

河北省人大常委会开展"6+1"联动监督，促进了群众关心问题的精准解决，人民群众在监督过程中建言献策，发挥了当家作主的作用。为进一步推进联动监督工作的常态化，应以法治思维完善各项制度，常委会与报备单位协调配合、认真履职、创新方法，在编制工作指南的同时，探索更加规范化、精准化的制度措施，保证监督的各个环节都依法进行。发挥联动监督的优势，调动各部门的力量，对发现的问题更加迅速地整改，确保联动监督取得扎实成效。

（二）更好地发挥"人大代表之家"的作用

"人大代表之家"是代表与人民群众联系的纽带。由于地区社会经济发展不平衡，"人大代表之家"建设也存在差异。人大代表之家使群众有"家"可进，可与代表面对面交流，反映问题，基础建设应得到保障。"人大代表之家"建设包括硬件建设、制度建设、素质建设等。人大代表也应适应新的形势，不断完善自我，加强自身学习，广泛调查研究，提高履职能力，切实发挥人大代表的主体作用。"人大代表之家"推动了人民代表大会闭会期间代表与群众的密切联系，进一步显示出全过程人民民主的制度优势。应不断探索人民民主的有效形式，突出人民民主的实效性。

（三）强化科技赋能

现代信息技术的发展日新月异，人大常委会利用信息技术创新载体、拓展空间，对于信息公开、代表履职、网上征求立法建议、创新载体、拓展空间都起到了重要作用。河北省各级人大应加大信息化力度，改进和完善人大信息化基础设施，进一步创新互联网联系群众的方式，确保人民群众可以通过网络平台了解人大常委会工作情况、人大代表的履职信息，更加及时地反馈意见，推动人民代表大会的制度优势更好地转化为治理效能。

B.23
河北省公共法律服务体系建设及效率提升路径研究

刘淑娟*

摘　要： 河北省公共法律服务平台建设扎实推进，规范化水平不断提升，深度与广度持续拓展，公共法律服务体系公益性、均等性、普惠性、便利性初步显现。河北省公共法律服务体系建设尚存在薄弱环节，公共法律服务内容有待完善、质量有待提升，协同机制需要进一步完善。在2022年，河北省公共法律服务体系建设需要提高政治站位，健全管理体制和工作机制，深化供给侧结构性改革，加大对政府购买社会公共法律服务的支持力度，整合并充分利用各种社会资源，多途径实现公共法律服务质效提升。

关键词： 公共法律服务　效率提升路径　体制机制创新

公共法律服务，是各级政府重要的公共服务职能之一，也是保护公民权利的重要举措。《河北省法治社会建设实施方案（2021—2025年）》提出，要为群众提供便捷高效的公共法律服务，到2022年，基本形成覆盖城乡、便捷高效、均等普惠的现代公共法律服务体系，保证人民群众获得及时有效的法律帮助。目前，河北省公共法律服务体系基本建立，公益性、均等性、普惠性、便利性初步显现。但是，要实现习近平总书记提出的"尽快建成

---

* 刘淑娟，河北省社会科学院法学研究所副研究员，研究方向为犯罪学、社会治理。

覆盖全业务、全时空的法律服务网络"[①]要求，进一步满足人民群众日益增长的法律服务需求，河北省公共法律服务体系建设需要通过改革创新，充分激发社会各主体发展内生动力，持续提升系统运行效率，为法治政府、法治社会建设提供坚实有力的法律服务和保障。

一 河北省公共法律服务体系建设及运行总体状况

（一）公共法律服务平台建设扎实推进

到目前为止，河北全省基本形成了以实体平台为主干、热线平台和网络平台为支撑，汇聚社会联动普法、公益法律服务、矛盾纠纷排查调处、特殊人群服务管理等内容的公共法律服务体系，为群众提供综合性、一站式公共法律服务。其中，实体平台由设在市一级的公共法律服务中心和设在县（市、区）一级的公共法律服务中心、设在乡镇（街道）的公共法律服务中心和设在村（社区）的公共法律服务工作站组成，实现了市、县（市、区）、乡镇（街）、村（社区）四级"全覆盖"普法宣传，人民调解等各项法律服务事项初步实现了集中进驻，努力为群众提供一站式服务。

全省统一的"12348"法律服务热线平台实现全时空服务。省司法厅设立"12348"热线指挥中心，各地依托省级平台设立各级热线咨询中心，并且在2021年与"12345"市长热线实现了双号并行，提供7×24小时接答服务。公民可以拨打"12348"进行相关问题的咨询、投诉和建议，也可以拨打"12345"反映相关问题，为群众提供了更大便利。

进一步建立了统一的"12348"公共法律服务平台。利用现代信息技术，将电话、微信、App、网站等全媒体接入，形成一个统一的综合性、智能化平台，为公众提供7×24小时不间断的司法行政服务，实现法律服务群

[①]《长春市公共法律服务中心正式挂牌运行》，人民网，2020年4月16日，http://jl.people.com.cn/n2/2020/0416/c349771-33953958.html。

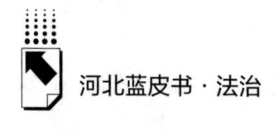

众"零距离"。

同时，全面更新整合以法律数据库、案例数据库为核心的法律服务数据体系，并推出"智能审查合同系统"，实现对合同关键信息的识别提取与分析审查。此外，新版手机App增添了公证顾问、律师顾问群组系统，群众足不出户就可以享受到法律咨询、聘请律师、办理公证、申请法律援助等法律服务。

（二）公共法律服务规范化水平不断提高

2019年7月，中共中央办公厅、国务院办公厅印发《关于加快推进公共法律服务体系建设的意见》（以下简称《意见》），同年，河北省在全国率先发布了《河北省基本公共法律服务实施标准（2019—2022年)》（以下简称《实施标准》）、《河北省公共法律服务发展指标》（以下简称《发展指标》），规定了法律服务项目、内容及标准，确保为群众提供看得见、可实现、易操作的公共法律服务。2021年，河北省司法厅、省法院、省检察院、省信访局、省发展和改革委、省教育厅、省科技厅、省公安厅、省民政厅、省财政厅、省人力资源和社会保障厅、省农业农村厅、省税务局等13部门联合出台《河北省加快推进公共法律服务体系建设的主要任务分工方案》（以下简称《分工方案》）。《分工方案》围绕"推进基本公共法律服务均衡发展、促进公共法律服务多元化专业化、创新公共法律服务管理和工作机制、推动《实施标准》和《发展指标》落实"等4个方面，对55项具体工作任务进行了细化分工，落实了责任单位。从《意见》到《实施标准》《发展指标》，再到《分工方案》，实现层层递进，《意见》属于大政方针，《实施标准》《发展指标》明确的是具体的要求，而《分工方案》则将责任分解到各个部门，进一步落实主体责任，增强可操作性。

（三）公共法律服务深度与广度持续拓展

一是调整申请法律援助的条件，缩短审查期限。对以下几类人员申请法律援助不再进行经济状况审查：义务兵、供给制学员军属，执行作战及重大非战争军事行动任务的军人军属，烈士、因公牺牲军人、病故军人遗属；求助事项符合现行规定的70岁以上老年人；持有城乡低保证明人员、特困供养人员、正在接受社会救助的人员以及失独家庭成员。另外，为所有的工伤赔偿案件和农民工讨薪案件提供法律援助。在审查期限方面，对于一般的法律援助案件进行即时审查，当日办理。案情重大疑难复杂的或者由于客观原因未能当日办理的，要在3个工作日内完成。

二是开通公证服务"绿色通道"。对行动不便的残疾人、老年人及严重疾病患者，实行上门服务。倡导公证机构在警察节、建军节、教师节、重阳节当日减免相应人员的公证办理费用。

三是建立河北省律师诚信信息公示平台。在网上公示全省律师事务所和执业律师信息，方便公众进行信息查询，并选择适合自己的服务主体，同时督促服务机构和服务人员勤勉尽责提供优质法律服务。

四是创新司法鉴定工作模式。推行"一司法鉴定机构一法律顾问"、下放司法鉴定管理权、探索实行司法鉴定与人民调解衔接联动的"鉴调一体"工作模式，人民调解委员会入驻司法鉴定中心，边鉴定边调解，既提高了调解的专业化水平，也减轻了当事人的诉累。2020年8月，河北省司法厅指导清河县成立了全国第一家"鉴调一体"化解社会矛盾纠纷指导服务中心，此后，清河模式开始在全省进行推广。目前，全省"鉴调一体"工作模式正在有序推进。

五是矛盾纠纷多元化解机制创新发展。2020年11月，河北省出台《河北省多元化解纠纷条例》，规定了地方人民政府及其部门、人民法院、人民检察院、公安机关、司法行政部门、基层组织、社会团体等在多元化解矛盾纠纷方面的地位、职责与作用，为建立健全有机衔接、协调联动、高效便捷的矛盾纠纷多元化解机制，满足人民群众多元化解矛盾纠纷需要提供了法律依据。人民法院发挥司法引领、推动和保障作用，健全完善诉讼与非诉讼相衔接的矛盾纠纷多元化解机制。2020年8月，河北省法院系统一站式多元解纷平台——"冀时调"实现全面运行。公众可以通过电脑或者智能手机微信小程序登录平台，获取在线咨询、评估、调解、一键诉讼等法律服务。平台充分利用互联网技术深入多元解纷业务，引入多方社会力量参与纠纷解

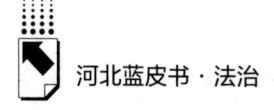

决，构建起集人民调解、行业调解、行政调解、律师调解、法官调解于一体的立体化、网格式多元调解工作格局。据河北省法院工作报告，2021年全省法院共办理诉前调解案件51.90万件，有效减轻了群众诉累，缓和了社会矛盾冲突，促进了社会和谐稳定。各地创新调解方式，人民调解工作取得明显成效，"第一道防线"作用进一步彰显。根据河北省人民调解协会第三届会员代表大会消息，人民调解协会全力打造新时代"枫桥经验"河北版，年均化解矛盾纠纷30余万件，调解成功率达98%以上；人民调解组织网络进一步健全，全省行业性专业性调解组织达到1100余个，覆盖18个行业领域；人民调解保障机制进一步完善，为维护全省社会稳定作出了积极贡献。

（四）加强法治乡村建设，以法律服务助力乡村振兴

为贯彻落实党中央、国务院及省委、省政府关于实施乡村振兴战略和扎实推进法治乡村建设的一系列工作部署，按照司法部相关要求，省司法厅联合省乡村振兴局制定《河北省开展"乡村振兴法治同行"活动实施方案》，在全省开展"乡村振兴法治同行"活动。一是落实乡村公共法律服务网络全覆盖。指导、鼓励法律服务机构通过进行巡回服务、云服务等方式，为贫困、偏僻乡村的群众免费提供法律咨询、法律培训、调解等服务，补齐乡村公共法律服务短板。二是积极承办帮助农民工讨薪等涉农类案件，为困难群众提供及时、优质法律服务。三是创新乡村法律服务形式、拓宽服务领域。开展"法治体检进企业""公证、司法鉴定进农村"等活动。四是推进法治乡村建设。推动"民主法治示范村（社区）"创建，培养乡村"法律明白人"，因地制宜开展丰富多彩的乡村法治文化活动。

（五）疫情防控形势下公共法律服务不断档，助力疫情防控和企业复工复产

2020年3月，河北省司法厅出台《关于做好疫情防控期间企业复工复产公共法律服务保障工作的通知》，提出了10项对企业的公共法律服务保障措施，包括：组建企业法律服务工作团、业务骨干先锋队，主动帮助解决

企业复工复产中存在的现实困难和问题；为农民工提供免费法律咨询和法律援助，依法妥善处理涉劳动关系纠纷，保障劳动者和企业双方合法权益；做好涉企矛盾纠纷排查化解；为中小企业提供公益法律服务和应急法律服务，全力服务企业依法有序复工复产；等等。

出台《疫情防控常态化条件下公共法律服务工作方案》，积极为统筹推进疫情防控和经济社会发展提供优质法律服务和有力法治保障。法律服务部门和组织加强线上服务，值班律师24小时值守"12348"公共法律服务热线，保障疫情防控期间公共法律服务不断档。组织专业律师队伍编印法律指南，对疫情防控相关法律政策问题发布指引，指导依法防疫。人民调解员和志愿者通过微信、微博等信息平台及时向群众宣传有关法律政策，引导社会公众通过合法渠道理性表达诉求。鼓励、支持疫情防控法律服务团和党政机关法律顾问、公职律师为党政机关重大决策提供法律意见，评估社会稳定风险，并对可能引发的矛盾纠纷提出预防处置建议。

二 河北省公共法律服务体系建设存在的不足与短板

（一）公共法律服务协同机制需要进一步完善

一是三个平台之间的衔接机制不完善。实体、热线、网络三个平台之间的信息互通不够顺畅，协同分流转办机制不够健全，未真正全面实现线上线下互转互通。一体化运行模式尚未完全形成，与"马上办、网上办、就近办、一次办"的要求还有一定的差距。

二是公共法律服务平台与司法行政机关内部各业务系统需要进一步整合，提高工作效率。

三是公共法律服务平台与外部各相关部门间常态化信息沟通、衔接机制尚未健全完备。公共法律服务体系是一个系统，涉及多个部门，如法律援助除了涉及系统内部的法律援助部门、律师管理部门，还涉及案件办理部门（如公检法部门、劳动部门、行政部门）等，人民调解涉及的部门更多更广。目前，公共法律服务平台与这些部门之间存在信息壁垒，尚未构建起完备系统的信息互通共享和及时反馈机制，数据碎片化影响了公共法律服务作用发挥的深度与广度。

（二）公共法律服务内容、质量有待改善

一是公共法律服务城乡资源不均衡，农村地区公共法律服务资源供给不足。表现为司法所人员较少，律师事务所较少，法律专业人才缺乏；人民调解员、基层工作人员的法律素养不能满足群众法律服务需求；等等。

二是法律服务供给内容不够丰富，法律咨询所占比例较大。公证、鉴定业务向基层延伸不够，多数公共法律服务工作站和服务热线只能提供免费法律咨询，而对于律师、公证、法律援助、人民调解、司法鉴定、仲裁等服务则只能提供衔接或指引服务；法律援助主要局限于诉讼，事前、事中服务不足；行政调解、行业调解作用发挥不够；法律顾问虽然在形式上做到了全覆盖，但由于资源有限，一名律师（或法律工作者）担任多个村（居）委会法律顾问，不能及时满足群众法律服务需要。一些地方公共法律服务活动对标群众需求的理念较弱，有的仅仅以完成年度工作任务为主要目标而开展，存在形式主义现象。

（三）公众知晓度、认可度、满意度具有一定的提升空间

法律服务相关部门、单位宣传力度不够，社会上相当比例的公众对于获取公共法律服务的渠道了解不多，尤其是对于网络平台和热线电话的知晓度较低，主动寻求法律帮助的较少，客观上制约了公共法律服务体系作用的发挥。基层专业力量相对薄弱，一些平台主要起到接待受理和联系转办作用，不能及时满足群众法律需求，从而降低了群众满意度。

（四）公共法律服务监督考评制度不够健全

虽然省司法厅出台了《实施标准》，但《实施标准》原则性比较强，尚需各地进行细化深化，根据各自实际情况，建立健全服务标准和质量评价机

制、监督机制、失信惩戒机制。另外，从服务种类看，人民调解、法律援助、公证、司法鉴定、仲裁等不同业务种类的服务方式、要求不同，不宜采用笼统的一个标准，需要根据各自工作特点，制定单项法律服务的标准和监督考核细则并根据情况变化动态调整。

三 河北省公共法律服务体系效率提升路径

（一）提高政治站位，加强对公共法律服务重要性的认识

公共法律服务是全面依法治国的基础性、服务性和保障性工作，是保障和改善民生的重要举措，是政府公共职能的重要组成部分，是以人民为中心思想最直接、最集中的体现。在实际工作中，一些地方政府、部门对于公共法律服务的重要性认识不够，对公共法律服务体系建设的支持力度不够，在主体责任压实、协同协作措施落实方面存在一些薄弱环节，难以形成工作合力。从客观上来看，一些基层单位社会治理任务繁重，法律服务工作时常被其他工作挤占。各级党委、政府要坚持以习近平新时代中国特色社会主义思想为指导，提高政治站位，坚持以人民为中心，深入推进公共法律服务工作高质量发展，不断提升人民群众法治获得感。

（二）健全党委领导、政府主导、部门协同、社会参与的公共法律服务管理体制和工作机制

《关于加快推进公共法律服务体系建设的意见》明确规定，要始终坚持党的领导，健全党委领导、政府主导、部门协同、社会参与的公共法律服务管理体制和工作机制，激发各类社会主体参与公共法律服务的积极性。党的领导是一切工作取得成功的保证。公共法律服务的主体非常广泛，其中司法行政部门负主体责任，公检法司各部门以及发展改革、市场监督、财政等政府各职能部门都是参与主体，负协同责任。社会组织和广大群众积极参与，形成共建共治共享格局。这个庞大的系统工程必须坚持党的领导，推动

党政负责人履行法治建设第一责任人职责，站在全局高度进行顶层设计，协调各部门各方面力量构建公共法律服务体系大格局。

（三）深化供给侧结构性改革，为群众提供普惠、精准、便捷的法律服务

一是在公共法律服务事项的选择上，要更贴近百姓的需求，通过科学的调研梳理各个服务事项的需求量，据此调整不同岗位和窗口数量设置，提升、优化群众体验。

二是在服务内容设置上，研究一个时期矛盾纠纷多发点，坚持问题导向，致力于解决人民群众"急难愁盼"问题，满足群众多层次、多样化法治诉求。在广大的农村地区，法律服务要向涉农事项和婚姻家庭事项倾斜；针对目前受疫情影响，劳动纠纷增多、一些人对防疫措施不理解或者基层在防疫时侵犯群众利益的情形，加大相关法律法规宣传力度；为农民工提供法律帮助，帮助农民工维权。在城区，为企业普及有关优化营商环境的政策及法律，创造良好的营商环境。

三是在法律服务方式选择上，充分利用互联网优势，大力发展智慧法律服务，拓展法律服务覆盖面。充分发挥法律服务网站法治宣传作用，使用通俗易懂的语言和群众喜闻乐见的方式，着重宣传、普及群众和社会急需的法律法规和政策，建立动态调整机制，在相关政策法律作出调整时，及时予以更新；推出问答栏目，对于政策法规进行答疑解惑，对于群众的意见建议诉求及时回应或转送有关部门处理。

（四）学习贯彻实施《法律援助法》，拓展法律援助范围，提升法律援助效果，依法保障当事人合法权益

在刑事法律援助方面，进一步落实刑事案件律师辩护全覆盖，提高律师提供法律援助的质量与效率。2017年，司法部、最高人民法院联合开展了刑事案件律师辩护全覆盖试点工作，《法律援助法》的出台为进一步推进刑事案件律师辩护全覆盖提供了法律保障。司法部提出目标任务，争取在

2022年实现全国县级试点工作全覆盖；在刑事案件阶段方面，2022年底前基本实现审判阶段律师刑事辩护的全覆盖，同时要扩大在审查起诉阶段律师刑事辩护全覆盖的试点工作。河北省司法行政机关一是要采取切实措施，完成司法部规定的2022年底前基本实现刑事辩护审判阶段律师刑事辩护全覆盖目标；二是要提供具体规划和时间表，逐步实现在侦查、起诉阶段刑事辩护全覆盖；三是要在此过程中，重视提高刑事案件律师辩护质量，使刑事被追诉人的合法权益得到法律保障。

《法律援助法》第30条规定了值班律师法律帮助相关内容。值班律师要为没有委托辩护人的犯罪嫌疑人、被告人提供法律帮助。具体内容包括提供法律咨询服务、提出变更强制措施申请、提供案件处理法律意见以及选择合适的程序等。由值班律师提供法律帮助，拓展了法律援助覆盖面，有利于保护犯罪嫌疑人、被告人的合法权益。

律师法律援助涉及公检法司机关及律师事务所各个层面。相关主体要进一步探索律师刑事法律援助的质量提升路径，合作出台实施细则，以及办案机关包括公安机关、人民检察院、人民法院接受和处理被追究人法律援助申请、支持律师履职的程序衔接及保障措施。

在民事行政案件法律援助方面，《法律援助法》增加规定请求工伤事故、交通事故、食药品安全事故、医疗事故人身损害赔偿和请求环境污染及生态破坏损害赔偿案件的法律援助；规定了英雄烈士近亲属为维护英雄烈士的人格权益、因见义勇为行为主张相关民事权益等五种不受经济困难条件限制的法援情形。法援部门应当及时调整法援范围，加强培训宣传，清理有关文件规定，完善配套措施。

（五）加大对政府购买社会公共法律服务的支持力度

在市场经济条件下，政府应转变观念，充分发挥市场作用，通过大量购买公共法律服务，提高专业法律人员从事法律服务的积极性，丰富公共法律服务的供给，提高公共法律服务的质量。总体来看，政府购买法律服务的资金保障尚需加强，建议适当提高律师承办法律援助案件的补贴标准和人民调

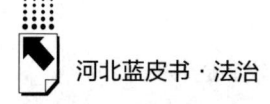

解员办理调解案件的补贴标准；适当提高专职人民调解员的薪酬待遇，增加政府及其部门聘请法律顾问的费用，拓展法律顾问发挥作用的空间，从事后救济更多转向事前和事中服务，落实重大决策合法性审查和风险评估制度；适应共建共治共享社会治理新格局需要，加强社会规范制定过程中的法律服务购买。

（六）整合各种社会资源，进一步完善矛盾纠纷多元化解机制，及时有效化解矛盾纠纷

一是整合法院系统资源和司法行政资源。目前，矛盾纠纷多元化解机制存在两个大的平台：一个是设在法律服务中心的调解平台，另一个是设在法院诉讼服务中心的调解平台（包括线上的"冀时调"）。二者各自独立，但互相之间又存在功能、人员之间的交叉、重叠。在纠纷化解资源尚不充足的现实情况下，有必要探索双平台有机融合的途径，共同构建起"社会调解优先、法院诉讼断后"的分层递进解纷机制。

二是整合综治资源和司法行政资源。网格化管理是基层社会综合治理的创新方式，即将行政管理区域按照一定的标准划分为单元网格，设置专职或者兼职网格员负责网格巡查、排查问题隐患、处置轻微事件，采集基础信息并上报规定事件，以及承担网格内的社会服务和社会管理各项事务，服务社区居民群体。目前，全省正在推行城区网格员专职化，而在广大农村，网格员则多为兼职或者义务承担。司法行政系统内的人民调解员、"法律明白人"和网格员的工作在相当程度上重叠和交叉，实践中，普遍存在一人同时承担多个角色的现象。建议整合以上资源统筹调配使用，并通过立法机制规范人员选拔聘用、管理培训、职责分工和奖惩机制，形成社会治理合力。

（七）建立健全公共法律服务综合评价机制，以评价结果倒逼公共法律服务质效提升

建立群众评价与专业测评相结合的评估体系。公共法律服务具有公益性和专业性，评价体系首先要以群众满意度为主要评价指标，评价方式包括法

律服务对象的即时评价和调查问卷评价两个方面。专业测评包括四个方面。一是系统内部的工作考核。二是引进专业独立的第三方评估。三是邀请参与法律服务的律师、人民调解员、志愿者和各部门相关人员进行评价，评价重心为法律服务工作的便利度、机制架构的科学性合理性可操作性以及政府是否为该项工作提供了足够的保障等。四是将评价结果纳入法律服务单位的绩效考核内容，督促其真正重视公共法律服务工作，努力提高服务质量，而不是仅仅满足于完成规定的指标与动作。

建立完善对于政府购买公共法律服务项目的监督、考核与验收机制。在加大对政府购买公共法律服务项目财政支持力度的基础上，严格对该项目执行情况的监督检查与考核。探索对公共法律服务项目的有效监督方式，通过多种监督途径，使监督贯穿服务供给全过程，保障公共法律服务体系有序高效运行。考核与验收内容同样应涵盖过程与结果。执行方需建立台账制度和档案制度，方便服务购买方定期进行检查并提出改进建议。

建立健全奖惩机制。对于考核结果为优良的法律服务项目及人员，按照有关规定进行奖励，包括精神奖励和适当的物质奖励。对于考核不合格的，采取一定的惩戒措施，并取消一定时期的投标资格。对于在法律服务过程中有违规甚至违法犯罪行为的，依照有关规定和法律法规进行惩戒。

B.24
河北省社会心理服务体系建设现状、存在的问题及对策建议

刘 勇*

摘 要： 加强社会心理服务体系建设是建设健康河北、平安河北的重要内容。当前河北省社会心理服务体系建设存在的问题包括：各地建设成效差异较大；各部门协同配合推进社会心理服务体系建设的体制机制有待健全；专业机构和专业力量明显不足；经费投入仍然不足。为此，应更加注重法治保障和规范化建设；完善综合协调机制，形成内外协调、上下联动"一盘棋"的整体合力；整合资源，多渠道增强社会心理服务工作力量；加大财政经费投入力度；充分发挥专家学者"智库"作用；加强宣传，创新模式，大力普及社会心理健康知识。

关键词： 社会心理服务体系 社会治理 河北省

正心为治理之道，积极乃发展之源。近年来，河北省认真贯彻落实中央有关社会心理服务工作的决策部署要求，将社会心理服务体系建设作为加强和创新社会治理、提升社会治理水平的一项重要举措切实抓紧抓实抓好，形成了"防治结合、预防为主，全面覆盖、重点干预，精准服务、依法管理"的工作格局，特别是针对儿童青少年、严重精神障碍患者、社区矫正人员、社区戒毒人员等重点人员、特殊人群，开展社会心理服务、疏导和危机干预

---

* 刘勇，河北省社会科学院法学研究所副研究员，研究方向为社会治理。

工作，成效较为明显，有效预防和减少了重特大案事件特别是个人极端案事件的发生，为平安河北建设奠定了坚实的基础。

一 河北省社会心理服务体系建设现状

（一）出台文件，加强制度建设

河北省委、省政府高度重视精神卫生工作。结合河北省实际，河北省卫生健康委等22部门制定下发了《关于加强心理健康服务的指导意见》规范性文件。通过加强顶层设计，确保工作科学有序推进。该指导意见把社会心理服务、疏导和危机干预工作任务——细化，工作责任具体分解落实到相关部门，形成了从上到下的工作责任落实体系。2020年4月，健康河北领导小组印发《健康中国·河北行动（2020—2030年）》，实施心理健康促进行动，并提出了个人和家庭、社会以及政府应采取的主要举措。[①] 此外，河北省还出台了《河北省"十三五"卫生与健康规划》《河北省精神卫生工作规划（2015—2020年）》《河北省多元化解纠纷条例》等相关政策法规，全方位切实织密社会心理服务体系"心防网"。

（二）健全机制，开展疏导预警

一是建立统筹协调推进机制。河北省政府成立由主管副省长担任第一召集人的河北省精神卫生联席会议，初步形成了党委政府领导、省委政法委协调、有关部门齐抓共管、全社会共同参与的社会心理服务工作格局。

二是打造"源头预防"机制。全面开展心理健康促进与教育工作，把预防和减少精神障碍关口前移，减少"增量"，进一步营造关爱心理健康的社会氛围。例如，推动精神卫生医疗机构与机关、企事业单位签订合作协议，邀请单位员工进入精神卫生医疗机构，参加公益性心理健康知识讲座，

---

① 参见《健康河北领导小组关于印发〈健康中国·河北行动（2020—2030年）〉的通知》。

接受心理评估、咨询辅导等服务。同时实施"开心"行动。筛选生活质量相对较差、个体心理行为问题较多的社区,每周组织精神科医师等专业力量上门巡诊,为居民提供咨询辅导服务。

三是完善管控机制。河北省委政法委自主研发严重精神障碍患者服务管理智能系统,并在全省全面推广。该系统可实现对严重精神障碍患者服药率进行定期回访、精准核查"以奖代补"资金发放、实时跟踪患者出行等效果,大大提高了河北省精神障碍患者服务管理智能化水平。

四是健全激励机制。河北省综治办、省公安厅、省财政厅等7部门于2016年联合印发《关于实施严重精神障碍患者监护人以奖代补和监护人责任险的暂行办法》,在全国各省份中首创监护人有奖监护制度,以激励监护人更好履行看护管理责任,防范肇事肇祸。[1]

五是构建常态督查考核机制。河北省委政法委把社会心理服务、疏导和危机干预工作纳为年度综治(平安建设)工作重要内容,年初作出部署,年终进行考核,兑现奖惩措施,推动这项工作持久深入发展,发挥好强有力的"杠杆"效用。此外,河北省文明委于2016年将未成年人心理健康工作纳入全省精神文明"五大创建"和"十大行动"之中,并将其列为文明城市测评重要指标,组织引导各级各有关部门扎实推动未成年人心理健康工作。[2]

(三)搭建平台,强化力量建设

河北省积极搭建社会心理服务体系工作平台,嵌入心理服务功能。一是充分发挥综治中心的平台作用,依托基层综治中心设置心理咨询室,配置了专职(兼职)心理咨询人员,增加对社区居民开展心理健康宣传教育和心理疏导的频次,扩大影响力。二是建立心理服务队。例如,石家庄市总工会

---

[1] 杜震、刘磊:《河北出新规:严重精神障碍患者监护人将获政府奖励》,央广网,2016年4月9日,http://china.cnr.cn/xwwgf/20160409/t20160409_521830838.shtml。

[2] 薛惠娟、马利:《呵护心灵健康成长——河北省扎实推进未成年人心理健康工作》,河北新闻网,2016年12月12日,http://hebei.hebnews.cn/2016-12/12/content_6138764.htm。

与石家庄市第一人民医院联合成立了职工心理健康服务中心，提供心理咨询服务、消除心理疾病威胁；河北各级团委深入开展"青少年维权岗"活动，加强闲散青少年心理疏导、法律援助等预防工作。三是组织志愿服务队。例如，石家庄市第八人民医院于2014年9月注册成立"绿丝带志愿服务队"，设置了"关爱解锁及政策宣讲服务队、社区康复及心理救援服务队、医院内志愿服务队、综合公益服务队"4支分队，截至2021年，注册志愿者282人，开展"春暖解锁"行动，医疗救助贫困严重精神障碍患者79名，对45名未成年犯罪嫌疑人实施心理干预，对83户失独家庭开展专业心理抚慰，接听咨询5300余条，干预自杀未遂事件20起。[①]

二 河北省社会心理服务体系建设存在的问题

尽管河北省社会心理服务体系建设初步开展了一些扎实有效的工作，但还存在许多不足与短板，尤其是发展不平衡、不充分的问题比较突出。

一是各地建设成效差异较大。个别地区对社会心理服务、疏导和危机干预工作重视程度不够，仅在几个试点街道、社区组织开展社会心理服务，不能及时排查发现疑似心理疾病患者，对排查发现的心理疾病患者不能及时采取有效的心理疏导、危机干预措施。

二是各部门协同配合推进社会心理服务体系建设的体制机制有待健全。各部门在密切协同、无缝衔接和同向发力上需要进一步破题，没有形成信息互通、资源共享、优势互补的局面。

三是专业机构和专业力量明显不足。河北基层精神卫生人才队伍力量弱，专业人才缺乏，专业水平偏低，大部分医疗机构未设立精神科门诊室，一些心理疾病患者得不到及时的专业疏导、干预、治疗。此外，河北各地现有心理治疗机构主要服务于精神疾病诊疗，面向社会公众的心理服务还需要

---

① 《石家庄市绿丝带志愿服务队入选全国卫生健康行业青年志愿服务联盟会员》，河北新闻网，2020年4月23日，http：//health. hebnews. cn/2020 - 04/23/content_ 7809576. htm。

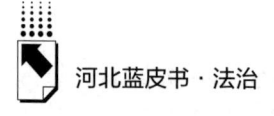

大量的心理服务机构和咨询师等专业人才。

四是经费投入仍然不足。调研发现，河北省社会心理服务工作经费保障不到位表现为两个方面：一方面，整体投入不足，社会心理服务工作经费没有形成长效保障机制，大部分地区尚未将社会心理服务经费纳入财政预算，且社会募集资金过少；另一方面，各地由于经济发展水平和财力不同，财政投入不均衡，不同地区之间差距较大。

三 对策建议

河北省应立足于人民对美好生活向往的需要，扎实开展社会心理服务体系建设，有效预防和减少重特大案事件特别是个人极端案事件的发生，切实增强人民群众获得感、幸福感、安全感，为新时代全面建设经济强省、美丽河北创造安全稳定的社会环境。鉴于社会心理服务体系建设的艰巨性、复杂性以及精神卫生、心理行为等问题的隐蔽性、不可预知性，要做好这项工作，可谓形势严峻、任务艰巨、困难重重。结合河北省实际情况，本报告提出以下对策建议。

（一）更加注重法治保障和规范化建设

首先，应抓紧制定"河北省精神卫生条例"。通过制定地方性法规"河北省精神卫生条例"，明确各级政府部门、有关单位和社会组织应当按照职责为社会公众提供相应的心理健康服务与指导，并对心理咨询机构的设置标准、心理咨询从业人员的资质要求以及对机构和人员的规范管理进行明确规定，同时对经费人员保障、政府引导、研究与教育、医疗保险和医疗救助、医疗费用减免等作出详细规定，为进一步推进河北全省社会心理服务体系建设和规范化管理提供坚实的法制基础和保障。其次，应尽快建立社会心理服务标准化管理机制，探索省级层面社会心理服务标准化建设，出台"河北省社会心理服务管理规范"，实现心理服务场地标准化、心理服务人员标准化、心理服务模式标准化。

（二）完善综合协调机制，形成内外协调、上下联动"一盘棋"的整体合力

应尽快在河北省平安建设领导小组中增设社会心理服务、疏导和危机干预工作专项组，负责统筹协调全省的社会心理服务力量。通过进一步健全和完善各成员单位沟通协调机制，进一步细化各成员单位在社会心理服务体系建设中的职责、分工和要求，强化和调动各成员单位行业内部社会心理服务工作积极性、主动性和责任感，推动各部门社会心理服务齐头并进，形成齐抓共管的良好工作局面。此外，应充分发挥职能部门的主导作用和资源优势。各级卫生计生部门要会同发展改革部门加强心理服务和精神卫生健康项目建设，推进专门机构（医院）和专业队伍建设，提高专业人员待遇和能力水平。

（三）整合资源，多渠道增强社会心理服务工作力量

首先，抓好专业人才队伍第一梯队建设。河北省应加大临床与咨询心理学专业人才的培养力度，鼓励和引导省内高校开展临床与咨询心理学本科专业招生，培养、培训各类心理咨询师专兼职人员队伍。此外，应将具有心理健康咨询资格证书的公检法、文教卫生、城管等单位的专业人才聚集起来，同时通过政策引导，让专业的心理服务人才有机会到农村地区实习、从业，提升基层心理服务队伍专业化、实战化水平。其次，培育社区专职工作者第二梯队。注重培养社区专职工作者，使之掌握扎实的心理学专业知识，充分发挥社区工作者"身在社区、了解社区"的优势，把社会心理服务工作与其本身具备的处理社区各类问题的能力结合起来，积极发现具有潜在心理问题的人群，帮助第三梯队的社会心理服务工作团队处理心理健康咨询个案。最后，调动社区特有人员第三梯队积极性。全面发现和聚合"社区小能人、组长、楼长、热心人、积极分子"等社区人员，组建社会心理服务工作第三梯队，充分调动他们参与社会心理服务工作的积极性。第三梯队为第一、第二梯队社会心理服务工作者开展工作、调解案

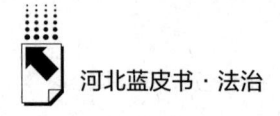

件提供当事人有关生活、爱好等方面的详细信息，深入居民家中，为矛盾纠纷化解工作持续进行做好跟踪辅助工作。

（四）加大财政经费投入力度

河北省应将心理健康服务纳入省、市、县三级民生工程以及经济社会发展规划，将社会心理服务体系建设经费纳入同级财政预算保障，不断加强基层社会心理服务设施建设，强化基层医疗机构以及综治中心的咨询室（工作室）心理服务能力。此外，应加大政府购买心理服务、危机干预、矛盾纠纷调解服务的力度，省、市、县三级财政通过政府购买服务等方式推动相关服务机构的发展，鼓励具有相关资质的社会组织承接心理服务、危机干预、矛盾纠纷调解服务，为有需要的个人和家庭提供服务。

（五）充分发挥专家学者"智库"作用

为保障社会心理服务的科学性、规范性，河北省卫健委、省委政法委应牵头建立跨部门、跨行业的河北省社会心理服务体系专家委员会，在政府决策咨询、技术支持等方面发挥作用。在专家委员会内，可按专业不同等进行分组，明确各组职责任务。在专家委员会基础上，还可以建立更大范围的咨询团队，包括医疗、健康、法律等方面的专家，为河北省社会心理服务体系建设提供更多技术支撑。

（六）加强宣传，创新模式，大力普及社会心理健康知识

精神障碍和心理行为问题病耻感强，部分地区和群众还存在一些片面模糊认识，社会心理服务、疏导和危机干预工作在河北省各地各部门还尚未引起足够重视，迫切需要在河北省级层面以多种形式加强对这项工作的宣传教育，引导全社会正确认识和积极参与这项工作。首先，应充分利用广播、电视、互联网、手机等介质，面向社会大众开展覆盖面广、群众喜闻乐见、形式多样的宣传活动，普及心理障碍卫生知识，提高群众对精神障碍、心理行为问题的早期预防和干预能力，开展儿童、青少年、老年人、孕产妇、心理

障碍患者家属等重点人群心理健康教育，提高心理健康水平。其次，应在每年"世界卫生日""助残日""世界精神卫生日"举办专题宣传咨询活动，通过免费体检、专家咨询、心理测试与分析、游戏活动、派发宣传资料与宣传品等项目，宣传心理障碍卫生知识，加强群众对心理健康的关注，掌握常用的情绪自我调节方法，做到健身健心，推动形成理解、关爱心理障碍患者的社会氛围。

B.25 共享经济中"准劳动者"职业伤害保障问题研究

李 静 袁大千*

摘 要： 随着规模不断扩大，共享经济就业人员中被排除在标准劳动关系之外的"准劳动者"的劳动保障成了关乎我国经济健康发展和社会稳定的重要因素。其中，职业伤害保障又是劳动保障的基础与重中之重。目前，对于这类从业人员职业伤害的保障大多只有通过个人购买商业人身意外伤害保险来实现。这种措施在覆盖面、公平性以及适应性上都存在较大问题。2021年11月30日，8部委联合发布了《关于加强交通运输新业态从业人员权益保障工作的意见》，明确了以政府干预的方式，通过个别化的路径，解决包括职业伤害保险在内的"准劳动者"权利保障问题。遵循文件精神，解决职业伤害保障问题可以采取的具体措施有：将"准劳动者"的职业伤害保险纳入社会保障体系；参照工伤险，设置适当的职业伤害保险；由社保机构会同主管机构与行业协会根据职业特点确定保险范围及保费保障标准；通过建立价格监督机制，实现保险缴费的合理负担分配。

关键词： 共享经济 "准劳动者" 职业伤害保障

---

* 李静，天津商业大学法学院教授，研究方向为法学理论；袁大千，天津商业大学法学院硕士研究生，研究方向为法学理论。

导 言

近年来，共享经济作为一种新业态经济，依托互联网技术的高速发展，自诞生以来，发展势头迅猛，对拉动经济发展、促进就业起到重要作用，被称为"就业蓄水池"。国家信息中心发布的《中国共享经济发展报告（2021）》表明，在疫情的冲击之下，2020年，共享经济市场交易额不降反升，同比上年增长了2.9%。据测算，共享经济的参与者已经达到了8.3亿人，其中属于非正式员工的劳动提供者为8300万人。在这个庞大的数字背后，是成千上万个处在劳动保障灰色地带的鲜活生命。

国际劳工组织于1995年世界首脑会议上提出了"体面劳动"这一概念，并得到了世界各国的认可。这一概念要求根据劳动者自身和所属集体条件保障劳动者在自由、公正、安全和有尊严的条件下工作。这一概念的提出，旨在解决劳动保障覆盖范围仅限于严格意义上的"雇佣关系"这一普遍性问题。为非正式员工身份的"准劳动者"提供相应的社会保障正是"体面劳动"的内涵要求。然而，目前对于"准劳动者"的保障大多仅仅停留在促进就业层面。国务院办公厅出台《关于支持多渠道灵活就业的意见》（国办发〔2020〕27号），采取多种措施，鼓励灵活用工，支持个体经营者创新创造创业。北京、天津、河北等地政府也出台了相应措施促进灵活就业。

"准劳动者"社会保障中的职业伤害保险是其中最为关键、需求最为迫切的问题，一旦出现，往往成为社会焦点问题，从而引发社会舆论关注甚至群体性事件等危机。此类案件一旦进入诉讼，法官就会处于法律形式正义与舆论双重压力之下。"准劳动者"与雇主之间究竟构成怎样的法律关系在世界范围内都是一个悬而未决的难题，即便是社会保障体系较为发达的国家如德国、加拿大等也未将其纳入传统的劳动关系。而不符合劳动关系的"准劳动者"无法被纳入我国现有的工伤保险体系，同时我国也缺少一种不同于工伤保险的此类人员的专属社会保障制度。这一制度上的缺失既给劳动者、平台企业、司法机关以及政府相关部门带来压力，也引发

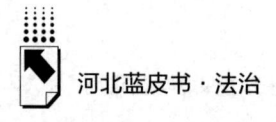

社会舆论广泛关注。因此，设计出适应共享经济特点的职业伤害保障制度在当下显得极为紧迫。

一 基本概念厘定

由于对共享经济中灵活就业人员缺乏一个明确的官方定义，在学术界的研究中存在同一名称指代不同对象的问题。因此有必要对报告中的基本概念进行厘定，以便明晰报告的研究对象与范围。

（一）共享经济与共享经济平台

共享经济又称分享经济、互联网经济等，是指以在线平台为媒介促进资源交换的经济模式。"它包括各种营利性以及非营利性的活动，这些活动大多旨在利用'共享'而获取更多未充分利用的资源。"[1] 在21世纪初期，共享经济纯粹表现为用户通过网络平台交换观点、分享信息等不涉及实物交割和金钱交易的形式。但在2010年，随着Uber、Airbnb等共享经济平台的出现，共享经济从无偿变为以有偿为目的，并出现了实物使用权在陌生人之间的暂时性转移。本报告所讨论的共享经济平台就是这种诸如美团众包、蜂鸟众包、滴滴等以营利为目的，通过网络信息技术高效提供相应服务的商业组织。

（二）职业伤害

本报告中的职业伤害范围与《工伤保险条例》中第三章工伤认定范围一致，仅用于区别受到此种伤害的劳动者是否具有劳动关系，有劳动关系的称为工伤，反之则称为职业伤害。

（三）"准劳动者"

目前学术界常常以"灵活就业人员"或"新业态从业人员"指代共享

---

[1] Lizzie Richardson, "Performing the Sharing Economy," *Geoforum* 67 (2015): 121–129.

经济中全部从业人员,这种称谓往往忽视了共享经济中复杂而多样的用工方式,将数种不同类型的劳动者混为一谈。经济平台的用工方式基本可以分为三类:第一类是平台自有员工,这类人员与平台企业签订了正式劳动合同;第二类是平台与分包企业签订劳务分包合同,劳动者与劳务分包企业签订劳动合同;第三类是劳动者与终端平台或劳务分包企业均未签订任何劳动合同,双方之间关系往往以承揽、中介等形式存在。关于第一、二类员工的保障,已有相关法律规定且体系成熟,不属于本报告的讨论范围。第三类员工的情况则较为复杂,因为一些平台企业往往以合作关系之名行劳动关系之实。对于这类已经构成事实劳动关系的员工,应通过司法途径确定其劳动关系,且纳入现有的工伤保险体系下。而本报告的讨论对象主要是第三类员工中那些严格意义上不构成劳动关系因而无法纳入目前工伤保险体系的人群,他们存在于各个行业,工作方式和工作内容都极其复杂,在许多国家的法律关系认定中都处于模糊地带。对这类人群如何保障,学术界至今没有一个确定的共识。该类人群从其与传统劳动保障制度的关系上可称为非典型用工、非标准用工;从其劳动实际状态上可称为零工或灵活就业人员。在下面的论述中,笔者将该类人群统称为"准劳动者"。

基于上述厘定,本报告研究的问题为:在以美团、滴滴等公司为代表的共享经济平台中,那些非劳动关系员工因工作受到人身伤害或患有职业病的保障问题。

二 "准劳动者"职业伤害的保障现状与存在的问题

(一)现状

1. 立法现状

自国务院办公厅出台《关于支持多渠道灵活就业的意见》以来,各地政府贯彻中央精神,纷纷出台地方性规章保障"准劳动者"顺利就业的同时维护其合法权益。以京津冀三地为例,北京市就业工作领导小组印发

《关于促进新就业形态健康发展的若干措施》，提出"平台网约劳动者"享有平等就业和选择职业、取得劳动报酬、享受社会保险、获得劳动安全卫生保护和休息休假等基本劳动权利；天津市出台的《天津市关于支持多渠道灵活就业的具体措施分工意见》要求适当扩大工伤保险覆盖范围；河北省政府印发的《关于支持多渠道灵活就业的若干措施》则明确引导企业与劳动者协商或积极探索行业集体协商有关职业保障事项。另外，已有部分地区率先推出以工伤保险实现"准劳动者"职业伤害保障的措施。第一种模式是江苏省南通市在2006年推出的《准劳动者参加工伤保险办法》，当时是按照每人月工资的0.5%由"准劳动者"自主进行缴费；山东省潍坊市则在2009年推出了类似规定，将此类人员按照工伤保险第二类行业标准予以收费。第二种模式为2019年11月发布的《浙江省人力资源和社会保障厅关于优化新业态劳动用工服务的指导意见》第8条，规定发挥用工主体作用的平台可以为"准劳动者"以全省上年度职工月平均工资为基数单险种参加工伤保险。这两种模式都绕开了建立劳动关系前提而将"准劳动者"先行纳入工伤保险体系。

2. 司法现状

我国法律有关劳动关系的规定并不完善，并且法律关于劳动关系的概念并不清晰，导致法院对于"准劳动者"这一新型劳动人群没有一个确定的概念。这一制度上的缺失导致大量压力向司法层面倾斜。过往的裁判数据也表明，在司法实践中通过确立劳动关系将"准劳动者"纳入工伤保险体系是一条障碍重重的路。笔者以"灵活就业""劳动关系""劳动关系认定"为标签在中国裁判文书网上对外卖骑手、主播、网约车司机、快递员4类"准劳动者"进行案件检索，在筛选出有效的146件判决中，判定当事人双方存在劳动关系的仅不到40%。

3. 实践现状

在许多灵活就业行业，平台采用强制"准劳动者"购买短期商业人身意外伤害保险的方式为他们提供保障。以某外卖众包平台为例，该平台强制骑手每日缴纳3元的商业人身意外伤害保险，在骑手接单当天至次日凌晨

1∶30 的工作时间内提供意外伤害保障。保险范围及金额为：意外身故伤残最高赔付 60 万元；意外住院医疗最高赔付 10 万元，住院补贴每天为 130 元。笔者对比了市面上某大型保险公司提供的短期意外伤害险产品，发现其在投保金额、理赔范围方面与该外卖平台提供的保险大体一致，证明平台推出的意外保险在一定程度上确实能起到保障作用。

（二）存在的问题

一是在立法层面，许多政府颁布的措施多存在于宏观政策层面，缺乏对微观制度的实际构建。虽然有部分地区率先进行试点，但一方面较为零散，级别也较低，另一方面就内容来看本身也存在较多问题，有些试点试图将工伤保险与劳动关系解绑并将"准劳动者"纳入工伤保险范围，但遭到学者的反对，有部分学者提出："没有劳动关系的工伤保险就像'没有锚的船'，工伤保险制度的边界会因此难以界定。"[1]

二是在司法层面，存在支持工伤赔偿与劳动关系确认的因果关系倒置。工伤赔偿的前提是存在劳动关系，实践中单纯要求确认劳动关系的案件并不多，往往是由主张工伤赔偿而形成的附带请求。对于劳动关系是否成立的案件，传统的判决依据是是否签订劳动合同。现如今在"准劳动者"极少与平台签订劳动合同的情况下，"司法机关因没有准确的判断依据而频频陷入僵局。"[2] 当前在法院有关"准劳动者"确认劳动关系的案件中，裁判的直接依据往往是 2005 年劳动和社会保障部颁布的《关于确立劳动关系有关事项的通知》，此外辅之以人格从属性等学理。部颁标准不仅等级低，也已经无法满足新型用工方式，而学理本身也存在诸多分歧。存在弹性的地方，就会出现由压力导致的扭曲与不确定。在这种缺乏明确法律依据的情形下，司法裁判的结果往往因承受压力而导致不确定性。其结果往往受到许多复杂因素的影响，比如"准劳动者"是否因工受伤或承担更多经济压力。笔者专

---

[1] 王天玉：《新业态就业中的"单工伤保险"》，《中国社会科学报》2021 年 3 月 31 日。
[2] 张睿佳：《试论劳动关系从属性的司法判断》，上海市法学会编《上海法学研究》第 19 卷，上海人民出版社，2020。

门就中国裁判文书网上的此类案件做过统计,结果表明,职业伤害风险更大的外卖骑手、快递员职业提出诉讼的原因往往是该类人群在工作中受到人身伤害。这两个职业在案件中被判定存在劳动关系的比例分别为49.39%和43.24%,远高于工作受伤概率更低的网约车司机和主播职业。这种压力下导致的司法不确定性,说到底实属法官无奈之举,其本质是"准劳动者"职业伤害保障制度缺失而形成的压力转嫁。

三是在实践层面,现在试点中常用的以商业保险提供保障的模式有三个不合理缺陷。第一,保险险种不合适导致保障效果低下。按日计算保费的短期意外险的目的是为特定时期提供意外人身损害保障,因为时间短、投入较少,所以保额没有长期保险高,也不适合对意外伤害险有长期需求的人群。根据调查,"北京市外卖骑手月平均工作天数为28.7天,月工作天数在28天以上的占89%"。① 按每月工作天数28天算,工作1年的保费为1008元。对比市场其他保障期限为1年的意外伤害保险产品,平台提供的保险出现了明显的保费更高、保险金更低的情况。这说明短期商业人身意外伤害保险的模式不适合长期工作的"准劳动者",而这类人群往往对职业伤害保障的需求更大。第二,保险负担不明确。经过笔者初步调查,市场上提供相似保障功能和额度的保险产品大多也在每人每天3元左右,证明平台对"准劳动者"保险的投入比例非常低甚至没有投入。如果平台有义务对"准劳动者"职业伤害进行保障,那么此种方式很大程度上就是平台在逃避义务;如果平台没有保障义务,那么强制劳动者自己为自己提供商业上的保障于法无据,强制缴纳保险成了一种"霸王条款"。第三,商业保险本身特性也使其无法承担社会保险的职能。商业保险以营利为目的,对于市场是否存在盈利空间的判断是保险公司推出并调整产品的依据。如果保险公司收益降低,很难保证一个险种能够长期存在。在索赔时,被保险人仍面临举证问题,且举证义务明显大于工伤保险,"准劳动者"获得补偿的难度大大增加。商业保险在

---

① 冯向楠:《北京地区外卖员劳动权益保障状况及影响因素研究》,《劳动保障世界》2018年第33期。

强制性、便捷性、预防性、补偿性和稳定性方面无法与社会保险相提并论，也无法对职业病进行保障。综上，利用商业保险为"准劳动者"提供职业伤害保障既不高效也不科学。

三 "准劳动者"职业伤害保障制度的模式

基于如何对"准劳动者"权益加以保障的问题，学术界目前有一般化保障模式和个别化保障模式两种思路。一般化保障模式主张扩大现行《劳动法》范围，将现有《劳动法》分为两个部分，分别解决标准劳动关系保障和非标准劳动关系保障问题；或是主张在《劳动法》之外单独建立对"准劳动者"的概念，并以此提供相应保障制度。个别化保障模式则认为"我们应将思路从设立第三类劳动者制度，转向劳动权利对更广泛的劳动者群体的具体化扩展上，这一路径选择更为开放、动态与实际，也能够避免抽象的类型化规制所导致的套利与规避"。[①]

笔者认为应当以个别化保障模式解决问题，理由如下。

第一，由于"准劳动者"这一群体规模庞大且从事行业众多，各业工作方式、工作时间、报酬计算标准有较大差别，建立一个绝对统一的职业伤害保障制度难度较大，也不现实。因此以行业或企业为主体对劳动者实行个别化保障成为一种更为现实的保障模式。

第二，域外经验证明，特定概念下的一般化保障模式实施效果并不尽如人意。西班牙、意大利等国在为"准劳动者"建立了"第三类保障关系"的概念之后，出现了"第三类保障关系"与一般劳动关系的混同，其标准雇佣劳动关系呈现下降趋势，出现了大量借第三类关系隐蔽标准雇佣劳动关系的现象，反而降低了社会整体的劳动者权利保障水平。

第三，要建立统一保障体系就势必要建立有关"准劳动者"的一般性概念，则不可避免地面临构建新法律解释与司法标准的难题。当前我国对一

---

① 肖竹：《第三类劳动者的理论反思与替代路径》，《环球法律评论》2018年第6期。

般劳动关系的定义不甚明确，在此种情况下很难将新概念与传统劳动关系进行区分，由此将大量规避法律以及投机行为的发生，使已经承受很大压力的司法系统变得更加不堪重负。

基于以上分析，笔者建议抛开对"准劳动者"法律概念的构建，建立职业伤害社会保险基金，同时对职业伤害保险范围以及缴费标准的细节作个别化规定。

四 "准劳动者"职业伤害保障的制度构想

（一）在社会保险范畴内建立职业伤害保险制度

对于如何解决"准劳动者"职业伤害问题，存在商业保险与社会保险两种意见，而且商业保险是现在许多地方实践中的做法，笔者赞成社会保险路径。前文已经分析过依靠商业保险保障职业伤害在强制性、便捷性、预防性、补偿性和稳定性方面对比社会保险具有重大弊端。苏州市吴江区政府推出了在政府主导下将保险交由保险公司进行承担，而政府对参保人员进行补贴的试点办法。这一举措虽然让商业保险的趋利性得到一定限制，但仍存在商业保险缴费水平与保险待遇水平的直接对应现象。为了不给"准劳动者"在经济方面带来太大压力，政府规定的保费一般较低，相应的保险待遇也明显低于工伤保险。并且没有长期待遇，都是一次性给付。这都说明，只要不纳入社会保险中，问题就无法得到根本性解决。纳入社会保险，一方面解决了保险强制性问题，使得保障覆盖面更加广泛；另一方面纳入社会保障后，通过社会保障的社会统筹功能，也可以达成劳动保障与"准劳动者"保障的相对平衡，在缩小社会差别的同时，实现国际社会所倡导的全社会的"体面劳动"目标。

建立职业伤害保险，必须要注意的是，要避免职业伤害保险与工伤保险混淆，避免出现用人单位以职业伤害保险替代工伤保险，从而逃避劳动保障义务的问题。必须要承认的是，社保范畴下的职业伤害保险不可避免地会低于劳动关系下的工伤保险，其目的在于为无法纳入标准劳动关系的人群提供必要社会保障，如果因此导致现有的标准劳动保障的缺失，则背离了制度的初衷。

（二）职业伤害保险应该在参考工伤保险的同时，充分体现共享经济下"准劳动者"灵活就业的特点

职业伤害保险的参保人员与工伤保险有着根本差别，同时因为"准劳动者"工作灵活性特点，其缴费方式也无法做到统一。但为保障"准劳动者"与一般劳动者之间的相对公平性，应要求职业伤害保险在总体保障范围、补偿标准等方面大体和工伤保险保持一致，具体表现为以下方面。第一，仿照工伤保险将职业伤害保险设置为强制参保的形式。有学者发现自愿参保模式下无论是用工平台还是"准劳动者"个人的参保积极性都不高，无法实现有效保障。保险大数法则原理表明，风险共同体规模过小将导致保险个体负担过大、保险基金难以筹建等问题。因此必须将职业保险设为强制参保的形式。在此基础上，可将职业伤害社会保险基金交由工伤保险基金管理部门一同管理。第二，职业伤害总体保险范围及待遇应仿照国家《工伤保险条例》第五章"工伤保险待遇"进行规定。第三，按照《国民经济行业分类》对"准劳动者"划分行业类别，参考八大行业工伤保险基准费率设置"准劳动者"缴费标准。

建立职业伤害保险，还应充分考虑新业态劳动特殊性。例如，曾有地区在职业伤害保障试点过程中，对参保人员提出了拥有本地户籍且捆绑当地养老和医疗社会保险的要求，导致符合条件的参保人员过少，对"准劳动者"职业伤害保障不利。这种捆绑式的做法，违背了共享经济灵活就业的特点，因此应尽量保证职业伤害保险准入条件的开放性，将未建立劳动关系、未受到职业伤害保障、有存在保障必要的共享经济从业者尽可能地纳入进来。

（三）由社保机构会同行业主管部门及行业协会确定制度细节

之所以采取对于"准劳动者"职业伤害保险由社保部门与行业主管部

门以及行业协会共同协商确定的措施，是充分考虑到新业态下不同行业用工与劳动方式存在较大差别，这也是笔者选择个别化模式的原因。不同行业的保障需求无论程度还是内容都存在较大差别，如快递、外卖行业对于人身意外伤害的保障需求较大，而主播等远程工作的"准劳动者"往往更需要对职业病的保障。即使是在存在保障需求的行业，行业从业人员的实际状态以及发展程度，也都会对保障需求产生影响。以北京市外卖骑手为例，调查表明，"74.31%的骑手'送外卖'时间少于1年，仅有约10.00%的骑手从业超过2年"。[1] 原有工伤保险让企业按月负担保险费用的方法明显不适应此种工作模式。另外，不同行业对于保险范围的需求也不尽一致，想要细化可行的缴费方法、分类设定不同职业保障范围、满足不同行业的保障需求，需要充分发挥行业主管部门和行业协会职能。因为对于行业需求差别以及行业发展状况，这些机构最了解。行业主管机构与行业协会可以从不同视角综合平衡保障与负担的关系。随着共享经济的发展，"准劳动者"的集体谈判机构也有可能建立，一些地区已经开展相应试点。随着"准劳动者"集体谈判组织的建立，制度细节的调整也应吸收这类组织参加，以达成真正的利益平衡。以行业为主体参与制定职业伤害保险参保和缴费细则，体现了让专业人做专业事的原则，也满足了个别化开放性保障的要求。

具体的以行业为单位体现差异化的部分，可以包括：参保人员的范围，即确定哪些行业需要参保；依行业职业风险程度确定保险梯度；根据行业工作特点确定伤害认定标准与范围；根据行业利润水平确定保费分担标准。

（四）合理确定保费分担标准，并通过报酬监督机制予以保障

在传统劳动关系中，用工方负担全部的工伤保险费用。"准劳动者"的职业伤害保险是采取传统的工伤保障负担模式还是采取分担机制，这也是困扰学者与制度供给者的一个难题。

---

[1] 郑祁、张书琬、杨伟国：《零工经济中个体就业动机探析——以北京市外卖骑手为例》，《中国劳动关系学院学报》2020年第5期。

笔者认为，共享经济中"准劳动者"职业伤害采取工伤保障制度中用工方完全负担的模式并不妥当。首先，从劳动保障制度的本质来看，工伤保险是基于用工方与劳动者之间的标准劳动关系而形成的，用工方负担全部费用的制度逻辑在于：劳动者的工伤是由可完全归咎于雇主的原因导致的，而这种归咎的逻辑则在于劳动者全部的劳动过程中受到用工方的支配，也就是所谓的人格从属性。也就是说，如果职工出现在工作中的伤害，一定是用工者对劳动者的控制导致的。例如，在天气不好的情况下，存在劳动关系的劳动者不得不去工作，否则会有劳动评价或报酬上的影响，因此导致的伤害属于工伤就变得可以理解了。但是对于灵活就业人员，在这种情况下是可以选择的，也就是不存在人格从属性，因此，这种归咎逻辑也就不存在了，由此也就使得用工方的负担失去了逻辑合理性，可能出现"我拼命赚钱，你为我的健康买单"的逻辑错乱。

其次，从现实合理性来看，由平台企业完全负担保险费用也有损于我国经济发展的现实需要。共享经济作为我国经济发展的新的增长点，对拉动经济和创造就业起到十分积极的作用，而过重负担，无疑会压垮这一方兴未艾的新兴经济，过度超前或理想化的做法最终也可能会葬送掉许多灵活就业人员的就业机会。法律永远是在各种冲突的利益与价值中的一种艰难抉择，而不是教堂里的赞美诗。

关于具体的负担方式，有学者提出应"探索对于非传统用工关系的劳动者给予政府、企业和个人风险共担的保险机制"。[1] 笔者赞同这一主张，因为首先，说到底，为"准劳动者"建立职业伤害保险，直接受益者无疑是劳动者个人，由其负担部分费用体现了"谁受益，谁负担"的原则；其次，实现全社会成员的"体面劳动"也是政府与国家的责任，由政府负担一部分，是现代政府履行社会保障责任的表现；最后，无论平台企业对"准劳动者"提供发包还是信息服务，毋庸置疑的是，其收益一定是与"准

---

[1] 孟泉：《新业态产业链企业用工问题及治理策略——基于广东省的调查》，《社会治理》2020年第8期。

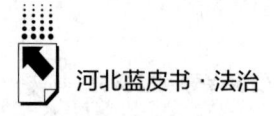

劳动者"的劳动相关，这种相关性可以成为其保费负担的根据，也可以理解为企业履行社会责任的一种表现。

建立合理的保费负担机制还必须辅之以劳动者报酬的价格监督机制，以避免"羊毛出在羊身上"。如果劳动者报酬的价格形成机制不透明，就无法阻止不良企业通过降低服务报酬实现保费负担的转嫁。8部门联合发布的《关于维护新就业形态劳动者劳动保障权益的指导意见》指出"平台在制定进入退出、订单分配、计件单价、抽成比例、报酬构成及支付、工作时间、奖惩等直接涉及劳动者权益的制度规则和平台算法时，要充分听取工会或劳动者代表的意见建议，将结果公示并告知劳动者。工会或劳动者代表提出协商要求的，企业应当积极响应，并提供必要的信息和资料"。该文件为机制的建立提供了法律依据。

"准劳动者"职业伤害保险制度是共享经济中灵活就业人员权益保障的关键性的、亟待解决的问题，也是一项充满利益冲突、价值冲突的制度，不仅涉及"准劳动者"与平台企业的利益关系，还关系到劳动者与"准劳动者"、非劳动者之间的利益关系，涉及效率与公平的价值冲突，必须综合考量、慎重行事。

B.26
法治乡村建设的思考

——以衡水市法治乡村建设为样本

尹建兵 孙永巍[*]

摘 要： 近年来，衡水市法治乡村建设，由"乡村自身需要做什么"提高到各级各部门"要为法治乡村做什么"，从乡村一方的法治迈向多部门共治的法治，由自内而外到内外并推。衡水市法治乡村建设水平不断提升，但也存在法治乡村建设协调联动机制有待完善、基层涉农执法力量较弱、基层群众和干部法治意识不足、缺少激励保障机制、乡村普法工作质效不高等问题。针对这些问题本报告提出了坚持用法治思维引领乡村治理、建立健全法治乡村建设协调联动机制、全面提升执法司法质效和公信力、丰富乡村法治宣传教育形式、完善乡村法律服务体系、加强新时代基层司法所建设、加强乡村法治人才培养、以典型示范推进基层乡村民主法治建设等对策建议，旨在推动河北省法治乡村建设高质量发展。

关键词： 法治乡村 乡村治理 乡村振兴 河北省

乡村治，天下安。2021年中央一号文件提出"乡村振兴，治理有效是基础"。当前社会治理的薄弱环节在乡村，在社会治理的大背景下，实施法

---

[*] 尹建兵，河北省社会科学院法学研究所研究实习员，研究方向为社会治理、地方立法；孙永巍，河北省司法厅普法与依法治理处副处长，研究方向为法治宣传、依法治理。

治乡村建设是实现乡村振兴的必由之路，也是实现乡村长治久安的必然要求。建设法治乡村是对党的十九大精神和全面依法治国基本方略的贯彻落实，对于推动社会治理重心向基层下移，夯实基层法治根基，健全德治、法治、自治相结合的乡村治理体系具有十分重要的意义，也是全面推进乡村法治化进程和"三重四创五优化"的重要抓手。实施法治乡村建设，要求在多元化治理主体和多元化治理手段之间形成合力，坚持在多维度、广平台下为法治乡村建设提供强有力的保障，推动实现法治可信赖、权利有保障、义务必履行、道德得遵守的法治乡村新面貌。

一 衡水市法治乡村建设现状

近几年来，为实现基层长治久安，衡水市大力开展法治乡村创建工作，在法治乡村建设道路上进行了积极的探索和实践。截至2021年底，全市4994个行政村按照法治乡村建设"五个一"标准全部完成既定目标，实现了全市法治乡村建设全覆盖。2021年，司法部、民政部公布第8批"全国民主法治示范村（社区）"名单，衡水市有5个行政村（社区）入选，全市现已有14个行政村（社区）被评选为"全国民主法治示范村（社区）"；2021年，河北省司法厅、民政厅联合印发《关于命名第六批"河北省民主法治示范村（社区）"的决定》，衡水市各县（市、区）共有46个行政村（社区）入选，全市现已有99个行政村（社区）被命名为"河北省民主法治示范村（社区）"。

（一）乡村建设法治基础不断夯实

法治乡村建设，其自生动力来自基层自我更新，其外助动力来自上层建筑的推动引领。衡水市超前谋划、高标准要求，于2018年10月出台《关于全市"法治乡村"创建工作的指导意见》，提出法治乡村"五个一"创建标准，以"弘扬法治精神，普及法律知识，提高农村法治化治理水平"为主题，加强乡村依法治理、法律服务、普法宣传、治安防范和村民自治，构建以法治为核心、德治为引领、自治为基础的法治乡村格局,全面启动法治乡村建设。2020年7月,根据全省统一部署,衡水市委依法治市委员会印发《关于加强法治乡村建设的实施方案》,提出法治乡村建设的10个标准,推动构建在乡村依法自治基础上,多方参与、多元治理的法治乡村建设体系,推动法治乡村建设迈上新的台阶。2021年10月,衡水市制定了《法治衡水建设规划(2021—2025年)》《衡水市法治宣传教育领导小组关于在全市开展法治宣传教育的第八个五年规划(2021—2025年)》《衡水法治社会建设实施方案(2021—2025年)》,对新时代衡水市法治乡村建设作了相关部署,要求继续深化基层依法治理,不断在法治化轨道上高质量推进乡村治理体系和治理能力现代化。

（二）乡村治理法治化水平不断提升

农村基层党支部依法办事能力建设、基层组织规范运行、村规民约自觉遵守、村务民主依法管理是衡水市法治乡村建设推动的重要内容。不断加强基层干部法治素质培养,配齐配强农村党支部书记和村综治专干,提高农村"两委"干部法律素质,围绕农村工作实际,加强带头人教育培训。如阜城县广泛开展"懂法支书"系列教育培训活动,先后对全县农村党支部书记开展多次法治课集中培训。不断发挥农村基层党组织的领导核心作用,强化基层服务型党组织建设,积极推行"基层党建+民主法治"工作模式,基层群众组织依法行使职权,确保实现农村"三无""五无"基本目标。按照"一村一策"原则指导各村进一步修订完善了村规民约,有效凝聚了村民共同的道德理念和价值观念。不断加强民主法治教育,民事调解委员会、红白理事会、村务监督委员会等自治组织逐步建立健全,确保了"五议三公开"准确落实。

（三）先进典型示范带动作用实现有效发挥

在法治乡村建设工作中,衡水市各地区出现一批各具特色的典型经验,如阜城县"345民主法治模式"、武强县"红色法治广场"、安平县"法治大院"、冀州区"法治公园"等。饶阳县在市委、市政府提出的法治乡村建设"五个一"的基础上，创新拓展提出"十个一"标准，推进"一村一品"工程，将法治文化与地域特色民俗文化等结合发展，2020年被确定为国家级乡村治理体系建设试点县。阜城县提出"七个一"的法治乡村创建标准，明确"五区双环一覆盖"（集中建设五个法治乡村示范片区，打造两条纵贯全县的精品环线，实现脱贫村法治乡村建设全覆盖）建设目标。深州市"六本普法书籍""三个信息化工程""一张法律服务网"助力法治乡村建设。经宣传推广，以点带面、以面带片，加上全市113个全国、省民主法治示范村（社区），示范效应辐射带动周边地区，乡村依法治理形成追随效应。2020年，衡水市提出每县（市、区）每两年培树不少于3个省级民主法治示范村（社区）的基本要求，并以此基准在全领域保障、市县乡村共同发力、多方齐抓共管的大法治格局下共同推动法治乡村建设，巩固提升法治乡村建设质量，不断加快法治乡村建设步伐。

（四）乡村矛盾纠纷调处化解机制不断健全

衡水市深入推进公共法律服务，不断完善三级公共法律服务平台，突出专业化公共法律服务建设，整合法治宣传、法律援助、律师、公证、司法鉴定等服务资源，构建覆盖全业务、全时空的法律服务网络，实现乡镇公共法律服务站点、"一村一法律顾问"、村级法律服务微信群"三个全覆盖"。深州市、阜城县实行政法部门党员干部回原籍担任村（社区）法律顾问工作制度，安平县整合律师事务所和司法局法律援助的律师来担任村法律顾问。不断开展"枫桥经验"新实践，形成了具有衡水特色的"调解新模式"，推行一个中心、两项举措、三个到位、四个机制、五道防线的12345工作法，实现矛盾纠纷预防到位、潜在矛盾纠纷排查到位、矛盾纠纷化解到位、矛盾纠纷"零上交"。不断完善村级人民调解组织和品牌调解室，充分发挥医调委、交调委、乡镇调解室、个人品牌调解室作用，形成各具特色的品牌调解室，如冀州区"和为贵"调解室、王同岳镇"乡里乡亲调解室"等。排查在前、预防为先，以加强乡村法律服务，维护乡村和谐安宁。不断加强

"12348"法律服务热线平台、公共法律服务平台及县、乡法律服务平台建设，建设市级智慧公共法律服务微信平台，实现24小时不间断服务，将法律服务触角延伸到乡村、延伸到指尖，实现实体、网络、热线"三大平台"联通互动。

（五）全民普法新体系逐步完善

以法治乡村建设为重点，在巩固提升"个十百"工程和"法治文化阵地提升行动"的基础上，积极打造特色法治文化阵地，构建起了以法治文化广场为主体、乡村法治窗口为补充的实体普法体系，形成了"一地一品，百花齐放"的普法阵地群。如饶阳镇推出"四个一"工作举措，即打造一条法治乡村示范带、建设一个法治乡村示范点、打造一个平安建设法治大院、建设一个企业园区示范基地；此外，还有周窝法治文化广场及桃城区汇中广场小区的"车棚法治文化"、明日梅园小区的"法德文化长廊"等。全市41个法治宣传教育基地、846个法治文化公园广场、2457个各类文化长廊（街），以及法治（宪法）公园、法治广场、法治宣传一条街、法治书屋（法律文化图书角）、法治学校、法治墙绘、法治板书等，为乡村法治建设注入了持久动力。准确落实媒体公益普法责任，以衡水发布、衡水新闻网、衡水广播电视网等"两微一端"新媒体为基础，发挥微信矩阵力量，推动传统媒体和新媒体普法阵地互动融合，努力打造以平面媒体为基础，广播电视媒体为依托，微博、微信、手机客户端为生力军的全媒体法治宣传教育平台。开辟公众号《民法典》学习专栏，开办律师走进直播间解读《民法典》栏目，打造"报纸读法、电视看法、广播听法、指尖触法"的全媒体普法立体网络。衡水市电视台、电台法治栏目播出200余期法治节目；法治相关报纸刊物每期12版报道重点案例、法律知识；故城县上线微信公众号"故城智慧普法"平台，提供海量知识库、法律法规库、合同模板库、热门专题库、每日一典等丰富的法律文化产品。

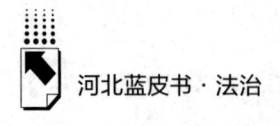

（六）乡村平安建设模式不断创新

以"雪亮工程+天网工程+高点瞭望工程"的现代化管理新模式，人防技防相结合，提高了及时发现治安隐患、快速处置治安问题的能力。通过整合公共视频资源、搭建综治信息指挥平台、创建综治专干队伍、强化分析研判、加强部门协调联动，实行"一站式管理，组团式服务"。结合村级综治中心建设和推进网格化管理，加强乡村治安防范信息化建设，提出综治中心、法治乡村建设服务中心、雪亮工程指挥中心三位一体建设的工作思路，并融入一乡一庭、一村一警、一村一法律顾问、人民调解等职能，最大限度整合各方资源，提高法治建设的认同感和满意度。衡水市政法工作群众满意度连续五年保持全省前三名，乡村平安建设有效开展，取得实效。

二 法治乡村建设中存在的困难和不足

法治乡村建设是乡村振兴战略中的重要一环，乡村法治化发展同经济基础、制度基础、文化基础、社会基础等多方面因素密切相关。衡水市法治乡村建设水平有了很大的提升，但还面临一些难点问题阻碍其快速提升。

（一）法治乡村建设协调联动机制有待完善

衡水市积极探索法治乡村建设新路径，加快组织体系建设，基层法治水平不断提升，但重视程度差异、资源配置不均衡等问题导致区域间法治乡村建设水平存在较大差距，部分地区存在对法治乡村建设重视不足现象。当前法治示范村（社区）建设多以行政牵引为手段，缺乏横向联合、纵向联通、区域联动的协调机制，相关部门之间联系不密切，横向交流不足，纵向之间没有实现市、县、乡、村四级联动，不注重相互借鉴学习有益经验，缺少资源整合及资源共享，资源不足和资源浪费并存。部分地区开展乡村法治建设缺少谋划，与基层群众结合不够紧密，相互之间无法形成集聚合力，效果不明显，没有形成党支部引领、多元共治、全要素联动的乡村治理法治保障机制。

（二）基层涉农执法力量较弱

涉农执法事项多、内容广、复杂性突出，要求执法人员数量大、专业技术水平高、相关装备配置完善。衡水市作为河北省重要的农业大市，农业相关生产及经营企业数量多，涉农执法环境较为复杂多变，执法工作阻力较大。衡水市乡镇综合行政执法队伍的机构设置不断完善，部门职责实现合理划分，但人员配备力量总体较弱，乡镇综合行政执法人员多为现有人员转岗或一人多岗。专业法律背景工作人员较少，大部分执法人员欠缺涉农相关专业法律的培训，法治素质水平不高。基层涉农执法力量薄弱，现有执法人员执法业务能力不足，执法事项下放对其工作造成新的挑战。

（三）基层群众和干部法治意识不足

随着连续七个五年普法规划的实施以及"八五"普法的全面部署，法治观念在基层群众中逐步渗透，广大基层群众的法治意识不断增强，乡村法治建设水平明显提升，传统乡村治理中的人治和礼治模式，逐渐向以村民志愿、自治为基础的基层法治转变。但基层群众大多重视生活基本需求和生活质量，缺乏权益保护意识，难以对法律知识产生主动需求。乡村中青年人口外流，普及、宣传、运用法律知识的中坚力量不足。村民被动接受管理，村务民主管理和决策参与度和参与热情不高。一些村干部服务意识不强，不够重视村民选举权、知情权、参与权和监督权等民主权利。部分地区乡村干部法治素质、知识水平和办事能力无法适应新形势发展的需要，工作上倾向于老办法、老经验、老套路，不能很好地运用法律手段解决新形势下出现的新情况、新问题、新矛盾。对执法司法公信存在质疑、对法治乡村建设存在不信任，仍旧存在"信权不信法"的现象。

（四）缺少激励保障机制

法治乡村建设面临各种风险与挑战，加上基层工作负荷大、待遇低、激励机制弹性不足等因素，导致许多干部思想压力大，对法治乡村建设工作缺乏信心，积极性不足。法治乡村建设是一项长期的系统工程，需要大量财力支撑。当前衡水市法治乡村建设的经费主要依靠县、乡两级投入，缺少相关财政专项资金投入支持，普遍存在保障不足的现象。资金不足限制了法治乡村建设中乡村法治宣传教育、乡村法治文化基地建设、涉农执法人员培训、智慧法治乡村建设等各项事业的发展。

（五）乡村普法工作质效不高

乡村工作点多、面广、线长，普法工作难度大。受传统方式影响，基层在乡村普法形式单一，拉横幅、贴标语、设宣传台等方式针对性不强，收到的效果不容易评价。宣传工作缺少深度和氛围，部分单位普法仅满足于完成规定动作。经费不足、普法队伍人员不足，制约普法阵地建设、普法活动开展和法治文化产品创作。乡村法治文化阵地建设大部分规模小、载体少、分布散，宣传模式较为单一，法治文化氛围不浓。网上普法平台受有针对性的法治宣传文化产品供给不足、村民接受意愿和能力的限制，达不到满意效果。

三 推进法治乡村建设的对策建议

（一）坚持用法治思维引领乡村治理

循法而行、依法而治，为实现这一目标，需要进一步深入推进法治乡村建设，抓好农村基层党组织这一核心，集聚政府、市场、社会以及村民等多方主体力量，引导和动员多方治理主体达成共同目标，不断提升运用法治思维和法治方式解决基层社会治理问题的工作能力和水平；要坚持把乡村社会治理与基层组织建设、党风廉政建设、美丽乡村建设、干部队伍建设有机结合，全面推进乡村振兴战略深入实施；要强化自治、法治、德治"三治"融合，突出自治核心地位，激发村民责任感和村务参与活力；要强化并发挥乡村各治理主体的作用，建立起功能互补、共同参与、共担责任和共同发展的治理命运共同体，以"共同体思维"聚合各方治理力量，激发乡村内生发展动力，推进乡村依法治理、有效治理。

（二）建立健全法治乡村建设协调联动机制

落实党政主要负责人履行法治建设第一责任人职责，将法治乡村建设纳入乡村治理、法治建设整体规划。要更加注重法治乡村建设的制度保障、组织领导、协调联动、多方共建，构建"上下联动、刚性推动、多方拉动"的法治乡村建设格局，将民主法治示范创建工作机制变单兵作战为集体发力，推动共创共建。建立党委统一领导，依法治市（县）统筹，政法、组织、宣传、司法行政、农业农村、民政等各部门齐抓共管、共同推进的法治乡村建设工作体系，建立有部署、有督查、有反馈、有整改的法治乡村建设工作机制。党委、政府加大组织领导力度，及时研究解决法治乡村建设中的重大问题，统一部署重点任务，加大法治乡村建设的人、财、智供给。要积极引导乡村建立健全村级组织、依法民主规范有序开展自治工作，村组织成员、党员、村民自觉学法尊法守法用法等，积极开展乡村治理法治化、现代化新实践，不断创新乡村治理模式，完善乡村治理体系，共同提高乡村基层依法治理能力和水平。

（三）全面提升执法司法质效和公信力

落实法治乡村建设责任清单，加强涉农制度建设，规范涉农司法执法，提升涉农法治保障质效，巩固行政执法"三项制度"成果，做好乡镇综合行政执法改革"后半篇文章"，下放执法权限既要"接得住"又要"管得好"，推动乡村司法保障便民惠民，确保法之必行。全面落实"谁执法谁普法"责任制，深化构建全民普法新格局，增强乡村普法工作实效性。加强乡村社会治安防控体系建设，深化"扫黑除恶"专项斗争，严打"黄赌毒黑拐骗"等重点违法行为，做好犯罪预防工作，做好民转刑案件预防，让农民群众相信法治守护安宁的能力，增强安全感，提高立法、执法、司法公信力，提高法律在维护群众利益、化解社会矛盾中的权威地位，培养农民群众遇事找法的意识和信心。

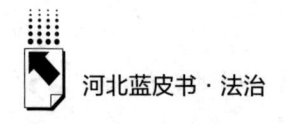

（四）丰富乡村法治宣传教育形式

乡村普法宣传工作要抓住重点人群和重点内容，在法治文化建设上丰富形式，以"法律进乡村"为抓手，在量、质、效上下功夫。抓住乡村重点普法内容，加强与乡村生产生活、民主管理相关法律法规的宣传，尤其是做好村务公开和民主管理的法治宣传教育工作。抓好乡村普法对象，提高"两委"干部依法管理各项事务的能力和水平，培养村民的法治尊崇和信仰，让村民成为法治乡村的"主角"。落实普法责任制主体责任，将普法任务明确划分到立法、司法、执法等各环节，划分到乡村法治建设的各项具体工作中，多部门协同推进乡村普法工作进程，建立纵向到底、横向到边的普法工作网络。创新普法方式，坚持需求导向，针对乡村人口分布、生活习惯喜好、村民关切问题进行法治宣传，把精准普法、订单式普法、交互式普法落到实处，采取说理普法、以案普法等易于接受的形式。加大新媒体普法力度，针对农村人口基数大、地域广、位置远的特点，大力发展媒体普法、新媒体普法，加大信息化、现代化技术利用力度，区别受众群体特点，有针对性地开展乡村经常性普法教育。

促进乡村法治阵地建设，设立村民法治学校，定期开展普法讲座，完善法律书屋，为农民提供法律专业知识学习途径，及时更新法治宣传栏宣传内容，满足农民日常法律知识需求。进一步发挥乡村公共法律服务工作站作用，实现普法宣传在群众身边，法律服务"零距离"。丰富乡村普法形式，加大法治文化产品创作供给力度，贴近乡村生活，提供群众喜闻乐见的法治文艺作品，增加实务案例讲解，用好乡村普法主力和法治文化产品，创建乡村普法精品栏目，积极打造乡村法治文化宣传品牌。加大普法教育经费投入，为普法阵地建设、法治教育基地建设、法治文化产品创作等普法活动开展提供资金保障。

（五）完善乡村法律服务体系

良好的法律服务可以推动农民群众形成学法守法用法的思想自觉。要在

"一村一法律顾问"全覆盖的基础上,强化乡村法律顾问业务建设,夯实为民服务的保障基础,坚持人员、职责和经费"三保障",坚持服务、绩效和考核"三规范",规范检查评估,确保服务质量和效果。把村居法律顾问、人民调解员作为村居公共法律服务工作室的重要成员,指导村居法律顾问积极参与矛盾纠纷的调解工作,特别是婚姻家庭矛盾、感情纠葛、债务纠纷的化解,帮助起草村规民约,促进乡村民主法治建设。针对土地宅基、邻里纠纷等事关农民切身利益的问题,有针对性地开展法律咨询、法律服务,及时化解矛盾纠纷,发挥各调解组织的作用,健全行业性专业性调解组织建设,开展非诉纠纷化解机制建设,完善矛盾纠纷多元化解机制,为基层群众提供集约化、系统化、联动化的调解服务,加强"诉调对接",推广"公调对接"。巩固加强市、县、乡、村四级公共法律实体平台建设,建优村级法律服务工作站,建立市、县、乡、村四级集约化公共法律服务队伍;提升乡村公共法律服务的智能化水平,在职业领域和地域空间上跨区域、跨领域整合法律服务资源,利用有限的公共法律服务资源提升乡村公共法律服务效能,实现公共法律服务资源优化精准配置,用好热线平台、网络平台,在线受理、分流规范运行机制,为群众提供"集约化、系统化、联动化、信息化"的法律咨询、法律援助、律师服务、公证指引、人民调解、法治宣传服务。

(六)加强新时代基层司法所建设

在基层司法所建设上提高为民解困纾难能力,以"大事不出镇、矛盾不上交"为目标,发挥好基层司法行政为民服务的能力和水平。建强乡镇司法所,充实司法所人员队伍,落实司法所人员专编专用,为服务乡村法治建设提供人力支撑。加快乡镇司法所转型发展,强化力量整合和直接服务功能,汇聚律师、公证、仲裁、调解、基层法律服务等资源,提升服务质效。加强司法所规范化建设,健全司法所工作机制,配备设施装备,保障司法所人员经费、业务办公经费、设施装备经费等支出。将人民调解工作作为司法所的主责主业,发挥好司法所的参谋助手作用,促进乡村依法决策、依法行政,提高乡村治理法治化水平。

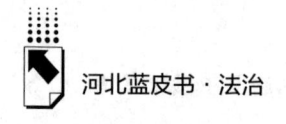

（七）加强乡村法治人才培养

人才是第一生产力，乡村法治人才是法治乡村建设的中坚力量。加强乡村法治人才培养，有效利用本土法治人才"身边人""接地气"的特点，发挥其在宣传政策法规、引导法律服务、化解矛盾纠纷、参与社会治理中的示范引领作用。加强村"两委"干部、乡村党员的法治培训，增强党员干部法治观念和法律意识，提高运用法治思维和法治方式管理乡村事务的能力，起到"村看村，户看户，群众看干部"的示范引领作用。培养乡村"法治带头人""法律明白人"，将此作为乡村"三治融合建设"重要内容，做好乡村地区法律人才引进政策的贯彻实施工作，增强村民"主人翁"意识，提高村民的法律素养。抓好普法队伍建设，开展乡村普法骨干培训，重点培养一批乡村"法律明白人"。做好普法讲师团、普法志愿者、普法联络员、村法律顾问、律师、普法宣传员队伍建设，以及在校学生这一新生普法力量培养。加大基层执法人员、乡镇综合行政执法人员培训力度，加强业务指导，定期组织培训。从学习制度、内容要求、效果安排、考核机制等方面作出制度安排，提高基层执法人员政治素质、业务素质和职业能力。用好"一村一法律顾问"，建好人民调解队伍，提升乡村群众对公共法律服务及法治建设的获得感，发展乡村专职人民调解员队伍，落实基本薪酬以案定补制度。

（八）以典型示范推进基层乡村民主法治建设

以"民主法治示范村"创建为抓手，带动基层乡村民主法治建设全面开展。坚持以"民主法治示范村"要求为标准，扎实工作，深入、持久地推进各村民主法治建设，向"全国民主法治示范村（社区）"对标，提升创建质量，增加培育数量。广泛开展家风培育、移风易俗，培育农村学法用法示范户，用家庭共建的"最小细胞"，促进乡村法治建设被认同、法律被信仰。正视发展不均衡的问题，不断总结推广典型经验，带动乡村民主法治示范创建整体工作。

社会科学文献出版社

皮 书
智库成果出版与传播平台

◆ 皮书定义 ◆

皮书是对中国与世界发展状况和热点问题进行年度监测,以专业的角度、专家的视野和实证研究方法,针对某一领域或区域现状与发展态势展开分析和预测,具备前沿性、原创性、实证性、连续性、时效性等特点的公开出版物,由一系列权威研究报告组成。

◆ 皮书作者 ◆

皮书系列报告作者以国内外一流研究机构、知名高校等重点智库的研究人员为主,多为相关领域一流专家学者,他们的观点代表了当下学界对中国与世界的现实和未来最高水平的解读与分析。截至2021年底,皮书研创机构逾千家,报告作者累计超过10万人。

◆ 皮书荣誉 ◆

皮书作为中国社会科学院基础理论研究与应用对策研究融合发展的代表性成果,不仅是哲学社会科学工作者服务中国特色社会主义现代化建设的重要成果,更是助力中国特色新型智库建设、构建中国特色哲学社会科学"三大体系"的重要平台。皮书系列先后被列入"十二五""十三五""十四五"时期国家重点出版物出版专项规划项目;2013~2022年,重点皮书列入中国社会科学院国家哲学社会科学创新工程项目。

皮书网

（网址：www.pishu.cn）

发布皮书研创资讯，传播皮书精彩内容
引领皮书出版潮流，打造皮书服务平台

栏目设置

◆ 关于皮书
何谓皮书、皮书分类、皮书大事记、
皮书荣誉、皮书出版第一人、皮书编辑部

◆ 最新资讯
通知公告、新闻动态、媒体聚焦、
网站专题、视频直播、下载专区

◆ 皮书研创
皮书规范、皮书选题、皮书出版、
皮书研究、研创团队

◆ 皮书评奖评价
指标体系、皮书评价、皮书评奖

◆ 皮书研究院理事会
理事会章程、理事单位、个人理事、高级
研究员、理事会秘书处、入会指南

所获荣誉

◆ 2008年、2011年、2014年，皮书网均
在全国新闻出版业网站荣誉评选中获得
"最具商业价值网站"称号；
◆ 2012年，获得"出版业网站百强"称号。

网库合一

2014年，皮书网与皮书数据库端口合
一，实现资源共享，搭建智库成果融合创
新平台。

皮书网　　"皮书说"　　皮书微博
　　　　　微信公众号

权威报告·连续出版·独家资源

皮书数据库
ANNUAL REPORT(YEARBOOK) DATABASE

分析解读当下中国发展变迁的高端智库平台

所获荣誉
- 2020年，入选全国新闻出版深度融合发展创新案例
- 2019年，入选国家新闻出版署数字出版精品遴选推荐计划
- 2016年，入选"十三五"国家重点电子出版物出版规划骨干工程
- 2013年，荣获"中国出版政府奖·网络出版物奖"提名奖
- 连续多年荣获中国数字出版博览会"数字出版·优秀品牌"奖

皮书数据库　　"社科数托邦"微信公众号

成为会员

登录网址www.pishu.com.cn访问皮书数据库网站或下载皮书数据库APP，通过手机号码验证或邮箱验证即可成为皮书数据库会员。

会员福利
- 已注册用户购书后可免费获赠100元皮书数据库充值卡。刮开充值卡涂层获取充值密码，登录并进入"会员中心"—"在线充值"—"充值卡充值"，充值成功即可购买和查看数据库内容。
- 会员福利最终解释权归社会科学文献出版社所有。

数据库服务热线：400-008-6695
数据库服务QQ：2475522410
数据库服务邮箱：database@ssap.cn
图书销售热线：010-59367070/7028
图书服务QQ：1265056568
图书服务邮箱：duzhe@ssap.cn

社会科学文献出版社　皮书系列
卡号：681596325783
密码：

S 基本子库
SUB DATABASE

中国社会发展数据库（下设12个专题子库）

紧扣人口、政治、外交、法律、教育、医疗卫生、资源环境等12个社会发展领域的前沿和热点，全面整合专业著作、智库报告、学术资讯、调研数据等类型资源，帮助用户追踪中国社会发展动态、研究社会发展战略与政策、了解社会热点问题、分析社会发展趋势。

中国经济发展数据库（下设12专题子库）

内容涵盖宏观经济、产业经济、工业经济、农业经济、财政金融、房地产经济、城市经济、商业贸易等12个重点经济领域，为把握经济运行态势、洞察经济发展规律、研判经济发展趋势、进行经济调控决策提供参考和依据。

中国行业发展数据库（下设17个专题子库）

以中国国民经济行业分类为依据，覆盖金融业、旅游业、交通运输业、能源矿产业、制造业等100多个行业，跟踪分析国民经济相关行业市场运行状况和政策导向，汇集行业发展前沿资讯，为投资、从业及各种经济决策提供理论支撑和实践指导。

中国区域发展数据库（下设4个专题子库）

对中国特定区域内的经济、社会、文化等领域现状与发展情况进行深度分析和预测，涉及省级行政区、城市群、城市、农村等不同维度，研究层级至县及县以下行政区，为学者研究地方经济社会宏观态势、经验模式、发展案例提供支撑，为地方政府决策提供参考。

中国文化传媒数据库（下设18个专题子库）

内容覆盖文化产业、新闻传播、电影娱乐、文学艺术、群众文化、图书情报等18个重点研究领域，聚焦文化传媒领域发展前沿、热点话题、行业实践，服务用户的教学科研、文化投资、企业规划等需要。

世界经济与国际关系数据库（下设6个专题子库）

整合世界经济、国际政治、世界文化与科技、全球性问题、国际组织与国际法、区域研究6大领域研究成果，对世界经济形势、国际形势进行连续性深度分析，对年度热点问题进行专题解读，为研判全球发展趋势提供事实和数据支持。

法律声明

"皮书系列"(含蓝皮书、绿皮书、黄皮书)之品牌由社会科学文献出版社最早使用并持续至今,现已被中国图书行业所熟知。"皮书系列"的相关商标已在国家商标管理部门商标局注册,包括但不限于LOGO( )、皮书、Pishu、经济蓝皮书、社会蓝皮书等。"皮书系列"图书的注册商标专用权及封面设计、版式设计的著作权均为社会科学文献出版社所有。未经社会科学文献出版社书面授权许可,任何使用与"皮书系列"图书注册商标、封面设计、版式设计相同或者近似的文字、图形或其组合的行为均系侵权行为。

经作者授权,本书的专有出版权及信息网络传播权等为社会科学文献出版社享有。未经社会科学文献出版社书面授权许可,任何就本书内容的复制、发行或以数字形式进行网络传播的行为均系侵权行为。

社会科学文献出版社将通过法律途径追究上述侵权行为的法律责任,维护自身合法权益。

欢迎社会各界人士对侵犯社会科学文献出版社上述权利的侵权行为进行举报。电话:010-59367121,电子邮箱:fawubu@ssap.cn。

社会科学文献出版社